中国社会科学院创新工程出版资助

显失公平制度的
解释论展开

蔡睿◎著

Interpretive Theory
of the Doctrine of Unconscionability

中国社会科学出版社

图书在版编目（CIP）数据

显失公平制度的解释论展开/蔡睿著．--北京：中国社会科学出版社，2024.5
ISBN 978－7－5227－3525－2

Ⅰ.①显… Ⅱ.①蔡… Ⅲ.①民法—公平原则—研究—中国 Ⅳ.①D923.04

中国国家版本馆 CIP 数据核字（2024）第 091526 号

出 版 人	赵剑英	
责任编辑	许　琳	
责任校对	苏　颖	
责任印制	郝美娜	
出　　版	中国社会科学出版社	
社　　址	北京鼓楼西大街甲 158 号	
邮　　编	100720	
网　　址	http://www.csspw.cn	
发 行 部	010－84083685	
门 市 部	010－84029450	
经　　销	新华书店及其他书店	
印刷装订	北京君升印刷有限公司	
版　　次	2024 年 5 月第 1 版	
印　　次	2024 年 5 月第 1 次印刷	
开　　本	710×1000　1/16	
印　　张	19	
字　　数	302 千字	
定　　价	108.00 元	

凡购买中国社会科学出版社图书，如有质量问题请与本社营销中心联系调换
电话：010－84083683
版权所有　侵权必究

序　言

　　《显失公平制度的解释论展开》一书作者蔡睿博士自2016年起在清华大学法学院攻读法学博士学位，我担任他的指导教师。蔡睿是在2020年夏天通过论文答辩，自清华大学毕业并取得博士学位；另外，其博士学位论文获得2020年度清华大学优秀博士学位论文，体现了对其学术贡献的肯定。本书是在该博士学位论文基础上修改而成，时至今日，又过了四年，可谓八年磨一剑。对于该书的出版，作为曾经的指导教师，我由衷地感到高兴，并为之祝贺！

　　自由与公平是民法发展的两条价值主线，近代以来，融合主客观构成要素的显失公平制度逐渐被各国立法所采纳，在实践合同正义的过程中发挥着越来越重要的作用。相较于原《民法通则》和原《合同法》，《民法典》立法者整合乘人之危与显失公平两项制度，赋予了显失公平制度新的内涵。如何理解和适用这一新规则，是民法典时代的重要解释论课题。

　　蔡睿博士《显失公平制度的解释论展开》从显失公平制度的历史渊源、法理基础、外部体系、方法论、案例类型、法律效果六个方面，对显失公平制度进行了全面深入细致的研究。

　　从内容来看，该书较以往研究在以下几个方面做了进一步推进：一是厘清了显失公平制度发展演变的历史过程，说明了非常损害规则、暴利行为制度与现代法上显失公平制度的承继关系，并分析了显失公平制度在当代立法和司法实践中的发展趋势。二是构建起显失公平制度的内部体系，明晰了显失公平制度的法理基础。三是辨析了显失公平制度与公序良俗、意思表示瑕疵、民法上其他维护合同公平的相关制度的关系，澄清了显失公平制度的功能定位。四是在方法论上引入动态体系论作为显失公平制度的适用方法，回答了为何以及如何构建显失公平制度的动态体系的问题。五是对司法实践中的案例做了细致的类型化梳理，有助于人们了解显失公平制度在实践中的运用情况及其存在的问题。六是仔细分析了显失公平的合同的法律效果，特别是对立法废弃变更权进行了反思，并从解释论角度提出了一些切实可行的替代方案，对司法实践具有较大的参考价值。

总体上看，该书以小见大，从显失公平这一制度切入，深入挖掘历史和比较法资料，融贯内在价值与外在体系，勾勒出一副宏大的私法制度的历史发展图像。在宏大叙事之外，该书又对显失公平制度做了精耕细作式地解释论阐发，解答了规则适用中的诸多疑难问题，对规则的正确理解适用大有裨益。过去，我国关于显失公平制度的研究大都集中于《民法典》颁布之前，且多倾向于立法论研究。《民法典》颁布之后，对显失公平制度进行体系性研究的学术成果尚不多见，该书既体现出研究的广度，又突出重点，力图在既有研究的基础上有所突破，展现出研究的深度，可谓填补了这一领域的空白。

韩世远

2024 年 5 月 15 日于清华园

目　录

第一章　导论 ……………………………………………………（1）
　　第一节　研究背景及意义 …………………………………（1）
　　第二节　国内外研究动态 …………………………………（3）
　　第三节　问题及研究方法 …………………………………（10）

第二章　显失公平制度的历史渊源与比较考察 ……………（14）
　　第一节　问题意识与研究方法 ……………………………（14）
　　第二节　合同实质正义观在私法中的展开 ………………（16）
　　第三节　自由主义的勃兴 …………………………………（27）
　　第四节　合同实质正义思想的复兴 ………………………（40）
　　本章小结 ……………………………………………………（60）

第三章　显失公平制度的法理基础 …………………………（62）
　　第一节　显失公平制度中的交换正义 ……………………（64）
　　第二节　显失公平制度中的自由价值 ……………………（71）
　　第三节　显失公平制度中的诚信原则 ……………………（80）
　　第四节　显失公平制度与分配正义 ………………………（92）
　　本章小结 ……………………………………………………（106）

第四章　显失公平制度的外部体系与功能审视 ……………（108）
　　第一节　问题之所在 ………………………………………（108）
　　第二节　显失公平与公序良俗 ……………………………（110）

第三节　显失公平与意思表示瑕疵 …………………………（128）
　　第四节　显失公平制度的一般条款与特别规定 ………………（153）
　　第五节　显失公平制度与其他有关公平的规则 ………………（165）
　　本章小结 ……………………………………………………………（180）

第五章　显失公平制度的动态适用 ………………………………（182）
　　第一节　"要件—效果"模式之检讨 …………………………（182）
　　第二节　"要素—效果"思维之引入 …………………………（186）
　　第三节　显失公平制度动态体系之建构 ………………………（196）
　　本章小结 ……………………………………………………………（209）

第六章　法律行为显失公平的类型整理 …………………………（211）
　　第一节　类型整理的前提性说明 ………………………………（212）
　　第二节　交换关系中的不公平 …………………………………（217）
　　第三节　（财产）权利义务分配关系中的不公平 ……………（238）
　　第四节　合同个别条款的不公平 ………………………………（243）
　　本章小结 ……………………………………………………………（245）

第七章　显失公平合同的法律效果：变更权的存废 ……………（247）
　　第一节　围绕变更权的争论 ……………………………………（247）
　　第二节　历史和比较法视野下的变更权 ………………………（250）
　　第三节　显失公平合同可变更的现实意义 ……………………（254）
　　第四节　变更权的法理基础 ……………………………………（259）
　　第五节　变更权废弃后的解释论补救 …………………………（264）

第八章　结论 ………………………………………………………（270）

参考文献 ……………………………………………………………（274）

后　记 ………………………………………………………………（296）

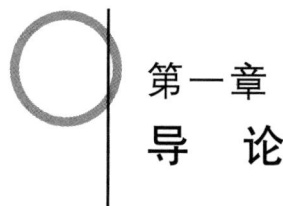

第一章 导 论

第一节 研究背景及意义

合同自由与合同正义是合同法上的永恒话题,诚如王泽鉴先生所言,"一部合同自由的历史就是合同如何受到限制,经由醇化,而促进实践合同正义的记录。"事实上,无约束的合同自由通常并不存在,由于缔约双方经济能力、专业素养、判断能力等事实上的差异,合同自由极有可能成为强者迫使弱者屈从于自己意志的工具,因此,通过外部干预,矫正失衡的合同利益,成为各国立法者的共同任务。环视各国民事立法,对合同自由进行干预的着力点有二:一是着眼于合同订立的程序环节,设立欺诈、胁迫、错误等意思表示瑕疵制度,使不真实意思表示的表意人得以脱离其缔结的合同;二是基于合同内容的妥当性,设立强制性规范或以违背公序良俗为由,否定不为公共秩序或社会伦理所容之合同的效力。显失公平及具有类似功能的制度广泛存在于各国法制之中,不过有意思的是,它们在定位上往往游离于程序控制与内容控制之间,在有的国家,它被作为意思表示瑕疵制度的一部分看待,在另一些国家,它又以公序良俗原则之具体化面目出现,成为公权介入私人领域的管道。

我国立法者曾将传统民法中的"暴利行为"一分为二,分别以乘人之危和显失公平之名规定于《中华人民共和国民法通则》(以下简称《民法通则》)之中,《中华人民共和国合同法》(以下简称《合同法》)继承之。这种二元分立的立法安排,不仅带来无尽的学说争论,也使显失公平制度的功能在实践中未能得到充分发挥。2017年10月1日正式实施的《中华人民共和国民法总则》第一百五十一条将乘人之危与显失公平合二为一，组成新的显失公平制度，2020年5月28日颁布的《中华人民共和国民法典》（以下简称《民法典》）完全沿袭这一条文，可谓契合了当今世界立法的主流。不过值得注意的是，《民法典》中的显失公平制度虽可谓回归传统，但却并非毫无新意：其一，在体系位置上，《民法典》中的显失公平制度立于欺诈、胁迫之后，而于公序良俗之前；其二，《民法典》中的显失公平制度对不利方的情境采取不完全列举，保持开放性，留有较大解释余地；其三，《民法典》中规定的显失公平的民事法律行为的效力为可撤销，不同于违背公序良俗的民事法律行为无效的规定，同时也删去了《民法通则》和《合同法》中可变更的规定。随着《民法典》的颁布施行，立法者的任务已经完成，如何认识这一全新的规则，阐释其制度要旨和规范构成，以使其功能得到最大程度的发挥，解释研究正当其时。

从司法实务角度观察，近年来，我国民间借贷案件数量陡增，其中，贷款人通过各种方式规避利率管制，追求高息的情况屡见不鲜，这种行为在损害社会金融秩序的同时，也造成不少社会问题。同时，伴随着民间借贷产生的过度担保、以物抵债协议的效力等问题，也成为各级人民法院审判中的疑难问题。此外，随着金融消费需求的增长，由于信息和专业知识的不对等，经营者通过不当劝诱等行为致使缺乏判断能力的消费者订立不合其自身利益的合同的现象时有发生，消费者如何寻求救济值得关注。除上述领域外，我国法院还将显失公平制度广泛适用于建设工程合同、房屋租赁合同、离婚财产分割协议、和解协议等有名或无名合同之中。然而，过去的研究对显失公平制度在这些合同领域中的适用问题关注不够，司法实践面临的若干疑惑有待理论上的回应与解答。

在《民法典》施行的背景下，对显失公平制度展开研究，意义有三。

一是增进理论认识。显失公平制度及具有类似功能的制度历史久远，最早可追溯至罗马法，并普遍存在于当今世界各国的法律制度之中。与其重要地位不相符的是，我国对显失公平制度的理论研究仍然稍显薄弱，对其基础理论，以及对西方主要国家的显失公平制度的研究仍然缺乏广度和深度。进入新时代以来，在全面依法治国建设社会主义法治国家的进程中，认真研究域外法学理论仍然具有重要意义，不仅可为我国法治的发展提供参考借鉴，通过比较法研究，也可深化对我国民事法律制度的理解。

二是发掘制度功能。学习西方私法史，我们可以发现西方各国的私法（特别是合同法）总是顺应时代的变化，在自治与管制之间发展深化。对于现代西方国家而言，合同自由不是一个问题，成为问题的是，如何因应社会情势的变化，对合同自由适当加以约束，以维护特定社会群体（如消费者、劳动者）的利益。然而，对于我国而言，由于缺乏私法自治的传统，合同自由观念尚未完全深入人心。与之同时，随着快速发展而带来的社会分化问题，又需要法律积极介入私人关系，以调整当事人之间失衡的利益状态。如此一来，权衡合同自由与合同公平，就是一个需要谨慎处理的问题。显失公平制度作为兼顾合同自由与合同公平的法律制度，或可作为一个"调节阀"，通过对其合理运用，发挥调和合同自由与合同正义的功用。

三是解决实践问题。民法作为应用法学，对其展开研究自然应以规范的具体适用为导向。我国立法者在《民法典》中规定了新的显失公平制度，可视为赋予其新的历史使命。通过对显失公平制度的研究，澄清其法理基础，明确其体系位置，分析其构成要素，展示其适用方法，构造其运用案型，目的在于制作显失公平制度的"操作手册"，使之能够准确适用于各类合同纠纷之中。因此，本项研究可为现实问题的解决提供理论支持。

第二节 国内外研究动态

一 国内研究动态概述

国内关于显失公平制度的研究，以时间为线索，大致可以分为三个阶段：第一个阶段以《民法通则》颁布始至2013年《民法典》编纂启动时止；第二个阶段自2013年《民法典》编纂启动始至2020年《民法典》颁布；第三个阶段则是《民法典》颁布至今。

第一个阶段，随着《民法通则》及后来《合同法》的颁布，作为一项法律明文规定的制度，对"乘人之危"和"显失公平"制度进行介绍是任何教材和体系书都绕不开的问题。不论是早期如佟柔先生、王家福先生主编的民法教材，还是后来如江平教授、梁慧星教授、崔建远教授、韩世远教授、王利明教授、李永军教授、朱庆育教授等主编或独著的教材、体系书等，都对乘人之危和显失公平制度进行了较为详尽的介绍。在这些教材或体系书中，对于显失公平制度的构成要件是争论最大的问题，形成单一要件说、双重要件说、修正的单一要件说、修正的双重要件说等学说。在这一时期，关于显失公平制度的专题论文，大致可以分为四类：第一类是发表时间较早的，旨在对显失公平制度的基本原理进行阐释，如孟勤国教授的《论显失公平的民事行为》（《现代法学》1988年第4期）、尹田教授的《论显失公平的民事行为》（《政治与法律》1989年第5期）、彭真明与葛同山合作的《论合同显失公平原则》（《法学评论》1999年第1期）等文章。第二类是从解释论角度对显失公平制度的构成要件展开讨论，如曾大鹏的论文《论显失公平的构成要件与体系定位》（《法学》2011年第3期）、张燕玲的《浅析显失公平的合同》（《法学论坛》2000年第3期）等。第三类是从比较法角度对域外法制进行介绍的文章，其中的代表作如王军教授的《美国合同法中的显失公平制度》（《比较法研究》1994年第3、4期）、徐涤宇教授的《非常损失规则的比较研究》（《法律科学》2001年第3期）等。第四类则是从立法论角度检讨我国法上乘人之危和显失公平制度的利弊得失，部分研究或否定显失公平制度的存在价值，或要求修改显失公平制度，如沈庆中的《显失公平民事行为的规定弊大于利》（《法学》1993年第8期）一文对显失公平制度存在的合理性提出质疑。再如，尹田教授的《乘人之危与显失公平行为的性质及其立法安排》〔《绍兴文理学院学报》（哲学社会科学版）2009年第2期〕、高岩的《显失公平规则适用标准的细化与完善》（《中国社会科学院研究生院学报》2013年第6期）等文章，对我国法上的乘人之危和显失公平制度提出了完善建议。这一时期尚有一些与显失公平制度有关的专著出版，如于飞教授的博士学位论文《公序良俗原则研究——以基本原则的具体化为中心》，该书在公序良俗原则的框架下对暴利行为进行了讨论，书中对多国法律制度进行了比较研究，对各国法律相关规定的特点进行了较为细致的归纳和分类；张良的博士学位论文《不公平合同条款的法律规制》以不公平合同条款为线索，对显失公平制度、格式条款的规制等问题进行了比较和梳理，并提出了相应的立法建议；张初霞的博士学位论文《显失公平制度研究》从制度历史、正当性、构成要件、法律效果等方面对显失公平制度进行了较为详细的介绍，并对我国法上显失公平制度的构建提出了建议。

第二个阶段，伴随着《民法典》编纂进程，对显失公平制度的立法论探讨成为这一时期的主流，如冉克平教授的《显失公平与乘人之危的现实困境与制度重构》（《比较法研究》2015年第5期）、范雪飞的《论不公平条款制度——兼论我国显失公平制度之于格式条款》（《法律科学》2014年第6期）、吴逸越的《论我国民法上乘人之危和显失公平的重新定位——对比德国法的暴利制度》[《湖南工业大学学报》（社会科学版）2013年第2期]等文章，这些论文对《民法典》中显失公平制度的立法安排提出了自己的构想。此间，尚有综述性质的论文发表，如贺剑的《〈合同法〉第五十四条第一款第二项（显失公平制度）评述》（《法学家》2017年第1期）一文，依照德国法典评注模式，对显失公平制度的学说观点和既有判例进行了较为详尽的梳理，并提出了自己的见解。陈范宏的博士学位论文《显失公平规范研究》从认识论、立法论、方法论、实践论四个方面对历史和各国民法中的显失公平制度作了细致的介绍，是这一时期关于显失公平制度的重要体系性研究。

第三个阶段，随着《民法典》的颁布，立法者的使命既已完成，留待学者的自然是解释阐发《民法典》之中的规定。不过由于《民法典》颁布不久，相关文献还不是很多。目前，出版的诸多释义书对《民法典》第一百五十一条的规定进行了较为简略的解释，其中具有代表性的有全国人大常委会法工委主编的《中华人民共和国民法典释义》和中国社会科学院法学研究所牵头主编的《民法典评注》。在专题研究方面，张燕旋的《〈民法典〉显失公平制度述评》[《汕头大学学报》（人文社会科学版）2017年第8期]、武腾的《显失公平规定的解释论构造——基于相关裁判经验的实证考察》（《法学》2018年第1期）、王磊的《论显失公平规则的内在体系——以〈民法典〉第一百五十一条的解释论为中心》（《法律科学》2018年第1期）等论文，围绕显失公平制度适用中的相关问题作了解释论研究。总体而言，对新的显失公平制度的研究尚处于引而待发的状态。

我国学者对显失公平制度的研究大多集中在《民法典》之前，这些研究不仅加深了我们对显失公平制度的理论认识，也为《民法典》中的新的显失公平制度的构建奠定了坚实的理论基础。在《民法典》施行的背景下，学界前辈的诸多研究成果也为当今的研究提供了较高的基础，使后辈学者能够在此基础上继续前进。但不能否认的是，受制于时代的局限性，过往研究仍然存在以下不足之处。

首先，过往研究成果大都诞生于《民法典》颁布之前，由于肩负的时代使命所要求，相关研究多聚焦于立法论视角，围绕显失公平制度的立法建构立论，如显失公平制度的构成要件和法律效果等问题。在特定的历史时间点，这些研究成果无疑具有重要的意义，但是随着《民法典》的一锤定音，这些研究难免沦为历史档案而不再具有现实意义。

其次，对显失公平制度基础理论的研究仍然存在不足。例如，对于显失公平制度的历史渊源，既有研究认为显失公平制度渊源于德国民法中的暴利行为，而暴利行为又可追溯至罗马法上的非常损害规则。不过不无疑问的是，非常损害规则仅要求客观要件，此点与暴利行为制度要求的主客观双重要件具有非常大的不同，那么，二者究竟属于何种关系？非常损害规则如何发展为暴利行为制度？这些都需要从法制史角度予以梳理澄清。又如，对于显失公平制度的法理基础，过往研究或指向公序良俗原则，或指向公平原则，但这些结论要么基于比较法上的"拿来主义"，要么属于"望文生义"，对我国法上显失公平制度的内在体系缺乏全面系统深入的思考。

再次，对显失公平制度的解释论研究有待继续推进。其一，如何定位显失公平制度在《民法典》中的体系位置。显失公平制度与公序良俗条款，与欺诈、胁迫、重大误解等意思表示瑕疵制度，与格式条款的内容控制、违约金调整、标的物质量瑕疵担保等制度，以及与《中华人民共和国劳动合同法》（以下简称《劳动合同法》）、《中华人民共和国海商法》（以下简称《海商法》）等特别法中的显失公平制度之间的适用关系和功能分配仍需进一步理清；其二，对于显失公平制度的方法论，现有研究已经认识到既有适用方法的局限，进而提出动态化、弹性化的适用方案，但对于动态体系论如何适用于显失公平制度,尚有许多问题需要回答;其三,我国学界对显失公平制度的实证研究尚显薄弱,对于司法实践中适用显失公平制度面临的具体问题,以及显失公平合同的具体类型,目前都缺乏清楚的掌握;其四,显失公平的合同可变更,曾被认为是我国民事立法的一大创新,不过,这一创新历来遭到不少学者的反对,《民法典》吸收这些观点,删除了变更权,这一立法上的改弦更张究竟是"迷途知返",还是"误入歧途",需要立足实践案例从解释论角度予以反思。

最后,对于显失公平制度的比较法研究尚缺乏深度和广度。一方面,我们对德国法上的暴利行为、美国法上的非良心性法理等制度的观察尚停留在规范层面,对这些国家的学说和判例的最新发展关注得不够。另一方面,过往的比较法研究聚焦于大陆法系,特别是德国法上的暴利行为,但对与我国立法模式更为接近的《瑞士债务法》关注不够,而对后者的研究或可为显失公平制度的解释适用提供新的思路。此外,国际和区域示范法中均有与我国显失公平制度类似的规定,这些规定往往代表了该项制度在国际上的最新发展趋势,应当引起我们的重视。

二　国外研究动态概述

国外关于显失公平制度的研究,可分为宏观与微观两个层面。在宏观层面,主要分为追根溯源式和国别比较两类研究。在微观层面,则是立足于本国的法律规定,包括规范分析和方法论反思两类研究。下面分别就这些领域的文献资料作一简要介绍。

对于追根溯源式研究,在英语法学世界,关于非常损害规则有以下值得关注的文献,分别是 H. F. Jolowicz 的《非常损害的起源》、Janos Jusztinger 的《罗马买卖法中的非常损害原则》以及 Rena van den Bergh 的《非常损害的长生》。其中,Jolowicz 的文章发表较早,后两篇文章则较新,三篇文章均较为详细地探讨了非常损害规则在罗马法上的诞生过程及其后续变迁,Rena van den Bergh 的文章还介绍了这一制度在荷兰以及南非的继受情况。对于公平价格理论,Aphonse M. Squillante 的论文《公平价格理论——它的起源和发展》详述了亚里士多德以降,公平价格观念在罗马法和中世纪的发展与演变。Jerome P. Shuchter 的论文《公平价格》一文则从价值理论的变迁勾勒出公平价格观念的发展变迁过程。此外，尤其值得关注的是加州伯克利大学教授 James Gordley 的相关研究，Gordley 教授长期致力于合同法历史和哲学基础的研究，其三部作品《交换中的平等》《私法的基础：财产、侵权、合同和不当得利》《现代合同理论的哲学起源》，从宏观视角分析了合同法上正义观念的起源、伦理学基础及其对后世的影响。

在德语法学世界，Herrmann、Goez、Winterstein 和 Blomeyer 四位学者的报告文集《公平价格》，分别从历史和当代、法学和经济学的视角介绍了公平价格观念在古代的起源及其在当代的继受和发展。Christoph Becker 的专著《当代暴利问题视角下的非常损害规则》，从历史的视角论述了非常损害规则的起源、在中世纪的继受及至近代的发展历程。Matthias Pohlkamp 的专著《当代暴利法的产生以及帝国法院在 1880 年至 1933 年间的暴利法判例》，详细描述了罗马法上的高利贷规制历史和《德国民法典》暴利行为制度的立法过程。

关于显失公平制度的国别比较研究主要见于英文文献之中，Alphonse M. Squillante 的论文《显失公平：法国、德国、盎格鲁——美洲的适用》，在对各国相关制度进行比较研究的基础上，提炼出不同法律体系中相关制度的八项相似之处，并得出美国法上的显失公平制度渊源于非常损害规则和公平价格观念的结论。A. H. Angelo 和 E. P. Ellinger 的论文《显失公平的合同：一项在英格兰、法国、德国以及美国的方法的比较研究》，从功能比较的视角，详细分析了英、法、德、美四国在维护合同实质正义方面的制度安排以及司法判例的相关情况。John P. Dawson 的《法国和德国法中的经济胁迫与公平交换》一文则比较了德法两国在维护合同公平上的不同做法。此外，Steven R. Enman 的论文《加拿大、英国和英联邦合同法中的显失公平原理》详细介绍了英国判例法对合同公平的态度转变，以及相关判例在加拿大、澳大利亚、新西兰等英联邦国家与英国的不同走向。

除了上述较为宏观的研究外，国外关于显失公平制度的研究大都属于立足于本国法制的微观研究。必须说明的是，显失公平制度在各国的表现形式不同，有些国家甚至没有成文化的显失公平制度，因此这里仅从功能比较的视角将它们联系起来。

在美国，相关讨论主要围绕其《统一商法典》以及《第二次合同法重述》中的显失公平制度（Unconscionability）展开，美国合同法大家 Farnsworth 在其名著《合同法》一书中，对显失公平制度诞生前后的情况作了较为详尽的介绍。在《统一商法典》颁布之后，由于被其起草人卢埃林称作法典中最有意义的一个条文，显失公平制度引起了学界极大的关注。Leff 教授的《显失公平和法典：帝王新条款》一文为其中的开创性作品。在该文中，Leff 教授第一次为显失公平制度提炼出程序上的显失公平和实质上的显失公平双重要件，尽管 Leff 教授对显失公平制度的模糊性颇具微词。随后，匹兹堡大学教授 John E. Murray 的《显失公平》一文进一步强调了双层分析框架对显失公平制度适用的重要性。Carol B. Swanson 的《显失公平的困惑：〈统一商法典〉第 2 章和显失公平制度》则是较新的一篇论文，该文在回顾显失公平立法史的同时，介绍了该制度在近来判例中的发展趋势。

英国法上并无成文的显失公平制度，但这并不代表英国法院完全忽视合同公平问题，S. M. Waddams 在其论文《合同法中的显失公平》中，以十二类判例为线索，勾勒出英国法院如何通过曲折的方式婉转地达成合同救济的目的。

在德国，由于其民法中的暴利行为依附于善良风俗条款，故德国学者对该问题多在善良风俗之下予以讨论。关于暴利行为，Brox、Bork、Medicus、Larenz、Flume 以及 Lenen 等学者的经典教科书和体系书对此均有一般性的介绍。针对《德国民法典》第一百三十八条这一重要的一般条款，作为德国法学特色的法典评注对其予以了浓墨重彩的注释，其中尤其值得关注的是施陶丁格和慕尼黑人两套大型民法典评注，分别由 Sack 和 Armbruster 教授操刀的两部评注的相关内容达数百页之多，内容极为详尽，可作为重要的参考文献。除了上述总体性研究外，近年来，德国法学界对暴利行为的研究主要聚焦于消费者信贷领域，由此体现出当今《德国民法典》第一百三十八条第二款的主要功能在于规制信贷暴利，由于这方面的文献颇多，在此不予赘述。

除德国外，德语法学界的另外两个代表性国家，瑞士和奥地利的相关资料同样极具参考价值。《瑞士债务法》第二十一条规定了诈取行为

（Übervorteilung），就立法体例而言，相较于德国，其规定与我国立法更为接近。Bucher、Koller、Gauch、Guhl、Schwenzer 等学者纂写的瑞士债务法教科书或体系书对该制度作了较为全面的介绍，Huguenin、Helbing 和 Lichtenhahn 三位学者主持编纂的《瑞士债务法评注》亦对该条进行了较为详尽的注释，透过这些资料，可为我们勾勒出瑞士法上显失公平制度的大致轮廓。《奥地利普通民法典》同时规定了非常损害规则和暴利行为制度，相关介绍可见于 Koziol、Welser 等学者的教科书，以及分别由 Geschnitzer 和 Bollenberger 两位学者执笔的两部民法典评注。

国外关于显失公平制度的研究，近来值得关注的是对显失公平制度适用方法的检讨，对此，两大法系的代表美国和德国呈现出殊途同归的特点。美国学者 Melissa T. Lonegrass 通过对美国法院判例的梳理，揭示了显失公平制度在适用方法上的转变，她指出越来越多的美国州法院采用所谓"滑动标尺法"的方法。在德国，最初由奥地利学者 Wilburg 提出，后经 Bydlinski 和 Canaris 两位学者阐发的动态体系论受到越来越多的关注。相关领域除 Wilburg 的奠基性文章（部分已翻译成中文），以及 Bydlinski 和 Canaris 两位教授在其方法论著作中的介绍外，还有两部值得关注的专著，分别是 Ewald Hücking 的博士学位论文《维尔伯格的体系尝试》以及 Rudolf-Westerhoff 的专著《动态体系的要素》。此外，Bydlinski 教授的七十周岁祝寿文集《当代和未来法中的动态体系》云集了十九位重要学者，分别从各自研究领域讨论动态体系的作用，是了解动态体系论在当代发展的重要文献。将动态体系论适用于善良风俗或暴利行为的，则是 Mayer-Maly，在《动态体系和善良风俗的具体化》一文中，他在检讨既有方法不足的基础上，提出将动态体系用作善良风俗条款的具体化方法的思路。

第三节 问题及研究方法

对于法律人而言，显失公平制度可以说是一个既熟悉又陌生的制度。谓其熟悉，是因为每一本民法教科书或体系书均有关于它的介绍，法律人或多或少都对它有所了解。言其陌生，则在于人们对它的了解似乎又往往局限于教材中为数不多的几页内容，至多限于对其构成要件的了解。这种熟悉和陌生感同样表现在司法实务中，在中国裁判文书网或北大法宝网输入关键词"显失公平"，可以获得数以十万计的案例，阅读这些裁判文书，可以发现不论是当事人还是法官，往往乐于以合同显失公平作为自己主张或论证说理的依据。但颇为吊诡的是，人民法院在裁判依据中真正援用显失公平制度否定合同效力的案例却并不太多。一方面是人们如"口头禅"般抽象地使用"显失公平"一词，另一方面法院又惮于适用具体的显失公平制度，这在某种程度上反映了人们对显失公平制度想用而又不会用的现状，究其原因，或许在于人们对显失公平制度缺乏深入细致的研究和分析。

本书以显失公平制度作为研究题目，在研究思路上遵循以下两个原则：其一，学术研究的使命在于推陈出新，既然如此，对于众所周知的事实和学界已达成的共识，自然没有重复论述的必要。基于此，本书并不力求事无巨细地涵盖与显失公平制度相关的所有问题，而是选择几个有待深化或有争议的问题面向，作理论上的推进。其二，显失公平制度已被《民法典》重新塑造，立法者的使命既已完成，那么学术研究的使命应服务于实践需求，致力于法律规则的阐发。基于此，本书主要立足于解释论，所有讨论均围绕显失公平制度的解释适用这一核心命题展开。

基于以上两个原则，本书将研究聚焦于以下几个问题。

第一，探究显失公平制度的历史渊源，澄清非常损害规则、公平价格理论、暴利行为制度和显失公平制度的承继关系。对历史渊源的探索，不仅是为了弄清楚相关制度从哪里来，更是为了明了相关制度将到哪里去，所谓"以史为鉴、面向未来"。通过对显失公平及具有类似功能的制度的历史发展过程的考察，及对其在当代的发展趋势的把握，不仅使我们能够借鉴域外国家的经验得失，也有助于我们把握中国法上显失公平制度的解释论方向。

第二，分析显失公平制度的法理基础。根据现代法学方法论学说，一项完整的法律制度不仅包括由概念组成的以法律条文形式呈现的外在体系，还包括隐于条文之后的由多元价值构成的内部体系。探究显失公平制度的法理基础，弄清楚其否定合同拘束力的理由所在，即显失公平制度究竟是从客观公平性这一角度影响法律行为的效力，或是从主观（意思表示瑕疵）角度影响法律行为的效力，抑或是二者兼有，可为其外在体系的建构和制度适用奠定基础。

第三，定位显失公平制度的体系位置。在法律之中，存在着各种要件不一的制度，这些制度各司其职又分工配合，共同致力于社会正义的实现。法的形式正义原则要求各项制度须力求体系和谐，不要相互矛盾，以此保障法的安定性。对于显失公平制度而言，其特殊的制度构造使其既与意思表示瑕疵制度有关联，同时又与公序良俗这类法律行为的内容控制条款存在功能上的重叠。此外，在《海商法》和《劳动合同法》等特别立法中，还存在带有显失公平字样的特别制度，理清显失公平制度与这些制度的适用关系，明确其角色定位，有助于法秩序内部的体系和谐。

第四，更新显失公平制度适用的方法论。在显失公平制度的适用上，传统的"要件—效果"式思维的僵化性已引起越来越多的检讨和反思，兴起于奥地利、德国等国的动态体系论似乎成为解决问题的良方。然而，动态体系是什么，动态体系是否适合于显失公平制度，显失公平制度的动态体系该如何构建，在增大法条适用弹性的同时如何约束法官的自由裁量权，这些问题值得进一步思考。

第五，梳理我国法上显失公平的合同类型。对于民法上的一般条款，学界公认的具体化方案有二：一为价值补充，二是经由判例构造类型。相较于价值补充的方法，构造类型具有更加直观的优势，它对于廓清规则的适用场景，统一裁判立场不可或缺。过去，我国学界对于显失公平合同的具体类型关注不够，本书将专用一章来研究这一问题。

第六，在《民法通则》和《合同法》时代，当事人对于显失公平的法律行为，除可请求人民法院或仲裁机构撤销合同外，尚可请求变更合同。《民法典》在显失公平合同的法律效果上做出重要改变，即删除了原有规则中的"变更权"，而仅允许当事人撤销合同。这一做法在立法论上不无可议。更为重要的是，在立法改弦更张的既成事实下，如何通过解释方法达至妥当的处理结果？

法学研究的方法多种多样，面对以上六大问题，本书综合选用不同的研究方法运用于不同问题，以获得适当结论。在第二章中，本书将立足于功能比较的方法，运用中外文资料，分别从横向比较和纵向比较的视角，探讨显失公平制度的历史渊源，并把握其在当代的发展趋势。在第三章中，本书将视角移至法律规范之外，从法哲学、政治哲学等角度透视显失公平制度的内在价值。在第四章，本书回到规范层面，运用法教义学方法对规范进行分析解读，考虑到我国民法制度和学说的继受特点，比较法的视角也将始终贯穿其中。第五章转向于方法论的探讨，首先通过实证案例的分析提出问题，其次通过比较法研究发挥"他山之石"的效果，最后运用规范分析和体系思维完成显失公平制度动态体系的建构。第六章立足于案例实证研究的方法，以我国法院作出的判决为基础，运用类型化思维整理出我国法上显失公平合同的类型，当然，规范分析的方法也将运用于具体合同类型中相关问题的讨论。在第七章中，本书将首先作一立法论上的检讨，于此，取向于历史的研究、比较法考察、案例实证研究等方法将得到运用。随后，从解释论角度探究显失公平合同的"变更"之道，在此，规范分析的方法将成为主角。

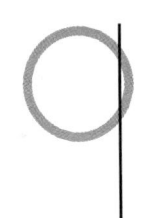

第二章
显失公平制度的历史渊源与比较考察

第一节 问题意识与研究方法

我国学者在探究显失公平制度的历史渊源时,往往将其追溯到罗马法上的非常损害规则,并沿着"非常损害—暴利行为"的时间线索,或将前者视为后者的萌芽,或认为后者继受自前者。[①] 然而不无疑问的是,罗马法上的非常损害规则仅要求客观要件,且其适用范围比较狭窄,而暴利行为则要求主客观要件,并且适用范围更广,那么这种变化是如何发生的?暴利行为制度与非常损害规则之间是否真的存在继受关系?对于这些问题,过往的研究并没有给予明确的说明,需要进行知识上的更新。

除了知识上的增进之外,本书作为以解释论为主的研究,那么需要思考的是,有关历史的追根溯源对于我国法上显失公平制度的理解适用有何现实意义?事实上,尽管《民法典》的立法转变为过往学界关于显失公平制度"单一要件说"与"双重要件说"的争论画上了句点。不过,隐藏在制度构成背后的解释方向上的分歧,即认为显失公平制度作为合同自由的限制与例外,应严格限制其适用空间;或认为显失公平制度作为维护合同实质正义的重要规定,应进一步发挥其作用,并不会随着新的显失公平制度的实施而消

[①] 参见尹田《论显失公平的民事行为》,《政治与法律》1989 年第 5 期;彭真明、葛同山《论合同显失公平原则》,《法学评论》1999 年第 1 期;徐涤宇《非常损失规则的比较研究——兼评中国法律行为制度中的乘人之危和显失公平》,《法律科学》2001 年第 3 期;冉克平《显失公平与乘人之危的现实困境与制度重构》,《比较法研究》2015 年第 5 期。

第二章　显失公平制度的历史渊源与比较考察

失。这一理念上的分歧不仅影响显失公平制度的功能定位，还将直接关系该制度的适用范围、制度弹性、法律效果等方面的解释论走向。

由于我国缺乏官方的立法理由书，无法直接考察得知立法者对显失公平制度的适用倾向。按照传统的法教义学方法，上述两种解释理念从法律条文的变化本身均可找到自圆其说的依凭。对于限制适用派而言，附上额外要件后的显失公平制度无疑较"单一要件说"下的原制度在适用上更为严格，其可以认为这体现了限缩显失公平制度适用空间的立法意图。相反，扩张适用派则可以认为，由于原有的显失公平制度构成要件过于单一、内容过于空泛，法官适用非常谨慎，故《民法典》的立法者将乘人之危与显失公平合二为一，增加显失公平制度的主观要件，其目的是增大该制度的可操作性，进而期冀该制度在现实中发挥更大的作用。由此可见，教义学方法对于如何把握显失公平制度的解释走向这一"前解释"问题，并不能达致具有说服力的结论。因此，透过历史的考察，探究显失公平制度在历史时空下的演变过程，并把握其在当代的发展趋向，或许可为我国民法上的显失公平制度的解释论展开找到一把"钥匙"，打开通往未来之门。

作为方法论意义上的比较法，按照茨威格特（Zweigert）和克茨（Kötz）两位比较法学大家的观点，应遵循一种功能性（Funktionalität）原则，在表述须探讨的问题时不能受到本国法律制度体系的各种概念的束缚。[①] 因此，本章中笔者提出的问题并非是各国法制中名为显失公平或类似名称的制度的历史演变及其相互比较，而是从功能角度，将合同实质正义的维护作为讨论的出发点，关注不同历史时期不同法制对该问题的解决之道。由于本章研究的目的旨在掌握维护合同实质正义的法律制度的发展演变趋势，进而找到一把打开我国法上显失公平制度的解释论"钥匙"，正所谓"不知过去，无以图将来"，故以时间叙事的"纵向的法律比较"（vertikale Rechtsvergleichung）为本章的主要叙事逻辑。当然，在同一时期，为说明各国或地区法治之间的差异，"横向的法律比较"（horizontale Rechtsvergleichung）也不可或缺。在比较样本的选取上，考虑到我国自清末以来，走上

[①] 参见［德］茨威格特、克茨《比较法总论》（上），潘汉典等译，中国法制出版社2017年版，第58页。

取法欧陆的法治现代化道路，故继受自罗马法传统赓续至今的大陆法系各国是本章考察的重点。同时，由于近代以降英美两国的崛起及其对世界格局的主导，普通法系法律制度对当今世界具有重要影响，故在近代以来的考察中，也兼及英美两国相关法制。尤值注意的是，近几十年来，国际私法统一运动方兴未艾，大量国际示范法作为比较法的最新成果问世，这些集中了各国比较法精英心血、博采众家之长的示范法制，代表了世界法律发展的最新潮流，极具参考价值，故也纳入本章的考察对象之列。

第二节　合同实质正义观在私法中的展开

一　希腊—罗马古典时代

古希腊哲学家对于商业交易的看法可以从他们的经典著作中窥探一二。柏拉图在他的《法律篇》中描绘了他对于理想的法制国的愿景：在这个国家中，没有人被允许通过不高尚的方式获得财富，每个人必须通过合法的方式获得财富，不应允许人们轻易地变得太富有或太贫穷。这个国家必须致力于将人们放置于正确的等级秩序之中，在这个秩序中，位于顶端的是崇高的美德，而对金钱的追求位居末席。[①] 在柏拉图看来，逐利的商业虽然给社会带来了好处，因为它使商品的分布更加平衡，但贪欲使得对暴利的追逐成为必然，人性由此腐败而堕落，因而必须通过法律对商业活动进行规制。[②]

在抑制商业的措施上，柏拉图提出了三项规则：一是要使从事商业的人尽可能的少，因此希腊城邦的公民被禁止从事商业活动；二是让那些即使腐败也不会给社会造成大害的人去从事这些工作，因此允许外国侨民或外国人经商；三是必须制定某些措施来防止从事这些工作的人把邪恶传给

[①] Vgl. Johannes Herrmann, Der Gedanke des iustum pretium in der Antike. In Johannes Herrmann, Werner Goez, Helmut Winterstein und Wolfgang Blomeyer, Der "Gerechte Preis 'Beiträge zur Diskussion um das' pretium iustum", Erlangen, 1982, S. 9–10.

[②] 参见［古希腊］柏拉图《柏拉图全集》（第三卷），王晓朝译，人民出版社2003年版，第684—685页。

第二章 显失公平制度的历史渊源与比较考察

别人,具体来说,他要求执法官不仅要保护出身高贵、受过良好教育和训练的人,使之不陷入罪恶之中。同时,执法官还必须细心地去保护那些并不拥有这些有利条件,而又从事了这些行业的人。"执法官必须向这个行业的专家学习,以防止各种欺骗行为。通过学习,他们要懂得从事某一行业的成本是多少,知道有多少赢利才是合理的。并且,这种赢利标准应当公布,由相关官员在他们的辖地内强制执行。"①

对于买卖,柏拉图认为各种商品必须送到市场上的指定摊位去销售,并且要根据不同的时间定价。他主张禁止在市场之外进行交易,不许赊购赊销。如果有人在别的地点以别的方式从事了买卖,那么他必须明白,除了法律规定的交易地点和方式外,其他任何买卖都是法律所不允许的。②关于交易价格,柏拉图指出:"无论在市场上出售什么货物,都不能给同一样东西制定两个价格。卖方可以出一个价,如果买方不愿意接受,卖方就应把货物取回,并且不能在同一天以不同的价格出售这件货物。"③柏拉图十分重视交换的公平性,"法律要求用银钱交换其他物品的人或兑换银钱的人,在各种情况下都要使用足价的银钱,成色必须一致。"④他还指出,法律建议卖方不能索要过高的价钱,而应根据货物的真实价值定价。法律也要向订立合同的人提出同样的建议,作为一名工匠,他当然知道自己工作的真实价值。在一个自由民的城邦里,工匠绝不能利用他的专业知识去欺骗那些不懂行的人,并从他们那里捞取好处。⑤ 从柏拉图的描述中,我们可以发现他对商业以及商人的警惕,以及对公平交易的强调,其中反映了一种朴素的合同正义观念。

柏拉图之后,正义学说被其得意门生亚里士多德深入阐述,在《尼各

---

① 参见〔古希腊〕柏拉图《柏拉图全集》(第三卷),王晓朝译,人民出版社2003年版,第686—687页。
② 参见〔古希腊〕柏拉图《柏拉图全集》(第三卷),王晓朝译,人民出版社2003年版,第682页。
③ 参见〔古希腊〕柏拉图《柏拉图全集》(第三卷),王晓朝译,人民出版社2003年版,第683页。
④ 参见〔古希腊〕柏拉图《柏拉图全集》(第三卷),王晓朝译,人民出版社2003年版,第683页。
⑤ 参见〔古希腊〕柏拉图《柏拉图全集》(第三卷),王晓朝译,人民出版社2003年版,第687页。

马克伦理学》中，他提出了著名的分配的公正与矫正的公正的区分，矫正的公正是在出于意愿的或违反意愿的私人交易中的公正。① 用现代的眼光来看，亚里士多德的矫正的公正中包含的"出于意愿的"和"违反意愿的交易"可以分别对应于合同法和侵权法领域。在他看来，矫正的公正应遵循算术的比例，要求没有人能通过损害他人的方式来使自己的财富增加。②

尽管古希腊哲学家的学说蕴含了某种公平交易的思想，不过这种道德思想还没有渗透到当时的法律之中，在古希腊法制中，并不涉及公平价格的问题，雅典和斯巴达的法律中均没有关于买卖价格必须与买卖物的客观价值相等的规定。③

罗马帝国是一个高度发达的商业社会，与古希腊法制一样，古典时期的罗马法在合同对价问题上奉行自由议价原则。在古典罗马法上，与买卖价格有关的唯一可见的限制，仅是要求价金条款的表示必须是明确（certum pretium）且真实的（verum pretium）。古典罗马法并不希望去干涉当事人的谈判过程，因为其相信合同当事人会去努力达成对他们最为有利的价格。④ 尽管一个价格在外人看来可能非常苛刻，但是只要不存在欺诈或胁迫的情况，法律就没有理由去介入当事人之间的交易。⑤ 上述自由交易思想可以从罗马法学家的经典论述中得到反映，例如乌尔比安引述蓬波尼乌斯的话说道，"在买卖合同中，当事人在确定价格时被允许虚夸以占取对方便宜是非常自然的"。(D. 4. 4. 16. 4)⑥ 在古典时代，罗马法并不要求买卖价格必须反映商品的客观价值，商品价格纯由自由的罗马人商议决定，

---

① 参见［古希腊］亚里士多德《尼各马可伦理学》，廖申白译注，商务印书馆2017年版，第150页。

② See James Gordley, "Equality in Exchange", *California Law Review*, Vol. 69, No. 6, December 1981, pp. 1589-1590.

③ Vgl. Johannes Herrmann, Der Gedanke des iustum pretium in der Antike. In Johannes Herrmann, Werner Goez, Helmut Winterstein und Wolfgang Blomeyer, Der "Gerechte Preis 'Beiträge zur Diskussion um das' pretium iustum", Erlangen, 1982, S. 13.

④ See Janos Jusztinger, "The Principle of Laesio Enormis in Sale and Purchase Contracts in Roman Law", *Studia Iuridica Auctoritate Universitatis Pecs Publicata*, Vol. 149, 2011, pp. 108-109.

⑤ See Rena van den Bergh, "The Long Life of Laesio Enormis", *SUBB Jurisprudentia*, No. 4, 2012, p. 41.

⑥ John P. Dawson, "Economic Duress and the Fair Exchange in French and German Law", *Tulane Law Review*, Vol. 12, No. 1, 1937-1938, p. 364.

第二章 显失公平制度的历史渊源与比较考察

这被现代学者认为是一种典型的主观价值论。①

二 戴克里先的敕答之谜

公元 3 世纪开始，由于连年战争、土地的荒芜、劳动力短缺等原因，罗马帝国面临严重的经济危机，为了应付财政压力，帝国不得不大量发行货币，由此引发严重的通货膨胀。为克服危机，戴克里先（Diokletian）皇帝先后颁布大量法令对商品价格进行管制。这些国家调控措施中，最引人注目的是公元 301 年颁布的最高价敕令（Hochstpreisedikts），这一敕令列举了一长串价格清单，对商品的最高价予以限制。为实现平抑物价的目的，敕令还规定了严厉的制裁措施，正如该敕令的结尾所写到的，"正如我们的前辈已经知道的那样，立法的原则是恐惧可以通过恐惧来缓和……作为最公平的义务保障的驱动因素，我们决定任何反对这项规定的人将被处以死刑。"② 尽管这一时期罗马帝国颁布了大量管制价格、干预市场交易的法令，但从制定这些规定的初衷以及这些规定的法律效果，可以发现其着眼点并非是为不公平交易的受害者提供救济，而是为了实现稳定社会经济秩序的目的。以今天的视角来看，这些严厉的价格管制法令并非属于私法的内容，而应归属于经济法、刑法等公法范畴。③

合同实质正义观或者说对合同给付均衡性的要求真正进入私法的标志，可追溯至优士丁尼法典中被归属于戴克里先皇帝和马克西米利安皇帝

---

① 参见徐国栋《民法哲学》，中国法制出版社 2015 年版，第 538 页。

② Johannes Herrmann, Der Gedanke des iustum pretium in der Antike. In Johannes Herrmann, Werner Goez, Helmut Winterstein und Wolfgang Blomeyer, Der "Gerechte Preis 'Beiträge zur Diskussion um das' pretium iustum", Erlangen, 1982, S. 16.

③ 这类公法领域的价格管制措施是在社会经济危机时期大量涌现，早在奥古斯都时期，就已颁布《关于生活资料供应的优流斯法》（Lex Iulia de annona），以打击粮食市场中的哄抬物价等行为。近代以来，奥地利维也纳在三十年战争期间也曾颁布价格管制法令（1623 年）。在第一次世界大战和第二次世界大战期间，奥地利和德国也普遍实行价格管制措施。由此可见，作为危机时期的国家价格管制措施，是为实现统制经济的需要，这些规定不应与私法上的合同正义规则混为一谈。相关资料可参见：Wolfgang Blomeyer, Der gerechte Preis im geltenden Recht. In Johannes Herrmann, Werner Goez, Helmut Winterstein und Wolfgang Blomeyer, Der "Gerechte Preis 'Beiträge zur Diskussion um das' pretium iustum", Erlangen, 1982, S. 42; Schäfer, Schwerpunktbereichshausarbeit-Europaeische Privatrechtsgeschichte: Austauschgerechtigkeit in Preistaxen, laesio enormis und § 138 BGB, JuS, 2009, S. 4.

的两个敕答。由于罗马帝国后期严重的经济危机，大量农民被迫以低价出卖土地，于是一些土地出卖人请愿罗马皇帝废除他们的买卖合同，以要回土地，公元285年的敕答就是在这一背景下颁布。

C.4.44.2（戴克里先皇帝与马克西米利安皇帝致大区长官奥莱里奥·卢保）：

> 如果你或者你的父亲以极低价格出售一个价值较高的地产，那么这是合理的，或者你根据法院的命令收回出售的土地，并且退还价款给买方；或者，如果买方选择，你可以得到一个公平的价格。被支付的价格如果低于公平价格的一半，那么这个价格就被认为是太低了。

8年之后，公元293年，另一个敕答重申了上述观点。
C.4.44.8（戴克里先皇帝与马克西米利安皇帝致奥莱利娅·艾瓦帝）：

> 如果你的儿子经你的同意出售你的土地，为了使买卖无效，那么买方使用诡计和阴谋进行了欺诈，或者出于对死亡和身体折磨的恐惧必须被证明。简单的事实是，你陈述的土地被低价出售是不足够去废除买卖的。买卖合同的本质是买方倾向于尽可能便宜地购买，而卖方则希望卖出高价。卖方将会逐步从最初的要价中降低，而买方将会增加出价，直到经过长时间的谈判，他们达成一个最终价格。很明确的是，不仅是买卖合同所要求的诚信不允许，而且也没有任何其他理由允许——不论是立即或是经过漫长争论后——达成了一致的合同被废除，除非在出卖时商定的价格不及一个公平价格的一半，而买方又拒绝支付差价。

以上两个敕答就是被后世学者命名为"非常损害"（Laesio Enormis）的著名规则的最初来源。需要指出的是，由于以上两个敕答与古典罗马法的自由主义气质不相符合，故从19世纪开始，就其真正作者产生了两派观点。第一派观点可称为"篡改说"，由学者Gradenwitz最先提出，他认为这两个敕答的真正主人并非是戴克里先皇帝，而是优士丁尼法典的编纂者，后者通过增添语句的方式改变了它们原来的面貌。在 20 世纪的前 10 年，"篡改说"受到 Brassloff、Solazzi、Albertario 以及 Schueuer 等学者的追随，一度占据主导地位。"篡改说"的依据主要有以下几点：第一，这两个敕答体现的思想与古典罗马法相悖，甚至跟同时代由戴克里先帝发布的其他敕答相冲突，例如，在给欧多克斯（Endoxius）的答复（Code 4.44.4）中，戴克里先皇帝说道，"支付财产价值一半的价格并非废除（合同）所需要的'恶意'的证据"，这一敕答清楚地表明其拒绝将合同当事人从一个自由缔结的"坏交易"中解放出来。在另一个敕答中（Code 4.44.6），格拉提安（Gratian）废除合同的要求被拒绝，尽管他提议以两倍的价格买回房产。[①] 第二，敕答 C.4.44.8 前后存在明显矛盾，该敕答大部分内容均在表述一种合同自由的思想，却在最后非常突兀地加上了价金短少逾半可以废除合同的规定。第三，晚于这两个敕答出现的罗马法文献中未再出现相关内容，如公元 319 年颁布的特奥多西法典（Codex Theodosianus）中完全见不到相关制度的踪迹。与之相反，另一派学者则坚持认为这两个敕答的确来源于戴克里先皇帝，他们不约而同地看到公元 3 世纪发生的严重的经济危机对罗马传统社会的影响，例如 Mayer-Maly 认为，戴克里先皇帝发布这些敕答的目的在于避免大量佃农流离失所。在这派学者看来，上述两个敕答与同时期戴克里先皇帝发布的众多价格管制措施是一脉相承的，旨在克服帝国后期严重的经济困难。[②]

对于敕答的真正来源，作为一个历史考据问题，"篡改说"尽管可以找到一些依据支持自己的观点，但这些理由均是间接证据或推论，并不足以得出不可辩驳的结论。有意思的是，"篡改说"的"黄金时代"是 19 世纪末 20 世纪初，彼时正是古典自由主义学说复兴的时代，而进入 20 世纪后，随着社会衡平思潮的兴起，"非篡改说"又开始占有一席之地，如果

---

① 古典罗马法在合同自由议价原则上唯一的例外是在借贷利息上，据记载，《十二铜表法》规定了利息不得超过十二分之一的原则。See Alphonse M. Squillante, "Unconscionability: French, German, Anglo-American Application", *Albany Law Review*, Vol. 34, 1970, pp. 299-301.

② 相关争论的介绍可参见 Janos Jusztinger, "The Principle of Laesio Enormis in Sale and Purchase Contracts in Roman Law", *Studia Iuridica Auctoritate Universitatis Pecs Publicata*, Vol. 149, 2011, pp. 112-117.

说"一切历史都是当代史",那么这些学者在就历史问题进行判断时是否受到自身所处时代的思潮的影响,也是颇值玩味的。总而言之,除非考古工作能够发现新的直接证据,进而推翻法典原文的记载,否则"篡改说"始终只能是一种假设。

抛开以上论争,可以确定的是,在罗马帝国后期,最早于戴克里先,不迟于优士丁尼统治的时代,维护合同实质正义的规定开始登上私法的历史舞台。不过值得注意的是,尽管从此时起私法开始关注合同客观给付的均衡问题,但是其对罗马古典自由主义思想的"反叛"仍是有所克制的。从以上两个敕答的内容可以看出,其适用的领域限于土地买卖,且仅有出卖人可以主张此种救济。另外,虽然两个敕答对推翻合同仅设置了客观要件,但"短少逾半"的量化标准本身也表明一种对客观给付失衡程度的要求,体现了罗马皇帝在合同自由与合同正义之间的平衡。由此可见,可以说两个敕答仍旧保留了古典时代罗马法的余温,它们并不试图推翻原有的立场去建立一个普遍的法则,而仅仅是在一些极其艰难的案件中给予当事人特别的救济。①

三 公平价格思想的出现与非常损害规则的流行

公元476年,在蛮族入侵之下,西罗马帝国寿终正寝。这一横跨亚欧大陆的多民族的统一大帝国消失之后,分封割据的封建国家在西欧先后建立,以"领主、封臣、领地"为中心的封建制度,使农民牢牢地束缚在土地之上,自给自足的庄园经济系统抑制了商业交易的冲动。随着商业交易的萎缩,服务于罗马商业帝国的自由主义精神亦湮没在中世纪的"黑暗"之中。

公元380年,狄奥多西皇帝的一道谕旨,使基督教取得罗马国教地位,自此及至整个中世纪,基督教思想深刻统治着欧洲人的精神生活。尽管根据现有研究,早期基督教并没有自身的经济构想也没有发展出完备的价格学说。②但从基督教经典文献中,仍可以发现其对公平交易的关切。

---

① See Rena van den Bergh, "The Long Life of Laesio Enormis", *SUBB Jurisprudentia*, No. 4, 2012, p. 42.

② Vgl. Johannes Herrmann, Der Gedanke des iustum pretium in der Antike. In Johannes Herrmann, Werner Goez, Helmut Winterstein und Wolfgang Blomeyer, Der "Gerechte Preis ' Beiträge zur Diskussion um das ' pretium iustum", Erlangen, 1982, S. 12.

第二章　显失公平制度的历史渊源与比较考察

例如，在《旧约》"利未记"中可以发现摩西的一个指示，"你若卖什么给邻舍，或是从邻舍的手中买什么，彼此不可亏负。"《新约》"贴撒罗尼伽前书"中也提到"谁也不要在这事上越轨，占弟兄的便宜，因为这一类的事，主必报应。这是我们从前告诉过你们，又严厉警戒过你们的。"古罗马神学家拉克坦提乌斯曾经陈述他的主张："出卖人必须指出所有商品的瑕疵，买方不能占出卖人的错误的便宜。"[Divinae Institutiones（V：16）]圣奥古斯丁在其著作中讲述过他的一个经历，他被出卖人提供一个价值连城的手稿，卖方的出价远低于其价值，但是圣奥古斯丁仍为该手稿支付了公平价格，因为这是他正直的良心所要求的。[De Trinitate（XIII：3）][1] 以上基督教关于公平交易的思想，被后世的神学家继承和阐发，逐渐发展出公平价格（Justum pretium）思想。

中世纪的神学家，试图将道德律令施加于所有人类活动领域的义务之上，这个系统的核心，在经济层面，就是公平价格观念。在他们看来，公平价格是一个普遍价格，它由博学的和受人尊敬的社会成员的总体评价决定。[2] 13世纪的神学家阿尔伯特·马格努斯（Albertus Magnus）、托马斯·阿奎那（Thomas Aquinas）等人进一步发展了这一理论，对于如何确定公平价格，他们从亚里士多德的劳动价值论那里获得灵感，将劳动（labor）和成本（cost）作为公平价格的基础。"那些进入产品的东西就是它的价值，输出即是输入。"在阿奎那眼中，违背公平价格虽然不会带来死亡，但却会受到诅咒。交易在公平价格之上或之下不仅仅是腐败和非法的，而且是有罪且危及不朽的灵魂的。[3] 神学上公平价格理论的建立和发展，为合同实质正义观在中世纪私法中的"攻城略地"奠定了思想基础。

在经历克吕尼（Cluny）的教会改革运动、额我略七世（Gregor Ⅶ）提升教皇权力，以及罗马教廷主张彻底重新安排整个西方教会并且立法加

---

[1] See Aphonse M. Squillante, "The Doctrine of Just Price-Its Origin and Development", *Com. L. J.*, Vol. 74, 1969, p. 334.

[2] See John P. Dawson, "Economic Duress and the Fair Exchange in French and German Law", *Tulane Law Review*, Vol. 12, No. 1, 1937-1938, p. 365.

[3] See Jerome P. Shuchter, "The Just Price", *Antitrust Law & Economics Review*, Vol. 1, 1968, p. 107.

以实现后，广泛法制化的教会与中央集权式的教廷立法得以出现，它不仅要求整个西方世界应予尊重，并且逐渐能贯彻此项要求。① 教会权力提升的一大表现是宗教法庭的设立，它开始与世俗法院一道主导着中世纪的司法审判，根据权限划分，婚姻、遗嘱、教产、受俸神职、教堂捐赠人的权利义务、什一税、利息、暴利行为等精神性事务当然属于教会法庭的裁判权限。随着寺院法学与世俗法学的交流融合，即使在世俗法庭，也逐渐适用伦理神学的一些原则，例如宗教法中的衡平、良知、诚信、信赖利益等，都可以用来判断法律上的义务。这些原则对于利息、暴利行为、适当的契约对价，以及反对法律行为中的欺诈、胁迫，意义重大。② 在教会权力的扩张、宗教法庭管辖权的扩大，以及寺院法学对世俗法学的影响逐渐加深的背景下，合同实质正义观逐渐由神学思想层面向现实的司法实践层面渗透。

尽管宗教思想逐渐影响世俗生活，但贯彻其公平交易思想的一大难题，在于并没有现成的规范，指示在具体的法律行为中如何识别不公平的价格。为了方便操作，教会迫使各世俗政权尽可能地为所有的物品和给付确定一个公定价格（Preistaxen），超过这个公定价格就是应受责罚的。自中世纪早期开始，各封建国家逐渐发布了一些价格法令。例如在卡罗琳王朝时代，大量的法规对食品和日常消费品规定了公定价格。这种价格系统广泛存在于11—13世纪的欧洲城邦中，并且自14世纪开始有逐渐增加的趋势。③

虽然公定价格可以充当价格是否公平的判断标准，但政府不可能事无巨细地为每一件商品确定公定价格，在那些没有公定价格的领域，如何认定公平价格仍然存在难题。公元1070年，优士丁尼法典在意大利被重新发现，其中的两条敕答（C.4.44.2和C.4.44.8）立即吸引了寺院法学家

---

① 参见［德］弗朗茨·维亚克尔《近代私法史：以德意志的发展为观察重点》（上），陈爱娥、黄建辉译，上海三联书店2006年版，第56页。
② 参见［德］弗朗茨·维亚克尔《近代私法史：以德意志的发展为观察重点》（上），陈爱娥、黄建辉译，上海三联书店2006年版，第56—61页。
③ Vgl. Matthias Pohlkamp, Die Entstehung des modernen Wucherrechts und die Wucherrechtsprechung des Reichsgerichts zwischen 1880 und 1933, Peter Lang, 2009, S. 73 – 75.

第二章　显失公平制度的历史渊源与比较考察

的目光,阿奎那和司各脱(Scotus)将这一罗马法文本看作是对亚里士多德原则的运用。[①] 在那个时代,非常损害规则被视作从天国经由优士丁尼法典的编纂者之手而带到世上的礼物,[②] 从这个古老的法律文件中,中世纪法学家们得到了可以贯彻其公平价格思想的制度工具。尽管戴克里先的敕答仅将非常损害规则限于土地买卖的卖方,但中世纪的司法实践很快就突破了这一限制,先是将这种救济用于保护支付了过高价格的买方,后来,这一救济不仅适用于买卖合同,而且广泛适用于互易、合伙以及租赁等合同。[③] 至此,以庄园经济为基础,伴随着亚里士多德交换正义思想与中世纪神学理论的汇流,体现合同实质正义观的非常损害规则如同屈膝礼之于基督教一般成为中世纪私法的核心制度之一。随着中世纪罗马法学研究的兴起,注释法学者以及他们的学生,将包括非常损害规则在内的罗马法律制度带到欧洲各地,其后,评论法学派的学术研究及其司法实践,又使这些制度在当地生根发芽,非常损害规则最终成为欧洲普通法的一部分。[④]

17 世纪,在结束了漫长的中世纪之后,欧洲大陆逐渐迎来理性的曙光。然而,合同实质正义思想及作为其具体表现的非常损害规则,并未随

[①] See James Gordley, "Equality in Exchange", *California Law Review*, Vol. 69, No. 6, December 1981, p. 1638.

[②] See Alphonse M. Squillante, "Unconscionability: French, German, Anglo-American Application", *Albany Law Review*, Vol. 34, 1970, p. 300.

[③] 这一发展首先发生于学术层面,出现在注释法学派与后注释法学派的讨论中,但是相似的趋势很快表现在法院的判决和习惯法中。See John P. Dawson, "Economic Duress and the Fair Exchange in French and German Law", *Tulane Law Review*, Vol. 12, No. 1, 1937 – 1938, p. 366.

[④] 学者 Rena van den Bergh 将欧洲对罗马法的继受划分为四个阶段:第一个阶段(12 世纪前)可称作渗透阶段,在这一阶段,罗马法潜移默化地影响着日耳曼习惯法,无意识地渗透到日耳曼习惯规则中;第二个阶段以优士丁尼法典的重新发现为起点,注释法学派以及他们的学生将罗马法带到欧洲各地;第三个阶段则是从 13 世纪起到 15 世纪中叶,教士和评注者对罗马法的研究活动扮演着越来越重要的作用;第四个阶段则从 15 世纪下半叶到 16 世纪,罗马法成体系的被吸收进一些国家的法律体系中,并成为欧洲普通法的一部分。See Rena van den Bergh, "The Long Life of Laesio Enormis", *SUBB Jurisprudentia*, No. 4, 2012, pp. 36 – 37. 在法国,巴黎的最高法院早在 1317 年即允许在土地和货物销售合同中以"损害"(laesio)为由废除合同。See John P. Dawson, "Economic Duress and the Fair Exchange in French and German Law", *Tulane Law Review*, Vol. 12, No. 1, 1937–1938, p. 366. 在中世纪的德意志地区,非常损害规则作为罗马法的继受成果在大量城市和邦法中出现。例如 1498 年的 Wormser 改革以及在 1571 年的 Solmser 邦法中。Vgl. Schäfer, Schwerpunktbereichshausarbeit-Europaeische Privatrechtsgeschichte: Austauschgerechtigkeit in Preistaxen, laesio enormis und § 138 BGB, *JuS*, 2009, p. 8.

着中世纪的结束而消失,其余波一直延续至理性法时代及其间的法典编纂运动。① 理性法的早期代表人物格老秀斯(Grotius)关于合同正义的理论植根于"亚里士多德—托马斯"的传统,这个传统要求给付之间的等价。② 格老秀斯在其著作中重申了非常损害规则,"如果卖方或买方在价格上遭受的损害超过价值的一半(如果这里不存在一方的欺诈),那么,当价格变得'巨大的不公平'时,一个买卖可以被撤销,除非一方期望增加或减少价格到真实的价值。"在解释这一制度的合理性时,格老秀斯着眼于合同的起源,他认为所有的合同都来源于相互的满足和需要,那么合理的要求就是当事人应该考虑一个公平的价格。③ 格老秀斯的上述思想深刻影响了普芬道夫(Pufendorf),在普芬道夫看来,合同给付间的均衡是合同正义在内容上的规整因素,为正当化给付义务的拘束力,他也反对主观的价值决定因素,而倾向于一般承认的价值。④

理性法时代制定的诸法典中,有一部分保留了非常损害规则。1794年颁布的《普鲁士普通邦法》(ALR),尽管在立法时遭到反对,但非常损害规则仍然得以规定在法典中,不过保护的对象被限于买方,并且当买方不能返还标的物时,基于非常损害的救济被排除。(ALR I 11 §67)⑤ 其后是1804年颁布的《法国民法典》,该法典在第八百八十七条、第一千六百七十四条等条文中有限制地承认了非常损害规则。1811年颁布的《奥地利普通民法典》第九百三十四条则相对完整地继受了中世纪以来的非常损害

---

① 在理性法时代,并非所有的学者均支持合同实质正义的观念,本段提到的格老秀斯和普芬道夫继承中世纪传统,坚持客观价值论,拥护非常损害规则。但中后期的理性法学家,例如霍布斯和托马斯乌斯,则明显转向主观价值论。从这个历程来看,理性法时代是从中世纪的客观价值论向自由主义时代的主观价值论转变的过渡时期。霍布斯认为"一切立约议价的东西的价值是由立约者的欲求来衡量的,因之其公正的价值便是他们愿意支付的价值。"参见[英]霍布斯《利维坦》,黎思复、黎廷弼译,商务印书馆1986年版,第114页。

② 参见[德]弗朗茨·维亚克尔《近代私法史:以德意志的发展为观察重点》(上),陈爱娥、黄建辉译,上海三联书店2006年版,第286页。

③ See Rena van den Bergh, "The Long Life of Laesio Enormis", *SUBB Jurisprudentia*, No. 4, 2012, p. 44.

④ 参见[德]弗朗茨·维亚克尔《近代私法史:以德意志的发展为观察重点》(上),陈爱娥、黄建辉译,上海三联书店2006年版,第305页。

⑤ Vgl. Schäfer, Schwerpunktbereichshausarbeit-Europaeische Privatrechtsgeschichte: Austauschgerechtigkeit in Preistaxen, laesio enormis und §138 BGB, *JuS*, 2009, S. 2.

规则,该条的适用范围包括所有双务有偿合同,并且救济的对象不限于卖方,此外,该法典第九百九十四条还对借贷利息作出专门规定。

尽管在理性法时代,中世纪的公平价格思想余波尚存,但18世纪以来,随着资本主义在西欧的兴盛,以及资产阶级改革和革命运动的蓬勃发展,服务于资本主义发展的古典自由主义思想重燃生机,并逐渐居于主导地位,以非常损害规则为代表的合同实质正义思想则日益呈现出衰落趋势。

第三节 自由主义的勃兴

一 非常损害规则式微

（一）公平价格的理论嬗变

中世纪早期,人们认为的公平价格,是那些在社会上受过教育的、正直的、道德的、可能是教会的信众,为任何特定的商品确定的价格。[①]这种模糊的、泛道德化的解释体现了基督教对逐利商业的排斥,以及通过它来抑制商业交往的愿望。然而,从13世纪开始,西欧的经济形态开始发生变化,资本主义萌芽在地中海沿岸出现,日益增多的商业实践,在商人逐利本能的支配下,不可避免地出现自由议价的需求。在这一背景下,公平价格思想不得不随时代而发展,以适应日益增多的商业实践的需要。

虽然亚里士多德在其著作中谈到交易中要遵循交换正义,不过仔细阅读亚里士多德的著作,可以发现其关于交换正义的举例,主要集中于侵权法领域,例如他提到"如果一方打了人,另一方挨了打,或者一方杀了人,另一方被杀了,做这个行为同承受这个行为这两者之间就不平等,法官就要通过剥夺行为者的得来使他受到损失。"[②] 相反,在"回报的公正"部分,亚里士多德用较大篇幅描述了出于意愿的交易的发生原因。在他看

[①] See Aphonse M. Squillante, "The Doctrine of Just Price-Its Origin and Development", *Com. L. J.*, Vol. 74, 1969, p. 334.

[②] [古希腊]亚里士多德:《尼各马可伦理学》,廖申白译注,商务印书馆2017年版,第150页。

来,所有被交易的东西都必须由某一种东西来衡量,这种东西其实就是需要。"正是需要把人们联系到了一起。如果人们不再有需要,或者他们的需要不再是相同的,他们之间就不会有交易,或者不会有这种交易。"这种需要通过作为一般等价物的货币予以表达,"货币是使得所有物品可以衡量和可以平等化的唯一尺度。"① 如果说"需要"是交易发生的基础,并且"需要"通过货币的方式呈现,那么物品的价格似乎就与合同当事人"需要"的强烈程度有关,正是这个缘故,有学者认为亚里士多德的交换正义其实蕴含着一种主观价值理论。②

13 世纪,神学家阿尔伯特·马格努斯在重新审视亚里士多德学说的基础上,第一个提出公平价格应由劳动和成本来决定的观点。尽管他并没有对劳动和成本进行定义,也没有谈论如何获得这一决定,但他的思想为后世的神学家拓展公平价格的概念开辟了道路。③

与早期基督教学者敌视商业的态度不同,托马斯·阿奎那对于商业的态度发生了微妙的转变,尽管他仍赞同亚里士多德的观点,认为商人的交换"理应受到谴责,因为它势必会助长利欲,而利欲是无止境的,总是得寸进尺的。因此,从本质上看,贸易总含有某种恶劣的性质,因为它本身并没有任何诚实的或必要的目的。"④ 不过,阿奎那随即却话锋一转,"贸易的目的是牟利,虽然牟利本身并不包含任何诚实的目标,它却也并不包含任何有害的或违反道德的事情。所以没有什么东西能够阻碍它转向某种诚实的或必要的目标。这样,贸易就变成合法的了。例如,当一个人使用他从贸易中求得的适度的利润来维持他的家属或帮助穷人时,或者,当一个人为了公共福利经营贸易,以生活必需品供给国家时,以及当他不是为了利润而是

---

① [古希腊]亚里士多德:《尼各马可伦理学》,廖申白译注,商务印书馆 2017 年版,第 157 页。
② Vgl. Johannes Herrmann, Der Gedanke des iustum pretium in der Antike. In Johannes Herrmann, Werner Goez, Helmut Winterstein und Wolfgang Blomeyer, Der "Gerechte Preis' Beiträge zur Diskussion um das' pretium iustum", Erlangen, 1982, S. 10.
③ See Aphonse M. Squillante, "The Doctrine of Just Price-Its Origin and Development", *Com. L. J.*, Vol. 74, 1969, pp. 334 – 335.
④ [意]托马斯·阿奎那:《阿奎那政治著作选》,马清槐译,商务印书馆 1982 年版,第 144 页。

作为他的劳动报酬而赚取利润时，情况就是如此。"① 在这一转变下，对于公平价格的构成，阿奎那不仅采纳了马格努斯的两个概念，并且拓展了它们。阿奎那提出劳动奖励（stipendium laboris）的概念，认为它是对劳动和成本之外的制造商品的额外花费的补偿，例如运输费等。通过对公平价格的构成添加新的元素，阿奎那在一定程度上承认了商业利润的合法性。② 尤其值得注意的是，阿奎那还看到公平价格与商品的有用性，以及与买方的渴望和需求之间的相关性，这一思想被认为蕴含了市场塑造价值的曙光。③

阿奎那之后，安东尼奥（Antonino）在打破公平价格的僵化上迈出了一大步，他认为获得公平价格的条件是主观的，并且仅仅是一个推测的问题，因为这些条件随着不同的地方、不同的人、不同的时间而不同。中世纪晚期，信贷因素的出现对公平价格提出了一个难题：为什么商人应该为他出售的商品获得相同的价格，而不论他是现金销售还是他授予了对方以信用？安东尼奥接受了信用这一概念，他认为信用扩张了价格上限，为此他划定低、中、高三个价格区间，期望通过这种滑动标尺式的弹性价格区间，缓和公平价格的僵硬性。④

随着商业交往的频繁，中世纪的神学家们被迫对公平价格理论做适应现实社会的改造，他们不得不将公平价格指向市场价格，并且认为只有在交易价格过分偏离市场价格时才提供救济。在这样的重构中，主观价值论的萌芽从客观价值论的躯壳里呼之欲出。

（二）非常损害规则在理性法时代逐渐退场

随着资本主义经济的进一步发展，资产阶级不断壮大，及至17世纪，反映新兴资产阶级意识形态的古典自由主义思想向中世纪以来的神学思想发起全面挑战。在政治哲学上，由启蒙运动带来的"社会契约""主权在

---

① ［意］托马斯·阿奎那：《阿奎那政治著作选》，马清槐译，商务印书馆1982年版，第144页。

② See Aphonse M. Squillante, "The Doctrine of Just Price-Its Origin and Development", *Com. L. J.*, Vol. 74, 1969, pp. 334–335.

③ See Jerome P. Shuchter, "The Just Price", *Antitrust Law & Economics Review*, Vol. 1, 1968, p. 108.

④ See Aphonse M. Squillante, "The Doctrine of Just Price-Its Origin and Development", *Com. L. J.*, Vol. 74, 1969, p. 335.

民"思想取代"君权神授"思想。在经济领域,亚当·斯密的"看不见的手"飘荡在欧洲上空成为一般经济法则。政治和经济领域思想的深刻转变同样影响到法学领域,在私法上,合同自由开始被奉为圭臬,体现"父爱主义"关怀的非常损害规则遭到日益激烈的批判。

对非常损害规则的批判主要集中在两个方面:一是反对客观价值论,否定非常损害的制度根基;二是立足于意思自治原则,质疑非常损害规则的正当性。在托马斯乌斯(Thomasius)看来,亚里士多德对分配正义和交换正义的区分实际上被误解了,那些交换正义的捍卫者将价值想象成为一个事物固有的财产是错误的,"价值仅仅取决于人的判断",在合同法上,它仅"取决于合同当事人的判断,而非其他人"。① 在法国,伯利尔(Berlier)亦持相同的观点,他认为事物没有一个普遍存在的真正价格,它们对一个人来说价值较低,却对另一个人来说有较高的价值,价格只能被协议自身所知晓。② 站在意思自治的立场,恩德曼(Endemann)认为非常损害救济之所以应该被废除,不仅是因为价值是相对的,还在于价格的决定应交给当事人自由协商。在伯利尔看来,要求废除非常损害规则的另一个理由则在于"一个成年人的责任在于谨慎地订立合同",并且"法律不应该保护他去反对他自己所为的行为"。③

在自由主义思想的冲击下,非常损害规则在18世纪至19世纪制定的法典中"节节败退"。在德意志地区,1794年的《普鲁士普通邦法》虽然保留了非常损害规则,但在解释上不能认为仅仅是价格的不均衡本身就可以导致合同无效,而是当买方支付超过正常价格的两倍价格时,错误即被假定存在。随后,在1861年的《马克西米利安—巴伐利亚民法典》、1863年的《萨克森王国民法典》以及1861年制定的《德意志普通商法典》中,非常损害规则均遭废除。④ 18世纪末的法国,在大革命的狂热气氛中,非

---

① James Gordley, "Equality in Exchange", *California Law Review*, Vol. 69, No. 6, December 1981, p. 1592.

② James Gordley, "Equality in Exchange", *California Law Review*, Vol. 69, No. 6, December 1981, p. 1593.

③ James Gordley, "Equality in Exchange", *California Law Review*, Vol. 69, No. 6, December 1981, p. 1600.

④ James Gordley, "Equality in Exchange", *California Law Review*, Vol. 69, No. 6, December 1981, pp. 1592-1593.

常损害规则遭到强烈抵制，并一度被废除，不过革命引发的严重通货膨胀，使得大量的土地出卖人寻求司法救济以期从无利可图的交易中解脱，要求保留非常损害规则的声音也一再涌现。货币稳定后，在革命时期的个人主义哲学影响下，要求废除非常损害规则的呼声重新壮大，并在《法国民法典》的制定过程中引发巨大争议。最终，在拿破仑的亲自干预下，非常损害规则仅得在遗产分割协议（第八百八十七条）和不动产买卖中（第一千六百七十四条）被有限地保留。①

（三）《德国民法典》放弃非常损害规则

中世纪的德意志地区，由于帝国权力的羸弱和德意志诸邦权力的强大，使得统一的德意志私法、司法组织以及法律职业阶层始终未能形成，因此，德意志地区对罗马法的继受虽然相较于欧洲其他地区来得要晚一些，但其继受的程度却远超欧洲其他地区。② 非常损害规则，作为德意志普通法的一部分，直至 19 世纪，仍适用于那些未受到理性法法典影响的地区，并且其救济范围延续中世纪以来的传统，不限于卖方，而是适用于所有双务合同。③

与法国在理性法思想的引导下通过革命性法典实现法秩序的更新不同，19 世纪德意志法秩序的更新是在历史法学派的学术实践中完成的。④历史法学派的学术思想深受康德哲学的影响，后者深刻批判了自格老秀斯以来的理性法之实质社会伦理学，而代之以人格的伦理自律性。在康德看来，人本身即是目的而非手段，"人，是主体，他有能力承担加于他的行为。因此，道德的人格不是别的，它是受道德法则约束的一个有理性的人

---

① See John P. Dawson, "Economic Duress and the Fair Exchange in French and German Law", *Tulane Law Review*, Vol. 12, No. 1, 1937–1938, pp. 370–371. 根据《法国民法典》第一千六百七十四条的规定，仅有不动产的出卖人享有此条的救济，且救济的标准也由罗马法上的"短少逾半"改为损失超过十二分之七。并且，根据第一千六百七十六条的规定，该项救济须受 2 年期间的限制。

② 参见［德］茨威格特、克茨《比较法总论》（上），潘汉典等译，中国法制出版社 2017 年版，第 252—257 页。

③ See John P. Dawson, "Economic Duress and the Fair Exchange in French and German Law", *Tulane Law Review*, Vol. 12, No. 1, 1937–1938, pp. 367–369.

④ 参见［德］弗朗茨·维亚克尔《近代私法史：以德意志的发展为观察重点》（下），陈爱娥、黄建辉译，上海三联书店 2006 年版，第 350—353 页。

的自由……因此，结论是，人最适合服从于他给自己制定的法律。"① 19世纪末期，随着德意志帝国的统一及帝国立法权的扩张，编纂一部统一民法典的条件已然成熟，继承自历史法学派的学说汇纂派主导了这一法典的制定，康德的哲学思想也透过制定者之手形塑了《德国民法典》的精神气质，伦理学上的理性人格形象被移植到法典之中，非常损害规则所体现的"父爱主义""弱者关怀"自然与法典的气质不相符合，其最终命运已不难想到。

1888年，《德国民法典》第一起草委员会提交的草案中，删除了所有关于非常损害规则的规定，在官方的立法理由书中写道："非常损害规则不再与当今时代的观点相符，它对法律和交易的安全是危险的，并且，在保留这一规则的国家也存在无休止的争论。在法典的一般原则上找不到这一制度存在的基础，它是不必要的，因为在法律中已经有一些合适的救济措施去处理那些由于价格引发的情况。"② 这一决定在第二草案中也未被推翻，至此，非常损害规则在德国私法中退出历史舞台。尽管《德国民法典》废除了非常损害规则，不过对合同均衡性的关注却"以一种中世纪禁止高利贷的战战兢兢的复活形式"③ 保存下来。

二 暴利行为制度的崛起

（一）欧洲早期法律对高利贷的规制

1. 罗马法上的高利贷规制

古典罗马私法的自由主义风格在借贷问题上同样表现得十分明显，与今天一样，罗马人将利息作为使用资本的报酬，认为其数额应根据资本的短缺程度以及使用期间予以计算。基于此，早期罗马法并无关于借贷利率的规定。④ 不过，这种利息自由政策助长了经济上强者对弱者的霸凌，随

---

① ［德］康德：《法的形而上学原理》，沈叔平译，商务印书馆1991年版，第26页。
② Motive zu dem Entwurfe eines Buergerlichen Gesetzbuchs II（1888）321.
③ ［美］弗里德里奇·凯斯勒等：《合同法：案例与材料》（上），屈广清等译，中国政法大学出版社2011年版，第510页。
④ Vgl. Matthias Pohlkamp, Die Entstehung des modernen Wucherrechts und die Wucherrechtsprechung des Reichsgerichts zwischen 1880 und 1933, Peter Lang, 2009, S. 29.

第二章　显失公平制度的历史渊源与比较考察

着时间的推移，罗马大部分地区的利率和债务负担都上升到了相当高的程度，这一现象引起了人们的不安。最终，在《十二铜表法》中，罗马法第一次对借贷利率的最高额作出规定，它要求最高利率不得超过贷款总额的百分之十二，违反利率规定不仅将返还所支付的高息，还将受到刑事处罚。①

公元前357年的Duilia Menenia法对《十二铜表法》中的利率限额予以了重申，这个法律也给予审判官权利，对于超过法定利率的放贷者在刑事诉讼中处以罚金。公元前342年的Genucia法进一步强化了暴利规定，并且对借贷利息予以完全禁止。对于这样一种普遍的利息禁止，其发生原因至今仍存在争议。不过，尽管在法律上对利息作出严格禁止，但从现实来看这些规定并没有得到实际执行，因为在罗马共和国中后期，在向贸易和货币交易主导的经济的过渡过程中，获取利息是不可避免的。② 事实上，在罗马共和国晚期，借贷利率遵循习惯法，即年利率百分之十二的规则。③

罗马帝国时代，特别是优士丁尼掌权时期，由于受到基督教思想的影响，接受借贷利息日益被视作应受谴责的行为。由此，在以这位皇帝名字命名的法典中，尽管借贷利息并未被完全禁止，但是最高利率限额却被降低。根据《优士丁尼法典》，借贷利率的最高限额依据债权人的身份和地位来确定：通常适用百分之六的最高利率，对于商人以及银行业者适用百分之八的利率，对于特权阶层则仅允许百分之四的利率。对于具有极高风险的贷款（如Seedarlehen），则维持了百分之十二的年利率。《优士丁尼法典》成为罗马信贷暴利法发展的终点。④

2. 欧洲中世纪教会法中的高利贷规制

基督教教义对借贷收息行为历来持排斥态度，在基督教经典文献中，可

---

① Vgl. Matthias Pohlkamp, Die Entstehung des modernen Wucherrechts und die Wucherrechtsprechung des Reichsgerichts zwischen 1880 und 1933, Peter Lang, 2009, S. 30.
② Vgl. Matthias Pohlkamp, Die Entstehung des modernen Wucherrechts und die Wucherrechtsprechung des Reichsgerichts zwischen 1880 und 1933, Peter Lang, 2009, S. 31.
③ Vgl. Matthias Pohlkamp, Die Entstehung des modernen Wucherrechts und die Wucherrechtsprechung des Reichsgerichts zwischen 1880 und 1933, Peter Lang, 2009, S. 32.
④ Vgl. Matthias Pohlkamp, Die Entstehung des modernen Wucherrechts und die Wucherrechtsprechung des Reichsgerichts zwischen 1880 und 1933, Peter Lang, 2009, S. 32.

以发现大量禁止收取利息的教义。如在《旧约·利未记》第 25 篇中提到"你的弟兄在你那里若渐渐贫穷,手中缺乏,你就要帮补他,使他与你同住,像外人和寄居的一样。""不可向他取利,也不可向他多要,只要敬畏你的神,使你的弟兄与你同住。""你借钱给他,不可向他取利,借粮给他,也不可向他多要。"又如,在《新约·路加福音》第 6 篇中提到"你们当爱你们的仇人,善待他们;借出,不要再有所希望:如此,你们的赏报必定丰厚,且要成为至高者的子女,因为他对待忘恩的和恶人,是仁慈的。"

基于上述要求,自公元 4 世纪左右开始,教会禁止圣职人员收取利息。1139 年和 1179 年莱特兰公会议后,利息禁止被宣告为一项普遍的法令。① 教会的利息禁令虽然一开始仅针对教众,但随着教会影响力的扩大,其逐渐渗透到世俗法之中。在卡洛琳王朝时代,教会法的利息禁令被世俗法律完全接受。1311 年,教皇克莱门斯五世(Clemens V)在维也纳的宗教会议上正式宣告任何与教会法利息禁令相悖的世俗法都是无效的,任何法庭违反禁令,将被开除教籍。至此,教会法的利息禁令对世俗社会的干预达到巅峰。②

中世纪晚期,尽管教会法的利息禁令仍然有效,并且被很大一部分的德意志城邦立法所接受。但是随着资本主义的萌芽及其发展,这种无限制的利息禁令在实践中逐渐难以得到执行。由于社会经济生活对资本需求的增长,以及掌权者金融逐利的欲望促使教会禁令不断让步。在此背景下,各种规避利息禁令的方式不断出现,其中有两个值得关注的现象,一是王室将放贷特权交予犹太人,犹太人开始普遍从事放贷收息的业务,西方文学作品中犹太人唯利是图的形象即发端于此;二是导致一种被称作"定期金买卖"(Rentenkauf)的交易形式的出现。③ 所谓"定期金买卖",即"投资人"交付给土地所有人一笔金钱作为原本,其可以由土地所有人的

---

① 参见于飞《公序良俗原则研究——以基本原则的具体化为中心》,北京大学出版社 2006 年版,第 59 页。

② Vgl. Matthias Pohlkamp, Die Entstehung des modernen Wucherrechts und die Wucherrechtsprechung des Reichsgerichts zwischen 1880 und 1933, Peter Lang, 2009, S. 33.

③ Vgl. Matthias Pohlkamp, Die Entstehung des modernen Wucherrechts und die Wucherrechtsprechung des Reichsgerichts zwischen 1880 und 1933, Peter Lang, 2009, S. 34.

土地按期收取地租（相当于原本的利息）。因此，投资人实际上是通过向土地所有人提供一定数额的金钱而买取"定期金"（利息）。[①] 这种定期金买卖并没有被教会法的利息禁令所包含，并且1577年颁布的《帝国警察条令》允许其收取百分之五的利息，这使得各种各样的金融业务在此基础上发展起来。自16世纪开始，借贷收息至少在商事交往中可以被通过不同的方式实现。[②] 随着中世纪的落幕，教会禁令在世俗法中逐渐丧失影响力，在德意志地区，大量地方特别法（Partikularrechte）重新接受罗马法的原则，允许放贷者收取百分之五到百分之八不等的利息。[③]

（二）暴利行为制度的诞生及其继受

1. 利息自由化时代

德意志诸邦对借贷利息设置限制一直持续到19世纪中叶，其后，由于工业化以及世界贸易的发展，自由主义经济思想日益强势，认为固定利率阻碍经济交往，要求废除利率限制的呼声不断高涨。[④] 在普鲁士，围绕是否应对借贷利率予以限制发生了激烈争论，保守派一方以Reichensperger为代表，他主要从公共利益和弱者保护立场出发，主张维持利率限制。在他看来，资本占有者总是贪婪的，在资本市场上并不是供应者和需求者的平等竞争，资本占有者具有优势，而需求方则必须委身于资本占有方，其并不能真正地参与利率的决定。自由派一方则以Goldschmidt为代表，他针锋相对，极力主张废除利率管制，其理由主要有以下几点：第一，资本在不同的时间对不同的人有不同的价值，并且在不同的情形下会导致不同的收益，因此，应根据不同的资本需求情况确定不同的利率标准。第二，并非在每一个高利贷中均存在对债务人的剥削，现实来看，借贷对借款人也是有益的，如同给予利息对放贷人一样。第三，固定利率无视具体情况不

[①] 参见陈华彬《瑞士的不动产担保权法》，http://www.financialservicelaw.com.cn/article/default.asp?id=652），2019年5月20日。

[②] Vgl. Matthias Pohlkamp, Die Entstehung des modernen Wucherrechts und die Wucherrechtsprechung des Reichsgerichts zwischen 1880 und 1933, Peter Lang, 2009, S. 34.

[③] Vgl. Matthias Pohlkamp, Die Entstehung des modernen Wucherrechts und die Wucherrechtsprechung des Reichsgerichts zwischen 1880 und 1933, Peter Lang, 2009, S. 35.

[④] Vgl. Matthias Pohlkamp, Die Entstehung des modernen Wucherrechts und die Wucherrechtsprechung des Reichsgerichts zwischen 1880 und 1933, Peter Lang, 2009, S. 36–37.

符合经济规律,将导致资本流向利率自由的国家和地区。保守派和自由派分别代表不同的阶层,前者站在小农业主的立场,而后者则站在工商业主的立场,实则是不同经济模式和利益诉求的交锋。最终,以 Goldschmidt 为代表的自由主义者在普鲁士取得了胜利。① 1867 年 11 月 14 日,根据议员 Lasker 的提案,普鲁士通过了《关于合同约定的利息的法律》,这一法律废除了之前所有与利息自由约定相冲突的法律规定。②

2. 暴利行为制度的立法过程

自由主义者原本相信通过供求关系这一经济规律的自由运转就可以塑造正常的经济关系,但是在 19 世纪 70 年代严重的经济危机面前,至少在信贷领域这一想法被证明是失败的。③ 社会中占大多数的弱势群体不但没有从利息自由化中受益,而且还遭受了伤害,他们要么因为利息过高而无法获得借款,要么只能饱受高利贷的欺压盘剥。这一时期,要求限制利率的呼声日益强烈。④ 19 世纪 70 年代末,德国立法者重新关注暴利问题。尽管彼时限制利率已成为共识,但在如何限制高利贷这一问题上又产生分歧,Reichensperger 主张回到过去设定利率上限的做法。相反,德国保守党议员 Kleist-Retzow, von Flottwell 以及 von Marschall 则主张借鉴 1845 年的《巴登州刑法典》,设置一个灵活的认定暴利的规范。⑤

根据 1845 年《巴登州刑法典》的规定,暴利的认定并不依赖于一个固定的最高利息限额,而是以对放贷人过分有利为要件。除客观要件外,其还要求具备附加的要件,即必须是一方利用了另一方的急迫或轻率等情形。⑥

---

① Vgl. Matthias Pohlkamp, Die Entstehung des modernen Wucherrechts und die Wucherrechtsprechung des Reichsgerichts zwischen 1880 und 1933, Peter Lang, 2009, S. 37 – 41.
② Vgl. Matthias Pohlkamp, Die Entstehung des modernen Wucherrechts und die Wucherrechtsprechung des Reichsgerichts zwischen 1880 und 1933, Peter Lang, 2009, S. 42 – 43.
③ Vgl. Historisch-kritischer Kommentar zum BGB: Band I Allgemeiner Teil 1 – 240, Mohr Siebeck, 2003, S. 724.
④ 参见许德风《论利息的法律管制——兼议私法中的社会化考量》,《北大法律评论》2010 年第 1 期。
⑤ Vgl. Matthias Pohlkamp, Die Entstehung des modernen Wucherrechts und die Wucherrechtsprechung des Reichsgerichts zwischen 1880 und 1933, Peter Lang, 2009, S. 43.
⑥ Vgl. Matthias Pohlkamp, Die Entstehung des modernen Wucherrechts und die Wucherrechtsprechung des Reichsgerichts zwischen 1880 und 1933, Peter Lang, 2009, S. 36.

第二章 显失公平制度的历史渊源与比较考察

最终,经过激烈的辩论,帝国委员会接受了保守党的提案,并向议会提交了一个法律草案,该草案经表决于1880年正式生效。根据该法案,《德国刑法典》设置第302a条"暴利罪",该条仅规定了一个经济上的暴利概念,将暴利的认定建立在给付之间的显著不相称以及对借贷者的急迫、轻率或无经验等情形的利用上,法官在暴利行为的认定上具有较大的裁量空间。并且根据该条第三款的规定,违反暴利法除遭受刑事处罚外,在民事层面还将导致所缔结的合同无效。① 对于这项立法,有学者称其"开启了暴利立法在法律技术上的新纪元"②。

尽管1880年的暴利法具有开创意义,但其却只包含了信贷暴利,而没有规定财产暴利(Sachwucher),由此导致法律规避现象以及法律保护的漏洞。基于此,要求进一步完善暴利行为制度的呼声不断涌现。在有影响力的政治团体的请愿下,德意志帝国首相在1892年12月23日向帝国参议院递交了《关于补充暴利规定的法律草案》,这一法律草案补充了1880年的规定,除借贷行为外,将所有具有类似经济目的的法律行为纳入其中。为此,《德国刑法典》通过第302e条新增了一个财产暴利的规定,通过这一修改民法上的无效规定也相应地扩张。该法案于1893年6月19日通过,并于同年7月8日正式生效。自此,一个一般性的暴利行为制度出现在法制史上。③

在《德国民法典》起草过程中,暴利行为制度是否写入《德国民法典》又成为争论焦点。支持写入暴利行为制度的观点认为,民法典不能跟风俗习惯相悖,其中应当规定怎样的暴利合同是无效的,以在国民中推动建立一个正确的私法意识。反对观点则认为,民法典应保持稳定性,不应频繁地变动。暴利在不同的时代有不同的判断,需要频繁地修改法律。另外,民法典中的暴利也不能跟刑法中的暴利规定相分离。因此,他们认为暴利行为在特别法中规定即可。④

---

① Vgl. Matthias Pohlkamp, Die Entstehung des modernen Wucherrechts und die Wucherrechtsprechung des Reichsgerichts zwischen 1880 und 1933, Peter Lang, 2009, S. 48.

② Vgl. Lehmann, Wucher und Wucherbekampfung im Krieg und Frieden, Scholl, 1917, S. 12.

③ Vgl. Matthias Pohlkamp, Die Entstehung des modernen Wucherrechts und die Wucherrechtsprechung des Reichsgerichts zwischen 1880 und 1933, Peter Lang, 2009, S. 51.

④ Vgl. Matthias Pohlkamp, Die Entstehung des modernen Wucherrechts und die Wucherrechtsprechung des Reichsgerichts zwischen 1880 und 1933, Peter Lang, 2009, S. 57.

德国民法典第一草案没有规定暴利行为制度，不过这种做法遭到众多批评，例如基尔克强烈主张暴利禁止应规定于民法典中，而不是仅体现于特别法规之中。① 后来，在帝国议会第十二委员会的建议下，德国民法典草案中增加了暴利行为的规定，置于善良风俗一般条款之后。这一草案经过激烈的辩论，支持意见逐渐占据上风，最后经表决获得通过。根据同时制定的《民法典施行法》第四十七条，《德国民法典》生效后，1880年暴利法第三条的规定遭到废止，暴利行为的法律效果根据民法典的规定即可导致无效，而不用再求助于刑法的规定。尤其值得注意的是，《德国民法典》第一百三十八条第二款的暴利要件，放弃了刑法上对财产暴利规定的"职业性或习惯性"（Gewerbs-und Gewohnheitsmaessigkeit）要件，以至于没有再区分信贷暴利和财产暴利的必要。自此，适用于整个法律行为领域的暴利行为制度，作为违背善良风俗的一种具体类型，诞生于《德国民法典》之中，并保留至今。②

（三）暴利行为制度的继受

《德国民法典》颁布后，由于其高度理性的立法技术所体现的科学性，受到随后制定的一系列民法典的追随，第一百三十八条第二款规定的暴利行为制度也被诸多立法所效仿，例如《瑞士债务法》第二十一条、《希腊民法典》第一百七十九条、《挪威合同法》第三十一条、《葡萄牙民法典》第二百八十二条、《波兰民法典》第一百七十九条、《匈牙利民法典》第201（2）和第二百零二条等。③《奥地利普通民法典》虽然先于《德国民法典》制定，并且已于第九百三十四条规定了非常损害规则，但在后来修改时，仍于第八百七十九条增设了关于暴利行为的规定。不止于欧洲，暴利行为制度还传播至东亚地区，1929年颁布的《中华民国民法》于第七十四条作出类似规定，《日本民法典》虽未明文规定暴利行为，但日本学者在解释该法第九十条时，亦将暴利行为作为违背公序良俗的一个具体类型看待。④

---

① 参见于飞《公序良俗原则研究——以基本原则的具体化为中心》，北京大学出版社2006年版，第68页。

② Vgl. Matthias Pohlkamp, Die Entstehung des modernen Wucherrechts und die Wucherrechtsprechung des Reichsgerichts zwischen 1880 und 1933, Peter Lang, 2009, S. 58 – 61.

③ 参见［德］海因·克茨《欧洲合同法》（上卷），周忠海、李居迁、宫立云译，法律出版社2001年版，第191页。

④ 参见［日］我妻荣《新订民法典》，于敏译，中国法制出版社2008年版，第257页。

三 小结

作为 19 世纪大陆法系最具代表性的两部法典，《法国民法典》与《德国民法典》虽然在制定背景、立法技术和条文设置上存在差异，但二者在对待合同实质正义的问题上却显现出共同的时代印记。

19 世纪初颁布的《法国民法典》尽管保留了非常损害规则的遗迹，但是其适用范围受到严格限制，在一定程度上似乎回到了戴克里先敕答的原点。值得注意的是，《法国民法典》第一千一百零八条规定了合同有效成立需满足的四项要件，分别是负担债务的当事人的同意、具备订立契约的能力、构成约束客体的标的须确定、债具有合法原因。[1] 在该条之后的"同意"条目下，第一千一百一十八条则规定"当事人双方债务有失公平因此一方遭受损失的事实，依本章第 5 节第 7 目规定，仅关于一定的契约和对于一定的当事人，得构成取消的原因。"此所谓"一定的契约"和"一定的当事人"即第八百八十七条的共同继承人的遗产分割、第一千六百七十四条的不动产买卖以及第一千三百零五条的关于未成年人的情形。基于此，根据法国传统民法理论，合同损害实际上是建立在对当事人的同意瑕疵的推定之上，即一方当事人如果订立了一项使自己遭受严重损失的合同，那就说明其要么被欺诈或胁迫，要么是发生了误解，这就是对合同损害的主观解释理论。[2] 与此种解释相类似，《奥地利普通民法典》虽然在非常损害规则上走得更远，但学说对该法第九百三十四条的解释同样遵循了主观解释路径。根据奥地利学者的观点，基于非常损害撤销合同除了客观价值失衡外还要求一个瑕疵的意思形成要素，只不过根据第九百三十四条，在显著的不相称存在时推定存在价值错误（Wertirrtum）。[3] 基于这一理论，该法典第九百三十五条补充规定："本法第九百三十四条之适用不得通过约定排除，除非：某人因为特殊的偏好而表示以特别的价格获得财产；

---

[1] 此处及以下《法国民法典》的译文引自李浩培、吴传颐、孙鸣岗译《拿破仑法典》，商务印书馆 1997 年版。

[2] 与主观解释相对的尚有客观解释理论，相关争论参见尹田《法国现代合同法》，法律出版社 1995 年版，第 111—112 页。

[3] Helmut Koziol/Peter Budlinski/Raimund Bollenberger（Hrsg.），Kurzkommentar zum ABGB, 2., uberarbeitete und erweiterte Auflage, Springer, 2007, S. 992.

虽然知道真实价值，当事人仍然同意以该不合比例的价格成交；基于当事人之间的关系，可以推定双方当事人愿意订立一个混合了无偿和有偿的合同……"换言之，如果能证明当事人不存在价值错误，那么意思表示的瑕疵可被推翻，当事人可以通过约定排除非常损害规则的救济。由上可知，残存于法国和奥地利民法中的非常损害规则已被打上主观主义的烙印。

《德国民法典》制定于19世纪末，彼时已非古典自由主义的黄金时代，工业革命以来的社会矛盾日益尖锐，在此背景下，人心思变，传统的古典自由主义思想越来越多地遭到批判和反思。尽管如此，《德国民法典》仍然顽固地坚持了古典自由主义原则，虽然在基尔克等人的呼吁下，最终为法典加入了"几滴社会的润滑油"，但唯此尚不足以改变整部法典的保守气质，用拉德布鲁赫的话来说，这部法典"与其说是20世纪的序曲，毋宁说是19世纪的尾声"。法典第一百三十八条第二款即是为数不多的几滴"润滑油"之一。但即便如此，这滴"润滑油"也并非以社会法的发展趋势为基础，而是依附于第一百三十八条第一款这一合同自由的一般伦理性拘束之下。① 第一百三十八条第二款以严格的主观要件的满足作为提供救济的前提，申言之，当事人依暴利行为获得救济的基础，与其说是合同给付本身的不适当，毋宁说是暴利者对受害方"急迫、轻率、无经验"的利用行为违背了社会一般伦理道德。

综上所论，不论是非常损害规则的式微，还是暴利行为制度的崛起，均表明合同实质正义思想在这一时期的衰落。残存者和新生者均被打上主观主义的烙印，合同实质正义观彼时只能寄居于意思自治的外壳之内，以捍卫合同自由的面目发挥有限的功能。

第四节　合同实质正义思想的复兴

一　社会思潮的转向

进入20世纪以后，随着垄断资本主义的进一步发展，各资本主义国家

---

① 整体而言，《德国民法典》的立法者并没有赋予该法真正的社会任务，对私法的社会性控制限于伦理性证立之自由主义的严格界限。参见［德］弗朗茨·维亚克尔《近代私法史：以德意志的发展为观察重点》（下），陈爱娥、黄建辉译，上海三联书店2006年版，第461页。

内部及其相互之间爆发了严重的矛盾,两次世界大战的爆发以及国际共产主义运动的蓬勃发展深刻地重塑了世界面貌,古典自由主义假设的世界观逐渐脱离社会的现实。受此影响,社会思潮再次发生转向,政治哲学领域,社会福利国家学说取代"夜警国家"理念受到越来越多地欢迎,经济上的凯恩斯主义亦逐渐取代自亚当·斯密以来的自由放任主义而被各国接纳。在私法领域,所有权神圣、合同自由、自己责任三大原则亦受到所有权的社会义务、合同正义、责任的社会化理念的修正。具体到合同法上,由于平等的理性人假设的崩塌,"合同即正义"的观念遭遇挑战,面对日益增长的合同救济的需求,各国立法和司法当局不得不逐渐转变原有的消极立场,越来越多地介入到当事人之间的合同事务中。在此背景下,合同实质正义思想重新焕发生机,并以不同形式在各国法治实践中发挥其影响力。

二 法国：非常损害规则的立法扩张与判例法的发展

法国法对合同实质正义重新予以重视,主要表现在两个方面：一方面,法国立法者通过越来越多的特别立法维护合同实质正义。进入20世纪以后,非常损害规则被特别法扩张适用到除土地买卖以外的领域：根据1907年7月的法律,非常损害的救济被适用于肥料、种子和饲料的买主,当他支付了超过价值四分之一的价格时。根据1916年4月的法律以及1924年5月的法律,非常损害救济适用于海难和飞行事故,当受助者支付了不公平的救助费用时。根据1957年3月的法律,对于那些出售文学和艺术作品的人,当其价格少于财产价值十二分之五时,可以主张非常损害的救济。[①]

除非常损害规则的扩张外,借贷中的暴利规制是法国立法者着力的另一个领域。法国对借贷利率的规制始于1807年,后来几经改动,这些合同自由时代的控制直到1935年,被该年8月通过的法律所取代,这一法律引入一个特别灵活的审查标准,即利率上限由善意的放贷人在涉及类似风险的交易中的平均利率决定,但是由于证明的困难,使得这一标准很少被适用。1966年12月的暴利法建立了目前的规制体系,根据该法的规定,

---

[①] See James Gordley, "Equality in Exchange", *California Law Review*, Vol. 69, No. 6, December 1981, p. 1626.

最高有效利率不能超过合同订立时借贷金融机构在涉及相似风险的交易中的利率的百分之三十。这一新的规制体系不仅适用于一般意义上的借贷，而且还适用于分期付款买卖等信用交易。在计算利率时，法院不仅要考虑协议利率条款的约定，还要考虑所有的费用、佣金以及其他开销。并且，不论交易的表现形式如何，法院均有权超越当事人陈述的目的而去发现协议的真实性质，以判断它是否为一个伪装的借贷交易。[1] 另外，随着20世纪后半叶消费者保护运动的兴起，法国立法者也在此领域采取行动。1978年1月颁布的《消费者法典》，特别关注了消费者合同中的条款滥用问题。这一立法允许法院去废除消费者合同中的某个条款，如果它根据特定的指南被认为是不公平的。[2]

在立法者不断推进特别立法的同时，判例法也在不断跟进，法国法院通过援引民法典中的既有规则维护合同正义。

首先，根据《法国民法典》第一千一百三十一条的规定，合同发生效力必须具有正确和合法的原因。在一些案例中，当双务合同约定的给付对一方当事人无意义或极度不平衡时，法国法院会以合同缺乏原因为理由宣告合同无效。例如，一名妇女为获得遗传信息向遗传学家支付费用被认为没有买任何东西，因为遗传学家知道这些信息无论如何会传到她那里，因此她签订的是一个无原因的合同。[3] 再如，一个土地和动产的所有者卖掉他的财产而仅仅换来不相称的支持和食物津贴，这一合同被法院以缺乏原因为由宣告无效。[4]

其次，法国法院通过对合同的客观解释，认定不公平的合同违反法律的禁止规定而无效。例如，对于附买回权条款的买卖，如果合同约定的买

---

[1] See A. H. Angelo, E. P. Ellinger, "Unconscionable Contracts: A Comparative Study of the Approaches in England, France, Germany, and the United States", *Loy. L. A. Int' l& Comp. L. J.*, Vol. 14, 1992, pp. 479–480.

[2] See Severine Saintier, "Loyalty as a tool to combat contractual unfairness: a French perspective", in Mel Kenny, eds. *Unconscionability in European Private Financial Transactions: Protecting the Vulnerable*, Cambridge University Press, 2010, p. 64.

[3] See James Gordley, "Equality in Exchange", *California Law Review*, Vol. 69, No. 6, December 1981, p. 1646.

[4] See A. H. Angelo, E. P. Ellinger, "Unconscionable Contracts: A Comparative Study of the Approaches in England, France, Germany, and the United States", *Loy. L. A. Int' l& Comp. L. J.*, Vol. 14, 1992, p. 476.

卖价款低于买回的价款，法院可能会认定这一合同事实上为一借贷合同，进而以该合同违反暴利法的利率规定而对卖方提供保护。又如对于售后回租形式的交易，如果财产在出售之后又返租给出卖人使用，并且买方经常从事此类售后回租的交易，那么法院会将这一合同认定为名为买卖实为借贷的合同，以其目的是规避《法国民法典》第二千零七十八条禁止流质的规定而宣告买卖合同无效。①

此外，由于合同的不公平常常伴随着同意的不完备，所以在此等场合，法国法院亦根据合同不公平推定同意瑕疵的存在，或通过扩张同意瑕疵规则的适用范围的方式，为不利方提供救济。

在一个租赁合同中，承租人以每月 6000 法郎的高昂代价租住一间别墅，法院指出单是这个租金即可使承租人"假定（出租人的）承诺是与其渴望相符合的"，但是这个别墅却是极其破旧和肮脏的，家具也是不合适的。因此，只有在存在错误的情况，承租人才会愿意为这个简陋的条件支付高昂的租金。在这个案件中，承租人通过援引错误规则得到救济。②

《法国民法典》第一千一百零九条规定的欺诈是指"契约的一方当事人为了让另外一方当事人在陷入错误状况时与其签订契约而实施的阴谋诡计"③。按照这一理解，欺诈的成立要求一方当事人的不法行为导致另一方当事人陷入错误状况，并且另一方当事人在此错误状况下才同意缔结合同。不过根据尹田教授的介绍，法国科尔马法院曾在 1970 年 1 月的判决中提出了关于欺诈的新概念。该案中，一位老妇人被"软禁"，因疲劳而不得不在事先准备好的合同上签字，但是她对合同的有关事项完全知情。审理该案的法院认为欺诈的特点不仅表现为一方实施欺骗手段及另一方由此而产生误解，还应包括一方实施不诚实的行为。④ 显然，欺诈的概念在该案中被极大地扩张了。此外，根据 Gordley 教授的介绍，在一些合同显

---

① See A. H. Angelo, E. P. Ellinger, "Unconscionable Contracts: A Comparative Study of the Appo-raches in England, France, Germany, and the United States", *Loy. L. A. Int' l& Comp. L. J.*, Vol. 14, 1992, p. 478.

② See James Gordley, "Equality in Exchange", *California Law Review*, Vol. 69, No. 6, December 1981, pp. 1645–1646.

③ 张民安：《法国民法》，清华大学出版社 2015 年版，第 339 页。

④ 参见尹田《法国现代合同法》，法律出版社 1995 年版，第 85—86 页。

著不公平的情形，如果不利一方对合同相对方存在特别的信任关系，法国法院也会认定欺诈的存在。例如，一个幼稚的艺术品买家，出于对一位艺术评论家声誉的信任，为一副估价为 140000 法郎的 17 世纪画作向他支付了 750000 法郎。①

根据《法国民法典》第一千一百一十一条及以下条文的文义，所谓"胁迫"，应指人的行为，该行为得使相对人产生恐惧，并且相对人在此恐惧支配之下缔结合同。不过，当代很多法国学者主张扩张胁迫的概念，将危难状态产生的压力视为胁迫。这些学者指出，按照《法国民法典》第一千一百一十二条所确定的侧重对当事人心理评价的原则，可认为凡是导致当事人同意不自由的压力均可构成胁迫，因而，即便是人的行为之外的、纯粹由于客观事件而导致的压力，也属于胁迫，进而可以成为合同无效的原因。② 在有些案例中，那些并非由买方的原因造成，而是由于卖方自身急迫的需求而便宜地出售个人财产的行为，也可以根据胁迫得到法院的救济。例如，一名瘫痪老人的租客威胁要停止为他服务，除非老人给他们提供大量的赠予。③

三 英国：扩张既有规则的迂回保护

合同神圣的思想在 17 世纪就已经成为英国普通法根深蒂固的原则，合同客观上公平与否原则上不受到普通法院的关注。不过，随着经济和社会形势的变化，合同实质正义思想仍然潜移默化地影响着英国法院的审判。

与法国相类似，对合同自由情有独钟的普通法院法官往往通过扩张既有的合同法规则来实质性地保障合同公正。例如，对于欺诈，早在 19 世纪早期，英国法院就对其作出极其宽泛的界定。Chitty 在其著作中将"从交易本身的内在性质和对象可以看出欺诈"的情形也包括在欺诈之内，他认为，"尽管价格不充分本身不足以使法庭解除一方当事人对合同的履行，

---

① See James Gordley, "Equality in Exchange", *California Law Review*, Vol. 69, No. 6, December 1981, p. 1645.
② 参见尹田《法国现代合同法》，法律出版社 1995 年版，第 96—97 页。
③ See James Gordley, "Equality in Exchange", *California Law Review*, Vol. 69, No. 6, December 1981, p. 1646.

第二章 显失公平制度的历史渊源与比较考察

但是，它如果与其他情况相联系就可能在很大程度上有助于正义的一方提出有关欺诈的诉讼理由；而且，即便仅仅是价格不充分，只要这一对价的不充分足够强烈、严重和明显，以至于一个具有常识的人只要提及它都会感到惊讶，衡平法院将会认为它是欺诈的充分证据从而宣告合同无效。"① 又如，对于胁迫，传统上认为仅指合同一方当事人对另一方当事人本人或其亲属，实施非法暴力或暴力恐吓。不过自20世纪后期以来，对于一方对另一方实施经济损失上的恐吓，英国法院也将之纳入胁迫范围，谓之经济上胁迫（economic duress）。② 此外，合同条款对当事人商业自由构成不当限制的，如约定范围极大、时间极长的竞业禁止条款，则法院经常通过认定该类条款违反公共政策而不予执行。③

相较于普通法院，英国衡平法院对于合同正义给予了更多的关注，并发展出新的规则以维护合同公正，其典型代表为不当影响（Undue Influence）制度。不当影响制度的核心在于，假如一方当事人订立于己不利的合同，乃是由于对方施以某种不公正的压力所致，那么由此种压力所获得的利益应予以排除。根据英国判例，不当影响区分为"实际上不当影响"与"推定有不当影响存在"两类，前者中的当事人之间无特殊信托关系存在，一方主张受不当影响而订立合同，必须证明实际上有不当影响存在。后者中的当事人由于长期密切往来而处于信托关系，如一方主张救济，则推定对方存在不当影响，除非被告能够提出反证。④

尽管在不当影响下订立的合同常常表现为不公平，但不当影响制度本身关注的重点仍然是合同缔结的程序正义，其对合同实质正义的救济仍非直接。值得注意的是，英国判例曾从弱者保护角度，尝试构建普遍的显失公平原理。这一尝试的起点始于被称作"期待继承人"的案件，在早期的英国，某些没有收入但有望继承一大笔遗产的贵族后裔常常通过出售继承

---

① [德] 莱茵哈德·齐默曼、[英] 西蒙·惠特克：《欧洲合同法中的诚信原则》，丁广宇、杨才然、叶桂峰译，法律出版社2005年版，第34页。
② 参见杨祯《英美契约法论》，北京大学出版社1997年版，第239页。
③ 参见 [英] P. S. 阿狄亚《合同法导论》，赵旭东、何帅领、邓晓霞译，法律出版社2002年版，第315页。
④ 参见杨祯《英美契约法论》，北京大学出版社1997年版，第241—245页。

权或抵押继承权来获得一笔收入,由于这些纨绔子弟缺乏商业经验和谈判能力,他们订立的合同通常对他们是极为不利的。1787 年,在 Evans v. Llewellin 案中,一个继承人为了少得多的对价而放弃了他的遗产。该案中,法官认为"如果当事人处于这样的情形,他没有一个自由的代理人,并且他不能平等地保护他自己,那么法庭将保护他。"随后一个具有深远影响的案例是 Aylesford v. Morris 案,该案同样与一个期待继承人有关,他对一个借贷者负债,审理此案的 Selbourne 法官认为,"如果当事人在以下情况下会面,即在交易中更强的一方当事人足以支配弱势一方,则足以适用该原则。在每一个由那些无保护的青年、缺乏经验和愚蠢的人从事的交易中,这样的权力和影响是普遍拥有的。"不过,上述判例中体现的建立一般衡平规则的努力被后来的 Fry v. Lane 案所否定,后者在判词中将救济情形严格限缩为"……如果买卖是由一个贫穷而无知的人在相当低估的价格下进行的,而且该出卖人没有获得独立的建议……"。

之后,丹宁法官(Lord Denning)在 Lloyd's Bank v. Bundy 案中尝试构建一般性的衡平救济原则,他试图将原已存在的五种救济,即财产胁迫(duress of goods)、显失公平的交易(unconscionable transaction)、不当影响(undue influence)、不当施压(undue pressure)以及救助协议(salvage agreements)统一整合到"谈判能力的不平等"(inequality of bargaining power)原理之下。不过令人遗憾的是,丹宁法官的这一努力并没有得到后续判例的追随。1985 年,英国上议院在 National Westminster Bank v. Morgan 案中对丹宁法官的做法予以了否定,Scarman 法官非常明确地指出:"在合同法领域,我怀疑是否有必要在现代法上建立一个反对谈判能力不平等的普遍救济原则。议会已经从事这项任务——它本质上是一项立法任务——通过制定法去限制合同自由……我怀疑是否法院应该承担进一步塑造限制的负担。"在该案宣判之后,试图建立显失公平一般规则的希望在英国判例法上破灭。[1] 与法院的保守态度不同,20 世纪 70 年代以后,英国议会制

---

[1] 对英国法院尝试建立显失公平一般原则过程,See Steven R. Enman, "Doctrines of Unconscionability in Canadian, English and Commonwealth Contract Law", *Anglo-American Law Review*, Vol. 16, 1987, pp. 193 – 196.

第二章 显失公平制度的历史渊源与比较考察

订了一系列维护合同公平的法律,其典型代表为 1974 年的《消费者信贷法》(Consumer Credit Act) 和 1977 年的《不公平合同条款法》(Unfair Contract Terms Act),前者旨在救济消费者从过分的信贷中脱离出来,后者则聚焦于规制不适当的免责条款。①

迄今为止,尽管英国法院在名义上仍然排斥合同实质正义的观念,不过根据学者 Waddams 的研究,在现代英国的判例法中,至少在 12 类案件中,英国法院干预合同的实质动因是合同不公平,只是保守的英国法院不愿意承认这一事实而已,它们更倾向于以其他理由曲折地为不公平合同的当事人提供救济。② 学者 Charlotte Thomas 的研究也证实了这一点,他考察了英国判例法上的三项规则,即不当影响、显失公平原理(the doctrine of unconscionability)③ 和胁迫,这三项规则均是以程序上的理由干预合同,不当影响在于侵害了当事人的自由意志(free volition),显失公平原理在于受害者处于弱势地位,并且另一方当事人的行为应受道德的谴责,胁迫则在于妨碍了当事人的表意自由。表面上看,实质正义在上述三种情形的认定中并非必要要件,但事实上它仍在这些规则中扮演着重要角色,因为合同实质上的不公平往往是认定程序瑕疵存在的重要证据。④ 并且,在大多数案例中,法院均会考虑重大的实质不公平这一事实。例如在 Ayres

---

① See Steven R. Enman, "Doctrines of Unconscionability in Canadian, English and Commonwealth Contract Law", *Anglo-American Law Review*, Vol. 16, 1987, pp. 214 – 215.

② 这 12 类案件涉及剥夺(Forfeiture)、罚金(Penalty)、保证金(Deposit)、免责条款(Exemption Clauses)、纳入文件(Incorporation of Documents)、文件和同意(Documents and Consent)、解释(Interpretation)、胁迫(Duress)、弱势方保护(Protection of Weaker Parties)、抑制任意的救济(Withholding Discretionary Remedies)、对价(Consideration)、贸易限制(Restraint of trade)。See S. M. Waddams, "Unconscionability in Contract", *The Modern Law Review*, Vol. 39, No. 4, 1976, pp. 369 – 393.

③ 值得注意的是,尽管术语相同,但英国法上的显失公平原理并不等同于美国《统一商法典》中的显失公平原理,英国法上的这一措辞由法官 John Randall 在 2006 年的一个判决中使用,用以描述英国判例法历史上的一系列案件所确立的规则,主要包括以下四类判例:第一类是以 Earl of Aylesford v. Morris 案为代表的期待继承人案件;第二类是在 Fry v. Lane 案中确立的保护穷人和无知的人的规则;第三类案件是关于压迫抵押交易;第四类是利用困难情形的案例,例如订立一个敲诈性的海难救助协议。See Charlotte Thomas, "What Role Should Substantive Fairness Have in the English Law of Contract-An Overview of the Law", *Cambridge Student L. Rev.*, Vol. 6, 2010, p. 186.

④ See Charlotte Thomas, "What Role Should Substantive Fairness Have in the English Law of Contract-An Overview of the Law", *Cambridge Student L. Rev.*, Vol. 6, 2010, pp. 183 – 188.

v. Hazelgrove 案中，一位患有老年痴呆症的82岁老人将一幅价值连城的画作出售给上门交易商，以减免一笔费用。尽管在这样的案件中法院谨慎地将他们的语言立足于缔约程序上的不公平，但很难不去认为在这些案件中法院干预合同的真实动机事实上是合同实质不公平。①

四 德国：一般条款的运用

合同实质正义思想在德国的复兴，除了国际"大气候"外，还受到三个自身因素的影响：一是两次世界大战导致的经济崩溃和通货膨胀的社会现实，使法院不得不抛弃合同形式主义原则，对相关合同当事人提供救济。二是经历了纳粹时代"法律的不法"戕害之后，实证主义法学丧失其伦理威信，自然法学在德国复兴，德国《基本法》第二十条第三款规定行政权与司法权须受制定法与法（Gesetz und Recht）之限制，明确承认一个超越制定法的伦理性的价值秩序。以此为基础，法院得以挣脱形式主义的枷锁，顺理成章地维护合同实质正义。三是德国国家目标的转换。为回应工业革命带来的社会矛盾，自19世纪末开始，德国就在铁血宰相俾斯麦的主导下相继推出《劳工疾病保险法》（1883年）、《劳工伤残及老年保险法》（1889年）等社会性立法，及至1949年生效的德国《基本法》，其第二十条更是明确将社会国（Sozialstatt）与民主国、法治国一道规定为德国的国家目标。② 社会国原则要求国家更积极地介入社会和经济领域，通过在法律上为弱者提供保护的方式达成社会正义与社会衡平之目标。③

与法国多路并进不同，德国法院对合同实质正义的观照主要是透过其民法典中的一般条款来完成。面对合同订立后由于不可预期的情势变化导致的合同履行不公平问题，德国法院逐渐接受厄尔特曼的行为基础障碍（Störung der Geschäftsgrundlage）理论，④ 借助《德国民法典》第二百四十

---

① See Charlotte Thomas, "What Role Should Substantive Fairness Have in the English Law of Contract-An Overview of the Law", *Cambridge Student L. Rev.*, Vol. 6, 2010, pp. 187 – 188.
② 德国《基本法》第二十条第一款："德意志联邦共和国是一个民主和社会的联邦制国家。"
③ 参见赵宏《社会国与公民的社会基本权：基本权利在社会国下的拓展与限定》，《比较法研究》2010年第5期。
④ 关于行为基础障碍理论的学说发展史，可参见韩世远《情事变更原则研究：以大陆法为主的比较考察及对我国理论构成的尝试》，《中外法学》2000年第4期。

第二章　显失公平制度的历史渊源与比较考察　49

二条关于诚实信用的一般条款提供救济。① 而对于合同成立当时就存在的不公平问题，德国法院则围绕《德国民法典》第一百三十八条进行规范。该条第二款规定，某人利用对方处于强制状态、无经验、欠缺判断能力或意志显著薄弱，使对方提供与自己给付显著不相称的给付时，法律行为尤其无效。② 根据以上规定，作为救济不公平合同的前提，除必须满足合同成立时给付与对待给付显著不相称的要件外，还要求不利方处于强制状态等四种情形，以及获利方对这些情形有意识地利用。③ 显然，暴利行为的构成要件十分严格，尤其是对不利方状态仅限于列举的四种情形，并且获利方的主观故意也难以证明，故该款规定情形难以涵盖现实中需要获得救济的合同情形。④ 为此，德国法院采取的办法是绕开第二款的规定，直接求助第一款关于禁止违背善良风俗的一般规定，并由此发展出准暴利行为等案型。⑤

根据德国判例，构成准暴利行为，除要求给付与对待给付显著失衡外，还要求其他进一步的情形，使合同从主客观整体上看是违背善良风俗的。这些进一步的情形尤其是指获利方存在"应受责难的意图"（verwerfliche Gesinnung），比如他有意识地为了自己获利而利用相对方的弱势地位，或者至少是轻率的不知道，另一方当事人只有在这样的强制状态下才会进入这个对其不利的合同关系。⑥ 由此可见，通过善良风俗一般条款发展出的准暴利行为案型缓和了该条第二款暴利行为要件的僵硬性。不止于

---

① 根据2002年生效的《债务法现代化法》，行为基础障碍已经成文化，规定于《德国民法典》第三百一十三条。

② 最初，第一百三十八条第二款仅针对利用急迫（Notlage）、轻率（Leichtsinns）或无经验（Unerfahrenheit）的情形。后根据1976年打击经济犯罪的修正案，一百三十八条第二款更新为利用强制状态，无经验，缺乏判断能力或者是显著意志薄弱。用强制状态代替急迫，缺乏判断能力或显著意志薄弱代替轻率。Vgl. Staudinger Kommentar zum BGB/Sack, 2003, §138, Rn. 173.

③ Vgl. Dieter Leipold, BGB I Einfuhrung und Allgemeiner Teil, 9. Auflage, 2017, S. 338; Faust, Buergerliches Gesetzbuch Allgemeiner Teil, 6. Auflage, 2018, S. 105.

④ 德国联邦参议院曾在1983年8月18日提出法律草案，在一百三十八条之后补充第三款，在信贷交易中无效制裁直接由于给付与对待给付的显著不均衡导致，但是最终该草案没有成为法律。Vgl. Staudinger Kommentar zum BGB/Sack, 2003, §138, Rn. 230.

⑤ 根据德国学理的解释，第一百三十八条第二款并非那些给付与对待给付显著失衡案件的最终规则。Vgl. Faust, Buergerliches Gesetzbuch Allgemeiner Teil, 6. Auflage, 2018, S. 106.

⑥ Vgl. Klaus Vieweg, Juris Praxis Kommentar：BGB, 5. Auflage, 2010, S. 889.

此,德国法院在审判实务中,对于准暴利行为还适用事实推定,即当给付与对待给付存在特别重大的失衡时,推定获利方存在应受责难的意图。此所谓特别重大的失衡,德国判例一般采双倍标准,即给付的价值超过对待给付100%。① 如此一来,梅迪库斯教授认为德国法院对第一百三十八条第一款的判例已经非常接近非常损害(Laesio enormis)规则了。②

按照现今德国学说和司法实务对善良风俗的理解,第一百三十八条第一款实际上发挥着广泛的漏洞填补功能,对于违背善良风俗的非难并非建立在"难以忍受"(Unertraeglichkeit)之上,而是建立在"不正义"(Ungerechtigkeit)之上,对于那些没有被专门的禁止规定所涵盖的不正义的法律行为,均可以通过善良风俗予以调整。③ 因此,在善良风俗包含的案件类型中,除了关注给付均衡的准暴利行为类型外,尚有"滥用权力""压榨合同""禁止竞争""危害第三人"等类型,④ 这些类型与准暴利行为一道,共同维护着合同正义。

除了对不公平合同进行一般性控制外,针对现实中频繁使用的格式条款,德国法开辟了一条新的规制路径。早在1976年,德国即通过了《一般交易条款法》(AGBG),对一般交易条款订入合同、一般交易条款的解释、内容控制等问题作出了详细规定,该法的实体规定部分自2002年《债法现代化法》生效后并入《德国民法典》。根据《德国民法典》第三百零七条第一款之规定,"一般交易条款违反诚信原则之要求,而显然不利于合同相对人的,无效。此外显然不利也可以成立,当条款不清楚和难以理解时。"以上被称作内容控制的规范成为法院审查一般交易条款的基础。由于一般交易条款在现实生活中的有用性,即使一般交易条款因触犯第三百零七条及以下条文的规定而不生效力,相关条文也不必然违背善良风俗而无效。只有在一般交易条款由于其他原因而显示出对合同当事人不适当的不利是有伤风化时,才受到第一百三十八条第一款的控制。从这个角度看,第三百零五条以下关于一般交易条款的规定相对于第一百三十八

---

① Vgl. Klaus Vieweg, Juris Praxis Kommentar: BGB, 5. Auflage, 2010, S. 889 – 893.
② Vgl. Medicus, Allgemeiner Teil des BGB, 10. Auflage, 2010, S. 295.
③ Vgl. StaudingerKommentar zum BGB/Sack/Fischinger, 2017, § 138, Rn. 26.
④ Vgl. Helmut Köhler, BGB Allgemeiner Teil, 41. Auflage, 2017, S. 205 – 206.

条构成特别规定。① 另外，根据第三百零七条第三款的规定，"第一款和第二款以及第三百零八条和第三百零九条的规定只适用于那些偏离或补充法律条文规定的一般交易条款。"因此，关于主给付义务的约定以及价格条款原则上并不在第三百零七条的控制范围之内，因为主给付义务以及价格、报酬等条款并不会由法律直接规定，而是常常由当事人协商确定。② 尽管关于主给付义务的约定不受第三百零七条的控制，但如果给付与对待给付显著失衡，并且满足暴利行为或准暴利行为的要件，则可依第一百三十八条宣告无效。由此可知，对于不公平的合同条款，第一百三十八条的一般规定与第三百零七条的内容控制规范之间形成了分工负责的规制体系。

五 美国：显失公平原理的成文化

18世纪末期，受到传统公平价格思想的影响，合同正义观念曾在美国法院占据主导地位，根据当时的判例，对价必须充分，否则合同不能被强制执行。③ 随着商业时代的来临，19世纪以后，合同自由取代公平对价逐渐在美国法上占据统治地位。尽管此一时期的普通法日益强调合同自由，但也从未完全放弃既控制交易的过程又控制交易的内容的努力。④ 对于不公平合同的处理，与英国类似，美国法院主要援引普通法上的规则，如欺诈、胁迫或公共政策等的弹性解释为当事人提供救济。针对日益频繁使用的标准化协议中的不公平条款，美国法院通常以欠缺合意的法理，如某个条款未经提示或者过于异常，以致相对方无法注意到这些条款，认定相关条款未纳入到合同之中。⑤ 与此同时，衡平法在合同公平问题上更为大胆，如果一个不公正或者显失公平的合同达到了"令法院所持的道德信念受到

---

① Vgl. MüKoBGB/Armbruster, 8. Auflage, §138, Rn. 5.

② Vgl. Brox/Walker, Allgemeines Schuldrecht, 43. Auflage, 2019, S. 47.

③ 参见 [美] 莫顿·J. 霍维茨《美国法的变迁：1780—1860》，谢鸿飞译，中国政法大学出版社2019年版，第302—304页。

④ 参见 [美] 弗里德里奇·凯斯勒等《合同法：案例与材料》（上），屈广清等译，中国政法大学出版社2011年版，第513页。

⑤ 参见 [美] E. 艾伦·范斯沃思《美国合同法》，葛云松、丁春艳译，中国政法大学出版社2004年版，第293—302页。

震动"的程度,则例外的条款不会在衡平法上得到执行。①

20世纪以来,伴随着垄断资本主义时代以后合同实质正义思想的复兴,美国法院通过曲折方式救济合同当事人的局限日益显现,寻求统一控制方法的呼声开始出现,而《统一商法典》的编纂为他们提供了一个机会。美国《统一商法典》第二—三百零二条第一款规定:"作为一个法律问题,如果法院发现合同或者合同中的部分条款在订立时显著不公平,那么法院可以拒绝执行该合同,或者可以执行排除不公平条款之后的合同,或者可以限制一些不公平条款的适用以避免一些不公平的后果。"《统一商法典》的制定对于美国乃至普通法系不公平合同的规制具有里程碑的意义,因为该法典第一次成文化了一个一般性的显失公平原理。这一规定使得法院可以公开地审查不公平的合同,而不用再通过那些被卢埃林称作"隐藏的工具"(covert tools)的办法。② 因此,作为法典起草人的卢埃林教授得意地声称该条"可能是整个法典中最有价值的一条规范"。③《统一商法典》制定后,显失公平原理很快得到美国各州的采纳,至1995年,美国所有的州以及哥伦比亚特区都已经接受了这一规范。④

尽管显失公平原理十分重要,但《统一商法典》却没有为它下一个明确的定义,对于其适用方法,是在判例和学说的共同努力下发展起来的。其中,最经典也最常被援引的一个案件是Williams v. Walker-Thomas Furniture Co. 案,该案判决中写道:"显失公平通常被认可,如果一方当事人在订立合同时不能做出有意义的选择,并且合同条款过分有利于另一方当事人。"随后,Arthur Leff教授第一个以程序上的显失公平和实质上的显失公平来概括这种区分。⑤ 根据现今的美国判例,程序上的显失公平可以由以下原因

---

① 参见[美] E. 艾伦·范斯沃思《美国合同法》,葛云松、丁春艳译,中国政法大学出版社2004年版,第302页。

② See Carol B. Swanson, "Unconscionable Quandry: UCC Article 2 and the Unconscionability Doctrine", *New Mexico Law Review*, Vol. 31, 2001, p. 361.

③ See 1 N. Y. L. Revision Commn. , Hearings on the Uniform Commercial Code 121 (1954).

④ See Carol B. Swanson, "Unconscionable Quandry: UCC Article 2 and the Unconscionability Doctrine", *New Mexico Law Review*, Vol. 31, 2001, p. 362.

⑤ See Arthur Allen Leff, "Unconscionability and the Code-The Emperor's New Clause", *University of Pennsylvania Law Review*, Vol. 115, No. 4, 1967, p. 487.

第二章　显失公平制度的历史渊源与比较考察

导致：使用不合理的难以阅读的印刷、令人费解的语言以及不平等的谈判能力，包括谈判技巧等。与之相比，实质上的显失公平则显得难以定义和量化，法院只能聚焦于合同条款是否对一方当事人过分有利来判断。[1]

除了显失公平这一控制不公平合同的"帝王条款"外，20世纪中后期以来，美国联邦和各州相继制订了一系列法律，专门规制消费者合同领域中的不公平条款，其典型代表如1968年的《诚实贷款法》以及1975年的《马格努森—莫斯法》。这些专门立法的特点在于直接指向具体的合同条款，在规制方式上，要么直接限制双方当事人以不利于消费者的方式确定这些条款的自由，要么要求事先必须向消费者清楚地提示这些条款，从而保障消费者的知情权。[2]

六　现代合同法上显失公平制度的发展趋势

（一）一般衡平条款的运用

20世纪以来社会形势的变化，迫使各国法院不再固守古典自由主义的保守立场，为维护合同正义而更多地介入到合同事务中。在救济路径的选择上，正如上文所述，受制于各国法院的思想观念以及法律"工具箱"的不同情况，大致可以划分为两种模式：一者以法国、英国为代表，通过扩张既有规则的适用范围婉转地实现合同正义；另一方则以德国、美国、瑞士、奥地利为代表，直接通过民法中的一般条款矫正不公平的合同。

间接保护模式体现了对合同自由的留恋，但这种方式的缺陷也是显而易见的。首先，扩张既有规则的救济范围必定冲击原有的概念和规则体系，"消极欺诈""危难被乘式胁迫"等概念的出现改变了法律上的原有观念，使得欺诈、胁迫等概念的内涵和外延变得模糊不清。其次，现有规则的扩张解释必有其限度，当案件事实难以归入到即使经过最大限度解释的既有规则中去时，必将产生保护的漏洞。最后，间接保护模式为坚守合同自由原则而选择其他控制标准，但这些标准不仅不能提供完满的解决方

---

[1] See Carol B. Swanson, "Unconscionable Quandry: UCC Article 2 and the Unconscionability Doctrine", *New Mexico Law Review*, Vol. 31, 2001, pp. 365 – 366.

[2] 这方面的介绍，参见［美］E. 艾伦·范斯沃思《美国合同法》，葛云松、丁春艳译，中国政法大学出版社2004年版，第315—319页。

案，有时反而会与其初衷背道而驰。根据学者 Waddams 的研究①，在涉及没收（Forfeiture）、罚金（Penalty）、保证金（Deposit）、免责条款（Exemption Clauses）等至少 12 类案件中，英国普通法院提供救济的真实动因在于这些合同或条款显失公平，尽管普通法院不愿意承认这一点，而在这些案件中采取了其他标准。在 Waddams 看来，这些标准是过分僵化而难以令人满意的。以免责条款的控制为例，有观点主张以"同意理论"来处理这一问题，但"以同意的缺乏作为控制不公平条款的技术有时候走得太远有时又走得不够远"。走得太远是因为人们常常会签署一个完全不知道细节的合同，以对具体合同条款缺乏真正的同意为由，救济每一个这样主观上忽视了所签署文件内容以及它们的效果的当事人，明显是不恰当的。相反，即使当事人完全知晓免责条款的内容，但由于缺乏对等的谈判能力而无法拒绝这一条款时，仅以当事人已经同意为由肯定免责条款的效力也非妥当。此外，早期判例还曾以根本违约作为排除免责条款适用的标准，②不过这一标准同样面临同意理论相似的问题：非根本违约场合的免责条款未必就应该全部得到执行，相反，根本违约场合的免责条款却未必一定不应该得到执行。正如 Waddams 所言，"压制潜藏在这些案件下面的真实原则不仅不能在救济是正当时为当事人提供保护，而且还会破坏那些完全公平合理的协议"。③

相较于间接保护模式，在合同实质正义的独立价值已被广泛接受，法院以合同不公平为由介入私人交易领域不再存在观念障碍的当代社会，以德国、瑞士等国为代表的直接保护模式更符合历史发展的潮流。在具体的手段上，上述各国民法典中预留的由不确定概念组成的一般条款日益得到

---

① See S. M. Waddams, "Unconscionability in Contract", *The Modern Law Review*, Vol. 39, No. 4, 1976, pp. 369 – 393.

② Karsales (Harrow) Ltd. v. Wallis [1956] 1 W. L. R. 936.

③ See S. M. Waddams, "Unconscionability in Contract", *The Modern Law Review*, Vol. 39, No. 4, 1976, p. 391. 当然，也有相反观点认为通过既有的程序上的规则去规制不公平交易是一个合理的做法，Charlotte Thomas 认为法官并非决定合同当事人利益的最佳裁断者，法官也不具备了解某些行业性质的知识，因此无法评估在这些行业中签订的合同实际上是否公平。此外，他认为从立法权与司法权的分立角度而言，让立法机关通过立法的方式规制合同的实质公平是一个更加合适的选择。See Charlotte Thomas, "What Role Should Substantive Fairness Have in the English Law of Contract-An Overview of the Law", *Cambridge Student L. Rev.*, Vol. 6, 2010, pp. 193 – 195.

第二章 显失公平制度的历史渊源与比较考察

重用。透过这些一般条款，在保持法典结构稳定的同时，为古老法典注入新的价值要素，从而使其能够适应不断变化发展着的社会现实。① 正如德国法学家拉德布鲁赫所言，"在相当程度上，存在着有弹性的概念，而民法典恰恰对此类概念给予了极大的注意……民法典尤其要感谢那些或此或彼的伸缩性概念，它使得民法典在一个通常僵硬的概念体系中，终究能够证明自己相对地反映了时代的无止境要求。"② 在大陆法系，《德国民法典》第一百三十八条第一款在维护合同正义上的一般性地位已如上述，与德国民法颇有渊源的瑞士、奥地利两国民法同样也有扮演类似角色的条文，不过二者的表现形式各有特色。

《瑞士债务法》第二十一条于1911年修法之际增补，自该条内容上看，显然受到《德国民法典》第一百三十八条第二款的影响，不过有所不同的是，《瑞士债务法》第二十一条并未与善良风俗条款规定于同一条文，而是位于内容瑕疵（第十九、二十九条）与意思表示瑕疵（第二十三条之下）的条文之间。根据瑞士学说，第二十一条广泛适用于各种双务合同，并且可以类推适用于非双务合同以及单方和多方法律行为。不仅是自然人，而且法人也可以主张此条的救济。就该条与同法第十九条、第二十条内容瑕疵的关系，瑞士学说认为第二十一条终局性地规定了合同给付的价值不均衡问题。③ 换言之，与《德国民法典》中的暴利行为仅为违背善良风俗的特别规定不同，《瑞士债法典》第二十一条更具独立性，在合同给付不均衡问题上发挥着基础性作用。

《奥地利普通民法典》第九百三十四条规定了非常损害规则，该规则适用于除射幸合同外的一切有偿合同，并且仅要求一项给付少于对待给付的一半即可获得救济。④ 与此同时，该法典第八百七十九条第二款第四项还仿照《德国民法典》规定了暴利行为，根据解释，暴利行为适用于所有

---

① 参见朱芸阳《论民法上的一般条款的理念和功能》，《湖北社会科学》2013年第4期。
② 参见［德］拉德布鲁赫《法学导论》，米健译，中国大百科全书出版社1997年版，第71页。
③ Vgl. Heinrich Honsell, Nedim Peter Vogt, Wolfgang Wiegand, Kommentar zum Schweizerischen Privatrecht, Obligationenrecht I: Art. 1 – 529 OR, Helbing & Lichtenhahn, 1992, S. 185 – 191.
④ Vgl. Helmut Koziol, Peter Budlinski, Raimund Bollenberger (Hrsg.), Kurzkommentar zum ABGB, 2., uberarbeitete und erweiterte Auflage, Springer, 2007, S. 991 – 992.

存在交换关系的法律行为。相较于非常损害规则要求给付"短少逾半",暴利行为的满足可以接受主给付义务客观价值更小的差异,不过根据判例,给付失衡仍须达到"显著"的程度。除客观要件外,暴利行为还需要满足主观要件,即给付的失衡是由于一方当事人对不利方特殊情势的利用所致。如果缺乏暴利行为的主观要件,与德国法一样,可以回溯至该条第一款的禁止悖俗的一般条款寻求救济。[1] 由上可知,与德国和瑞士分别由单个条款扮演维护合同公平的一般规则不同,奥地利民法中存在双重一般条款,非常损害规则与暴利行为或善良风俗存在竞合的可能,当事人可以择一主张救济。

作为大陆法系的另一代表,法国对于不公平合同条款的规制,在最新完成的合同法改革中,呈现出新的立法动向。在2016年10月1日生效的新条文中,第一千一百七十一条规定,在标准格式合同领域,任何一方当事人拟定的权利和义务上显著不平衡的条款,视为未订入合同。该条规定来自原先的消费者保护法,在纳入民法典后,其适用范围得到了扩张,不再限于消费者合同领域,而是适用于所有标准格式合同。[2] 尽管根据该条第二款的规定,"对显著不平衡的评估与合同的主要目的或价格的充分性无关",换言之,该条所涉审查范围排除了合同的核心给付条款,但相比过去,法国民法已经在维护合同公平的条款一般化道路上迈出了坚实的一步。

让我们再把目光转向普通法系,美国《统一商法典》第二—三百零二条尽管规定于"货物交易"之下,但根据该法典第——百零二条的精神,评论认为"应根据有关规则或原则的目的和政策以及将法律视作整体来阅读每一部分的条文,并应视案件具体的情况,在符合所涉及的目的和政策之下,对该语句的适用进行狭义或广泛的解释。"基于此,按照显失公平制度背后的目的以及整个法典背后的目的和政策,美国判例并没有将该原理局限于货物买卖,而是将其广泛类推适用于其他类型的合同。[3]

---

[1] Vgl. Helmut Koziol, Peter Budlinski, Raimund Bollenberger (Hrsg.), Kurzkommentar zum ABGB, 2., uberarbeitete und erweiterte Auflage, Springer, 2007, S. 842.

[2] See Solène Rowan, The new French law of contract, http://eprints.lse.ac.uk/75815/1/Rowan_New%20French%20law_2017.pdf, 2019年3月28日。

[3] See Clinton A. Stuntebeck, "The Doctrine of Unconscionability", *Maine Law Review*, Vol. 19, 1967, pp. 87–88.

第二章 显失公平制度的历史渊源与比较考察

1979 年的《第二次合同法重述》[Restatement (Second) of Contract] 第二百零八条重申了显失公平原理,并且其一般性地适用于各种合同。① 近来的趋势是,显失公平原理不仅运用于消费者合同领域,还被越来越广泛地适用于商人之间的交易。根据学者 Slawson 的统计,自 1990 年以来,在所有主张显失公平原理的案件中,大约有 40% 的案件涉及商人,并且在审理结果上没有明显的差异。② 另值得注意的是,显失公平原理的审查对象不仅包括合同的核心给付条款,如价格条款,③ 还包括其他类型的不公平合同条款,如免责条款、违约金条款等。从以上方面可以看出,美国法上的显失公平原理,是一个适用领域极其广泛的规则,就其一般性而言,甚至超过了德国法上的善良风俗条款。

英国判例法上并没有发展出诸如显失公平原理的一般规则,不过自 1888 年 Fry v. Lane 案以来,合同公平性问题在加拿大、澳大利亚和新西兰等国法院呈现出与英国完全不同的走向,三国判例以 Aylesford v. Morris 案为基础,逐渐发展出适用广泛的显失公平原理。其中,尤以加拿大法院走得最远,相关判例不仅涉及土地买卖、互易和抵押、雇佣,以及公司债务担保、设备租赁、股权转让等各式各样的商事和非商事交易,并且在当事人地位不平等的认定上,加拿大判例也突破一方当事人"贫穷和无知"的限制,当事人的心理压力、神经衰弱、情感或心理上的问题、缺乏教育、难以理解英文、智力低下、缺乏商业和法律上的经验、年老、糟糕的健康状态等极其广泛的理由均可构成。④

---

① 第二百零八条(显失公平的合同或条款):如果一个合同或合同条款在订立之时是显失公平的,法院可以拒绝执行该合同,或者可以执行排除该不公平条款之后的合同,或者可以限制某些不公平条款的适用,以避免一些不公平的后果。

② See W. David Slawson, Binding Promises: The Late 20th-Century Reformation of Centract Law 57 (1996). 转引自 Carol B. Swanson, "Unconscionable Quandry: UCC Article 2 and the Unconscionability Doctrine", *New Mexico Law Review*, Vol. 31, 2001, p. 369.

③ 适用 UCC 第二—三百零二条处理价格不公平的问题主要涉及两类案件,第一类被称作"不公平的惊吓"(unfairly surprised),买方根据合同必须支付他在订立合同时难以预料到的高价;另一类涉及买方没有真正的权力去影响价格的形成。See Edward A. McQuoid, "UCC Section 2 - 302 and the Pricing of Goods: Are the Courts More Than the Market Will Bear", *University of Pittsburgh Law Review*, Vol. 33, 1972, p. 589 - 590.

④ See Steven R. Enman, "Doctrines of Unconscionability in Canadian, English and Commonwealth Contract Law", *Anglo-American Law Review*, Vol. 16, 1987, p. 204 - 209.

近年来，随着国际统一私法运动的兴起，三部受人瞩目的国际或地区性私法示范法呈现在世人面前，它们分别是《国际商事合同通则》（以下简称 PICC）、《欧洲合同法原则》（以下简称 PECL）以及《欧洲私法共同参考框架草案》（以下简称 DCFR），三部示范法均包含有维护合同正义的一般规定，即 PICC 第 3.2.7 条关于"重大失衡"的规定，PECL 第 4：109 条关于"过分的利益或不公平的有利"的规定，以及 DCFR 第Ⅱ—7：207 条关于"不公平的剥削"的规定。尽管上述三部示范法在具体措辞上略有差异，但不论在规范结构，还是在要件和效力的设置上三者都大体相同。值得注意的是，作为运用于国际商事合同领域的示范法，PICC 亦规定了这一规则。综合前文所论，通过一般条款维护合同实质正义，已成为当今世界合同法的发展潮流。

（二）相关条款适用的弹性化

现代合同法中，维护合同公平的条款的另一个发展趋势是规则适用的弹性化，这一弹性化主要表现在两个方面。

其一，对相关条款构成要件的要求呈现出缓和化趋势。在德国，主张准暴利行为的救济除客观给付失衡外，只需证明获利方具有"应受责难的意图"即可，并且在客观给付失衡特别严重时，获利方的主观意图还可以被推定。在奥地利，司法实践的趋势是非常损害规则适用得并不比暴利行为少，并且暴利行为的主观要件被压制，而更接近于非常损害规则。[①]《瑞士债务法》第二十一条虽要求不利方处于"急迫、轻率或无经验"三种情形，不过根据瑞士学说，法律列举的三种情形只能被理解为模板，不利方只需证明自己的决定自由受到妨碍即可。[②] 美国法上的显失公平原理，过去法院常常要求必须有同意存在瑕疵的外在证据，如不合理的印刷字体、一方当事人的年龄、文化程度等，现今部分法院仅仅因为存在依赖的消费者合同即可满足程序上显失公平的要求。[③] 从上文列举的三部示范法中也

[①] Vgl. Franz Geschnitzer, Kommentar zum Allgemeinen Bügerlichen Gesetzbuch, Wien, 1968, S. 560.

[②] Vgl. Heinrich Honsell, Nedim Peter Vogt, Wolfgang Wiegand, Kommentar zum Schweizerischen Privatrecht, Obligationenrecht I: Art. 1 – 529 OR, Helbing & Lichtenhahn, 1992, S. 187.

[③] See Melissa T. Lonegrass, "Finding Room for Fairness in Formalism—The Sliding Scale Approach to Unconscionability", *Loyola Iniversity Chicago Law Journal*, Vol. 44, 2012, p. 13.

第二章 显失公平制度的历史渊源与比较考察

可看到这一趋势,它们一方面尽可能多地列举当事人的不利处境,如存在依赖、信任关系,以及处于经济压力、急迫需求、无知、无经验、缺乏谈判技巧等情形,可以说融合了两大法系能够考虑到的各种情况;另一方面,它们并不强调获利方必须存在利用的故意,具有"应当知道"的重大过失即为已足。

其二,各国法院对合同显失公平的判断均采取较为灵活的认定方式。现今,德国法院对违背善良风俗行为的认定并不过分倚重某一单一要素,而是注重行为的整体评价。①《瑞士债务法》第二十一条要求的三项要素,尽管不能相互替代,但一个要素的较强满足可以弥补另一个要素的不足。②《奥地利普通民法典》上,一个显著的意思形成自由的障碍与一个较小的等价障碍也可构成第八百七十九条第二款第四项的暴利行为,反之亦然。③日本民法中没有暴利行为的明文规定,相关问题通过《日本民法典》第九十条的公序良俗条款予以处理。传统上,暴利行为被认为是违背公序良俗一种类型,就其构成要件的理解,与德国民法相类似。自20世纪80年代以后,为了处理有关消费者交易和投资交易的纷争,日本的判例以及学说中出现了更积极灵活地运用暴利行为规则的动向,即将传统暴利行为的"利用他人窘迫、轻率、无经验"理解为有关意思决定过程中的主观要素,将"以获得显著过当之利益为目的而为法律行为"理解为有关法律行为内容的客观要素,在此基础上通过两者的相关关系来判断行为的正当与否。在这一判断中,主客观要素处于互相补充的关系,即使其中一个要素未达到充足程度,也可以斟酌另一个要素的充足程度来综合判定。④ 美国法院对于合同显失公平的认定,传统上分别检视程序上和实体上的证据,要求每一侧面均要达到最低门槛。不过,近来的趋势是越来越多的法院采用所谓"滑动标尺法"(The Sliding Scale Approach)的方法,并不要求程序上

---

① OLG Stuttgart NJW 1979, 2409, 2412.

② Vgl. Heinrich Honsell, Nedim Peter Vogt, Wolfgang Wiegand, Kommentar zum Schweizerischen Privatrecht, Obligationenrecht I: Art. 1 – 529 OR, Helbing & Lichtenhahn, 1992, S. 185.

③ Vgl. Helmut Koziol, Peter Budlinski, Raimund Bollenberger (Hrsg.), Kurzkommentar zum ABGB, 2., uberarbeitete und erweiterte Auflage, Springer, 2007, S. 842.

④ 参见[日]山本敬三《民法讲义I:总则》,解亘译,北京大学出版社2004年版,第219页。

或实体上的显失公平的每一个侧面均达到特定的程度,而是一个侧面相对大的满足可以补偿相对小的另一侧面。① 甚至于近来有部分州法院表现出"单一倾向"(Single-Prong),即仅仅满足实质上的显失公平要件,但由于"一个条款是如此的骇人听闻,则不管程序要件具备与否,合同也无法得到法院的执行"。②

本章小结

追溯西方法制的千年历史,合同实质正义思想可谓几经沉浮,与之对应,相关制度也历经变迁。尽管就制度的诞生而言,非常损害规则与暴利行为制度既非同源也不存在继受关系,不过正如历史是一个绵延不断的时间流动过程,一个法律制度的诞生和演变也并非前后决然割裂,毋宁是新元素在旧制度中生成、发展,伴随着量变向质变的转换,最终,新制度从旧制度中破茧而出的"蝶变"过程。因此,新制度本身仍带有旧制度的基因。从罗马法上的非常损害规则,到近代法上的暴利行为制度,再到现代合同法中的显失公平制度,尽管每一制度都被赋予新的时代印记,但后者对前者并非简单的否定,而是一个不断扬弃的过程。暴利行为虽然放弃了非常损害规则的纯客观要件,打上了主观主义的烙印,但合同实质正义的理念仍寄居其中。20世纪以来,合同正义思潮复兴,相关条款的适用范围日益扩大,构成要件也不断缓和,但合同自由的基本价值却也从未被放弃。基于此,现代西方各国的合同法发展趋势,与其说是合同正义对合同自由的否定,毋宁说是在合同自由的价值预设下,适应形势地通过合同正义对合同形式自由的局限予以矫正。

中华人民共和国成立 70 余年以及实行改革开放政策 40 余年来,我国

---

① See Melissa T. Lonegrass, "Finding Room for Fairness in Formalism—The Sliding Scale Approach to Unconscionability", *Loyola Iniversity Chicago Law Journal*, Vol. 44, 2012, p. 12.

② Vance v. Nat'l Benefit Ass'n, 1999 WL731764 (N. D. Ill. Aug. 30, 1999). 相反,如果仅仅只有程序要件满足,法院一般不会认定显失公平。See Carol B. Swanson, "Unconscionable Quandry: UCC Article 2 and the Unconscionability Doctrine", *New Mexico Law Review*, Vol. 31, 2001, p. 367.

历经工业化和市场化的历史进程，被认为用数十年时间走过了西方国家几百年的发展道路，成就举世瞩目。但也正因如此，西方国家在不同历史阶段遭遇的问题，我们可能在同一时代同时面临。在合同法领域即是如此，一方面，由于我国社会主义市场经济体制实行时间不长，计划经济思想仍残留于世，如何排除公权力不当介入私人合同领域以保障合同自由为一大现实问题。另一方面，随着经济的不断发展，阶层、城乡甚至不同个体的差距日益显现，社会矛盾冲突愈益突出，在此背景下，通过干预不公平的合同，实践合同正义也是立法和司法机关义不容辞的责任。

具体到显失公平制度，《民法通则》以及《合同法》时代就显失公平构成要件的争论在一定程度上反映了合同法双重任务下的认识冲突。双重要件说看到近代以来合同法上公平条款的发展趋势，注重合同自由的保护，抓住了中国当下合同法面临问题的一个面向。单一要件说则看到现代以来合同法上公平条款的发展趋势，立足于合同正义的维护，同样抓住了问题的另一个侧面。因此两说各有道理，但正如盲人摸象，却也仅各执一端。我国民法典的立法者重塑显失公平制度，明确其主观要件，可谓契合了合同自由的要求，但切不能忘记，没有平等就没有真正的自由，面对现代社会随处可见的谈判地位不平等导致的合同失衡现象，显失公平制度当责无旁贷地肩负起"扶危济困"之功能。是故，中国民法典中新的显失公平制度，并非因为立法者为其披上主观要件的外套而成为其适用的桎梏，相反，显失公平制度应顺应世界潮流和当代中国的现实需要，在尊重合同自由的前提下，在实践合同正义的道路上发挥更大作用。

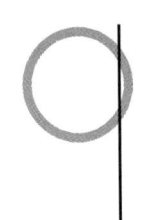

第三章
显失公平制度的法理基础

古往今来，对正义的不懈追求谱写了法学的历史长卷。古希腊人依据自然正当学说，将法律立基于道德之上。罗马法学家则将自然正当转化为自然法，并试图发掘和宣告其内容。中世纪的神学家将自然法建立在神学之上，在脱离了宗教枷锁之后，神之意志又逐渐被人之理性所取代。18 世纪末，哲学家康德用一个形而上学基础取代了这种理性基础，向我们提供了一种形而上学的自然法。[1] 及至近代，凡此种种尝试遭到了法律实证主义者的嘲笑，在他们看来，将法之概念与正义相连是一种谬误。作为法律实证主义极端化的代表，凯尔森认为正义问题的核心乃在于价值冲突，而对于该问题的解答均为价值判断，"价值判断取决于情感因素，具有主观性，它只对判断人有效"，"理性对此无能为力"，因此，"绝对正义只是非理性或者说是一种幻想——一种人类的永恒幻想。"[2] 沿着此种价值相对主义的立场，实证主义者认为"只有在合法性的意义上，正义概念才能进入法律科学中。"进而言之，"将一个一般规则实际适用于按其内容应该适用的一切场合"便是法律下的"正义"，所谓合法即正义。[3]

诚然，正如博登海默所言，"正义有着一张普洛透斯似的脸，变幻无常、随时可呈不同形状并具有极不相同的面貌。"法律是否正义作为一项价值判断，难以超越民族、阶级、宗教、职业等差异而得出普适结论。但

---

[1] 参见[美]罗斯科·庞德《法律与道德》，陈林林译，商务印书馆 2015 年版，第 12—13 页。
[2] [奥]凯尔森：《纯粹法理论》，张书友译，中国法制出版社 2008 年版，第 143、148、161 页。
[3] [奥]凯尔森：《法与国家的一般理论》，沈宗灵译，商务印书馆 2013 年版，第 43—44 页。

第三章 显失公平制度的法理基础

是，在相对固定的时空范围内，基于社会共同体的共同生活经验，仍不妨人们得出作为本共同体之秩序基础的较为一致的价值判断。历史上的哲人们虽就正义提出各式各样的学说，但仍不脱离自由、平等、安全等诸种价值即为证明。[①] 至于作出价值判断的人之能力，也未必像实证主义者理解的那样，只有如数学般客观精确，才能被认为是理性的。尽管不具备唯一、确定的特性，但却是从相互联系的人类经验中获得，并可被历史的、心理学或社会学上的洞见所证成的价值判断，仍然是具有高度说服力的，这种经由经验累积而获得的价值确信仍可归入广义的理性范畴。[②]

的确，实证主义者揭示了法律的外在特征，一项"不正当"的法律丝毫不会减损其强制力。然而，离开了道德的法律将得不到人们的尊重与遵守。正如拉德布鲁赫所言，道德是法律约束效力的基础。"从作为命令和意志表达的法律原则中，就像已经证明了的，其中可能可以推导出强制，但绝推导不出应该。只有当法律命令被个人良心赋予了道德约束力之后，我们才能谈及法律规范、法律的应然、法律的有效性和法律义务。"[③] 法学家托马斯·莱赛尔亦指出，"法律的效果决不能仅仅依靠国家的强制予以保障，在较大的程度上，它更取决于当事人自愿服从的意愿。""就认同研究而言，正义感作为预先存在的标准，对于某项确定的法律法规是否被认可至关重要。那些与人们的正义感相吻合或相对至少是中性的法律法规，总比那些与之相违背的部分有更大的机会被认同。"[④] 此正所谓"法律必须被信仰，否则它将形同虚设"[⑤] 是也。

法律实证主义者所引以为傲的，在于他们认为实现了法律的去意识形态化，使法律成为纯粹的科学。不过，实证主义虽然去除了道德对法律的意识形态影响，却同时建立起一种新的法律意识形态，即所有以强力维持

[①] 参见［美］E. 博登海默《法理学：法律哲学与法律方法》，邓正来译，中国政法大学出版社2004年版，260—268页。

[②] 参见［美］E. 博登海默《法理学：法律哲学与法律方法》，邓正来译，中国政法大学出版社2004年版，271—272页。

[③]［德］古斯塔夫·拉德布鲁赫：《法哲学》，王朴译，法律出版社2013年版，第48页。

[④]［德］托马斯·莱赛尔：《法社会学基本问题》，王亚飞译，法律出版社2014年版，第11、13页。

[⑤]［美］伯尔曼：《法律与宗教》，梁治平译，中国政法大学出版社2003年版，第3页。

之秩序均为法律秩序。哈耶克敏锐地注意到了这一点,他指出"凯尔森只是成功地以一种意识形态替代了另一种意识形态而已","法律实证主义的目的,就是要使那种用强制来为特定目的或任何特殊利益服务的做法变得与那种用强制来维续自生自发秩序之基础的做法一样合法。"① 值得注意的是,法律实证主义的这种意识形态,蕴含着对法的安定性的高度强调,这在特殊时期可能导致悲剧的结果。拉德布鲁赫在反思纳粹暴行时曾写道:"实证主义通过'法律就是法律'的信念,使得德国法学界无力抵抗具有暴政和犯罪内容的法律。"在其看来,除法的安定性之外,法还具有另外两个价值:合目的性和正义。"在所有正义未被诉求的地方,在所有于实证法制定过程中有意否认作为正义之核心的平等之处,法律不仅是'不正当的法',而且尤其缺乏法律本性。"②

综上所言,正义观念对于法的实施至关重要,若欲使法律制度落地生根,依靠法本身所具有的强制力尚显不足,唯有透过法律乃主权者强制命令的"表皮",追问其内在价值,寻获共同的内心确信,方能使"纸上的法",成为"心中的道德律令"。在这一过程中,从历史和社会生活中积累的经验知识,以及人作为万物之灵所具有的理性能力,足以使我们达致此一目标。基于此,在展开对显失公平制度外在体系的探究之前,本章深入显失公平制度的内部,挖掘其中的正义观念,以展现其内在体系。同时,通过对显失公平制度法理基础的思考,可告诉我们其否定合同拘束力的道理何在,亦为下文显失公平制度之具体适用奠定基础。

第一节 显失公平制度中的交换正义

一 作为普遍伦理的交换正义

显失公平制度的调整对象主要为交换合同(Austauschvertrag),其核心

---

① [英]弗里德里希·冯·哈耶克:《法律、立法与自由》(第二、三卷),邓正来、张守东、李静冰译,中国大百科全书出版社2000年版,第76、83页。
② 参见[德]古斯塔夫·拉德布鲁赫《法哲学》,王朴译,法律出版社2013年版,第258页。

特征是给付与对待给付的交换，所谓汝予换吾予。显失公平制度要求给付与对待给付之间的价值不能相差过大，此种关于给付对等性的要求可谓体现了德性论上的交换正义观。

古希腊哲学家亚里士多德在人与人之间的关系上看待公正，他认为公正是一种品质，并且常常被看作德性之首。① 在具体的公正中，亚里士多德区分了两类公正，一类是表现于荣誉或财富的分配上的公正，另一类则是在私人交易中起矫正作用的公正。后者又可以分为两类，分别对应于两类私人交易，即出于意愿的和违反意愿的，前者包括当事人自愿进行的如买卖、放贷、租赁等交易，后者则包括偷窃、抢劫、伤人等行为。② 在亚里士多德看来，买卖等交易行为必须遵循一种德性的公正，这种公正是得失之间的适度。"此处说的得与失，是从出于意愿的交易中借用来的词。例如在买卖和法律维护的其他交易中，得到的多于原有的是得，得到的少于原有的是失。而如果交易中既没有增加也没有减少，还是自己原有的那么多，人们就说是应得的，既没有得也没有失。……它是使交易之后所得相等于交易之前所具有的。"③

亚里士多德的德性正义论对后世产生了深远影响，其关于交换正义的思想（出于意愿的矫正正义）成为中世纪经院学者认识合同的基础。在神学家托马斯·阿奎那眼中，德性是合同拘束力的来源，他认为，当一个人允诺现在或将来把财产转让给另一个人时，他要么是在践行交换正义的德性，要么是在践行慷慨的德性。④ 显然，买卖等交换合同是在践行交换正义，交换正义成为这类合同受法律保护的正当性所在。此外，阿奎那还认为当事人所践行的德性将决定其合同义务，与慷慨的行为不同，交换正义的行为要求对等。在阿奎那看来，售出物品的价格不公平，或者存在瑕

---

① 参见［古希腊］亚里士多德《尼各马可伦理学》，廖申白译注，商务印书馆2017年版，第143页。
② 参见［古希腊］亚里士多德《尼各马可伦理学》，廖申白译注，商务印书馆2017年版，第147页。
③ 参见［古希腊］亚里士多德《尼各马可伦理学》，廖申白译注，商务印书馆2017年版，第153页。
④ 参见［美］詹姆斯·戈德雷《现代合同理论的哲学起源》，张家勇译，法律出版社2006年版，第16—17页。

疵，以及依高利贷贷出的款项，都违反了对等原则。① 通过将交换正义指向对等原则，交换必须公平成为交换合同必须履行的义务。阿奎那的思想被后期经院派学者继承，雅科布斯和佩鲁斯暗示不公平价格违反了"自然公平"，巴尔都斯亦强调"在解释合同和证明合同的正当性时都要服从于公平或平等原则。"② 自此，在德性论思想之下，交换正义与合同约束力、对等原则、公平价格等诸概念实现了整合统一。

现代法学中的双务合同概念与等价性亦存在某种历史的关联。据学者考证，双务合同这一概念曾以等价性作为要素。在理性法时代，格老秀斯在涉及交换合同时尤其强调"等价"这一因子。他以等价性作为区分不同合同类型及其法律效果的要素：以是否需要考虑交易对象的等价性为标准，可将合同区分为"加利的合同"与"交换的合同"。"加利的合同"不以等价作为合同的必要要件，而对于"交换的合同"，则强调给付与对待给付的等价性。格老秀斯的上述概念对后世学者产生了重大影响，大量18世纪学说汇纂现代运用的文本开始在此基础上使用"双务合同"这一术语。③

于此需要追问的是，交换正义或对等原则何以成为合同伦理的要求？实际上，交换正义本身蕴含了一种平等理念。亚里士多德在讨论两类公平时，强调分配公正遵循的是几何的比例，其中的人是不平等的，与之相反，对于矫正的公正，遵循的则是算术的比例，其中的人是平等的人。④ 亚里士多德在论述矫正的公正时总是与平等概念相伴随的。亚氏认为公正是一种平等，而不公正则是一种不平等。自愿的交换行为要求当事人所失与所得大致相等，如果一方当事人在交易中得到多失去少，另一方当事人失去多得到少，"这种不公正本身就是不平等，法官就要努力恢复平等。"⑤ 而交换正义之平等理念之所以能够成为一项正义价值，根据博登海默的观

---

① 参见[美]詹姆斯·戈德雷《现代合同理论的哲学起源》，张家勇译，法律出版社2006年版，第18页。
② [美]詹姆斯·戈德雷：《现代合同理论的哲学起源》，张家勇译，法律出版社2006年版，第84页。
③ 相关讨论参见朱朝晖《潜伏于双务合同中的等价性》，《中外法学》2020年第1期。
④ 参见常志伟《柏拉图的正义观和亚里士多德的正义观比较》，《思想战线》2013年第S1期。
⑤ [古希腊]亚里士多德：《尼各马可伦理学》，廖申白译注，商务印书馆2017年版，第150—151页。

点，其心理根源可能来源于三个方面：一是人们希望得到尊重的欲望；二是人所具有的一种不愿受他人统治的欲望；三是来自一种平衡感，这种平衡感在人类的其他领域也表现得极为明显，尤其是在审美领域。①

交换正义观念深刻形塑了两大法系的合同理论，并体现于各自的相关制度中。首先，在普通法系被称作"理论和规则之王"的对价原则中可以看到交换正义的身影。"从违诺赔偿之诉中发展而来的传统对价理论要求受诺人必须对允诺人之允诺提供某种可以交换的东西：或是对受诺人的某种损害，或是对允诺人的某种利益"，这种获益受损对价理论被认为是一种实质对价理论。② 其次，传统对价原则要求合同对价必须充分，当事人对于一方的允诺必须提供了有价值的东西作为回报，否则其允诺是不可执行的，这一要求更是直观地反映了交换正义哲学。③ 在大陆法系，亚里士多德—托马斯的德性正义论直接影响了"原因理论"的形成。原因理论表明，当事人在表达其意思时，并不是简单地追求自身利益的行为，他们必须具备某种正当的理由，即通过合同去实现交换正义或慷慨的美德。原因理论还奠定了合同的客观正当性，即当事人通过合同取得利益的结果之所以正当，之所以应该得到维系，也是因为它体现了交换正义和慷慨的美德。④ 我国《民法通则》第四条要求民事活动应遵循等价有偿原则，《合同法》第五条以及《民法典》第六条均规定了公平原则，可以说是交换正义思想在实证法中的直接体现。历史与现实已经证明，交换正义并非一时一地的道德观念，而是一项普遍伦理。

二 何为公平

交换正义要求给付的对等或公平，那么随之而来的问题便是何为公平

---

① 参见［美］E. 博登海默《法理学：法律哲学与法律方法》，邓正来译，中国政法大学出版社2004年版，第311页。
② 参见刘承韪《英美法对价原则研究：解读英美合同法王国中的"理论与规则之王"》，法律出版社2006年版，第149、156页。
③ 参见刘承韪《英美法对价原则研究：解读英美合同法王国中的"理论与规则之王"》，法律出版社2006年版，第179页。
④ 参见徐涤宇《原因理论研究——关于合同（法律行为）效力正当性的一种说明模式》，中国政法大学出版社2005年版，第303—304页。

给付或公平价格？早先曾有学者想象物品之中具有某种神秘的内在价值，公平价格即由物品的内在价值或效用决定。然而这种观点很快遭到了抛弃，因为按照这种观点，一个宝石将比一只老鼠卖价更低，因为后者具有更多的内在价值；它也比一块面包卖价更低，因为后者更有用。[①] 这显然是荒谬的。

受制于现实证明的困难，后来的经院学者不得不放弃对公平价格精确性的追求，而仅要求一种大致的公平。阿奎那在《神学大全》中提到，"由于某物的公平价格有时候并不是精确的数值，而更多是一种估价，所以轻微少量的增加或减少似乎都不意味着公平正义的丧失。"[②] 后期经院学者继承和发展了阿奎那的这一思想，他们认为"除非由公共机构确定价格，否则，公平价格就是在竞争条件下的市场价格。"[③] 在索托、莫里纳、勒西乌斯、格老秀斯以及普芬道夫等人看来，公平价格不仅取决于生产成本，而且取决于对物品的需求和它们的稀缺性。[④] 经院学者的这一观点与现代市场经济理论颇为相似，不过，由于缺乏对供需平衡的市场机制的了解，他们只能认为公平价格是在需求条件、稀缺性和成本一定的情况下，存在的一个价格范围。并且，他们只能将妥当解说需求、稀缺性和成本的作用归因于人类的判断。[⑤]

虽然后期经院派学者为寻找公平价格提出了颇具见识的观点，但他们的理论仍然存在局限。一方面，现有的市场价格本身是由一个个具体的交易价格构成的，将现有的市场价格作为判断个别交易是否公平的标准，在逻辑上存在倒果为因的问题。另一方面，经院学者的公平价格不是固定的，而是随时间、地域的变化而变化，"公平价格这一天与那一天、此地

[①] 参见〔美〕詹姆斯·戈德雷《现代合同理论的哲学起源》，张家勇译，法律出版社 2006 年版，第 120 页。

[②] 刘招静：《交换、正义与高利贷：托马斯·阿奎那的经济伦理观》，《历史研究》2016 年第 6 期。

[③] 〔美〕詹姆斯·戈德雷：《私法的基础：财产、侵权、合同和不当得利》，张家勇译，法律出版社 2007 年版，第 596 页。

[④] 参见〔美〕詹姆斯·戈德雷《现代合同理论的哲学起源》，张家勇译，法律出版社 2006 年版，第 121 页。

[⑤] 参见〔美〕詹姆斯·戈德雷《现代合同理论的哲学起源》，张家勇译，法律出版社 2006 年版，第 123 页。

与彼地是不同的"①。如此一来，一个变动不居的市场价格本身是捉摸不定的，并且这一价格取决于人的主观判断，根本不具有现实的操作性。正如美国学者戈德雷评论的那样，中世纪经院学者之所以将公平价格等同于市场价格，并非出于何种理论上的考虑，而"仅仅是因为不这样的话，成千上万本属正常的交易就将被质疑。"②

现代经济理论为我们揭示了市场供求与商品价格之间的互动关系，根据现代经济学的观点，当市场上的供给与需求量达致平衡时，或者说供给曲线与需求曲线相交于一点时，便是市场的均衡，此时的价格就是均衡价格。③那么，此一均衡价格能否作为判断公平价格的标准呢？答案恐怕是否定的。首先，均衡价格以市场是完全竞争的为其假设前提，但现实中这种理想的市场模型未必存在。其次，影响供给和需求的因素是难以穷尽的，即使在可以发现的因素中，如消费者的爱好、预期以及生产者的技术等，本身也是难以量化的。在此基础上，要明确知晓市场的总供给和总需求情况，进而提前预判某种商品的均衡价格，也是难以办到的。最后，即便市场价格能够得出，但市场价格未必就一定是一个"公平的"价格。④例如，由于突发情况，如自然灾害或战争的发生，市场价格会由于供给的急剧减少或需求的剧烈增加而上升到难以忍受的高度，但是没有政府会因为该价格是由市场自然生成而认为是公平的，进而对其坐视不管。市场均衡理论虽然解释了价格与市场供求之间的关系，为我们揭示了市场运作的机理，但以其作为判断公平价格的标准仍然力有未逮。

既然我们无法揭示何为公平的交换，那么是否表明交换正义仅是镜花水月？或许我们不用如此悲观，恰如逻辑排中律所揭示的那样，虽然我们不能从正面解释何为公平的给付，但如果我们能从反面揭示何为不公平的

---

① ［美］詹姆斯·戈德雷：《私法的基础：财产、侵权、合同和不当得利》，张家勇译，法律出版社2007年版，第596页。
② ［美］詹姆斯·戈德雷：《私法的基础：财产、侵权、合同和不当得利》，张家勇译，法律出版社2007年版，第601页。
③ 参见［美］曼昆《经济学原理：微观经济学分册》，梁小民、梁砾译，北京大学出版社2015年版，第83页。
④ 参见［德］卡尔·拉伦茨《德国民法通论》（上册），王晓晔等译，法律出版社2013年版，第61页。

给付，那么公平给付的轮廓仍可被勾勒出来。当代政治哲学家南茜·弗雷泽曾说过，"正义实际上从未被人们直接经历过，相反，我们所经历的都是不公正；正是通过不公正的经历，我们才形成了有关正义的观念。……只有通过思考那些用以克服不公正的事物，我们其他的抽象的正义概念才能获得内容。"① 对于何为正义的问题，哈耶克亦曾说道："我们并不拥有评断正义的肯定性标准，但是我们却拥有一些能够告知我们什么是不正义的否定性标准。""实际上，为了实现这样一种秩序，正义之理想并不需要决定那些能够被认为是正义的规则的具体内容，所需要的只是为我们提供一种能够使我们以渐进的方式否弃或取消那些被证明为不正义的规则的否定性标准。"②

事实上，从古至今的法律制度在合同公平问题上设置的均是否定性标准，罗马法上的非常损害要求价格"短少逾半"，法国民法中的合同损害要求价格低于"十二分之五"，德国民法中的暴利行为要求"给付与对待给付显著不相称"，英美法上的"非良心性法理"要求合同不公平的程度须"令法院所持的道德信念受到震动"，我国法律则要求合同或法律行为必须"显失公平"。《欧洲私法共同参考框架》将正义确定为整部草案的基础之一，该草案指出"正义很难界定、不可估量，其边缘地带可能会仁者见仁，智者见智，但是不正义的典型情形得到了广泛的承认和普遍的拒绝。"③ 各国法制正是通过对各种不公平交换的否弃，来维护和实践交换正义的，此种反向思维可以说是破解公平价格难题的一剂良方。如此一来，据以判断合同是否公平的就不再是公平价格，毋宁说只是一种观念上的基准价格，市场价格、制造成本、付出的劳动、法律规范等均可作为确定基准的参考，跟这一基准价格稍有偏离也并非不公平，只有当合同价格与人们观念上的"公平价格"偏离较远，以致触动人们的良心时，方才构成不

---

① [美] 南茜·弗雷泽：《论正义：来自柏拉图、罗尔斯和石黑一雄的启示》，王雪乔、欧阳英译，《国外理论动态》2012年第11期。
② [英] 弗里德里希·冯·哈耶克：《法律、立法与自由》（第二、三卷），邓正来、张守东、李静冰译，中国大百科全书出版社2000年版，第65、82页。
③ 参见欧洲民法典研究组、欧洲现行私法研究组《欧洲示范民法典草案：欧洲私法的原则、定义和示范规则》，高圣平等译，中国人民大学出版社2012年版，第67页。

公平的交换。

三 交换正义论的局限

前已述及，实现交换的纯粹客观等值并无可能，唯有通过否定性标准，即排除交换给付的重大失衡来贯彻交换正义之要求，然而，此种做法仍存局限。一方面，按照阿奎那的德性正义论，一个合同要么是在实践交换正义，要么是在实践慷慨的美德，前者对应有偿行为，后者则对应无偿赠与行为。然而，现实中未尝没有"半卖半送"的交换，这种交易从客观上看，给付可能不及对待给付的一半，但由此否定这类交易的合法性，其不当之处不言自明。另一方面，客观等值思想终究依赖于一定的客观参照坐标，这可能是生产商品的成本、同类商品的市场价格等，这对于包含有人类劳动的种类物或许可以办到，然而，对于不包含人类劳动或者人类劳动对于价格塑造的影响微乎其微的商品，此种分析将陷入困境。现实生活中，除了常见的消费品买卖外，尚有一些特殊的标的物，例如古董的交易，又如股票、商标使用权等权利的"买卖"，这类"商品"的交易价格与其说是来源于其内在价值，毋宁说是由交易者的主观认识所决定的。[①] 基于上述原因，单纯以客观等值为基础的交换正义观念作为显失公平制度的价值基础难免存在局限，在交易正当性的判断上终归不能忽视合同当事人的主观意思。

第二节 显失公平制度中的自由价值

一 主观价值论的影响

19世纪，随着市场的扩大以及商业的发展，各种远期和投机交易难以通过传统的等价交换理论得到解释。[②] 自此，以批判亚当·斯密、大卫·

[①] 参见郭正模《论市场交易价格形成的主观价值基础》，《社会科学研究》2000年第2期。
[②] 参见［美］莫顿·霍维茨《美国法的变迁：1780—1860》，谢鸿飞译，中国政法大学出版社2019年版，第318页。

李嘉图的传统政治经济学的边际效用理论兴起。尽管边际效用理论各派别的方法论有所不同，但他们均主张商品的价格由效用而不是由内在价值决定。根据边际效用理论奥地利学派的观点，效用是商品满足人之欲望的能力，它不是商品所固有的，而是从商品与人的关系中产生的。因此，商品的价值取决于人对其是否具有满足某种欲望的能力的评价，而商品的有用性则完全取决于人的主观判断。①

边际效用理论由于对市场上的所有商品的价格形成机制能够提供完整有力的解释，很快被西方主流经济学家接受，成为正统的资产阶级经济学的组成部分。②经济学领域的新思潮很快影响了法学，在合同法领域，主观价值论战胜客观价值论，逐渐取得统治地位。所谓主观等价，即"只要每一方合同当事人根据自己的判断，认为另一方提供的给付与自己所提供的给付具有相等的价值，即可认定给付之间具有等价关系。"③在此观念下，合同法的主要功能并非保证协议的公正，而仅在于执行那些自愿达成的交易。

上述观念转变的表现，在英美合同法上，体现在19世纪以来，普通法院乃至衡平法院逐渐放弃实质对价原则的传统，转而采用形式对价原则。④这种趋向发展的极端，甚至连"一粒胡椒籽"也能构成合适的对价。⑤在大陆法系，《德国民法典》中的暴利行为要求一方利用了另一方的急迫、轻率和无经验等情形。即便是在保留传统的《奥地利普通民法典》中，非常损害规则也被打上了鲜明的主观印记，该法第九百三十五条紧随非常损害规则之后，规定"本法第九百三十四条的适用不得通过合同约定排除，但这不适用于下列情形：某人已表示因特殊的偏爱而以特别的价格获得财产；虽然明知真实价值，当事人仍同意该不成比例的价格；基于当事人之间的关系可以推定，双方意欲订立一个混合了无偿和有偿的合同；

---

① 参见徐国栋《公平与价格——价值理论》，《中国社会科学》1993年第6期。
② 参见姚开建主编《经济学说史》，中国人民大学出版社2011年版，第213页。
③ ［德］卡尔·拉伦茨：《德国民法通论》（上册），王晓晔等译，法律出版社2013年版，第61页。
④ 美国法院的此一转变过程，可参见［美］莫顿·霍维茨《美国法的变迁：1780—1860》，谢鸿飞译，中国政法大学出版社2019年版，第279—327页。
⑤ See Chappell & Co v. Nestle Co. Ltd.

第三章 显失公平制度的法理基础

交易客体的真实价值不能被查明；财产是由法院拍卖的。"基于该条规定，学说认为之所以允许当事人以非常损害撤销合同，乃是在给付显著不相称时推定存在价值错误（Wertirrtum）。[①] 主观等值思想将合同交换的正当性诉诸交易者的自主判断，"在相当大的程度上可以说，主观价值标准其实也就是意思自治标准。"[②] 因此，在显失公平制度中引入当事人主观因素的考虑，本质上是合同自由思想的体现。

二 合同自由的伦理基础

自由，作为一项价值，一直受到人们的歌颂。无论是匈牙利诗人裴多菲的名句"生命诚可贵，爱情价更高，若为自由故，两者皆可抛"，还是如历史学家汤因比描述的那样，"没有一种最低限度的自由，人就无法生存，这正如没有最低限度的安全、正义和食物，人便不能生存一样。"[③] 自由对于人类的重要性毋庸置疑。作为自由价值具体表现的合同自由原则，自19世纪以来，一直在私法中处于统治地位，而合同自由的正当性也一直是理论家们试图论证的对象。

18世纪的学者曾经用功利原理论证合同自由的正当性。在功利主义的代表人物边沁眼中，人类的一切行为，均置于快乐和痛苦的主宰之下。功利原理承认这一被支配地位，把它当作"旨在依靠理性和法律之手建造福乐大厦的制度基础"[④]。所谓功利原理，是指"按照增大或减小利益有关者之幸福的倾向，亦即促进或妨碍此种幸福的倾向，来赞成或非难任何一项行动。"[⑤] "当一项行动增大共同体幸福的倾向大于它减小这一幸福的倾向时，它就可以说是符合功利原理。"[⑥] 在功利主义者看来，合同自由之所以正当，在于其有助于促成人类的幸福，符合功利标准。

---

① Vgl. Helmut Koziol, Peter Budlinski, Raimund Bollenberger（Hrsg.）, Kurzkommentar zum ABGB, 2., uberarbeitete und Auflage, Springer, 2007, S. 992.
② 易军：《民法公平原则新诠》，《法学家》2012年第4期。
③ ［美］E. 博登海默：《法理学：法律哲学与法律方法》，邓正来译，中国政法大学出版社2004年版，第301页。
④ 参见［英］边沁《道德和立法原理导论》，时殷弘译，商务印书馆2011年版，第58页。
⑤ 参见［英］边沁《道德和立法原理导论》，时殷弘译，商务印书馆2011年版，第59页。
⑥ 参见［英］边沁《道德和立法原理导论》，时殷弘译，商务印书馆2011年版，第60页。

尽管功利原则为合同自由提供了正当依据，但其理论局限也显而易见。一方面，如哈耶克所指出的，边沁的功利主义以这样一种假设为前提，即任何一项行动所导致的所有特定且具体的后果都能够为行动者本人所知晓。他是从人是全知全能的这样一个预设出发，然而，"在现实生活中，这种有关人之全知全能的假设从来就没有实现过"，并且，如果这个假设为真，那么它就会使我们称之为道德规范和法律的那些规则体系的存在成为多余的东西，它们的存在与这个假设本身相冲突。① 另一方面，尽管功利主义赞同合同自由，但自由在其眼中毋宁只是蜕化为一种手段，真正的目的是幸福或功利。② 将自由贬低为一种实现特定目的的手段，使其丧失了伦理上的说服力，诚如意大利学者拉吉罗所言，"功利主义通过把所有的行动与价值都降到私利的水平，显示出它精神方面的贫乏，因而抑制、削弱了精神生活。"③

真正为合同自由价值奠定伦理基础的是康德哲学。如康德的名言所示，"有两样东西，我们愈经常愈持久地加以思索，它们就愈使心灵充满有增无减的景仰和敬畏：这就是我们头顶的星空和心中的道德法则。""头顶的星空"象征着自然世界，在康德看来，自然界受到客观规律的约束，人之理性在此领域通过经验材料感知客观规律。不过，人对现象的认识并非被动，而是能动的，康德将心灵看作一种主动的力量，对它所经验到的对象起着作用，通过感性，对象被给予我们；通过理性，它们被思想，"是对象符合心灵的运作，而不是相反"。④ 这一认识调和了理性主义独断论和经验主义怀疑论之间的尖锐对立，开辟了第三条道路，完成康德所称的哲学中的哥白尼革命。⑤

---

① 参见 [英] 弗里德里希·冯·哈耶克《法律、立法与自由》（第二、三卷），邓正来、张守东、李静冰译，中国大百科全书出版社2000年版，第26—28页。

② 参见于庆生《密尔与〈论自由〉（代译序）》，[英] 约翰·斯图亚特·密尔《论自由》，于庆生译，中国法制出版社2009年版，第12页。

③ [意] 圭多·德·拉吉罗：《欧洲自由主义史》，杨军译，吉林人民出版社2011年版，第86页。

④ 参见 [美] S.E.斯通普夫、J.菲泽《西方哲学史》，匡宏、邓晓芒等译，世界图书出版社2009年版，第274页。

⑤ 参见 [美] S.E.斯通普夫、J.菲泽《西方哲学史》，匡宏、邓晓芒等译，世界图书出版社2009年版，第270—274页。

由于"知识就是认知者和认知对象共同作用的事情",因此,知识被限制于经验世界,我们的知识被自己的知觉能力和组织经验原材料的思想方式所限制。向我们呈现的世界并不是最终的实在,存在着一个外在于我们并且不依赖于我们的实在,而我们只知道它向我们所呈现的,以及被我们整理之后的样子。① 康德认为,先验的范畴只对感觉材料有效,纯粹理性如果脱离经验,则对知识是毫无用途的。并且它只能认识经验世界,对于不可验证的人类道德领域,即"物自体",则是不起作用的。康德通过限制知识的范畴,为信仰的存在留下了空间。②

在"头顶的星空"之外,"心中的道德法则"暗示了人类不同于自然的其他要素,它在其行动中拥有自由,这里由实践理性做主。实践理性是自由的,"自由是实践理性的公设,是道德领域必须接受的前提,是无条件且绝对的。"③ 在康德看来,道德的人就是自由的人,"人,是主体,他有能力承担加于他的行为。"因此,道德的人格就是受道德法则约束的一个有理性的人的自由。④ 人们在道德科学领域遵循的最高原则是:依照一个能够像一项普遍法则那样有效的法则去行动。⑤ 由于人只能为目的而不能作为实现目的之手段,故每人应遵循一种道德的自律,我们应该"这样行动,意志可以将自身当作同时是在以它自己的准则制定着普遍的法律",一个自律的意志是"道德的最高原则",意志自律概念的核心就是自由理念。⑥ 康德将自由理念作为其道德哲学的前提和核心,为自由价值建立了形而上学的基础。

在确立道德的本质是自由的基础上,康德在《法的形而上学原理》中进一步讨论了法学的根本问题。康德认为,权利作为处理人与人之间外在

---

① 参见［美］S.E. 斯通普夫、J. 菲泽《西方哲学史》,匡宏、邓晓芒等译,世界图书出版社2009年版,第276页。
② 参见朱晓喆《批判哲学视界中的私权问题——康德的私权哲学思想研究》,《金陵法律评论》2002年第2期。
③ 参见朱晓喆《批判哲学视界中的私权问题——康德的私权哲学思想研究》,《金陵法律评论》2002年第2期。
④ ［德］康德:《法的形而上学原理》,沈叔平译,商务印书馆1991年版,第30页。
⑤ ［德］康德:《法的形而上学原理》,沈叔平译,商务印书馆1991年版,第33页。
⑥ 参见［美］S.E. 斯通普夫、J. 菲泽《西方哲学史》,匡宏、邓晓芒等译,世界图书出版社2009年版,第284页。

行为关系的概念,须遵循这样一个普遍法则:"外在地要这样去行动:你的意志的自由行使,根据一条普遍法则,能够和所有其他人的自由并存。""自由是独立于别人的强制意志,并且根据普遍的法则,它能够和所有人的自由并存,它是每个人由于他的人性而具有的独一无二的、原生的、与生俱来的权利。"①

在康德眼中,能够作为人的意志选择的外在对象只有三种,即"一种具有形体的外在于我的物""别人去履行一种特殊行为的自由意志""别人与我的关系中,他所处的状态"。② 其中,与合同行为有关的是第二种。在康德看来,要求别人履行一项义务,本质上是对另一人积极的自由意志的占有,这种占有根据普遍法则,是涉及外在的"我的和你的"的权利的一种形式,是一种"对人权"。而"对人权"的获得,绝不能是原始或专断的,因为这样的获得模式不符合人之意志自由须并存的原则。因此,通过他人行为而取得占有,只能通过两个人联合意志的行动,这种联合意志,就是契约(合同)。③ 换言之,合同意味着当事人自由意志的联合,合同是道德哲学领域普遍法则的必然要求,合同与自由因此画上了等号。由于合同是当事人双方自由意志的联合,所以有约必守不仅是一项法律义务,更是道德准则的要求。④ 除非合同的缔结过程中存在意志的瑕疵,如欺诈、胁迫、错误等,否则合同不得毁弃。由此可见,以合同自由为核心的正义观是一种程序正义观,其不关心合同的效果在客观上是否公平,只要合同是双方当事人自由意志的结果,那么合同的效力就应当被承认。

三 从消极自由到积极自由

合同自由强调个人为其行为负责,合同约束力自然是其核心内容。古典意义上的合同自由,强调当事人的意思不受外力影响时的理性选择,与

---

① [德]康德:《法的形而上学原理》,沈叔平译,商务印书馆1991年版,第41、50页。
② [德]康德:《法的形而上学原理》,沈叔平译,商务印书馆1991年版,第56页。
③ [德]康德:《法的形而上学原理》,沈叔平译,商务印书馆1991年版,第87—88页。
④ 参见[德]卡尔·拉伦茨《德国民法通论》(上册),王晓晔等译,法律出版社2013年版,第55页。

干预和强迫相对。① 在这一意义上，显失公平场合的若干情形，当事人虽处于危困、缺乏判断能力、无经验等状态，但进入合同却并非受欺骗或被强迫，也可以说是其自由选择的结果。然而，显失公平制度却允许他撤销合同，消解合同的拘束力，那么如何认为其贯彻了合同自由原则？实际上，这背后反映了私法背后的人像变迁及其带来的合同自由内涵的演变。

在康德笔下，人依其本质属性，有能力在给定的各种可能性范围内，自主和负责任地决定其存在和关系、为自己设置目标，并对自己的行为加以约束。② 这种伦理学上的人去掉了各种身份的外衣，也不问人与人之间的各种差异，他首先是一个平等的抽象的人。其次，这样的人是一个自利的个人，他明白地知晓自身行为的利弊得失，故其为理性的经济人。

康德的学说深刻影响了《德国民法典》以降近代民法的人格形象。在这些法典背后，用星野英一教授的话讲，是一个"在理性、意思方面强而智的人"在从事各种法律行为。③ 然而，如果说在近代社会这种"强而智"的人格形象尚且符合社会现实的话，那么随着工业革命的进行以及由此而来的垄断资本主义的发展，这种抽象人格早已脱离了实际。④ 由于社会分工以及贫富分化，现代社会中的人已呈现出明显的差异化。这种差异化表现在两个方面，其一是由于财富、信息等资源分配的不均而导致的不同群体之间在结构上的不平等，这主要表现在企业与劳动者、经营者与消费者之间；其二是由于生理、心理等因素，如个别人的意志薄弱、轻率、无经验等个体差异造成的交易双方的实质不平等。面对如此现实，以合同双方当事人平等、自由为前提的近代民法因双方当事人社会、经济方面的不平等而显现出破绽。以"强而智"为人像设计的近代民法在现代社会扮演了制造弱者痛苦的角色。用拉德布鲁赫的话讲，就是"在一切称之为无经验、穷困、轻率的场合，专门以狡猾、放任且利己的人为对象而制定的

---

① 参见谢鸿飞《合同法学的新发展》，中国社会科学出版社2014年版，第31页。
② 参见［德］卡尔·拉伦茨《德国民法通论》（上册），王晓晔等译，法律出版社2013年版，第45—46页。
③ ［日］星野英一：《私法中的人——以民法财产法为中心》，王闯译，梁慧星主编《民商法论丛》（第8卷），法律出版社1997年版，第154—155页。
④ 梁慧星教授将这种变迁的原因归为平等性与互换性的丧失。参见梁慧星《从近代民法到现代民法——二十世纪民法回顾》，《中外法学》1997年第2期。

法，只能将与之性质不同的人引向毁灭"。①

顺应时势的变化，现代民法不得不进行"人的再发现"，即从把人作为理性的、"强而智"的存在，向以"弱而愚"的存在去把握的方向的转换。② 这种转换的表现，一方面是身份的复归，一系列劳动和消费者领域的特别法被制定，以保护现实中的弱者，用里佩尔在《职业民法》一书中的说法，就是"我们必须给法律上的抽象人穿上西服和工作服，看清他们所从事的职业究竟是什么"③。另一方面，法官更多地唤醒法典中原本沉睡的公平条款，以救济个别交易中的"愚者"，显失公平制度即为其中代表。

私法背后人像的变迁同样也激发了合同自由的内涵进化。近代民法上的合同自由以"强而智"的人格形象为假设前提，故法律不愿实质性地介入到当事人之间的自由博弈中去，恰如约翰·洛克所说，"真正重要的乃是竞争得以展开的方式，而不是竞争的结果。"④ 不过，这种完全放任式的合同自由在现实中只能导致富者的自由，而导致穷人、弱者的不自由，或者说形式自由的表象下导致的是实质上的不自由。对此，英国学者阿狄亚敏锐地指出："在市场中合同结果的公平依赖于当事人进入市场时各自财富、资源的最初分配状况。如果该分配被假定为是可接受的，或本身是公平的，那么在市场中订立的合同也可以被认为是公平的。但是如果财富的最初分配状态是不公平的，那么由此导致的任何合同只会反映这种不公平。"⑤

事实上，从政治哲学的视角看，自由本身包含两个面向：一为消极自由，二为积极自由。消极自由旨在强调排斥外界的不当干预，积极自由则

---

① 参见［日］星野英一《私法中的人——以民法财产法为中心》，王闯译，梁慧星主编《民商法论丛》（第8卷），法律出版社1997年版，第174、183页。

② 参见［日］星野英一《私法中的人——以民法财产法为中心》，王闯译，梁慧星主编《民商法论丛》（第8卷），法律出版社1997年版，第191页。

③ 参见［日］星野英一《私法中的人——以民法财产法为中心》，王闯译，梁慧星主编《民商法论丛》（第8卷），法律出版社1997年版，第187页。

④ 参见［英］弗里德里希·冯·哈耶克《法律、立法与自由》（第二、三卷），邓正来、张守东、李静冰译，中国大百科全书出版社2000年版，第59页。

⑤ ［英］P. S. 阿狄亚：《合同法导论》，赵旭东、何帅领、邓晓霞译，法律出版社2002年版，第303页。

第三章 显失公平制度的法理基础

强调个人积极追求并获致幸福的能动性作为。[①] 过去的合同自由多强调的是自由的消极面向,强调法律减少对当事人交易的干预,随着民法背后人像的变迁,现代民法则应更加重视合同自由的积极面向,对于生活中的弱者,民法不应坐视不管,而是应该提供法律工具,使弱者具备与强者展开博弈的能力。

这种合同积极自由的思想,在德国亲属保证类型案件中,得到淋漓尽致的展现。20世纪后期,银行向债务人放贷,往往会要求与债务人具有亲密关系的人作为保证人,而保证的额度可能远远超过保证人当下和将来的支付能力。例如在一个案件中,一个几乎没有收入来源的单亲母亲为其父亲的经营贷款做出最高额为10万马克的保证,她本人对该项贷款没有任何利益。在主债务人破产,银行向其主张保证责任后,她提起确认保证无效之诉。德国联邦普通最高法院(BGH)起初驳回了她的抗告,认为一个具有完全行为能力的成年人应该知道保证的风险并自负其责。[②] 不过,德国联邦宪法法院却推翻了联邦普通最高法院的判决。在判决书中,德国联邦宪法法院首先肯定了"基本权利对私法自治与一般人格权的保障必须得到考虑",紧接着,它提到了意思自治的先决条件,即"合同自由作为合理的、利益补偿的工具,仅出现于双方接近平衡的力量状态","如果合同一方有如此强大的优势,以至于他事实上可以单方面决定合同内容,就可以使其为合同另一方作出他主决定。如果合同一方的弱势情况得到清楚显现,并且合同结果对合同弱势方施以异乎寻常的负担,民法规定必须对此回应,并尽可能地加以修正。"该案中,德国联邦宪法法院基于《基本法》第二条第一款的"人人有自由发展其人格的权利",得出对合同约束力予以限制的结论,即是合同积极自由理念的表现,正如该案判词所写到的,"立法者必须为个人的自我决定,在法律生活中开启合适的实现空间"。[③]

由上可知,显失公平制度虽然赋予合同一方当事人以撤销权,但并不违

[①] 参见易军《民法基本原则的意义脉络》,《法学研究》2018年第6期。
[②] Vgl. Dieter Leipold, BGB I Einfuehrung und Allgemeiner Teil, 8. Auflage, 2015, Rn. 32.
[③] Vgl. BverfG NJW 1994, 36. 该案判决已被翻译成中文,参见《保证合同违背善良风俗案例》,庄加园译,王洪亮等主编《中德私法研究(13):合同因违法而无效》,北京大学出版社2016年版,第261—272页。

反合同自由原则。首先，合同显失公平场合下的法律干预并没有推翻人人平等这一私法的根基，即便它为人打上了强者与弱者的标签，但不论是强者还是弱者，他们仍然是平等的人。其次，显失公平制度偏向于缔约中的弱势方，为其提供救济，是抽象人格向具体人格转变后的必然要求。通过这样的制度安排，现实交易中处于弱势地位的人获得了一项法律工具，可以对抗强者的暴利剥削，交易中的强者忌惮弱者的这一工具，也将在交易中更加照顾对方的利益。如此一来，显失公平制度通过直面现实的不平等，促成了真正的平等，它超越了形式的自由，而实现了实质的合同自由。

第三节　显失公平制度中的诚信原则

一　客观诚信之要求

合同给付或风险负担分配的均衡性体现了交换正义的要求，而对一方当事人处于危困状态等情形的要求则代表了对弱势方合同自由的关切，不过，作为双方法律行为的合同，到此为止尚未论及却不可忽略的是合同的另一方当事人。事实上，在前述要件之外，《民法典》第一百五十一条还要求一方利用了对方的不利情形，对此"利用"，立法者将其解为主观要件，它意味着"一方当事人在主观上意识到对方当事人处于不利情境，且有利用这一不利情境之故意"。① 不独我国，德国民法中的暴利行为亦有此等利用（Ausbeutung）要求，即暴利者必须认识到客观情形并对其有意识地加以利用（Der Wucherer muss die objektiven Umstände kennen und sie sich bewusst zunutze Machen.）。② 美国判例对其显失公平（Unconscionability）制度之适用同样也要求程序上的要件，其中包括一方使用不正当的谈判手段或者使用极小号字体和费解的语言等情形。③ 可见，显失公平制度对合

---

① 参见李适时主编《中华人民共和国民法总则释义》，法律出版社2017年版，第474页。
② Vgl. BGH NJW 2002, 429, 431f. Reinhard Bork, Allgemeiner Teil des Buergerlichen Gesetzbuchs, 3. Auflage, 2011, Rn. 1174.
③ 参见［美］E. 艾伦·范斯沃思《美国合同法》，葛云松、丁春艳译，中国政法大学出版社2004年版，第310页。

第三章 显失公平制度的法理基础

同另一方当事人的要求表现出一定的共性，它首先要求一种主观上的认识要素，并且，该当事人在此认识基础上有所行为。从最终的法律效果上看，法律无疑对其行为作出了否定评价。① 由此可以认为，显失公平制度不仅是为不利方提供救济，从另一角度看，也体现了对另一方主观意识及其行为的道德非难。

按照现代经济理论，市场中的人被假设为经济人。所谓经济人，按照穆勒的观点就是会计算、有创造性，并且能寻求自身利益最大化的人。② 在交易中，当事人原则上被允许各尽所能，发挥自身优势，为自己谋取最大利益。然而，市场经济亦是道德经济，各尽所能不代表无所不用其极，交易中的当事人仍须遵守起码的伦理准则，在追求自身利益的同时尽量照顾对方当事人的利益，不损人利己即是其中的基本要求之一。亚里士多德曾在其"友爱"概念中得出这一原则，在亚里士多德看来，友爱分为三种：一为完善的友爱，其是好人和在德性上相似的人之间的友爱。二为快乐的友爱，其因朋友能给自己带来快乐而友爱。三为有用的友爱，其因朋友对自己有用而友爱。③ 亚里士多德认为，有用性友爱之所以能够产生，是因为每个人都想通过交换获得他所缺乏的东西。然而，如果这种关系是一种友爱，那么每个人就不仅是为了获得他自己所缺乏的东西，而必定也会为了对方的缘故希望交换对其称心如意；每个人由此都会受到由利己和利他两种因素组成的复合动机的激励。亚里士多德指出，有用性友爱可以存在于合同的双方当事人之间。④ 既然有用性友爱的目的是互惠互利，那么合同双方当事人为了自身的利益必定也会对对方的利益有所顾忌。

事实上，在交易中照顾对方利益亦是维持市场运转的必然要求。人们之所以放弃自然的自给自足式生活，走向社会分工合作，乃是相信交换能

---

① 有学者将"利用"解为一方当事人的可归责性。参见陈甦主编《民法典评注》（下册），法律出版社2017年版，第1084页。

② 参见［法］亨利·勒帕日《美国新自由主义经济学》，李燕生译，北京大学出版社1985年版，第24页。

③ 参见［古希腊］亚里士多德《尼各马可伦理学》，廖申白译注，商务印书馆2017年版，第253—256页。

④ 参见［美］亨利·马瑟《合同法与道德》，戴孟勇、贾林娟译，中国政法大学出版社2005年版，第88页。

够增进效率，促成个体和社会的共同进步。而此种确信必是建立在交换是文明的、互惠互利的基础之上。倘若交换纯粹沦为强者霸凌、赢者通吃的游戏，而与掠夺无异，那么市场赖以建立之根基必将动摇。于此，世界虽不至于沦为霍布斯笔下"人与人之间为狼"的悲惨想象，但此种危险必将引发人人自危，如果人们忌惮从事市场交易，则市场必将日益萎缩而难以为继。

上述市场道德伦理早已反映在法律之中，这便是民法上的诚实信用原则。民法上的诚信概念渊源于罗马法，在与严法诉讼相对的诚信（bona fides）诉讼中发展而来，它赋予法官一定的衡平裁量权，以便他们根据自己心目中的公平标准来裁决手中的案件。① 西塞罗认为诚实信用不能被简化为一条具体的公式或者一种有着具体规则和限定的法律制度，而是构成一个"希望调整与具体现实生活情况本身有关的义务"的原则，他将诚实信用视为公平的一种表达，它必须被不断地用来纠正严法的不公正。②

在罗马司法实践中，有两个例子可以很好地体现诚实信用原则的要求，一个是在西塞罗的书中提到：有个大商人将粮食用船从亚历山大运往罗德岛，那里正在遭遇饥荒并且物价飞涨。这个大商人知道其他的商人也正用同样的方式将粮食运往罗德岛。西塞罗就此提出了一个问题，即大商人是否需要将他知道的情况透露给罗德岛的买主，或者他可以就此保持沉默？西塞罗认为基于诚信的要求大商人必须向罗德岛上的买主披露真相。③ 另一个例子为徐国栋教授在其书中提到：法学家谢沃拉想购买一块土地，他请求出卖人给出了一个最终价格。谢沃拉说，由于他对该土地的估价比出卖人给出的价格的要高，因此他在后者的出价上增加了10万赛斯退斯。这个案例说明诚信要求当事人不得利用对方的疏忽或无经验牟利，而必须

---

① 参见［德］莱茵哈德·齐默曼、［英］西蒙·惠特克《欧洲合同法中的诚信原则》，丁广宇、杨才然、叶桂峰译，法律出版社2005年版，第10—11页。
② 参见［德］莱茵哈德·齐默曼、［英］西蒙·惠特克《欧洲合同法中的诚信原则》，丁广宇、杨才然、叶桂峰译，法律出版社2005年版，第55页。
③ Vgl. Johannes Herrmann, Der Gedanke des iustum pretium in der Antike. In Johannes Herrmann, Werner Goez, Helmut Winterstein und Wolfgang Blomeyer, Der "Gerechte Preis 'Beiträge zur Diskussion um das' pretium iustum", Erlangen, 1982, S. 11.

为之获得的利益付出充足的代价。① 以上两个例子表明,诚实信用要求当事人本着自己的良心公平持正地行事,它为冰冷刚性的法律抹上了些许道德色彩。

罗马法上的诚信思想,被中世纪的公平(aequitas)观念吸收提炼之后,一直保留下来,成为中世纪和现代社会早期商人法的基本原则。卡萨雷吉斯(Casaregis)曾指出:"诚信是商业的原动力和赋予其生命的灵魂。"巴尔都斯也以同样的口吻说道:"交易得愈多之人愈要讲诚信。"② 在19世纪开始的法典化运动中,肇始于罗马法的诚信思想被引入各成文法典之中,《法国民法典》第一千一百三十一条规定:"契约应以善意履行之。"《德国民法典》取罗马法上诚信的客观之意,于第二百四十二条将诚实信用作为债务履行之一般原则。《瑞士债务法》则更进一步,于第二条第一款规定:"任何人均应依照诚实信用行使权利和履行义务。"将诚实信用提升到民法基本原则的地位。对于诚信的含义,尽管历来存在不少学说,③ 但其抽象、空洞的特点毕竟难以通过言说的方式予以精确定义。不过具有共识的是,诚实信用作为道德观念,是道德入法的表现,它为当事人从事民事活动树立了较高的行为准则。

我国自《民法通则》始,及至之后的民事立法,均将诚实信用原则规定为民法基本原则,《民法典》第七条规定:"民事主体从事民事活动,应当遵循诚信原则,秉持诚实,恪守承诺。"对于诚信原则,我国学者的著作中均有专门论述,佟柔先生认为"诚信原则,指民事主体参加民事活动、行使权利和履行义务,都应当持有善意。它要求当事人所作的意思表示真实、行为合法、讲究信誉、恪守诺言、不规避法律,履行义务时考虑他方利益,行使权利时不得损害他人利益。"④ 梁慧星先生认为诚实信用原则"要求一切市场参加者遵守诚实商人和诚实劳动者的道德标准,在不损

---

① 参见徐国栋《诚实信用原则研究》,中国人民大学出版社2002年版,第75页。
② 参见[德]莱茵哈德·齐默曼、[英]西蒙·惠特克《欧洲合同法中的诚信原则》,丁广宇、杨才然、叶桂峰译,法律出版社2005年版,第11页。
③ 根据徐国栋教授的介绍,关于客观诚信存在"行为说""端方说"等诸种学说。参见徐国栋《诚实信用原则研究》,中国人民大学出版社2002年版,第40—41页。
④ 佟柔:《中国民法学·民法典》,中国人民公安大学出版社1990年版,第19页。

害他人利益和社会公益的前提下，追求自己的利益，目的是在当事人之间的利益关系和当事人与社会之间的利益关系中实现平衡，并维持市场道德秩序"①。王利明先生认为诚信原则"是指民事主体在从事民事活动时，应诚实守信，以善意的方式履行其义务，不得滥用权利及规避法律或合同约定的义务。同时，诚信原则要求维持当事人之间的利益以及当事人利益与社会利益之间的平衡"②。由上可知，尽管我国学者关于诚信原则的表述略有差异，但均认为"履行义务时要考虑对方利益"或"维持当事人之间利益的平衡"是其题中之义。至于何为维持双方利益平衡之要求，则在于"尊重他人利益，并以对待自己事务的注意对待他人事务，保证法律关系的当事人都能获得自己应得之利益，不得损人利己"。③

成文法上的诚实信用原则，作为一般条款，其实质在于对严格的个人主义加以限制。④ 就其功能而言，从比较法上看，主要包括以下几点：一为具体化和补充功能，前后合同义务以及合同附随义务均由其产生；二为限制功能，禁止权利滥用、避免自相矛盾的行为、权利失效法理为其代表；三为控制与矫正功能，一般交易条款的内容控制、行为基础障碍、继续性债务关系中基于重大事由而产生的终止权等即为此例。⑤ 回到显失公平制度，其禁止当事人对对方危难等情形加以利用，可认为在合同订立阶段，基于诚实信用原则的补充功能，为双方当事人施加了一定的先合同义务，其内容为不得利用对方的危难等情形，以牟取过当之利益。此外，显失公平制度允许不利方撤销合同，是对相对方合同利益之剥夺，亦可视为诚实信用原则控制与矫正功能的体现。

二 主观信赖之体现

诚信原则在客观上提出了对合同一方当事人的行为要求，若其违反，

---

① 梁慧星：《民法总论》，法律出版社2017年版，第49页。
② 王利明：《合同法研究》（第一卷），中国人民大学出版社2015年版，第190页。
③ 徐国栋：《民法基本原则解释——以诚实信用原则的法理分析为中心》，中国政法大学出版社2004年版，第72页。
④ 参见朱广新《信赖保护原则及其在民法中的构造》，中国人民大学出版社2013年版，第118页。
⑤ Vgl. Looschelders, Schuldrecht Allgemeiner Teil, 8., Auflage, 2010, §4, Rn. 74–88.

则处于不利地位的相对人可撤销合同,已如上述。但是,假如有违客观诚信者并非合同当事人,而是合同之外的第三人利用了一方当事人的不利境地,致使其订立了显失公平的合同。在这种情况下,合同相对人并未实施背信行为,那么受不利的当事人能否撤销合同？我国民法对这种情形未加规定,不过诸多国际或区域性合同示范法对该问题均有涉及。根据《国际商事合同通则》(PICC)第3.2.8条的规定,如果重大失衡因归因于第三人的原因,则区分两种情况,若该第三人的行为由另一方当事人负责,比如其是合同当事人的代理人等,则第三人的行为视为该合同当事人本身之行为。若第三人的行为不应由另一方当事人负责,则如果另一方当事人知道或应当知道该重大失衡,或者其在宣告合同无效时尚未信赖该合同而合理行事的,该合同可被宣告无效。[①]《欧洲合同法原则》(PECL)第4:111条亦作类似规定。由此可见,这里需考察的是获利方当事人的主观状态,即其是否明知或应知合同显失公平的事实,此与我国民法典中第三人欺诈场合的撤销权要件类似,问题的关键在于合同当事人是否具有值得保护的信赖。

信赖要素在现代合同法上愈加受到重视。美国学者亨利·马瑟将允诺分为经济交换型允诺、其他协作性允诺以及非交易型允诺三类,前两种允诺均由于社会分工导致的交换需求而生,然而交换往往无法以即时的方式完成,因此允诺的目的在于为信用授予提供保证。如果允诺得到遵守,则对允诺的信赖就能带来利益,相反,若允诺遭到违反,对允诺的信赖就会是有害的。[②] 亨利·马瑟认为信赖是依法强制执行允诺的首要基础,其他看似合理的基础远不像信赖那样坚强有力、无所不在。[③] 德国学者拉伦茨亦指出,"伦理学上的人格主义以每个人都具有自主决定以及自己承担责任的能力为出发点,将尊重每一个人的尊严上升为最高的道德命令。不

[①] 参见张玉卿主编《国际统一私法协会国际商事合同通则2010》,中国商务出版社2012年版,第271页。

[②] 参见[美]亨利·马瑟《合同法与道德》,戴孟勇、贾林娟译,中国政法大学出版社2005年版,第5—8页。

[③] 参见[美]亨利·马瑟《合同法与道德》,戴孟勇、贾林娟译,中国政法大学出版社2005年版,第18页。

过,仅凭借这种人格主义,而不另外加入社会伦理方面的因素,也还无法构筑某项法律制度,就连构筑私法制度也是不够的。"拉伦茨教授认为《德国民法典》中的这一社会伦理因素就是信赖保护原则。在他看来,"只有当人与人之间的信赖至少普遍能够得到维持,信赖能够作为人与人之间关系的基础的时候,人们才能和平地生活在一个哪怕是关系很宽松的共同体中。在一个人与人之间互不信任的社会中,大家就像处于一种潜在的战争状态,这时候就无和平可言了。信赖丧失殆尽时,人们之间的交往也就受到了至深的干扰。因此,信赖原则同互相尊重原则、自决原则、自我约束的原则一样,是一项正当法的原则。"① 我国民法虽未明文规定信赖保护原则,但信赖要素在我国民法中随处可见,不论是意思表示的解释(《民法典》第一百四十二条),还是缔约过失场合的损害赔偿责任(《合同法》第四十二条),又或是表见代理场合的代理效果(《民法典》第一百七十二条),以及物权法上的善意取得等制度(《物权法》第一百零六条),无不体现了对善意信赖的保护。

三　客观诚信与主观信赖之统合

从渊源上讲,信赖与(客观的)诚信本是一对孪生双胞胎,二者皆源于罗马法上 bona fides 一词,现今,法国和意大利仍沿用这一表达,一词二义,既包含主观上"善意",又有客观上诚实行为的意涵。与之不同,德国民法则区分 Treu und Glauben 和 guter Glaube,分别指代客观意义上的 bona fides 和主观意义上的 bona fides。② 据学者考证,我国民法上的诚实信用一词直接迻译自德国法上的 Treu und Glaube 一词。受德国学说影响,我国学者一般也在客观层面理解诚实信用,而对于主观意义的 bonafides,则通常以"善意"一词指代。③ 由此而导致的结果是,我国学者常常将诚实信用理解为一般条款,认为其属于对民事主体行使权利履行义务的行为要

---

① [德]卡尔·拉伦茨:《德国民法通论》(上册),王晓晔等译,法律出版社 2013 年版,第 58 页。
② 参见崔建远等《民法总论》,清华大学出版社 2019 年版,第 43 页。
③ 参见朱广新《信赖保护原则及其在民法中的构造》,中国人民大学出版社 2013 年版,第 113—114 页。

求,而对于主观层面的善意,则在信赖责任或信赖保护的学说下另行展开研究。①

对于信赖与诚信的内在关联,或者说主观上的善意与客观上的诚信行为是否具有同一内核,能否统一在诚实信用这一原则之下,我国学者存在着较大的分歧。赞成者以徐国栋教授为代表,他提出主观诚信与客观诚信的区分,前者要求主体具有毋害他人的内心意识,后者要求主体有良好的行为,进而主张将二者统一于总则中的诚信原则之下,如此一来,物权法中的"善意取得"亦可称作"诚信取得"。②又如王焜认为信赖保护是诚实信用原则具体化的体现,"合理信赖与主观诚信一致,都是对当事人主观心理状态的要求,是主观诚信在信赖保护制度中的具体化。"③

反对者则认为信赖保护和诚实信用原则在具体内涵、本质属性、适用逻辑以及基础理念等方面有很大的不同。④综观反对者的观点,大致有如下几点理由:第一,信赖和诚实信用虽然均含有"信"的要素,但是诚实信用原则之"信"具有守信不欺之意,信赖原则之"信"则具有相信和信任之意。⑤第二,二者指向的对象不同,信赖指向不知情的主观状态,诚信则指向对客观行为之要求。⑥第三,二者的适用逻辑和功能不同。如朱广新教授认为诚实信用无法提供一个确定的标准,而是往往与道德观念纠缠在一起。相反,特定法律制度构成中的信赖,含义具体而确定,它由法律明确规定的信赖事实构成,以付出信赖一方的正当或合理的信赖行为作为落脚点。⑦又如马新彦教授认为"诚实信用是一种道德准则,而信赖原

---

① 我国学者关于信赖责任或信赖保护的研究可参见叶金强《信赖原理的私法构造》,博士学位论文,清华大学,2005年;朱广新《信赖责任研究——以契约之缔结为分析对象》,法律出版社2007年版;马新彦《现代私法上的信赖法则》,社会科学文献出版社2010年版;王焜《积极的信赖保护——权利外观责任研究》,法律出版社2010年版;丁南《民法理念与信赖保护》,中国政法大学出版社2013年版;刘晓华《私法上的信赖保护原则研究》,法律出版社2015年版。
② 参见徐国栋《客观诚信与主观诚信的对立统一问题——以罗马法为中心》,《中国社会科学》2001年第6期。
③ 参见王焜《积极的信赖保护——权利外观责任研究》,法律出版社2010年版,第71—72页。
④ 参见刘晓华《私法上的信赖保护原则研究》,法律出版社2015年版,第101页。
⑤ 参见马新彦《现代私法上的信赖法则》,社会科学文献出版社2010年版,第33页。
⑥ 参见李宇《民法典要义:规范释论与判解集注》,法律出版社2017年版,第44页。
⑦ 参见朱广新《信赖保护原则及其在民法中的构造》,中国人民大学出版社2013年版,第121—122页。

则只是一种旨在提高交易的稳定性的法律技术手段。"① 总而言之，反对者认为信赖保护与诚实信用在形成民法体系上各司其职，信赖保护体现了法的形式理性，诚实信用则体现了法的实质理性。②

　　笔者认为，信赖作为一种善良的主观状态，本身亦是诚信的一种表现，体现了诚信的另一侧面。首先，从词源上看，诚信所对应的德语词组Treu und Glaube，其中，Treue 意味着诚实、忠诚、忠实、可信赖；Glaube则意味着信任和信赖意义上的相信。③ 信赖本是诚信的题中之义。尽管德国民法上的诚实信用侧重于客观层面，但学者从来不否认其包含有信赖的要素，更没有否认信赖与诚信的关联。例如菲肯切尔认为诚信原则的内涵是信赖，它在有组织的法律文化中起着一种凝聚作用，特别是相互信赖，它要求尊重他人应受保护的权益。④ 拉伦茨教授在肯定信赖保护原则是一项正当法的原则的基础上，亦认为"这项不辜负他人已经付出的信赖的命令，首先体现在遵守'诚实信用'的要求中"⑤。德国判例利用其民法典第二百四十二条诚信原则发展出来的诸多学说，如缔约过失责任、权利失效学说、禁止矛盾行为等，无不明确体现了对相对人信赖的保护。其实，我国学者在讨论信赖责任或信赖保护原则时，往往将其范围限缩在十分狭窄的范围，即将大陆法系的信赖责任或信赖保护限缩在权利外观责任的范畴。⑥ 实际上，卡纳里斯教授在其《德国私法中的信赖责任》一书中，将信赖责任分为了两类，一类是权利外观责任，包括代理权的外观、滥用空白证书、家庭法上的表见责任、商事领域的表见责任等。另一类则是基于法伦理必要性的信赖责任，包括欺骗行为、自相矛盾的行为以及获得行为（Erwirkung）等。⑦ 后一类行为与德国民法典第二百四十二条的诚实信用

---

① 参见马新彦《现代私法上的信赖法则》，社会科学文献出版社2010年版，第33页。
② 参见丁南《民法理念与信赖保护》，中国政法大学出版社2013年版，第16—17页。
③ 参见［德］莱茵哈德·齐默曼、［英］西蒙·惠特克《欧洲合同法中的诚信原则》，丁广宇、杨才然、叶桂峰译，法律出版社2005年版，第22—23页。
④ 参见［德］罗伯特·霍恩、海因·科茨、汉斯·G. 莱塞《德国民商法导论》，楚建译，中国大百科全书出版社1996年版，第148页。
⑤ ［德］卡尔·拉伦茨：《德国民法通论》（上册），王晓晔等译，法律出版社2013年版，第58页。
⑥ 参见刘晓华《私法上的信赖保护原则研究》，法律出版社2015年版。
⑦ Vgl. Canaris, Die Vertrauenshaftung im deutschen Privatrecht, 1971, S. 9ff, S. 266ff.

第三章　显失公平制度的法理基础

原则密切相关。以禁止自相矛盾的行为为例，假如一个与真正义务人使用相似商号的被诉企业不在诉讼中澄清事实，致使原告本来在得知此情况后从一开始就会向真正债务人提出诉讼，在造成了相当的时间损失和有可能的额外证据负担之后，当其嗣后再提出这类"抗辩"时，将不被允许。[①]就此而言，禁止自相矛盾本是诚实信用原则的要求，而其"反悔无效"的后果则是为了保护相对方的信赖，这无疑清楚地展示了（客观）诚信与信赖一体两面的关系。我国学者普遍忽视了后一类信赖责任，没有看到诚信与信赖之间的关联。即便对于权利外观责任，尽管卡纳里斯教授称其"旨在反映信赖思想的交易安全保护的一般化倾向"，[②] 拉伦茨教授也称"对意思表示的表见的信赖、对某些证书和登记簿册的信赖，与遵守'诚实信用'的要求不同，它没有法律伦理方面的基础。保护信赖往往只是一种旨在提高法律行为交易稳定性的法律技术手段。"[③] 但是，失去伦理价值支撑的信赖保护如何证明其正当性，将会是一个难题。以善意取得制度为例，它使当事人从无权利人处亦得取得合法权利，这一效果对原权利人来说，是使其所有权转化为债权，这不仅削弱了权利的效能，甚至还可能实质性地剥夺他人财产。这样一来，正如谢鸿飞教授所质疑的，"信赖保护就不仅与私权神圣存在冲突，而且也背离了宪法将财产权作为基本权利的价值。换句话说，以保护私人的信赖，进而以保护客观的交易安全和交易秩序为由，强令他人作出牺牲的正当理由何在？"[④] 事实上，此类权利得丧变更效果的产生，除了权利外观这一客观要素外，均离不开当事人的主观善意，所谓善意，即不知或不应知道物或权利地位的真实状况。[⑤] 换句话说，一方面当事人基于善意行事，认为自己的行为是符合法律或道德要求的，并没有伤害他人的内心意识，这可以看作是诚信原则的内在要求。另一方

[①] 参见［德］C. W. 卡纳里斯《德国商法》，杨继译，法律出版社2006年版，第153—154页。
[②] Canaris, Die Vertrauenshaftung im deutschen Privatrecht 1971, S. 320.
[③] ［德］卡尔·拉伦茨：《德国民法通论》（上册），王晓晔等译，法律出版社2013年版，第59—60页。
[④] 谢鸿飞：《合同法学的新发展》，中国社会科学出版社2014年版，第34页。
[⑤] 信赖者的善意是信赖责任的要件之一，如果当事人认识到物或权利地位的真实状况，则其缺乏信赖的基础，因而不值得受到法秩序的保护。Vgl. Canaris, Die Vertrauenshaftung im deutschen Privatrecht, 1971, S. 583.

面，在权利外观责任中，一方当事人须对权利外观的铸成具有可归责性，对于积极行为适用权利外观发生原则，对于不作为则适用过错原则来判断。对于两种情况都优先适用风险原则。[①] 从这一角度看，真实权利人的行为亦有违背客观诚信的因素存在，因为无论权利外观是由其过错造成，还是由于真实权利人引起，抑或仅是在其风险控制范围内，其行为均不符合平衡当事人利益与社会利益的行为要求。[②] 因此，若是将权利外观责任与诚信原则相联系，一方面，真实权利人放任外观的形成，违背客观诚信，由此产生失权的效果；另一方面，受让人基于善意行事，符合主观诚信的要求，其有权得到法秩序的保护，一负一正，即可建立起权利外观责任的伦理依据。

其次，反对信赖保护是诚信原则具体化的学者，认为一者具体，一者抽象，又或者认为二者指向对象不同，一者指向客观行为，一者指向主观状态，这其中实际上存在着认知上的偏差。恰如拉伦茨教授所言，法律原则并不是一种可供涵摄的非常一般的规则，而是必须被具体化的。[③] 具体化的过程，从最高层的法律思想开始，经由内涵要素的添加而逐渐清晰化，进一步融入各项构成要件和法律效果而最终成为可资适用的具体的法律规则。诚信原则代表了一种善良行事的道德思想，在其下，自不同观察角度，从客观面向可具体化为诚实、忠诚行事的行为规范，从主观面向则可具体化为一种毋害他人的主观意识。就后者而言，又可进一步具体化为善意即受保护，恶意则不受保护的具体要求。再往下，添加各种具体要件则可形成信赖保护的各项具体规则，权利外观责任、权利失效、善意取得等制度即为此例。叶金强教授明确地意识到原理和具体制度之间的不同层次的位阶关系，他指出："信赖原理可以为具体的信赖保护制度之构成提供指导，具体的信赖保护制度则是信赖原理结合特定生活情境的具体化展现。信赖原理系在更为抽象的层面，探讨保护合理信赖之价值取向与其他价值取向之间的冲突与协调，具体的信赖保护制度则是将此种价值冲突与

[①] 参见［德］C. W. 卡纳里斯《德国商法》，杨继译，法律出版社2006年版，第147页。
[②] 参见王焜《积极的信赖保护——权利外观责任研究》，法律出版社2010年版，第73页。
[③] ［德］卡尔·拉伦茨：《法学方法论》，陈爱娥译，商务印书馆2003年版，第348页。

协调结合相应的领域而具体化了。"① 由是可知，认为诚信原则抽象而信赖责任具体，实则是以下位的具体规则与上位的抽象原则相对比，认为客观诚信与信赖指向的对象不同，实则是以同一法律思想下的两个具体面向相对比，如此比较之结论虽不能称其错误，但并不能否认二者具有共同的思想渊源和内在要素。

最后，将信赖保护思想排除在诚实信用原则之外，将使后者沦为纯粹客观的行为指南，如此一来，其涵摄对象将主要集中于债法领域，这与其作为民法基本原则的地位不相符合。反之，若认为诚信原则不仅包括客观层面的行为，而且还包括主观面向的信赖，则物权法上的善意取得、取得时效等制度都可以其作为依据，诚信原则作为"帝王条款"之地位将真正得到展现。事实上，使诚信原则涵盖信赖要素，成为统揽客观行为和主观善意的上位原则，是比较法的一大趋势。《国际商事合同通则》第1.7条规定了诚实信用和公平交易（Good faith and fair dealing）的原则，其后第1.8条规定了所谓"不一致行为"，即"如果一方当事人致使相对人产生了某种理解，且该相对人信赖该理解而合理行事并对自己造成不利，则该方当事人不得以与该理解不一致的方式行事。"根据官方注释，第1.8条的"不一致行为"是诚实信用和公平交易原则的一般性适用。它反映在《通则》其他更为具体的条款中［比如参见第2.1.4条第（2）款第（b）项、第2.1.18条、第2.1.20条、第2.2.5条第（2）款和第10.4条注释3］。②《欧洲合同法原则》同样体现了将客观诚信与信赖保护融为一体的思想，该示范法第1：201条规定了诚信和公平交易的原则，在其官方注释中指出，该原则特别适用于阻止一方当事人在对方已经合理信赖其陈述或行为的情况下，采取前后不一致的立场。这表现在许多具体规定上，例如，第2：202条（3）关于不得撤销要约的规定；第2：105条（3）与第2：106条（2）的合并条款与禁止口头修改条款关于保护合理信赖的规定；第3：201条（3）关于代理人的外观权限的规定；第5：101条（3）

---

① 叶金强：《信赖原理私法构造》，博士学位论文，清华大学，2005年。
② 参见张玉卿主编《国际私法统一协会国际商事合同通则2010》，中国商务出版社2012年版，第93页。

关于以理性人标准解释合同的规定等。并且，诚信原则并不仅仅体现在这些具体规定上。它还是一项普遍原则，一方当事人不应该被允许主张其行为无效，或者以其他理由主张不受约束，当其导致另一方因信赖其行为而改变其地位时。[1]

综上所述，信赖保护要素应纳入到诚信原则之下，就其名称，借用徐国栋教授的表达，可称之为主观诚信。在显失公平场合，如果一方合同当事人利用了对方当事人的不利情势，则首先其行为违反客观诚信之要求，并且这种情况下其通常知晓合同失衡之后果，主观上亦无信赖保护之必要。在第三人利用相对方不利情势的场合，合同一方当事人虽不违反客观诚信之要求，但合同显著失衡意味着其客观上占有了本不属于他的过当利益，此时，如其主观上知道或应当知道这一事实，则无信赖保护之必要；反之，若其并不知晓或不应知晓这一事实，则基于主观诚信的要求，其信赖应得到保护，不利方不得撤销合同。由此可见，显失公平制度对获利一方的要求，实则体现了客观诚信和主观诚信的高度统一。

第四节　显失公平制度与分配正义

一　围绕分配正义的论争

分配正义的思想可追溯至亚里士多德，前文已经提到，分配的公正属于亚里士多德提出的两种具体的公正之一，其关涉的是财富的分配。在亚里士多德看来，"分配的公正要基于某种配得"，"分配的公正在于成比例，不公正则在于违反比例"。[2] 抛开亚里士多德思想中的等级观念，分配正义强调了社会财富在社会成员间的公正分配，各人得其应得，不得其不应得。同时，分配正义也蕴含了一项公权职能，即要求政府基于某种原则将社会财富在社会主体间进行公正分配。

---

[1] See Ole Lando and Hugh Beale, eds., *Principles of European Contract Law Parts I and II*, The Hague: Kluwer Law International, 2000, pp. 113 – 115.

[2] ［古希腊］亚里士多德：《尼各马可伦理学》，廖申白译注，商务印书馆2017年版，第148—149页。

正是由于分配正义蕴含了政府分配社会财富的职能，分配正义这一观念长久以来遭到古典自由主义者的抵制，例如，哈耶克在其《法律、立法与自由》一书中就对"分配正义"这一概念进行了批判。哈耶克认为社会经济秩序是自生自发而非人为构建的。在这样一个秩序中，人们不必就目的达成共识，人们可以追求各种各样的目的，只需就那些有助于实现各自目的的手段达成共识，这种手段就是市场机制。市场机制是一个程序化的过程，这个过程对于特定人的影响是任何人在这个制度之初所无法预见的，"由于市场乃是经过非人格的过程而把对商品和服务的支配权划归给特定的人"，所以"我们根本就无法用正义来指称市场所依凭的这种方式"，进而，"在一个自由的社会中，不同的个体和群体的地位并不是任何人设计的结果，也不是可以根据一项普遍适用的原则加以改变的；因此，在这样一个社会中，把人们在报酬方面所存在的差异说成是正义的或不正义的，根本就不可能有任何意义。"① 哈耶克从正面论证市场这种程序机制的道德中立性之后，还从反面警示人们分配正义这一观念可能带来的危险，由于分配正义暗含着对政府权力的依赖，如果"个人或群体的地位越是变得依附于政府的行动，他们就越会坚持要求政府去实现某种可得到他们认可的正义分配方案；而政府越是竭尽全力去实现某种前设的可欲的分配模式，它们也就越是会把不同的个人和群体的地位置于它们的掌控之中。只要人们对'社会正义'这种笃信支配了政治行动，那么这个过程就必定会以一种渐进的方式越来越趋近于一种全权性体制。"②

尽管传统的自由主义者一再强调市场交换的程序正义性及其结果的非道德性，但完美的市场却从未真正出现过，并且，面对社会贫富分化的现实，任何政府都不会袖手旁观。20世纪50年代以来，福利国家思潮日渐兴起，政府越来越多地突破古典自由主义的束缚，介入到社会经济领域，如何在政治伦理上论证这些行为的正当性，如何让分配正义与个人自由观念相容，成为亟待破解的课题。在此背景下，20世纪70年代，美国哈佛

---

① ［英］弗里德里希·冯·哈耶克：《法律、立法与自由》（第二、三卷），邓正来、张守东、李静冰译，中国大百科全书出版社2000年版，第127—128页。
② ［英］弗里德里希·冯·哈耶克：《法律、立法与自由》（第二、三卷），邓正来、张守东、李静冰译，中国大百科全书出版社2000年版，第124—125页。

大学教授约翰·罗尔斯（John Bordley Rawls）的鸿篇巨制《正义论》横空出世，旋即引起理论界震动。

在《正义论》中，罗尔斯开宗明义地指出正义的首要主题是社会的基本结构，"是社会主要制度分配基本权利和义务，决定由社会合作产生的利益之划分的方式"[①]。在方法论上，罗尔斯延续了古典自由主义的契约论传统，他假设了一种用来获得某种正义观的原初状态，这"是一种其间所达到的任何契约都是公平的状态，是一种各方在其中都是作为道德人的平等代表、选择的结果不受任意的偶然因素或社会力量的相对平衡所决定的状态。"[②] 原初状态之假设旨在建立一种公正的程序，在其中被一致同意的原则都被认为是正义的，通过这一假设，罗尔斯的正义论从一开始就呈现出一种强烈的程序正义观。原初状态中的各方被设想是有理性和相互冷淡的人，不过与传统契约论不同的是，罗尔斯抹去了其中各方的主观色彩，他假设原初状态中的人不知道自己的阶级出身和社会地位，也不知道自己在先天的资质、体力、智力、能力等方面的运气，甚至还不知道自己特定的善的观念或特殊的心理倾向。[③] 罗尔斯在此创造性地提出"无知之幕"的概念，正义原则正是在这一无知之幕后被选择的。

在做出上述铺垫后，罗尔斯接着提出他的两项正义原则，第一项原则可称为平等的自由原则，即"每个人对与其他人所拥有的最广泛的平等基本自由体系相容的类似自由体系都应有一种平等的权利"。第二项原则又包含两项子原则，分别可称为"机会的公平平等原则"与"差别原则"，前者强调在机会公平平等的条件下职务和地位向所有人开放，后者则强调社会和经济的不平等应当适合于社会中最少受惠者的最大期望利益。[④] 罗尔斯的第一项正义原则指向人的各项基本权利，包括各种自由和财产权

[①] ［美］约翰·罗尔斯：《正义论》，何怀宏、何包钢、廖申白译，中国社会科学出版社2009年版，第6页。
[②] ［美］约翰·罗尔斯：《正义论》，何怀宏、何包钢、廖申白译，中国社会科学出版社2009年版，第92—93页。
[③] 参见［美］约翰·罗尔斯《正义论》，何怀宏、何包钢、廖申白译，中国社会科学出版社2009年版，第105—106页。
[④] 参见［美］约翰·罗尔斯《正义论》，何怀宏、何包钢、廖申白译，中国社会科学出版社2009年版，第47—48页。

第三章 显失公平制度的法理基础

利,在罗尔斯看来,这些基本权利必须是人人平等享有的,除非为了自由本身的缘故否则不得侵犯。第二项正义原则则指向收入和财富的分配,属于一种社会经济原则。值得注意的是,罗尔斯在两项原则间引入了一种词典式序列,即在转到第二个原则之前必须充分满足第一个原则,简单来说,就是两项原则存在先后次序,其中第一个原则是优先于第二个原则的,在第二个原则内部,第一项子原则也是优先于第二项的。这一顺序意味着"对第一个原则所保护的基本平等自由的侵犯不可能因较大的社会经济利益而得到辩护或补偿"。[1] 换言之,罗尔斯否认为了某些人的更大利益而牺牲另一些人的自由,即使以整个社会的福利之名也不能逾越这一界限。由此可见,罗尔斯的正义论接续的仍是康德以来的哲学传统,即人是目的而非实现他人利益之手段,从根本上排斥了功利主义的思想。

如果说罗尔斯的第一项正义原则是对传统自由主义的尊重的话,那么其第二项正义原则则是对传统的突破。罗尔斯对第二项正义原则的论证从反对自然的自由体系开始,在后者看来,分配应遵循"前途向才能开放"这一原则。然而,罗尔斯认为这种安排以平等自由为背景,并以自由的市场经济为先决条件,它是一种形式上的机会平等,但是由于其"没有做出努力来保证一种平等的或相近的社会条件,资源的最初分配就总是受到自然和社会偶然因素的强烈影响。"罗尔斯认为"自然的自由体系最明显的不正义之处,就是它允许分配受到这些从道德观点来看是非常任意的因素的不恰当影响。"[2] 为了克服后天社会因素对分配的影响,罗尔斯首先提出了机会的公平平等原则对其予以修正,即"各种地位不仅要在形式意义上开放,而且应使所有人都有一个公平的机会达到它们",为此,社会制度的安排,如教育、医疗等,都应当设计得有助于拆除阶级之间的藩篱。[3] 这里已经可以看到福利国家的影子,不过,唯此尚且不够,因为机会的公平

---

[1] [美]约翰·罗尔斯:《正义论》,何怀宏、何包钢、廖申白译,中国社会科学出版社2009年版,第48页。

[2] [美]约翰·罗尔斯:《正义论》,何怀宏、何包钢、廖申白译,中国社会科学出版社2009年版,第56页。

[3] 参见[美]约翰·罗尔斯《正义论》,何怀宏、何包钢、廖申白译,中国社会科学出版社2009年版,第56—57页。

平等虽有助于消除后天社会因素对分配的影响,但却不能消除先天天赋对财富分配的影响,在罗尔斯看来,先天天赋的分配与后天的社会因素一样,在道德上都是任意的,基于这种任意的因素导致的分配的不平等同样是不适当的。当然,罗尔斯并不试图抹除先天天赋分配上的不均衡,他把天赋的分布看作是一项共同资产,希望人们可以共享这种由天赋分布的互补性带来的较大的社会和经济利益。基于此,罗尔斯提出了差别原则,这一原则挑选出社会中的最不幸运的群体,那些先天有利的幸运者,"只能在改善那些最不利者状况的条件下从他们的幸运中得利"[1]。差别原则展现了罗尔斯正义论的精髓所在,它植根于平等理念,是一种平等主义的分配正义观。

罗尔斯《正义论》的发表,在受到广泛赞誉的同时,也遭到传统自由主义者的反对,其中最负盛名的就是同为哈佛大学教授的罗伯特·诺奇克(Robert Nozick),其于1974年出版了《无政府、国家和乌托邦》一书,对罗尔斯的《正义论》或明或暗地做出针锋相对的回应。首先,诺奇克对国家的产生采取了不同于契约论的解释路径,他称为"看不见的手的解释"。诺奇克认为,在自然状态中,人们拥有完全的自由,但为了防止别人对其权利的侵犯,或者在自己权利受侵害后能够得到救济,人们必须抱团取暖,这样就会形成一些"保护性社团"。由于这些业余团体很不方便,所以会有一些专业机构出售这类服务,随着这些机构的竞争,最后在一定范围必定有一个"支配性的保护社团"胜出。但"支配性的保护社团"仍然不是国家,因为它既没有使用强力的垄断权,也不为所有人提供服务。在社会中,仍然存在寻求自力救济的个体,而这些个体的救济行为是不可预期的,为了维护社会秩序的稳定,"支配性的保护社团"将不得不禁止这些个体使用强力,进而垄断强力的使用,这又形成所谓"超低限度的国家"。但这时强力的垄断是通过强力来维持的,缺乏合理性,故"超低限度的国家"必须对那些被剥夺私自使用强力的个体予以赔偿,而这种赔偿最省钱的方式就是也为他们提供服务。至此,一个"最低限度的国家"就诞生了。

---

[1] [美]约翰·罗尔斯:《正义论》,何怀宏、何包钢、廖申白译,中国社会科学出版社2009年版,第78页。

第三章 显失公平制度的法理基础

在诺奇克看来，"最低限度的国家"是最合乎道德的国家，"是能够得到证明的最多功能的国家，任何更多功能的国家都会侵犯人们的权利。"[①] 诺奇克的这一思想与古典自由主义的"夜警国家"理念是一脉相承的，他旗帜鲜明的反对财富再分配的思想，认为这将赋予国家超越最低限度的功能，进而损害人们的权利。他甚至反感"分配正义"（distributive justice）这个概念，他认为这并非一个中性的词。"听到'分配'这个词，大部分人想到的是，某种事物或机制使用某种原则或标准来分发一些东西。一旦进入这种分配份额的过程，某些错误可能就溜进来了。"[②]

诺奇克主张使用"持有"（holdings）这个概念，并在此基础上提出了他的关于持有正义的资格理论。他将持有正义分解为三个主题：获取的正义原则、转让的正义原则以及持有的不正义之矫正。如果一个人根据获取的正义原则获得了一个持有物，那么这个人对这个持有物是有资格的。如果一个人依据转让的正义原则从另一个有资格的持有人那里获得了一个持有物，那么这个人对这个持有物是有资格的。如果违反了前两个持有正义的原则，那么就需要通过矫正原则对不正义予以矫正。总而言之，持有正义的一般纲领是："如果一个人根据获取和转让的正义原则或者根据不正义的矫正原则对其持有是有资格的，那么他的持有就是正义的；如果每一个人的持有都是正义的，那么持有的总体（分配）就是正义的。"[③] 诺奇克认为，持有正义原则是历史的而非即时的，是向后看而非向前看的，同时也是非模式化的，"从愿给者得来，按被选者给去"，这种正义原则不会对人们的生活进行持续的干预，能够最大程度地尊重人的权利。[④]

应该说，诺奇克的"持有正义"与罗尔斯的"公平的正义"在自由和权利的平等保护上是有共识的，二者最大的分歧在于政府是否具有"再分

[①] ［美］罗伯特·诺奇克：《无政府、国家和乌托邦》，姚大志译，中国社会科学出版社2008年版，第179页。
[②] ［美］罗伯特·诺奇克：《无政府、国家和乌托邦》，姚大志译，中国社会科学出版社2008年版，第179页。
[③] ［美］罗伯特·诺奇克：《无政府、国家和乌托邦》，姚大志译，中国社会科学出版社2008年版，第180—184页。
[④] ［美］罗伯特·诺奇克：《无政府、国家和乌托邦》，姚大志译，中国社会科学出版社2008年版，第184—197页。

配"的职能,诺奇克反对的主要是罗尔斯正义理论中的差别原则。在《无政府、国家和乌托邦》一书中,诺奇克针对差别原则的两项论点展开了具体的反驳。首先,罗尔斯认为差别原则存在的合理基础在于社会合作,即人人均从社会合作中获益,天赋或境遇较优者概莫能外,没有天赋或境遇较差者的配合,他们也无法利用其优势获益。为此,诺奇克认为差别原则在天赋更优者与天赋更差者之间并不是中立的,因为天赋更优者完全可以选择与天赋更优者合作,这样他们本可以获得更多。因而,事实上是天赋较差者比天赋更优者从这种普遍合作之中得到得更多。差别原则的谬误在于,"以公平的名义对自愿的社会合作施加限制,以便使这些已经从这种普遍社会合作中大大受益的人更加受益"①。

其次,诺奇克对于"天赋"的认识与罗尔斯存在天壤之别。罗尔斯认为分配应该是平等的,故偏离平等必须有道德上的理由,而天赋的差别具有任意性,不能作为偏离平等的适当理由。对此,诺奇克反唇相讥道,"如果我去了一家电影院而没有去紧邻着的另一家,那么我需要证明对这两家电影院的区别对待吗?我喜欢去其中的一家,这不就足够了吗"。诺奇克认为差别对待需要加以证明,这只适合于政府行为,然而在一个自由的社会里,大部分的分配都不是通过政府行为进行的,所以也就谈不上对差别对待的证明。此外,罗尔斯主张"天赋"是任意的,非个人所应得,因此财富的分配不应取决于它。对此,诺奇克认为不论从道德上看人们的天资是不是任意的,他们对天资都是有资格的,只要拥有这种天资和运用这种天资的过程没有侵犯别人的权利,那么他对这种持有就是有资格的。根据他的持有正义原则,任何来自有资格的东西的持有都是有资格的,持有来自天资,他们对持有就是有资格的。② 至于罗尔斯认为天资属于公共财富,天资卓越者只有在为天资较弱者谋利的同时才能运用其天资的观点,诺奇克质疑道,如果没有这种方式,是不是就必须禁止人们运用天赋为自己谋利,即使这种限制不会改善另一些人的绝对地位,他认为这本质

---

① [美]罗伯特·诺奇克:《无政府、国家和乌托邦》,姚大志译,中国社会科学出版社2008年版,第231—233页。

② 参见[美]罗伯特·诺奇克《无政府、国家和乌托邦》,姚大志译,中国社会科学出版社2008年版,第268—271页。

第三章 显失公平制度的法理基础

上是嫉妒心理在作祟。①

罗尔斯和诺奇克代表了当代自由主义内部的两个派别，二者在自由须受保护的问题上没有分歧，核心的差异在于如何看待平等。首先，罗尔斯将平等置于重要地位，将平等作为论证的起点，同时其正义论之结论也是导向平等的。与之不同，诺奇克则坚持权利至上的价值，将正当权利的捍卫作为论证的主轴。《无政府、国家和乌托邦》中文版一书的译者姚大志先生称罗尔斯为平等主义的自由主义者，诺奇克为权利主义的自由主义者，这一评价是恰如其分的。诺奇克的持有正义观取向于历史，关注财产的获取和转让过程的正义性，这一思路在逻辑上似乎是周延的。然而要做到这一点，人们必须追溯到社会诞生之初的状况，弄清楚每一项财富的先占和传承过程，这显然又是不现实的。正是由于这种难度，持有正义倾向于假定现存持有状态的合法性，取向于既得利益的维护，这是一种偏保守的正义论。其次，诺奇克认为人们对其天赋是有资格的，这自然不错，然而，哪些财富来源于天赋本身是难以说清楚的。事实上，先天的天赋与后天因素往往是难以界分的，越来越多的证据表明，先天天赋的开发受制于后天因素，如生长发育阶段的营养、受教育程度、家庭环境等因素的影响，而这些后天因素不仅随时间积累，而且可以代际传承，完全放任自由竞争的结果，只会导致马太效应，使优势者更优，弱势者更弱。因此，诺奇克的资格理论看似中立，实际上是偏向于社会中的优势群体，而对弱者不利的。最后，诺奇克描绘的持有正义只是一种理想状态，现实世界中财富的获取和转让未必遵循其资格理论，因此诺奇克也不得不提出矫正原则，以修正不正义的持有状态。问题在于，对不正义持有的矫正，必须依赖于详细的历史数据，如果缺乏历史资料，那么矫正如何开展？对此，诺奇克也不得不将某种模式化的分配正义看作大致的经验规则，在特殊历史已定的情况下，如果过去的不正义是如此严重，承认"一种更多功能的国家在短期内是必要的"②。

---

① 参见［美］罗伯特·诺奇克《无政府、国家和乌托邦》，姚大志译，中国社会科学出版社2008年版，第275页。
② 参见［美］罗伯特·诺奇克《无政府、国家和乌托邦》，姚大志译，中国社会科学出版社2008年版，第277—278页。

二 分配正义与合同规制

尽管围绕分配正义的正当性存在观点分歧，但现代国家普遍实行财富再分配的职能却是不容否认的事实，不论是税收或财政转移支付制度，还是实行最低工资或社会保障制度，均为其体现。那么，进一步的问题便在于，是否应通过对合同直接规制的方式实现这一目的？

虽然罗尔斯赞同分配正义，并主张用其正义理论建构社会基本制度，但其却明确区分了社会基本结构的规则与直接运用于个人之间特定交易的规则，他主张分配正义应被用来设计社会基本结构，特别是税收和支付体系，至于个人仍保有确定与他人交易条款的自由。换言之，在大多数自由派学者看来，分配正义的实现应该委诸税收等制度，合同法并不应该承担贯彻分配正义的功能。对此，美国耶鲁大学法学院教授安东尼·克朗曼（Anthony T. Kronman）于1980年在《耶鲁法律期刊》上发表了《合同法与分配正义》一文，对上述观点予以了驳斥，并就合同法如何贯彻分配正义进行了详细的分析。

在文中，克朗曼列举了主张税收优于合同规制作为分配正义手段的几个可能理由，分别是：第一，在具体的交易中法官不应考虑分配性的结果，非如此，个人预期将会受损，自愿的安排将会变得不安全；第二，国家应该在其公民的目标和活动之间尽可能地保持中立，相对于合同规制，税收是一种更加中立的手段；第三，税收往往是周期性的，并且它仅从人们手上拿钱，而不直接安排当事人的事务，所以税收为个人自由提供了更多空间。

针对上述理由，克朗曼一一进行了驳斥。首先，针对第一点理由，克朗曼指出，尽管在特定案件中法官有义务适用既有的法律规则，而不关心它们的分配性后果，但这并不意味着在交易规则被最初设计或在嗣后补充修改的过程中，分配性的后果不能被考虑。"以分配性的视角评价个别交易是一回事，以相同的观点评价规制交易的规则是另一回事。"

其次，针对第二点理由，克朗曼认为税收手段并不必然比合同规制更加中立，因为税收手段与合同规制在再分配问题上均是相同的，即区分不同的群体，有利于一些个体或行为。"一个有效的再分配方法总是系于区分以有利于一些个人或活动"。例如，收入税中的累进税率对高收入者不利而对低收入者有利。

再次，认为税收手段能带来更少限制的观点也是不能令人信服的。一方面，某些税收也是持续性而非周期性的，例如对奢侈品消费征税，即是对个别交易的持续干预。另一方面，即使是周期性的税收，也会对个人生活产生持续性的干预。例如一项普遍的收入税，会对人们选择交易的方式和合同内容产生影响。至于认为税收仅从人们手上拿钱而不干涉个人事务的想法也是虚幻的，因为税收会影响人们的行为，如果一个人知道某个交易会被课税，那么他就会重新分配他的资源，包括时间和劳动等，到其他不会被课税的领域，这跟合同规制的效果是一样的。

最后，克朗曼还比较了税收和合同规制两种手段在效率和管理成本上的差别，他认为在有些方面，例如在禁止雇佣或租赁的歧视领域，依赖税收体系进行再分配会产生更高的管理成本，因为税收包括国家征收与转移支付两个步骤，每个步骤都会产生管理成本。相反，直接通过合同规制的方法实现这个目标，将财富从一个群体转移到另一个群体，更加方便快捷。当然，在另一些领域，如收入调节领域，考虑到执行成本，税收方案的管理成本是低于最低工资法等合同规制手段的。基于上述几点原因，克朗曼教授得出结论，他认为只要追求更完美的公平的财富分配，则必然需要对个人自由予以限制，实践分配正义必然造成自由和公平的冲突，而不论采用哪种方法。因此，不能绝对地说税收或合同规制哪种方案更优，而应该基于不同的情境条件，综合考虑各项因素，选择不同的方案。①

除为合同规制作为分配正义的手段正名之外，克朗曼在其论文中还详细论证了合同规制实现分配正义的路径和方法。根据传统的自由主义的合同法理论，一个合同必须被执行，除非一方当事人是在非自愿的情况下同意进入合同的。② 克朗曼首先对什么是自愿的协议提出了质疑。他认为最广义的自愿是不可接受的，假设某人因受身体上的威胁去签订一个 5000

---

① See Anthony T. Kronman, "Contract Law and Distributive Justice", *Yale Law Journal*, Vol. 89, No. 3, 1980, pp. 501–510.

② See Anthony T. Kronman, "Contract Law and Distributive Justice", *Yale Law Journal*, Vol. 89, No. 3, 1980, p. 475.

美元出售房屋的合同，在一定程度上也可以说是自愿的（voluntary），因为对他而言签署合同是对自己利益最好的并且是一个理性的选择（两害相权取其轻）。因此，克朗曼教授认为自愿的概念是难以定义的，将其作为判断合同能否执行的标准是模糊不定的。[①] 相反，在所有的主张合同非自愿的案件中，都存在相对方利用优势（Advantage-Taking）的情形。在此，克朗曼完成了一个视角的转换，即把合同自愿订立的问题转换成利用优势的问题，进一步言之，他认为真正的问题是受诺人是否应被允许利用他的优势去使相对方受损？[②] 对于这个问题，或许可以采用类型化的办法，例如区分利用身体的优势或非身体上的优势，或者区分为能被受害人阻止的利用优势与不能被阻止的利用优势等，但克朗曼认为这些区分并不能提供一个原则基础去决定哪种形式的利用优势应该被允许，因为重要的不是这些区分本身，而是需要一个决定区分的前提性的独立原则。[③]

为此，克朗曼提出了三种可能的原则以供选择，第一个可被称作自然优势理论（doctrine of natural superiority），即一个更具优势的人（更聪明、更漂亮、更高贵）被给予更多的权利去利用不如他的人；第二个原则是利用优势能够增加善的总量，换言之，这是一种功利主义（utilltarianism）的判断标准；第三个原则则着眼于不利方的利益，即一个人是否能够利用优势，取决于从长远来看，利用优势比其被禁止时，对不利方也是更有益的，克朗曼称之为帕累托主义（Paretianism）。[④]

为检验上述原则的合理性，克朗曼提出了两个标准，即平等主义和个人自治。平等主义要求人人平等，因而排除了自然优势理论，个人自治强调人是唯一价值，人不能为他人利益或社会福利总量的增加而被牺牲，因而又排除了功利主义原则。那么，唯一符合这两项价值的就只有帕累托主

[①] See Anthony T. Kronman, "Contract Law and Distributive Justice", *Yale Law Journal*, Vol. 89, No. 3, 1980, pp. 477 – 478.

[②] See Anthony T. Kronman, "Contract Law and Distributive Justice", *Yale Law Journal*, Vol. 89, No. 3, 1980, pp. 478 – 480.

[③] See Anthony T. Kronman, "Contract Law and Distributive Justice", *Yale Law Journal*, Vol. 89, No. 3, 1980, pp. 481 – 483.

[④] See Anthony T. Kronman, "Contract Law and Distributive Justice", *Yale Law Journal*, Vol. 89, No. 3, 1980, p. 484.

第三章 显失公平制度的法理基础

义了。① 值得注意的是,克朗曼采用了一个极为广义的利用优势的概念。按照传统的合同法理论,合同执行性的判断奉行的是程序标准,它只关心合同缔结的程序而不关心合同履行的分配性后果。不过,在克朗曼的视野中,他将财富的地位也视作一种优势,利用这一优势也要受到帕累托原则的审查。在克朗曼看来,钱多也是一种优势,它可以给拥有者带来更多的交易优势,如更优越的信息、更能抗拒不利条款的压力等,并且一个交易导致的财富差异还可以成为下一个交易的优势,因此没有理由将财富的优势与其他优势(如信息、智力等)区分开。② 通过将财富因素纳入到利用优势的概念之中,并对其予以帕累托主义的审查,合同法的分配正义功能就此得以彰显。

在克朗曼的大作发表 9 年之后,英国赫尔大学的学者露西(W. N. R. Lucy)在《牛津法律研究杂志》上发表了回应文章《合同作为分配正义的机制》。在文中,露西虽然赞同分配正义,但反对将合同法作为实践分配正义的手段。她对克朗曼的批判从两个方面展开,一是否认合同自由等同于利用优势。露西区分了自愿(voluntariness)与自由选择(free choice)两组概念,她认为自愿是人类行为的必要条件,自由的行为必定是自愿的,但自愿的行为却未必自由。当人们在谈论自愿时,实际上是在问行为的适当性,如果行为者理解自己所处的情形和他行为的原因,那么我们就评价他们是自愿的。例如在胁迫的情况下,如果受胁迫者认识到其所处的情境和行为的原因,那么他的行为就是自愿的。然而,在这种情况下我们不能说他的行为是自由的,因为其从事这些行为的决定并非基于自由选择。露西认为,在那些被克朗曼认为存在疑问的案件中,真正值得关注的问题并非行为是否自愿,而是是否存在自由的选择。③ 为此,露西主张在这类案件的判断中,适用责任原则(responsibility principle)是一个比帕累

---

① See Anthony T. Kronman, "Contract Law and Distributive Justice", *Yale Law Journal*, Vol. 89, No. 3, 1980, pp. 485 – 486.

② See Anthony T. Kronman, "Contract Law and Distributive Justice", *Yale Law Journal*, Vol. 89, No. 3, 1980, pp. 496 – 497.

③ See W. N. R. Lucy, "Contract as a Mechanism of Distributive Justice", *Oxford Journal of Legal Studies*, Vol. 9, No. 1, 1989, pp. 137 – 138.

托原则更好的解释。所谓责任原则，即一方当事人是否应对其进入合同的选择负责任，具言之，行为人是否具有通常的能力、身体或心理因素，去自由地行动，同时，行为人是否存在公平的机会去运用这些能力。[1] 露西认为责任原则仅关乎选择自由，而与分配正义无关。此外，露西还批驳了帕累托主义，她认为帕累托主义并不能导出平等的主张，因为无论是帕累托改进（pareto-superiority）还是帕累托最优（pareto-optimality），仅仅只能用来测量和证明福利的改善，其暗含的假设是福利的增加要好于福利降低或维持现状，但并没有表明一个福利分配的最初状态是合理的。[2]

克朗曼将分析的视角聚焦在利用优势问题上，通过帕累托原则，主张只有从长远上看利用优势也使不利者更为有利时方能被允许，于此存在的一个可能质疑是，无论是立法者还是司法者，均难以通过这样一个个性化的视角来设计或适用规则。对此，克朗曼的回应是用大多数人标准来取代个体标准，即某一种类型的利用优势只有在对处于类似情形的大多数不利者从长远上看也是有利时，才能被允许。[3] 如此一来，克朗曼的帕累托原则实际上已经无限接近于罗尔斯笔下的差别原则了。与克朗曼相反，露西认为利用优势并不是一个合适的观察切入点，因为利用优势是每个人的自然权利，她仍然坚持不利方的视角，以合同是否被自由地选择作为思考的起点，合同是否具有执行性是一个自由问题而不是别的问题，她秉持的仍是哈耶克、诺奇克等传统自由主义者所遵循的观念。由此可见，克朗曼和露西的观点分歧在某种程度上可以说是罗尔斯和诺奇克关于分配正义的争论在合同法领域的延续。

露西采取更为狭窄的自由概念，区分自愿和自由选择的不同，其分析确有值得称道之处。但是，其观点却也存在三个盲点。第一，她的责任原则仅将关注点聚焦于不利一方，探讨不利方是否应对其选择负责。然而，

---

[1] See W. N. R. Lucy, "Contract as a Mechanism of Distributive Justice", *Oxford Journal of Legal Studies*, Vol. 9, No. 1, 1989, pp. 139–140.

[2] See W. N. R. Lucy, "Contract as a Mechanism of Distributive Justice", *Oxford Journal of Legal Studies*, Vol. 9, No. 1, 1989, p. 143.

[3] See Anthony T. Kronman, "Contract Law and Distributive Justice", *Yale Law Journal*, Vol. 89, No. 3, 1980, p. 487.

合同是双方行为，如果谈论责任不能仅谈一方的责任，而应考虑合同双方。正如新西兰学者理查德森（Megan Richardson）评论的那样，对于不利方选择上的缺陷，强势方是否可被追究道德上的责任，也是不容忽视的因素。[1] 相对来说，克朗曼的利用优势概念至少兼顾了合同双方当事人的情形。第二，露西的责任原则仅考虑程序方面的原因，而完全忽视合同结果的公平性问题。然而，在实践中，特别是在显失公平的案例中，合同结果的公平性往往是重要的审查要素之一。[2] 第三，存在一定程度选择限制的合同并不必然对弱势方不利。理查德森举出了格式合同的例子，这类合同基于效率的理由而被广泛使用，尽管一方当事人对此不能做出有意义的选择，但这类合同并不必然损害接受合同的一方。事实上，这类合同是否被允许，关键取决于其是否真正损害接受方的利益，换言之，合同的实质公平在这里具有决定性的意义，而露西的责任原则很难解释这种情形。[3]

三 显失公平制度作为实践分配正义的手段

意思自治是民法之基，恰如罗尔斯提到的第一个正义原则，每个人都有平等的自由去安排自己的生活，这一权利具有优先性，不能因社会经济上的政策目的而被牺牲。不过，第一个原则的优先性仅意味着其必须充分实现，而不在于获得最大化的实现，因此自由不能无限制地扩充。[4] 这也意味着在基本的平等自由得到满足的时候，并不排斥其他原则的实现。具体到合同法来讲，其中的大多数制度均围绕合同自由这一主旨展开，如要约承诺制度，以及大量的任意性规范，或为当事人合同自由的实现提供便利，或为补充当事人意思之不备，或为降低交易成本，但在无碍合同自由的前提下，仍不妨相关制度关注合同实质正义或社会财富的再分配，显失

---

[1] See Megan Richardson, "Contract Law and Distributive Justice Revisited", *Legal Studies*, Vol. 10, No. 3, 1990, p. 261.

[2] See Megan Richardson, "Contract Law and Distributive Justice Revisited", *Legal Studies*, Vol. 10, No. 3, 1990, p. 264.

[3] See Megan Richardson, "Contract Law and Distributive Justice Revisited", *Legal Studies*, Vol. 10, No. 3, 1990, p. 265.

[4] 参见资琳《契约法基本制度的正当性论证——一种以主体为基点的研究》，《环球法律评论》2009年第6期。

公平制度即为其中的代表之一。

所谓分配正义，包含了"分配"与"正义"二义，前者强调将资源在不同群体间进行配置，后者则要求分配的结果必须是公平正当的。显失公平制度禁止一方利用另一方的危困状态、缺乏判断能力等，在这里，立法者划分了两类不同的群体，一方为具有智力、经验或经济等优势的"强而智"的群体，另一方则是具有先天或后天不利因素的"弱而愚"的群体。在这两个群体之间的交易活动中，强者本可利用其优势从交易中获利，但显失公平制度却赋予弱势方撤销合同的权利，实则是对二者的地位进行再平衡。从结果来看，是剥夺了优势方可以获得的暴利，使弱势方避免了暴力盘剥，这可以看作是在两个群体间实现的一种财富的再分配。此外，显失公平制度还要求合同给付之间须大致均衡，如此一来，通过每一个使优势者与弱势者同等获利的合同的执行，最终有助于实现社会财富公平分配的目标。

显失公平制度同样体现了分配正义中差别原则或帕累托原则的要求。根据差别原则，财富的不平等分配只有在对社会中的最不利群体有利时才具有正当性。具体到合同法来讲，一方当事人利用优势只有从长远上看对不利方也是有利时才能被允许。而根据显失公平制度所蕴含的诚信原理，一方当事人在从事交易时，必须适当照顾对方当事人的利益，换言之，他在追求自身利益的过程中必须适当兼顾对方当事人的利益，如此，交易的达成必须对双方当事人均是有利的，这与前述分配正义的思想是完全契合的。

本章小结

交换正义、合同自由与诚实信用三大伦理性原则共同构成显失公平制度的法理基础，这三大原理并非对立和冲突，而是相互作用、相互补充的，诚如拉伦茨教授所言，"合同自由需要由合同公平来修正，合同公平又是以合同自由为前提的"[①]。正是三大原理的互动，构成显失公平制度的

---

① [德] 卡尔·拉伦茨：《德国民法通论》（上册），王晓晔等译，法律出版社2013年版，第64页。

内部体系。就此点而言，显失公平制度显示出自身的独特属性，它既是从客观面向（交换正义），又是从主观面向（合同自由）否定合同拘束力，这使其立于意思表示瑕疵制度与公序良俗原则之间，发挥其独特的规范功能。并且，我们也很难赋予显失公平制度中的各项原理以不同的权重，正如本书第二章提到的那样，在不同的历史时期，有时候人们偏重于合同自由价值，有时候人们又偏重于合同的实质公平，或许正是这个缘故，由多元价值构成的显失公平制度可成为民法中自治与管制之间的调节阀，它进可以作为贯彻合同正义的工具，退亦可作为捍卫合同自由守护者。此外，作为民法中为数不多的关注实质公平的制度，显失公平制度亦可作为实现分配正义的手段，它通过对具体交易的直接干预，实现社会财富在不同群体之间的再分配。

第四章
显失公平制度的外部体系与功能审视

第一节 问题之所在

对于显失公平制度的体系定位，在《民法典》生效之前，我国学界曾有热烈的讨论。纵观各路学说，大致可以分为两种观点：一是将显失公平制度定位为法律行为内容的妥当性控制规范。例如，徐涤宇教授认为"显失公平属于标的不合法的范畴。"① 又如，贺剑博士认为"显失公平制度应视为公序良俗原则的体现。"② 再如，吴逸越博士认为"在我国立法中，暴利行为应成为'损害社会公共利益'的一种情况。"③ 朱广新教授还通过排除法，认为"法律行为能力、意思表示自愿与真实、公序良俗、禁止性规定，是法律行为或合同有效性的四个评价依据。既然显失公平不能以意思表示自愿与真实作为评价依据，且与法律行为能力、禁止性规定毫不相干，那么，唯有公序良俗可作为评价它的依据。"④

另一种观点则将显失公平的法律行为定位为意思表示瑕疵的一种类型。例如，尹田教授认为"考虑到暴利行为之行为人的恶性程度并未超越

---

① 徐涤宇：《非常损失规则的比较研究——兼评中国法律行为制度中的乘人之危和显失公平》，《法律科学》2001年第3期。
② 贺剑：《〈合同法〉第五十四条第一款第二项（显失公平制度）评注》，《法学家》2017年第1期。
③ 吴逸越：《论我国民法上乘人之危和显失公平的重新定位——对比德国法的暴利制度》，《湖南工业大学学报》（社会科学版）2013年第2期。
④ 朱广新：《合同法总则》，中国人民大学出版社2012年版，第235页。

第四章 显失公平制度的外部体系与功能审视

欺诈、胁迫等更为恶劣的行为，且该种行为所损害的并非公共利益而为相对方的私人利益，故立法将之视为意思表示不真实的法律行为之一种，容许受损方对行为效果享有选择决定权利，更为妥当。"① 朱庆育教授亦认为"暴利因素难以改变法律关系仅关乎当事人利益之实质，故不必纳入公共秩序调整，交由当事人自决较符合自治理念。……如此，则可合流乘人之危与显失公平，在侵扰意志自由的逻辑下重作统一规范。"② 冉克平教授认为"将显失公平作为意思表示瑕疵的类型更为妥当。"③ 李宇教授认为"民法设显失公平制度，并非旨在管制交易内容的公平性，而是以维护表意人的意思自由为目的，即针对意思表示瑕疵行为向当事人提供救济。"④

分析上述学说，可以发现关于显失公平制度定位的讨论主要出于三个方面的动因：一是从价值层面寻找显失公平制度的背后原理，即显失公平制度否定合同拘束力的正当性所在。二是在《民法典》颁布之前，围绕显失公平制度的要件作解释论分析。三是从立法论角度，围绕显失公平制度应设置于何处，如何设置构成要件以及法律效果立论。对于第一个问题的解答，显失公平的体系位置仅能提供辅助说明，更重要的还是取决于显失公平制度本身的规范属性，为此，本书第三章已经给出答案，显失公平制度既是从合同内容的妥当性角度，也是从缔约当事人的自由意志出发否定合同拘束力的。至于后两个问题，则随着《民法典》的颁布，已由立法者给出了答案。必须指出的是，显失公平制度的体系定位不仅是一个立法论问题，更是一个解释论问题，既有的讨论几乎没有关注到后者。⑤ 事实上，显失公平制度的不同定位将对其自身以及相关制度在法律适用层面产生影响。例如，显失公平制度与公序良俗条款之间不同的关系定位，不仅将决

---

① 尹田：《乘人之危与显失公平行为的性质及其立法安排》，《绍兴文理学院学报》（哲学社会科学版）2009年第2期。
② 朱庆育：《民法总论》，北京大学出版社2013年版，第284页。
③ 冉克平：《意思表示瑕疵：学说与规范》，法律出版社2018年版，第254页。
④ 李宇：《民法典要义——规范释论与判解集注》，法律出版社2017年版，第613页。
⑤ 对此有所认识的是贺剑，在其论文中提到"凡是满足主客观要件的显失公平的合同或合同条款，其内容都可以被认为有悖于公序良俗。""上述概念辨析更重要的意义在于，现行法上法律行为违背公序良俗而无效的规定，可以作为显失公平的兜底规定。"贺剑：《〈合同法〉第五十四条第一款第二项（显失公平制度）评注》，《法学家》2017年第1期。

定各自的角色功能，进而影响各自涵摄案型的范围，还将直接影响显失公平制度与欺诈、胁迫等意思表示瑕疵制度，以及与民法典分编和特别法中相关制度的关系定位。

本章着手讨论显失公平制度与公序良俗条款，显失公平制度与意思表示瑕疵制度，显失公平制度与民法典分编以及特别法中的相关制度的关系，厘清其相互之间的适用关系和功能定位，如果说上一章在于探寻显失公平制度的内部体系，那么本章则主要探讨显失公平制度的外部体系问题。

第二节　显失公平与公序良俗

一　一个法律解释问题

显失公平与公序良俗之间的关系，可从观念和规范两个层面进行思考。在观念层面，在于显失公平的行为是否属于违背善良风俗的行为；在规范层面，则在于显失公平的行为是否得依公序良俗条款宣告无效。如果在观念层面认为显失公平的行为不违背公序良俗，那么在规范层面二者之间的关系就无须多言。相反，如果显失公平的行为在观念层面可以被认为是违背公序良俗的，那么则须进一步进行规范层面的思考，从法律适用角度厘清二者之间的关系，这本质上成为一个法律解释问题。

在观念层面，显失公平的行为是否违背公序良俗，取决于公序良俗的内涵。对于公序良俗这一概念，在《民法典》颁布之前，并未见于我国法律文本之中。不过，《民法通则》以及《合同法》所使用的"社会公共利益"（《民法通则》第五十八条第一款第五项、《合同法》第五十二条第一款第四项）以及"社会公德"（《民法通则》第七条、《合同法》第七条）等概念，在解释上一向被视同为"公序良俗"。[1]《民法典》第一百五十三条第二款接受我国学者的建议，[2] 第一次在我国民事法律中采纳了"公序良俗"这

---

[1] 参见梁慧星《民法总论》，法律出版社 2017 年版，第 51 页；王利明《合同法研究》（第一卷），中国人民大学出版社 2011 年版，第 660—661 页。

[2] 参见梁慧星《民法总论》，法律出版社 2011 年版，第 51 页；马俊驹、余延满《民法原论》，法律出版社 2010 年版，第 43 页。

第四章 显失公平制度的外部体系与功能审视

一与国际接轨的概念。不论是"社会公共利益",还是"公序良俗",我国学者均肯定其为内涵不确定的法律概念。① 公序良俗条款为概括条款,授权法官在个案中确定相应法律行为是否与当下的公共秩序和善良风俗相违背。② 对于公序良俗的内容,我国学者通常将其拆分为公共秩序与善良风俗,前者为内存于法律的价值体系,后者则是法律外的伦理秩序。③

从比较法来看,对于公序良俗这类一般条款,我国学者的认识并无特别之处。德国法上,"善良风俗"被认为是一个在最大程度上需要被法官填充的抽象概念。④ 根据现今一致的观点,"没有发现对于善良风俗的可定义的标准"⑤。尽管德国立法者和判例就善良风俗采纳了"所有公平和正义的思想者的礼仪感"(Anstandsgefuehl aller billg und gerecht Denkenden)这一公式。⑥ 但礼仪公式除了告诉法官不能通过民意调查来确定善良风俗,因为"公平和正义的思想者"未必是多数派,⑦ 并且,不得以法官自己或特定群体(如宗教官员或卫道士)的道德观念来填充善良风俗,因为"所有"一词排除了特定个人或群体的价值观,⑧ 除此之外,很难从这句套话中获得什么。⑨ 就公序良俗的内容而论,作为一般条款,它被认为是占统治地位的社会道德(herrschende Sozialfall)进入民法的关口(Einfallstor)。⑩ 基于此,不仅是法秩序内部的伦理价值,还包括法秩序外部的社会伦理性原则,均可以填充其中。⑪

---

① 参见韩世远《合同法总论》,法律出版社2018年版,第228页;朱庆育《民法总论》,北京大学出版社2013年版,第294页。
② 参见陈甦主编《民法典评注》(下),法律出版社2017年版,第1095页。
③ 参见王泽鉴《民法典》,北京大学出版社2009年版,第231页;易军《论私法上公序良俗条款的基本功能》,《比较法研究》2006年第5期。
④ Vgl. Faust, Bürgerliches Gesetzbuch Allgemeiner Teil, 6. Auflage, 2018, S. 104.
⑤ Historisch-kritischer Kommentar zum BGB: Band I Allgemeiner Teil 1-240, Mohr Siebeck, 2003, S. 709.
⑥ 这一公式最早出现于《德国民法典》立法理由书对第八百二十六条善良风俗的说明,后被帝国法院在判例中采用,现今仍时常被德国联邦普通最高法院提起。Leipold, BGB I Einfuehrung und Allgemeiner Teil, 8. Auflage, 2015, Rn. 20.
⑦ Vgl. Staudinger Kommentar/Sack, 2003, §138. Rn. 15.
⑧ Vgl. Hirsch, BGB Allgemeiner Teil, 9. Auflage, 2016, S. 274.
⑨ Vgl. Faust, Buergerliches Gesetzbuch Allgemeiner Teil, 6. Auflage, 2018, S. 104.
⑩ Vgl. Bork, Allgemeiner Teil des Buergerlichen Gesetzbuchs, 3. Auflage, 2011, Rn. 1152.
⑪ Vgl. Wolf/Neuner, Allgemeiner Teil des Buergerlichen Rechts, 11. Auflage, 2016, Rn. 12-16.

《法国民法典》第六条规定："当事人不得以特别约定违反有关公共秩序和善良风俗的法律。"对于这里的公共秩序，被认为是某种属于统治地位的集团强加于个人的一种压制。而对于善良风俗，则系指向社会道德，合同之违背善良风俗，大都因当事人通过合同所要追求的目的违背道德。公共秩序或善良风俗的内容不仅限于法律的明文规定，还取决于司法的逐一判断。[1] 由上可知，法国民法上的公序良俗的内容同样具有抽象性和授权补充性。

显失公平的行为，直接与公平、自由与诚信三大价值原理相抵触，而此三者被我国《民法典》明定为民事主体从事民事活动须遵循的基本原则（《民法典》第五——七条）。由此，认定显失公平的行为违背法秩序内的价值原理应无疑义。德国学者Sack在解释《德国民法典》第一百三十八条第一款时，认为"善良风俗中的'善良'（gut）意味着法律上的应为（rechtlich gesollt），善良风俗即法律上应为之风俗。所有法律上不允许之行为和法律行为违反法律上之应为，首先在概念上也违背善良风俗"。[2] 从这个意义上看，显失公平的行为作为法律不允许之行为，在观念层面自然属于违背公序良俗的行为。

然而，不能忽视的是公序良俗原则的作用，即作为一般条款，公序良俗发挥的是"漏洞填补功能"（Lückenfullende Funktion）。[3] 立法者设置公序良俗这类一般条款的目的旨在弥补自身理性之局限，而授权法官承担法律发展之职责。从弥补法律之不完备角度着眼，这类条款对于法官可称之为授权补充之漏洞或法内漏洞。[4] 因此，公序良俗条款的适用不仅取决于一行为是否为公共秩序或社会道德所容许，还要求"没有特别规定或不能通过违法禁止空白条款（第一百三十四条）转介"。[5] 此点亦为我国学者普遍认同。[6] 因此，若立法者已就某种类型的不法行为作终局性的特别规

---

[1] 参见尹田《法国现代合同法》，法律出版社2009年版，第166—179页。
[2] Vgl. Staudinger Kommentar/Sack, 2003, §138, Rn. 26.
[3] Vgl. Staudinger Kommentar/Sack/Fischinger, 2017, §138, Rn. 2.
[4] 参见黄茂荣《法学方法与现代民法》，法律出版社2007年版，第384—385页。
[5] Vgl. Staudinger Kommentar/Sack, 2003, §138, Rn. 26.
[6] 参见梁慧星《民法总论》，法律出版社2017年版，第51页；易军《论私法上公序良俗条款的基本功能》，《比较法研究》2006年第5期。

第四章　显失公平制度的外部体系与功能审视

定，则无须再求助于公序良俗这个一般条款，反之，则有必要求助于公序良俗条款，以发挥其漏洞填补功能。例如，欺诈和胁迫等均为法律所不允许的行为，在观念层面可认为其违背公序良俗，但由于民法已对其作出特别规定，故这两类行为并无适用公序良俗原则的余地。① 同理，显失公平的行为虽为法律秩序和社会道德所不允许，在观念层面违背善良风俗，但在规范层面，显失公平的行为却未必纳入公序良俗的调整范畴，是否作如此认识，取决于显失公平制度与公序良俗条款之间关系的法律解释。根据目前一致的看法，公序良俗作为不确定的法律概念，只得通过类型化的方式予以具体化，故显失公平制度与公序良俗之间关系定位的两种思维进路，在于究竟将前者视作公序良俗的一种法律明文规定的具体类型，还是将前者视作独立于公序良俗的特别规定。下文首先通过比较法的考察，呈现两种不同的解释路径以及由此导致的规范适用上的分野，其次就我国法上相关制度的应然解释路径展开分析。

二　规范解释路径之比较法考察

（一）显失公平作为违背公序良俗的具体类型

1. 典型代表：德国

德国法上，善良风俗与暴利行为列于《民法典》第一百三十八条之中，前者作为该条第一款，后者作为第二款。其中，第二款的"尤其"（insbesondere）一词揭示了二者之间的关系。根据德国学者一致的意见，暴利行为并非独立于善良风俗的一种特别不法行为，而是法律行为违背善良风俗的一种具体类型。② 申言之，德国法上的暴利行为与违背善良风俗

---

① 根据德国通说，恶意欺诈与不法胁迫并非违背善良风俗的法律行为，只能根据《德国民法典》第一百二十三条撤销合同，仅当有其他不允许的意思影响情形加入时，才考虑第一百三十八条的适用。Vgl. Palandt BGB/Ellenberger, 75. Auflage, 2016, §138, Rn. 14.

② Vgl. Larenz/Wolf, Allgemeiner Teil des Bürgerlichen Rechts, 8. Auflage, 1997, §41, Rn. 62; Medicus, Allgemeiner Teil des BGB, 10. Auflage, 2010, §46, Rn. 707; Faust, Bürgerliches Gesetzbuch Allgemeiner Teil, 6. Auflage, 2018, S. 105; Hirsch, BGB Allgemeiner Teil, 9. Auflage, 2016, S. 275; Stadler, Allgemeiner Teil des BGB, 19. Auflage, 2017, S. 419; Leipold, BGB I Einfuehrung und Allgemeiner Teil, 8. Auflage, 2015, Rn. 38; Bork, Allgemeiner Teil des Bürgerlichen Gesetzbuchs, 3. Auflage, 2011, Rn. 1158.

的法律行为具有同一性，这种同一性表现为两点：一是二者的法律效果均为绝对无效，二是暴利行为无效的原因在于其违背善良风俗。

在法律适用层面，暴利行为调整的对象为存在给付交换（Leistungsaustausch）的合同。[①] 第一百三十八条第二款除要求给付与对待给付显著不相称这一客观要件外，还规定了严格的附加要件，即一方当事人处于强制状态、无经验、缺乏判断能力、显著意志薄弱的情形，并且另一方当事人存在剥削（Ausbeutung）。根据解释，这里的剥削意指对另一方不利境地的有意识地利用（bewusst zunutze Machen）。[②] 因此，不存在"疏忽大意的暴利者"（fahrlässigen Wucher）。[③]

由于上述要件的严格以及证明的困难，至少就第一百三十八条第二款的文义来看，并不能涵盖所有需要救济的不公平合同。尽管有观点主张将第一百三十八条第二款的规定作为基础评价（Basiswertung），认为可以通过对该款主观要件的扩张解释将需要保护的给付不均衡合同纳入其救济范围，[④] 还有观点赞成对第二款的类推适用，[⑤] 但德国学界通说以及实务界的做法是，对于不符合第二款严格要件但是值得保护的案件，回溯到第一百三十八条第一款提供救济。因为根据通说，第一百三十八条第二款并非对于合同存在给付显著不均衡时的最终规定。[⑥] 为证成这种回溯的正当性，有学者论证到，由于第二款暴利行为规定了严厉的法律效果，即不仅是暴利的负担行为无效，而且暴利的履行行为也无效，为匹配这一严厉的法律效果，所以第二款规定了严格的要件要求，但由此造成一个保护漏洞（Schutzlücken），并且这一漏洞不能通过第二款的扩张解释完全填补。[⑦]

德国判例通过回溯到第一百三十八条第一款，在暴利行为案型外，逐渐发展出准暴利行为（Wucheraehnliche Rechtsgeschaefte）案型。所谓准暴

---

① Vgl. Staudinger Kommentar/Sack, 2003, §138, Rn. 175.
② Vgl. Faust, Bürgerliches Gesetzbuch Allgemeiner Teil, 6. Auflage, 2018, S. 105; Bork, Allgemeiner Teil des Buergerlichen Gesetzbuchs, 3. Auflage, 2011, Rn. 1174.
③ Vgl. Medicus, Allgemeiner Teil des BGB, 10. Auflage, 2010, §46, Rn. 710.
④ Vgl. Koziol, Sonderprivatrecht für Konsumentenkredite？, AcP, 1988, S. 183, 191f.
⑤ Vgl. MüKoBGB/Mayer-Maly/Armbruester, 4. Auflage, §138, Rn. 153.
⑥ Vgl. Staudinger Kommentar/Sack, 2003, §138, Rn. 228.
⑦ Vgl. Staudinger Kommentar/Sack, 2003, §138, Rn. 228-229.

利行为，除要求给付与对待给付显著不相称外，还要求存在其他的违背善良风俗的情形，这些情形尤其是获利方主观上存在"应受责难的思想"（verwerfliche Gesinnung），例如获利方在交易缔结时具有经济上或智力上的优势，并且另一方当事人仅仅因为自身的弱势地位才进入对其不利的合同，获利方对这种情况是有所认识的。① 有些时候，即使获利方仅是轻率地没有认识到这种情况，也满足要求。② 由此可见，准暴利行为实际上弱化了暴利行为的主观要件。

司法实务更进一步地降低了准暴利行为的适用门槛，对于广泛存在的主观要件证明困难的问题，德国法院普遍采取事实推定的方式，即当给付与对待给付之间存在特别重大的不相称（besonders groben Missverhaeltnisse）时，推定存在准暴利行为所要求的应受责难的思想。至于"特别重大的不相称"的认定，近来德国的判例采取了"双倍标准"，即给付的价值两倍高于对待给付的价值时。这样一来，准暴利行为中"特别重大的不相称"的认定标准与暴利行为中的"显著不相称"的认定标准趋向一致。③ 由此导致的结果，则是要件较为宽松的准暴利行为更受欢迎，暴利行为的严格要件致使其实际适用变得极其有限。④

更为尴尬的是，由于德国《刑法》（StGB）第二百九十一条规定了暴利罪，其构成要件与第一百三十八条第二款相当，于是法律行为在构成暴利行为时，也可以根据《刑法》第二百九十一条结合《民法典》第一百三十四条被宣告无效。根据德国主流学说，第一百三十八条第二款与第一百三十四条构成竞合关系，二者均可适用。⑤ 于是，第一百三十八条第二款存在的必要性就更值得怀疑了。如今，第一百三十八条第二款的实际意义更多地在于为悖俗的不公平合同的认定提供一种要件上的指引，即告诉法

---

① Vgl. BGH NJW 2002, 55.
② Vgl. Hirsch, BGB Allgemeiner Teil, 9. Auflage, 2016, S. 277.
③ Vgl. Staudinger Kommentar/Sack, 2003, §138, Rn. 238.
④ Vgl. Palandt BGB /Heinrichs, 61. Auflage, 2019, §138, Rn. 65.
⑤ Vgl. Erman Kommentar BGB/Arnold, 14. Auflage, 2014, §138, Rn. 10; JauernigBGB Kommentar/Mansel, 17. Auflage, 2018, S. 112; Palandt BGB /Heinrichs, 61. Auflage, 2019, §138, Rn. 65. 也有学说认为第一百三十八条第二款优先于第一百三十四条适用。Vgl. Staudinger Kommentar/Sack, 2003, §138, Rn. 174.

官，仅仅是合同给付之间显著不相称的事实尚不构成悖俗，必须附加上额外的情形才足够。

2. 德国模式的追随者

（1）奥地利

《奥地利普通民法典》第八百七十九条第一款规定："合同违反法律禁令或者违背善良风俗者，无效。"这被认为是对所有的私法律行为进行内容控制的核心规范。① 关于善良风俗，受到自然法思想影响，奥地利主流学说将其作为不成文法看待，即普遍的法律原则，而不包括道德规范。② 该条第二款具体列举了几种违背善良风俗的合同，其中第四项仿照《德国民法典》第一百三十八条第二款规定："当某人通过利用另一方的轻率、强制状态、智力薄弱、无经验或情绪激动，使他或者一个第三方为一项给付承诺或作出一项对待给付，其财产价值与给付的价值存在显著不相称时。"由此可知，暴利行为在奥地利同样被作为一种违背善良风俗的特殊情形。不过与德国有所不同的是，尽管《奥地利普通民法典》规定暴利行为的法律效果为无效（nichtig），但学说通常认为其并非指绝对无效，而是相对无效，仅仅是给予了不利方一个"撤销权"。③ 因为该项规范的意旨仅在保护不利方，只有他可以主张行为无效。④ 此外，奥地利学说也不排斥对暴利行为的要件作缓和或类推的尝试。例如有观点认为，第四项的列举仅是例示性的，类推适用可以被考虑，例如一方当事人对另一方当事人的信赖或严重的依赖也是满足要求的。⑤ 当然，由于暴利行为条款对善良风俗的依附性，学说同样肯定当缺少第二款第四项要求的暴利行为要件时，如果有一个具有同等价值的悖俗要素出现的话，法律行为也可以根据该条第一款被宣告无效。⑥

---

① Vgl. Kommentar: ABGB Allgemeines Bürgerliches Gesetzbuch /Bollenberger, 2., Auflage, Springer, 2007, §879, Rn. 1.

② Vgl. Koziol-Welser, Grundriss des bürgerlichen Rechts: Allgemeiner Teil Schuldrecht I, 9. Auflage, 1992, S. 146.

③ Vgl. Kommentar: ABGB Allgemeines Buergerliches Gesetzbuch /Bollenberger, 2., Auflage, Springer, 2007, §879, Rn. 20.

④ Vgl. Koziol-Welser, Grundriss des buergerlichen Rechts: Allgemeiner Teil Schuldrecht I, 9, Auflage, 1992. S. 147.

⑤ Vgl. Kommentar zum Allgemeinen Burgerlichen Gesetzbuch/Geschnitzer, 1968, §879, S. 204.

⑥ Vgl. Kommentar: ABGB Allgemeines Buergerliches Gesetzbuch /Bollenberger, 2., Auflage, Springer, 2007, §879, Rn. 19.

第四章 显失公平制度的外部体系与功能审视

（2）日本

日本民法并无成文法规定暴利行为，不过日本学说在解释其民法第九十条时，均将暴利行为作为违背公共秩序或善良风俗的法律行为之一种类型。如我妻荣教授以大量的日本判例为出发点，对于公序良俗发展出著名的"我妻七类型"。① 其中，"乘他人之无思虑、窘迫而博取不当之利的行为"即为悖俗类型之一。② 近江幸治教授亦将"乘人无瑕思考或穷困之机而博取不当利益的行为，以及高利贷的金钱借贷契约等"作为违背公序良俗之形态。③ 对于公序良俗问题有着精深研究的山本敬三教授，从对私域自治、契约自由的介入的正当化根据的不同，将公序良俗划分为法令型公序良俗和裁判型公序良俗。在山本敬三教授看来，暴利行为中，当事人被强加本未期望的含有对其不利之内容的契约，致使其决定是否订立该契约之自由受到侵害，并且其财产被侵夺等属于其基本权利受到侵害的情形，相当于裁判型——基本权利保护型公序良俗问题。④

（二）显失公平条款独立于公序良俗

《瑞士债务法》第十九条、第二十条是关于合同内容控制的规定，其中，第十九条第二款和第二十条第一款确立了五大内容控制标准，分别为强行法、公共秩序、善良风俗、个人权利和不能，合同内容违反上述标准者，无效。与德国相比较，要求合同内容不得违反强行法相当于《德国民法典》第一百三十四条之规定，而履行不能应属给付障碍范畴，放置于此并不恰当。⑤ 除此之外，对于公共秩序、善良风俗与个人权利三大标准，尽管瑞士学说就其内涵及相互间的界限在学说上存在分歧，⑥ 但三者整体而言大致相当于《德国民法典》第一百三十八条第一款的"善良风俗"

---

① 参见于飞《公序良俗原则研究——以基本原则的具体化为中心》，北京大学出版社2006年版，第74页。
② 参见［日］我妻荣《新订民法典》，于敏译，中国法制出版社2008年版，第257页。
③ 参见［日］近江幸治《民法典》，渠涛等译，北京大学出版社2015年版，第161页。
④ 参见［日］山本敬三《民法讲义Ⅰ：总则》，解亘译，北京大学出版社2012年版，第217—220页。
⑤ Vgl. Schwenzer, Schweizerisches Obligationenrecht Allgemeiner Teil, Stämpfli Verlag AG Bern, S. 204.
⑥ Vgl. Kommentar zum Schweizerischen Privatrecht, Obligationenrecht I: Art. 1 – 529 OR/Huguenin, 1992, §20, Rn. 23 – 43.

概念。

《瑞士债务法》第二十一条关于"诈取"（Übervorteilung）的规定于1911年债法修订之时加入，从内容上看，其明显借鉴了《德国民法典》第一百三十八条第二款暴利行为的规定。① 第二十一条分为两款，第一款规定"一个合同的给付与对待给付之间存在明显的不相称，它的缔结是由于一方利用另一方的困境、无经验或者轻率导致的，受害方可在1年期间内主张，他不遵守合同，并且可以要求返还合同已经履行的给付。"第二款规定"1年期间自合同缔结时起算。"对于诈取的构成要件，与德国法类似，包含三项要件：（1）给付与对待给付之间存在显著的不相称；（2）被诈取方的决定自由在合同缔结时由于急迫、轻率或无经验而受到妨碍；（3）可能导致被诈取的各种情形被相对方利用。② 尽管诈取行为的内容与德国法上的暴利行为类似，不过在规范设置上却可以看出瑞士立法者的独立思考：其一，诈取行为并没有设置在关于合同内容控制的第十九条或第二十条之中，而是单列一条，位于内容控制与意思表示瑕疵规范（第二十三条以下）之间；其二，在法律效果上，诈取行为并非无效，而是当事人可以在1年内宣告不遵守合同，对此"不遵守"，瑞士学说将其解释为撤销权。③

对于诈取条款，瑞士学说呈现出不同于德国民法上的暴利行为的解释走向。首先，在制度定位上，瑞士学者多在合同内容控制之外讨论诈取问题，④ 这点从瑞士民法教科书的章节体例安排可以看出，他们要么将诈取单列一章讨论，⑤ 要么将其与欺诈、胁迫等一道在意思表示瑕疵制度下讨论。⑥ 其次，瑞士学说并未将合同给付之间不相称作为违背善良风俗的要

---

① Vgl. Bucher, Schweizerisches Obligationenrecht Allgemeiner Teil, 2. Auflage, 1988, S. 229.
② Vgl. Kommentar zum Schweizerischen Privatrecht, Obligationenrecht I: Art. 1 – 529 OR/Huguenin, 1992, §21, S. 185.
③ Vgl. Koller, Schweizerisches Obligationenrecht Allgemeiner Teil: Band I, 2006, S. 308.
④ 当然，也有个别教科书将诈取行为放在法律行为的内容控制下讨论。Vgl. Schwenzer, Schweizerisches Obligationenrecht Allgemeiner Teil, Stämpfli Verlag AG Bern, S. 204.
⑤ Vgl. Bucher, Schweizerisches Obligationenrecht Allgemeiner Teil, 2. Auflage, 1988.
⑥ Vgl. Gauch/Schluep/Schmid/Rey, Schweizerisches Obligationenrecht Allgemeiner Teil: ohne ausservertragliches Haftpflichtrecht, Band I, 8. Auflage, 2003; Koller, Schweizerisches Obligationenrecht Allgemeiner Teil: Band I, 2006.

素之一。对于合同给付之间的不相称,瑞士学说认为基于合同自由,其本身并不构成合同瑕疵,即使是特别重大的给付失衡,也不违背善良风俗。①以合同给付失衡为由主张救济必须满足第二十一条的要求,除了客观要件外,必须满足对合同双方的主观要件。② 最后,在诈取条款与善良风俗条款的关系上,瑞士通说认为诈取行为并非违背善良风俗的一种特别情形,不满足第二十一条主观要件的不公平合同不能根据第二十条主张无效。如此一来,第二十一条便成为规制给付不相称合同的终局性规定。③ 这一认识的现实影响之一,在于当事人必须在合同缔结后的1年期间内(第二十一条第二款)主张撤销。

既然诈取条款作为维护合同给付均衡性的终局规定,那么《瑞士债务法》第二十一条必然面临着比《德国民法典》第一百三十八条第二款更为重要的使命。虽然第二十一条文义上体现出的要件比较严格,但为使该条规范的救济功能得到充分发挥,瑞士判例和学说对其采取了极为开放的解释态度。

首先,就被诈取方的主观要件而言,第二十一条虽然仅列举了困境、无经验或轻率三种情形,不过,一方面瑞士司法判例对所列举概念采取了较为宽泛的解释,例如对于无经验,不仅限于缺乏一般生活或交易经验的情形,"新的司法实务还发展出一个扩张的无经验概念,如果没有完全的交易经验的一方无法理解向他提出的具体交易的影响就足够了。"④ 另一方面,瑞士通说仅把条文列举的三种情形当作模板或示例,即使不属于这三种情形,但有相当之情形使当事人的决定自由受到妨碍即为已足。⑤ 实践

---

① Vgl. Gauch/Schluep/Schmid/Rey, Schweizerisches Obligationenrecht Allgemeiner Teil: ohne ausservertragliches Haftpflichtrecht, Band I, 8. Auflage, 2003, Rn. 757. 不过根据瑞士判例,在借贷利息问题上存在一个例外,瑞士联邦法院在1967年的一个案件中宣告一个年利率26%的利息约定由于违背善良风俗而无效。不过这一例外遭到学者的批评。Vgl. Koller, Schweizerisches Obligationenrecht Allgemeiner Teil: Band I, 2006, S. 310.

② Vgl. Koller, Schweizerisches Obligationenrecht Allgemeiner Teil: Band I, 2006, S. 246.

③ Vgl. Gauch/Schluep/Schmid/Rey, Schweizerisches Obligationenrecht Allgemeiner Teil: ohne ausservertragliches Haftpflichtrecht, Band I, 8. Auflage, 2003, Rn676, 756; Kommentar zum Schweizerischen Privatrecht, Obligationenrecht I: Art. 1 - 529 OR/Huguenin, 1992, § 21, S. 191.

④ Vgl. Guhl, Das Schweizerische Obligationenrecht, 8. Auflage, 1991, S. 46.

⑤ Vgl. Bucher, Schweizerisches Obligationenrecht Allgemeiner Teil, 2. Auflage, 1988, S. 233.

中，决定自由的妨碍还可以由酒精、药物或毒品，由于精疲力竭或过度惊吓，由于依赖，显著的意志薄弱或缺乏判断能力的影响所致。①

其次，瑞士判例和学说准许对第二十一条作广泛的类推适用。例如，虽然缺少一方对另一方当事人不利情形的有意识地利用，但是如果存在类似于利用的情形，如相对方重大过失的没有认识到不利方是基于他的弱势地位才接受相关合同时，可以类推适用第二十一条。②又如第二十一条的文义虽限于双务合同，但学说认为对于不完全双务合同以及单务合同也可以类推适用。③对于保证合同，如果保证人承担的责任远远超过其现在和将来可以期待的收入和财产，并且他是由于无经验或心理强制等原因致使其决定自由受到妨碍才订立保证合同的，那么可以类推适用第二十一条获得救济。④甚至不限于双方法律行为，第二十一条还可以类推适用于单方或多方法律行为，例如遗产分割合同、无偿的给付允诺、合伙协议等。⑤

最后，尽管理论上认为诈取行为的三个要件缺一不可，但在诈取行为的认定上，瑞士学说普遍接受动态体系论思想，即一个要件的较大程度的满足可以降低对另一个要件满足度的要求，只要行为整体上呈现出不公平即可。⑥

（三）小结

通过上述考察，我们可知对于显失公平制度与公序良俗条款之间的关系存在两种解释路径，德国民法上的暴利行为被定位为违背善良风俗的一种特殊类型，依附于善良风俗条款，那么仅作为一种具体悖俗类型的暴利

---

① Vgl. Kommentar zum Schweizerischen Privatrecht, Obligationenrecht Ⅰ: Art. 1 – 529 OR/Huguenin, 1992, §21, S. 187.

② Vgl. Gauch/Schluep/Schmid/Rey, Schweizerisches Obligationenrecht Allgemeiner Teil: ohne ausservertragliches Haftpflichtrecht, Band I, 8. Auflage, 2003, Rn. 676, 744.

③ Vgl. Koller, Schweizerisches Obligationenrecht Allgemeiner Teil: Band I, 2006, S. 308.

④ Vgl. Gauch/Schluep/Schmid/Rey, Schweizerisches Obligationenrecht Allgemeiner Teil: ohne ausservertragliches Haftpflichtrecht, Band I, 8. Auflage, 2003, Rn. 676, 676a.

⑤ Vgl. Kommentar zum Schweizerischen Privatrecht, Obligationenrecht Ⅰ: Art. 1 – 529 OR/Huguenin, 1992, §21, S. 185.

⑥ Vgl. Bucher, Schweizerisches Obligationenrecht Allgemeiner Teil, 2. Auflage, 1988, S. 234; Kommentar zum Schweizerischen Privatrecht, Obligationenrecht Ⅰ: Art. 1 – 529 OR/Huguenin, 1992, §21, S. 185.

行为，并不排斥其他不符合其要件但又有救济必要的不公平合同回溯到一般条款寻求救济。由于善良风俗的兜底作用，暴利行为条款缺乏扩张解释的动力，在善良风俗一般条款的吸附下，暴利行为的适用空间日渐萎缩。与之相反，瑞士债法中的诈取条款被定位为独立于公序良俗的规则，并且被视为规制合同给付公平性的终局规定，因此学说和判例对其进行了极其开放的解释，使其在实践中发挥着一般条款的功能。由此可知，显失公平制度与公序良俗原则之间的关系定位，并非是一个简单的认识论问题，而是会对两个制度的解释论走向产生重大影响。

三 中国法上显失公平制度与公序良俗条款关系的应然定位

在我国，为数不少的学者将显失公平的行为视作违背公序良俗的一种具体类型，如梁慧星教授在对公序良俗原则予以类型化时，就将暴利行为列为其中之一。① 陈华彬教授亦在公序良俗原则下讨论暴利行为以及显失公平制度。② 于飞教授在关于公序良俗原则的博士论文中，同样将暴利行为作为违背公序良俗的一种类型进行探讨。③ 尽管如此，上述学者却没有说明在我国法上建立这一认识的理由，故这一认识或许更多的是出于借鉴比较法（尤其是德国、日本）上经验的结果。与之相对，部分学者反对将显失公平制度依附于公序良俗，给出的理由是显失公平的行为仅关乎当事人私益，而无纳入公共秩序调整之必要。④ 不过，单凭这一理由仍然欠缺说服力，因为公序良俗原则调整的诸多案型中，不乏仅损害私益的行为，例如束缚合同，仅是过分限制了一方当事人的个人或经济上的行动自由，而与公共秩序无涉。⑤ 笔者认为，我国法上的显失公平制度应视为独立于公序良俗条款的特别规定，为此可提供形式和实质两方面的理由。

---

① 参见梁慧星《民法总论》，法律出版社 2011 年版，第 202 页。
② 参见陈华彬《民法典》，中国政法大学出版社 2017 年版，第 566—567 页。
③ 参见于飞《公序良俗原则研究——以基本原则的具体化为中心》，北京大学出版社 2006 年版，第 143 页。
④ 参见朱庆育《民法总论》，北京大学出版社 2013 年版，第 284 页；冉克平《意思表示瑕疵：学说与规范》，法律出版社 2018 年版，第 254 页。
⑤ Stadler, Allgemeiner Teil des BGB, 19. Auflage, 2017, S. 409.

（一）形式上的理由

第一，从体系位置上看，中国法上的显失公平制度更接近于《瑞士债务法》，而不同于《德国民法典》。显失公平制度未与公序良俗条款规定于同一条文，前者位于《民法典》第一百五十一条，而后者位于同法第一百五十三条第二款，中间尚隔着第一百五十二条关于撤销权消灭的规定以及第一百五十三条第一款法律行为违法禁止的规定。认为显失公平行为是违背公序良俗的一种类型，难以解释这种体系安排。并且，显失公平制度紧接在意思表示瑕疵制度之后（第一百四十六条至第一百五十条），既然欺诈、胁迫等意思表示瑕疵制度被作为独立于公序良俗的特别规定，那么显失公平制度同样可以被如此认识。

第二，从法律效果上看，中国法上对于显失公平的法律行为的法律效果并非规定为无效，而是可撤销，此点与《瑞士债务法》相同，而与德国民法相异。尽管主张显失公平制度是公序良俗原则具体体现的学者解释道："显失公平制度系有意在法律效果上作特别规定，旨在通过设置除斥期间，尽可能维护合同效力。"[①] 但不能忽视的是，由于这种法律效果上的差异，若将显失公平制度视作公序良俗的具体类型，可能造成法律评价上的矛盾。道理在于，显失公平制度设置的要件较为具体和严格，尤其是其中的主观要件通常难以证明，而公序良俗较为抽象概括，如果认为虽不符合第一百五十一条规定的要件，但可以证明"准暴利行为"进而回溯到公序良俗原则获得救济的话，那么将导致要件严格、证明难度高的行为只能获得撤销权的救济，为此须受到除斥期间的限制。相反，证明难度低的"准暴利行为"却能得到法律行为无效的救济，如此厚此薄彼，难谓妥当。这一矛盾在我国台湾地区"民法"中显得尤为突出，从立法体例和法律效果上看，我国台湾地区"民法"中的显失公平规定接近于《瑞士债务法》，但学说却采用德国模式，视其为违背公序良俗行为之一种，由此导致的结果，用黄立教授的话说："在台湾地区暴利行为依第七十四条，其法律效果为'法院得因利害关系人之声请，撤销其法律行为，或减轻其给

[①] 贺剑：《〈合同法〉第五十四条第一款第二项（显失公平制度）评注》，《法学家》2017年第1期。

付'。换言之，如果给付与对待给付间显失公平，但不符合第七十四条之要件时，该行为有可能因违背公序良俗而无效，对于经过千辛万苦才符合第七十四条之严格要件者，其法律效果反弱于一般条款，其立法技术不无可议。"① 不过，针对这一矛盾，黄立教授给出的建议却是将第七十四条的法律效果修正为"无效"，而非反思显失公平制度的定位，德国学说对我国台湾地区民法学说的影响之大由此可见一斑。

第三，德国判例和学说之所以绕开暴利行为条款而回溯至公序良俗之一般条款，很重要的原因在于第一百三十八条第二款规范的僵硬性和封闭性，使其难以适应现实的救济需求。我国有学者主张将显失公平制度定位为公序良俗原则的具体类型，也有发挥后者兜底功能的考虑。② 不过不能忽视的是，我国《民法典》第一百五十一条与《德国民法典》第一百三十八条第二款相比，采取了较为开放的规范表达，一方面，我国立法者对不利方情形采取了授权式列举，"等"字表示除"危困状态"和"缺乏判断能力"两种情形外尚有其他可能。另一方面，我国立法者未使用给付与对待给付显著不相称的表达，而是使用了"致使法律行为在成立时显失公平"这一更为抽象的表达，于此，不限于合同的主给付义务，从给付义务、附随义务乃至风险分配的不均衡均可纳入合同公平性的考量。由于我国民法中的显失公平制度更具包容力，对于其不敷适用的担忧大可不必，回溯至公序良俗一般条款的必要性并不充分。

（二）实质上的理由

尽管可以列举出如上三条理由，支持显失公平制度独立于公序良俗条款，但法律世界的形式逻辑却不同于自然世界的规律那般，存在颠扑不破的真理。最典型者如我国台湾地区，尽管形式理性均指向显失公平制度的独立性，但仍不妨学说将其视作违背公序良俗的具体类型。客观地讲，从功能比较的视角着眼，不论是显失公平独立于公序良俗模式，还是显失公平依附于公序良俗模式，能够获得救济的案件类型并不存在太大差异，唯

---

① 黄立：《民法典》，中国政法大学出版社2002年版，第354页。
② 参见贺剑《〈合同法〉第五十四条第一款第二项（显失公平制度）评注》，《法学家》2017年第1期。

其不同的是，在规范基础上究竟是更依赖于显失公平制度还是公序良俗条款，于此，涉及的是法律适用进路上的选择问题。

就法律适用而言，显失公平制度与公序良俗条款均由不确定法律概念组成。① 不论是"显失公平""显著不相称"，或是"公序良俗"，均为内涵不确定且外延开放式不确定概念，在适用到具体案件前，均须法官进行价值补充，此为其共同点。不过，二者的抽象程度仍然存在差异。显失公平制度中的诸概念，如"显著不相称""缺乏判断能力""无经验"等虽然抽象，但并非不能定义。与之相较，公序良俗或善良风俗这类概念，很难发现对其可以定义的标准。② 这种抽象程度上的差异导致二者在法律适用技术上存在不同。

对于不确定概念的价值补充工作，究竟为法律解释还是法律补充，学说上存有不同观点。卡纳里斯教授认为立法者已对这类价值补充工作做出授权，并且这些不确定概念或一般条款在法律中担负着有意义的任务，不能说他们在整个法体系内是违反计划的，故认为其属于法律解释。③ 黄茂荣教授则认为，虽然法官从事此项工作已经立法者授权，但立法者授权与否并不能改变法律的不圆满状态，因此主张其属于法律补充。④ 另有第三种主张认为价值补充属于法律解释与漏洞填补之间的独立情形。⑤

对于法律解释与法律补充，用黄茂荣教授的话说，"这类概念或用语，有其区别，也有其接壤的地带"⑥。故法律解释与法律补充本身并非泾渭分明的概念，而是边界呈现流动性的类型式概念，不确定概念的价值补充在定位上的学说分歧，原因在于其恰好处于法律解释与法律补充的接壤地带。显失公平与公序良俗，虽同属于不确定概念，但正如上文所述，二者

---

① 对于法律概念，可以就其内涵确定与否区分为确定性概念和不确定概念，前者在法律适用上可以通过单纯的逻辑推论来操作，后者则依其外延是否封闭，进一步划分为封闭的不确定概念和开放的不确定概念。参见梁慧星《民法解释学》，中国政法大学出版社1995年版，第292页。

② Vgl. Historisch-kritischer Kommentar zum BGB：Band I Allgemeiner Teil 1 – 240, 2003, S. 709.

③ Vgl. Canaris, Die Feststellung von Lücken im Gesetz, 1964, S. 28f.

④ 参见黄茂荣《法学方法与现代民法》，法律出版社2007年版，第386页。

⑤ 此为德国学者 Leenen 的观点。参见黄茂荣《法学方法与现代民法》，法律出版社2007年版，第387页。杨仁寿先生在其方法论著作中，将价值补充安排于狭义的法律解释与漏洞补充之间，似也采这种看法。参见杨仁寿《法学方法论》，中国政法大学出版社2013年版，第191页。

⑥ 参见黄茂荣《法学方法与现代民法》，法律出版社2007年版，第387页。

第四章 显失公平制度的外部体系与功能审视

在抽象程度上存在差异。合同显失公平,尽管难以对其精确涵摄,但并非没有可能的文义,且其内涵价值较为确定,因此更靠近法律解释一端。与之相较,公序良俗这一概念则连可能的文义也没有,用卡纳里斯教授的话说,"它只是对法官指出一个方向,在这个方向上去寻找判决,除此之外,在这个方向上走多远,则听凭他自己决定",[①] 因此,其更偏向于法律补充。

除不确定概念的价值补充方法外,显失公平制度与公序良俗条款在适用技术上还呈现出如下差异。显失公平制度,已包含立法者对行为模式的设定,法官在适用这一条款时应参考其框架,于此,传统的法律解释方法,如文义解释、目的解释等仍有用武之地。即使对于条文未能列举之事项,例如《民法典》第一百五十一条对不利方仅列举"危困状态"和"缺乏判断能力"两种情形,若有其他需要提供救济之情形,运用传统的漏洞填补方法,如类推适用即可达到目的。[②] 与之相较,公序良俗条款,既无可供理解之文义,又无可供参考之行为模式框架,传统的解释方法甚至传统的漏洞填补方法均不敷适用。根据德国学界通说,第一百三十八条第一款只能通过基于裁判案例的类型化的方式来具体化。[③] 换言之,对于公序良俗这类条款,只得透过对已发生的判例的归纳,反向勾勒出它的外在形象。

此外,尽管显失公平制度与公序良俗条款均授权法官承担价值补充之责,但二者本身承载的价值在确定性上存在显著不同。对于显失公平制度,立法者已通过规范表达注入特定法律价值,法官的任务仅是在具体个案中,衡量这些特定价值的实现程度做出判决。相反,公序良俗条款承载的价值呈现出不确定性和不稳定性。首先,公序良俗作为一般条款,成为"占统治地位的社会道德(herrschende Sozialmoral)进入民法的关口",[④] 其所承载的价值不仅包括法秩序内部的价值,还包括法秩序外部的社会伦

---

① Vgl. Canaris, Die Feststellung von Lücken im Gesetz, 1964, S. 27.
② 由于《民法典》第一百五十一条使用"等"字兜底,故这里属于授权式类推适用。参见黄茂荣《法学方法与现代民法》,法律出版社 2007 年版,第 388—392 页。
③ Vgl. Mayer-Maly, Bewegliches System und Konkretisierung der guten Sitten, S. 121.
④ Vgl. Bork, Allgemeiner Teil des Buergerlichen Gesetzbuchs, 3. Auflage, 2011, Rn. 1152.

理性原则。① 就前者而言，宪法中的基本权利、一般法律原则乃至现有的法官法均在其考量范围之内。就后者而论，社会伦理、道德以及习惯均可指向其中。② 凡此种种，几乎导致公序良俗承载的价值无所不包，难以穷尽。其次，由于社会的变化发展，在法律共同体中占统治地位的价值观念可能发生变化，公序良俗吸收这些变化着的价值，自身也处在不断地变迁之中。③ 20 世纪以来公序良俗的功能转变（Funktionswandel）更加剧了这种变化，根据维亚克尔的观察，《德国民法典》第一百三十八条的功能从市民社会自我施加的道德规范，自 1914 年之后转变为国家干预以实现社会变革尤其是经济政策的工具。④ 社会价值及国家政策的急剧变迁导致公序良俗承载价值的不稳定性，"一个法律行为可能以前是违背善良风俗的，但今天可能就被容许了"⑤。从德国判例来看，公序良俗的这种变迁特性在律师报酬、情人遗嘱以及性领域表现得尤为明显。⑥

综上所论，相较于显失公平制度，公序良俗条款在法律适用上的技术更为复杂、操作难度更高、法官的自由裁量空间更大。因此，从法的安定性角度着眼，显失公平制度无疑是较公序良俗条款更为可靠的规范。一个鲜活的教训是，由于公序良俗内涵的空洞性，在 20 世纪 30 年代德国纳粹政权上台后，第一百三十八条第一款的善良风俗被逐渐等同于占统治地位的国民感受和纳粹的世界观，⑦ 透过对这个一般条款的无限制之解释，民法逐渐成为纳粹政权贯彻其极端意识形态的工具。⑧ 在 21 世纪的社会主义中国，前述担心虽然毫无必要，但过分倚赖抽象概念对法律安定性带来的威胁仍然不能无视。根据近年来学者对案例的实证研究，我国法院在适用公序良俗条款时存在用一般道德标准理解公序良俗、判断对象错误、同案

---

① Vgl. Wolf/Neuner, Allgemeiner Teil des Buergerlichen Rechts, 11. Auflage, 2016, Rn. 12 - 16.
② Vgl. Staudinger Kommentar/Sack, 2003, § 138, Rn. 18ff.
③ Vgl. Stadler, Allgemeiner Teil des BGB, 19. Auflage, 2017, S. 405.
④ Vgl. Historisch-kritischer Kommentar zum BGB: Band I Allgemeiner Teil 1 - 240, 2003, S. 714.
⑤ Vgl. Bork, Allgemeiner Teil des Buergerlichen Gesetzbuchs, 3. Auflage, 2011, Rn. 1181.
⑥ Vgl. MüKoBGB/Armbrüster, 8. Aufl. 2018, § 138, Rn. 23.
⑦ Vgl. Prütting/Wegen/Weinreich Kommentar BGB/Ahrens, 14. Auflage, 2019, § 138, Rn. 15.
⑧ Vgl. Ruthers, Die unbegrenzte Auslegung: Zum Wandel der Privatrechtsordnung im Nationalsozialismus, Mohr Siebeck, 2012, S. 217ff.

不同判等问题，①甚至呈现出有具体法律规定却向一般条款逃逸、仅作为增强法院判决说服力的工具、作为其他民法基本原则的替代、与无效行为和效力待定行为规范混同适用等乱象。②这一现实说明，选择更加倚赖显失公平制度，而不是公序良俗条款，作为维护合同公平的一般条款，就我国的司法现状来说，是更具操作性并且更有利于保障法的安定性的。因此，在显失公平制度与公序良俗条款的关系定位上，宜将前者视为后者的特别规定而非具体类型，增大显失公平制度的适用空间，是更为妥当的选择。

（三）显失公平制度独立于公序良俗的体系效应

中国法上的显失公平制度既然不需委身于公序良俗之下，而取得独立品格，将在法律适用层面产生以下三个方面的影响：其一，在显失公平制度与公序良俗条款的适用关系上，应遵循"穷尽规则方得适用原则"的法解释学要求，在显失公平制度有适用空间的场合，禁止"向一般条款逃逸"。是故，像德国法院那样绕过第一百三十八条第二款回溯到第一款发展出"准暴利行为"的做法在中国法上应被禁止。其二，显失公平制度既然作为规制法律行为公平性的专门规定，并且立于《民法典》总则编之中，为避免落入公序良俗条款的抽象空洞之中，应尽可能地挖掘显失公平制度的适用空间。从比较法上看，德国民法中由善良风俗调整的诸多案件类型，如不合理的束缚合同、利用经济权力等，在中国法上尽可交由显失公平制度调整。③于是，中国法上的显失公平制度将趋近于扮演一般条款的角色。其三，在德国模式下，意思表示瑕疵、《民法典》分编以及民事特别法中的公平条款与显失公平制度的关系不能彰显，德国学说也很少讨论它们之间的适用关系，因为显失公平依附于公序良俗之下，这些制度与暴利行为

---

① 参见蔡唱《公序良俗在我国的司法适用研究》，《中国法学》2016年第6期。
② 参见李岩《公序良俗原则得而司法乱象与本相——兼论公序良俗原则适用的类型化》，《法学》2015年第11期。
③ Vgl. Jauernig Kommentar BGB/Mansel, 17. Auflage, 2018, S. 106. 在德国法上，这些合同被认为悖俗通常是基于其他方面的原因，如过分限制了当事人的行动自由、滥用了自身的垄断地位等，但仔细探究这些合同，其实可以发现合同权利义务的不均衡往往才是它们的根本特征。例如对于竞业禁止条款，如果一方当事人支付了足够的对价换取相对方职业自由的限制，则一般不会认为是不合理的。

制度的关系本质上是与公序良俗条款的关系。不过，在中国法下，独立的显失公平制度与意思表示瑕疵等制度的关系就有专门探讨的必要。

第三节　显失公平与意思表示瑕疵

一　显失公平与欺诈

（一）基本界定

对于《民法典》第一百四十八条规定的欺诈行为的构成要件，我国学者通常采三要件说，即须有欺诈行为、欺诈的故意、双重因果关系。[1] 至于德国学说上广泛认可的违法性要件，[2] 我国虽有学者采纳，[3] 但并没有被我国多数学说接受。[4] 就构成要件来说，欺诈与显失公平存在以下几点不同。

其一，法律设欺诈制度的理由，纯粹在于保护行为人的决定自由。[5] 是故，尽管在欺诈场合订立的合同，受欺诈方通常会遭受一定损害，但此种损害并非认定欺诈的决定因素。[6]

其二，在欺诈一方，要求其存在欺诈行为以及欺诈的故意，此点与显失公平场合要求获利方具有利用行为以及利用的故意类似，不过二者在内容上不同。欺诈的故意由两个意思构成，即，使被欺诈人陷于错误认识，并且使被欺诈人基于该错误认识而为意思表示的意思。[7] 而显失公平要求

---

[1] 参见佟柔主编《中国民法学·民法典》，中国人民公安大学出版社1990年版，第238页；梁慧星《民法总论》，法律出版社2011年版，第180页；王利明《合同法研究》（第一卷），中国人民大学出版社2011年版，第709—710页；李永军《民法典》，中国法制出版社2018年版，第755页；朱庆育《民法总论》，北京大学出版社2013年版，第273—275页。

[2] Vgl. Brox/Walker, Allgemeiner Teil des BGB, 42. Auflage, 2018, §19, Rn. 6.

[3] 参见韩世远《合同法总论》，法律出版社2011年版，第188页。

[4] 就功能而言，违法性要件旨在排除部分不实陈述构成欺诈，在法律允许行为人作出不真实的回答或者对于不允许的问题作不真实的回答时，并不应该构成欺诈。例如如果法律允许涂销有犯罪前科者的犯罪记录，则其在从事法律交往时称自己无犯罪前科不构成欺诈。这一要件的合理性值得重视。Vgl. Medicus, Allgemeiner Teil des BGB, 10. Auflage, 2010, §49, Rn. 792 - 793.

[5] Vgl. Palandt BGB/Ellenberger, 77. Auflage, 2018, §123, Rn. 1.

[6] 参见朱广新《合同法总则》，中国人民大学出版社2012年版，第242页。

[7] 参见梁慧星《民法总论》，法律出版社2011年版，第180页。

第四章 显失公平制度的外部体系与功能审视

的获利方的故意则是指他必须认识到客观情形（给付不相称以及相对方处于不利情形）并且有意识地加以利用。[1] 欺诈的故意侧重于意志要素，显失公平下的故意则更侧重认识要素。至于欺诈行为，是指故意告知虚假情况或故意隐瞒真实情况，诱使对方当事人作出错误意思表示的行为。[2] 而对于显失公平，则强调一方当事人对相对方不利情形的利用。欺诈行为是相对方错误及基于错误而为意思表示的触发因素，显失公平的利用行为只是对相对方已有状态的利用。

其三，在受欺诈一方，欺诈行为使其陷入、加深或维持了错误。而在显失公平场合，并不要求不利方当事人主观上存在错误，在强制状态或意志薄弱下，当事人通常不存在主观上的错误认识，仅仅是处于减弱了的心理抵抗力。尽管在缺乏判断能力或无经验的情形下，当事人可能陷入错误认识，但这里的错误并非由于相对方的行为所导致。

欺诈与显失公平，尽管在概念核心泾渭分明，但在概念的边缘却也存在重叠地带。根据通说，欺诈行为可以由单纯的沉默构成，只要根据法律规定、诚实信用原则或者交易习惯的要求，可以认为其有告知义务存在时。[3] 在消极欺诈场合，对方当事人的错误不是由于欺诈行为引起，而是由于行为人的不作为使得其原已有之的错误未得到改正。[4] 此时，倘若相对方的错误由其自身缺乏判断能力或无经验引起，且订立的合同显失公平，则会同时构成显失公平的行为。试举一例，原告与第三人发生交通事故后，原告与第三人承保的保险公司签订一份《赔偿协议》，但该协议中没有计算原告应得的后续医疗费和被扶养人生活费，原告遂提起诉讼请求撤销合同。[5] 审理该案的法院认为被告"作为专门从事保险业务的公司，对应当赔付的伤残赔偿相关项目是非常清楚的，其理应对原告作出合理的提醒。如果原告在签订协议时对被上诉人尽到了合理提示义务，本案纠纷就不会发生。"该案中，负有提示义务的被告保险公司未尽其义务而使得

---

[1] Vgl. Bork, Allgemeiner Teil des Buergerlichen Gesetzbuchs, 3. Auflage, 2011, Rn. 1174.
[2] 参见《民通意见》第六十八条。
[3] 参见韩世远《合同法总论》，法律出版社2011年版，第185页。
[4] Vgl. Medicus, Allgemeiner Teil des BGB, 10. Auflage, 2010, §49, Rn. 796.
[5] 参见内江市中级人民法院（2016）川10民终622号民事判决。

原告基于错误签订了对其不利的《赔偿协议》，构成消极欺诈。另外，原告的错误由于其缺少保险理赔经验所致，而被告如果具有欺诈的故意，必然对原告的错误已有所认识，加之合同不公平的事实，此时也满足显失公平的要件。

（二）所谓"过失欺诈"

一类值得探讨的案型是，当表意人因受到相对方过失提供的错误信息的误导而缔结合同时，表意人能否获得撤销合同的救济。例如石油公司将土地租予张某设置加油站，石油公司估计加油站的营业额每年可达20万升，后由于政府修改城市规划，致使加油站的地理位置较原先为差。在商定签约时，石油公司一资深职员将前述估算的最大营业额透露给张某，以争取较高租金，张某因信赖该石油公司职员的经验，接受以此估价为基础的租约，假设在缔约过程中石油公司职员并无欺骗的故意，但却存在忽视城市规划变迁进而提供错误信息之过失。在上述案件中，表意人基于错误信息误导而缔约，其意思自治受到干扰，并且相对人具有可归责性，以此类比于第三人欺诈场合，相对人不具有善意，错误方即可撤销合同，此类案件中的表意人似更应获得救济。

从比较法上看，上述案件中的表意人大概均能获得法律保护，惟救济路径有别。英美法上，此类案件可由错误陈述（misrepresentation）规则调整。英国普通法上，早期仅承认欺诈性的错误陈述，根据上议院在 Derry v. Peek 一案中确立的规则，欺诈需满足下列三项要件之一：（1）知情；（2）不相信它为真实；（3）鲁莽地不管是真是假。[①] 换言之，仅当一方当事人明知陈述或表示为不真实，并为引诱对方缔约而故意做出错误陈述时，才构成欺诈。不过，这一狭窄的错误陈述规则在 Hedley Byrne 案中得到了扩张，该案判决肯定当事人对疏忽大意的错误陈述亦需负责，在该案之后的一系列案件又进一步明确了这一规则。为回应现实的发展，英国1967年的《错误陈述法》明文修改了关于错误陈述的传统普通法规则，在现今的英国法上，不论是欺诈性的错误陈述（Fraudulent Misrepresentation）还是疏忽大意的错误陈述（Negligent Misrepresentation），受害方均可

---

① 参见杨祯《英美契约法论》，北京大学出版社2007年版，第230页。

第四章　显失公平制度的外部体系与功能审视

要求撤销合同，并依据侵权法主张损害赔偿。[①]

美国法上，错误陈述的相对人如要向其追究侵权损害赔偿责任，传统的规则要求相对人必须证明错误陈述同时具备欺诈性和严重性。但是，如果相对人仅仅寻求撤销合同，那么只要证明该虚假陈述具有欺诈性或者严重性即可。所谓错误陈述的欺诈性，系指明知其虚假并且希望以其误导相对人。假如不能证明这一点，但是能够证明这种错误陈述可能会诱使一个合理的相对人订立合同，或者能够证明陈述人知道该错误陈述可能因为某种特殊的原因而诱使特定的相对人订立合同，就可以满足严重性的要求。根据范斯沃思教授的观察，实践中存在许多既达到欺诈性又满足重大性的错误陈述撤销的案例，也存在许多达到重大性但不构成欺诈性的错误陈述撤销的案例，但是很难发现达到欺诈性的要求而不满足重大性的错误陈述情形，故其认为在实践中撤销权发生与否的实际判断标准是错误陈述是否具有严重性，而不必考虑其是否具有欺诈性。[②]

德国法上，其民法典关于恶意欺诈之规定要求行为人具有引起相对方错误的故意，行为人仅具过失的错误陈述难以满足欺诈的构成要件。而就错误制度而言，相对方因相信错误陈述而陷入错误，此种错误常处于意思表示形成阶段，而归属于动机错误范畴，倘此种动机错误并非属于交易上重要的人的资格或物的性质（如上述石油公司案），那么错误制度于此也爱莫能助。为此，德国判例独辟蹊径，通过援用缔约过失责任解决问题。道理在于，行为人在缔约阶段过失地提供错误信息，可认为其违背了基于诚信原则产生的先合同说明义务或情报提供义务（《德国民法典》第三百一十一条第二款），构成缔约上过失责任，行为人为此负损害赔偿之责（《德国民法典》第二百八十条第一款）。而根据《德国民法典》第二百四十九条之规定，作为损害赔偿的方式包括恢复原状，即"必须恢复到假如没有发生因其赔偿义务的情事所会存在的状态"。在因过失错误陈述而陷入错误进而缔约的情形中，所缔结的合同本身即可视作是损害本身，因为如果不存在错误陈述大概就不会

[①] 参见［英］P. S. 阿狄亚《合同法导论》，赵旭东、何帅领、邓晓霞译，法律出版社2002年版，第276—279、425—426页。

[②] 参见［美］E. 艾伦·范斯沃思《美国合同法》，葛云松、丁春艳译，中国政法大学出版社2004年版，第248—250页。

缔约，故此时的恢复原状即为恢复到合同未缔结的状态。以此为基础，德国判例准许此等场合的当事人解除合同，如此一来，便达到与撤销合同相似的目的。当然，由于此种做法有架空《德国民法典》第一百二十三条欺诈撤销须具备故意要件之嫌，最近德国联邦普通最高法院在以缔约上过失作为解除合同的依据时，进一步要求以财产上损害为必要的要件，以明确欺诈撤销和依缔约上过失解除合同之界限。①

就我国法而言，有学者认为由于欺诈构成中的故意要件与缔约过失中的过失要件的对立，故我国民法中的缔约过失制度与欺诈制度对于"缔约时隐匿信息或告知虚假信息"的情形作出了矛盾评价，形成了制度竞合，进而主张承认"过失欺诈"来解决这一问题。② 上述学者的观点显然受到德国学说和判例的启发，不过就我国法制而言，其观点的前提和解决方案均不无值得商榷之处。

首先，欺诈与缔约过失制度存在制度竞合纯为德国法上的特殊问题，其为解决欺诈之故意要件的僵硬性而生，而缔约上过失之损害赔偿的特殊内涵为其产生提供土壤，不过在我国法上并不存在这一可能。根据《民法典》第五百、五百零一条（原《合同法》第四十二、四十三条）之规定，我国法上缔约过失的责任形式为损害赔偿，根据《民法典》第一百七十九条（继承自《民法通则》第一百三十四条）之规定，赔偿损失与恢复原状为并列的关系，我国学界通说亦认为我国法上的损害赔偿采金钱赔偿主义，并没有将恢复原状视作赔偿损失的一种方法。③ 既然如此，期望通过我国法上的缔约过失制度达到解除合同的目的并不可行，④ 欺诈与缔约过失制度在法律效果上不同，前者解决合同效力问题，后者解决损害赔偿问题，二者在功能上有别，制度竞合的基础并不存在。

---

① 参见［德］卡纳里斯《民事法的发展及立法——德国契约法的基本理念及发展》，《台大法学论丛》1998年第3期。

② 参见刘勇《缔约过失与欺诈的制度竞合——以欺诈的"故意"要件为中心》，《法学研究》2015年第5期。

③ 参见韩世远《合同法总论》，法律出版社2018年版，第775页。

④ 尽管有学者指出在某些情形下，解除合同亦构成缔约上过失责任的法律后果，例如《保险法》第十六条和《外商投资企业纠纷司法解释（一）》第五条，但这并非一般规则。参见韩世远《合同法总论》，法律出版社2018年版，第189—190页。

其次，纵使对于"过失欺诈"所涉案型确有救济之必要，承认"过失欺诈"亦非合适之路径。一来此种做法缺乏比较法上的支撑，① 二来与我国通说及习惯对欺诈的理解不符。所谓欺诈，其文义中本就含有故意骗人之意，在此之前冠以过失颇为怪异。实际上，对于"过失欺诈"所涉案型在我国法上并非没有救济路径，就解释论而言，由于受到不实信息的影响，表意人常陷入动机错误，在重大误解二元论下，倘若此动机错误涉及交易上重要的人的资格或物的性质，表意人自然可依据重大误解撤销合同。假如此种动机错误不符合前述要求，例如前述石油公司案，由于表意人做出缔约决策建立在信赖相对人提供的信息基础之上，② 当事人提供错误信息，可视为其利用信息优势或利用对方之信赖，而此类合同客观上往往有失公平，故显失公平制度可以援用。在重大误解一元论下，动机错误不再成为撤销合同的障碍，"过失欺诈"完全符合引发型错误类型，表意人可以通过重大误解制度撤销合同，当然，此时亦不排除合同显失公平的可能，若是，则构成请求权竞合，当事人可择一主张。

二 显失公平与胁迫

（一）基本界定

对于胁迫的构成，我国通说认为包含下列要件："胁迫行为""胁迫人的故意""胁迫的违法性""相对人因胁迫而生恐惧心理""相对人因恐惧心理而为意思表示"。③ 其中，关于胁迫行为是否包含身体强制的情形，学说素有争议，部分学说认为我国立法未区分身体胁迫与精神胁迫，两类胁迫被一并规制。④ 另有学说认为在身体强制情形，相对人已沦为对他实施

---

① 参见尚连杰《缔约过失与欺诈的关系再造——以错误理论的功能介入为辅线》，《法学家》2017年第4期。

② 一方当事人对虚假陈述的信赖亦是美国法上虚假陈述的构成要件。参见［美］E. 艾伦·范斯沃思《美国合同法》，葛云松、丁春艳译，中国政法大学出版社2004年版，第251页。

③ 参见佟柔主编《中国民法学·民法典》，中国人民公安大学1990年版，第239—240页；梁慧星《民法总论》，法律出版社2011年版，第181—182页；王利明《合同法研究》（第一卷），中国人民大学出版社2015年版，第685—689页；韩世远《合同法总论》，法律出版社2018年版，第258—262页；朱庆育《民法总论》，北京大学出版社2013年版，第278—281页。

④ 参见佟柔主编《中国民法学·民法典》，中国人民公安大学1990年版，第239页；韩世远《合同法总论》，法律出版社2011年版，第190页。

暴力之人的工具，意思表示因欠缺行为意思而未能成立，不适用胁迫的规定。① 笔者认为后说更为可取，精神胁迫下表意人意思决定自由虽受到压制，但尚存自治空间，只是表意人仅能在两害之中择其一。而在身体强制场合，已不存在表意人的任何意思自治空间，所订立的合同仅徒具其形，因此，有必要给予相对方更大的保护。在《民法通则》时代，胁迫的法律效果为无效，故这种区分意义不大，在原《合同法》以及现今的《民法典》之下，胁迫的法律效果已转变为可撤销，将身体强制排除在胁迫行为之外，令其法律效果为合同不成立而非可撤销（合同不成立的理由在于受胁迫者欠缺行为意思而意思表示不成立），实益在于可以避免除斥期间对撤销权行使的限制。

由以上要件可知，胁迫与显失公平的行为虽有相似之处，但存在明显的区别。相似之处在于，不论是胁迫还是显失公平，表意人都存在意思自治的不完备，如处于某种心理强制状态下。不过有所不同的是，在胁迫下，表意人的强制状态是由胁迫人的威胁行为引起；而在显失公平场合，表意人的强制状态并非由相对人引起，相对人仅是在这种强制状态产生后利用了它而已。另外，胁迫制度纯粹在于保障表意人的意思决定自由，故其对所缔结的合同的公平性未有要求，此点与显失公平制度关注合同公平性不同。尽管显失公平与胁迫在概念上可以作出明确区分，但在现实案件中，仍然可能存在模糊地带。例如，根据1988年6月7日德国联邦普通最高法院审理的一个案件，银行发现其中一个职员盗用金钱后，找到他的亲属们，要将其土地作为损害赔偿之诉的担保。这些合同的有效性，从胁迫（威胁控诉）和暴利行为（银行代表利用了亲属的经验不足和情绪低落，使他们没有时间思考或向第三人咨询）两方面来看，都受到质疑。②

（二）关于"经济胁迫"

经济胁迫（Economic Duress），或者"商业压迫"（business compulsion），为英美法上特有的概念，意指"产生于某个人，通过作用于另一个

---

① 参见朱庆育《民法总论》，北京大学出版社2013年版，第279页；冉克平《意思表示瑕疵：学说与规范》，法律出版社2018年版，第330页。
② 参见［德］海因·克茨《欧洲合同法》，周忠海、李居迁、宫立云译，法律出版社2001年版，第304页。

人对经济损失的害怕,不法地迫使其在自由意志受到妨碍的情况下作出某种行为"①。普通法上的胁迫概念来源于对犯罪和侵权的控制,故传统上认为只有对身体的监禁或严重身体伤害的威胁可构成胁迫。② 这一极为狭窄的胁迫概念在 18 世纪开始扩张,1723 年,在 Astley v. Reynolds 案中,普通法院建立起"货物胁迫"(duress of goods)的概念。③ 以此为起点,随着"货物"概念的不断扩大解释,"不仅威胁留滞货物,而且声言不提供服务,不转让不动产或者扣住现金都可以构成胁迫",在 20 世纪后期,"经济胁迫"规则逐渐成形。④

英美法上的"经济胁迫",主要包含以下四种案型。

其一,以不履行合同义务相威胁,要求增加或减少合同给付。例如,在 North Ocean Shipping Co., Ltd. V. Hyundai Construction Co., Ltd. 一案中,原被告签订合同,由原告买入被告建造的船只,价金为 3095 万美元,分 5 期付款,最后一期在交船时支付。第一期按时交付后,由于美元贬值 10%,被告遂要求原告增加剩余款项,增幅为 10%,否则其拒绝建造并交付该船。在上述合同签订之后,原告又与第三方石油公司签订租船合同,为期 3 年。原告了解到若不同意被告的要求,原告将不能履行对石油公司的租船协议,不仅将承担 800 万美金的赔偿责任,并且其与石油公司的关系也可能受损。后原告在不欲影响其与石油公司关系的前提下,同意被告增加价款的条件。⑤

其二,以罢工相威胁,要求订立合同。例如在 Dismaskal Shipping Co v. ITF(1991)一案中,原告的一艘船在港口卸货后准备离港,但被告运输工会通过在瑞士组织的一次罢工行动,拒绝为原告的货船离港提供必需的拖船服务,并以此要求原告按照被告的要求签订协议,原告被迫签订特别协议,并支付各种名目的款项,包括补加船员工资和工会福利基金分摊

---

① See Black's law dictionary. HENRY CAMPBELL BLACK, M. A. . 1990.
② See John P. Dawson, "Economic Duress—an Essay in Perspective", *Michigan Law Review*, Vol. 45, No. 3, 1947, p. 254.
③ See John P. Dawson, "Economic Duress—an Essay in Perspective", *Michigan Law Review*, Vol. 45, No. 3, 1947, p. 256.
④ 参见王军《美国合同法》,对外经济贸易大学出版社 2011 年版,第 156—158 页。
⑤ 参见杨桢《英美契约法论》,北京大学出版社 1997 年版,第 239—240 页。

款等。①

其三，非法扣押或威胁扣押当事人财产。例如在 Maskell v. Horner (1915) 案中，被告拥有一个市场，原告在其中营业。被告向原告征收营业地皮费，原告拒绝缴纳，被告便扣押原告的货物，原告被迫缴费，并且同意以后每年按时支付。这样一直持续 12 年，期间只要原告对被告的收费提出异议，被告就扣押或者威胁要扣押原告的货物。上诉法院终审判决，原告支付费用受到被告的胁迫，故有权请求返还。②

其四，一方当事人利用另一方当事人的某种经济上的急迫需要，迫使其接受显失公平的合同条件，而其除了接受合同之外别无选择。例如，在 1942 年美国诉伯利恒街公司案中，原告是一家政府公司，被告是建造军舰的私人公司。彼时正值第二次世界大战期间，美国政府急需大批军舰，同时，政府的谈判代表必须依赖被告的专业知识，为了加快生产进度和免于承担责任，原告最终接受了被告提出的合同条件。根据这些合同条件，原告除了向被告支付各种费用之外，还必须支付一笔节约奖金，其数额为实际成本与结算成本之间的差价的 50%。结果，由于估算成本大大超过实际成本，被告依合同可得的节约奖金高达 1300 万美元。原告在知道这一结果后扣留了依合同应当支付的 500 万美元，并提起诉讼，要求对应当向被告支付的费用重新计算，然后令被告返还多收取的那一部分价款。美国联邦最高法院最终认定该合同是在被告的胁迫下订立。③

英美法上的"经济胁迫"规则，亦受到我国不少学者的关注。例如王利明教授认为"从国外合同法的发展趋势来看，胁迫的内容正在逐渐扩大。在英美法中，承认所谓经济胁迫的概念，因经济胁迫撤销合同的情况也在逐渐增多。但我国《合同法》并没有承认经济胁迫的概念，胁迫仅限于一方当事人针对另一方当事人的财产或人身相威胁的行为，至于交易中的经济强制一般不认为构成胁迫。对于胁迫的内容作出严格限制仍然是必要的，如果胁迫范围过于宽泛导致许多合同被撤销，是不利于鼓励交易的。"④ 李永军教授

---

① 参见何宝玉《合同法原理与判例》，中国法制出版社 2013 年版，第 401 页。
② 参见何宝玉《合同法原理与判例》，中国法制出版社 2013 年版，第 405 页。
③ 参见王军《美国合同法》，对外经济贸易大学出版社 2011 年版，第 157—158 页。
④ 王利明：《合同法研究》（第一卷），中国人民大学出版社 2011 年版，第 650 页。

则认为"经济胁迫显然与我国 1986 年民法通则规定的'乘人之危'相同。"基于此,其主张"'乘人之危'没有必要作为单独的原因,既可以将其放在'胁迫'中解释,也可放在'显失公平'中解释。二者所不同的是,胁迫重在救济受害人的意思表示不自由,而显失公平则主要在于客观地评价合同条件的不公正。鉴于各国通行的方式,应将其放到'胁迫'中解释,它毕竟是一种利用客观条件影响当事人意思自由的情形。"① 对于上述观点,韩世远教授认为以经济胁迫概念取代乘人之危,会遭遇两个方面的困难,其一是我国关于胁迫的既有法律规定及学理认识均采"行为论"的立场,如将"经济胁迫"取代"乘人之危"引入"胁迫"概念下,则必须首先突破此种"行为论"的认识。其二是"乘人之危"所规范的案型并不能为"经济胁迫"所完全涵盖,经济胁迫以在商事主体之间发生者居多,而在普通民事主体之间,特别是在当事人不以追求营利为目的之场合,则难以发生经济胁迫,却可以发生乘人之危。因此,主张以主体的不同特点,对胁迫与乘人之危做新的整合。②

站在我国现行法的立场上,对于"经济胁迫"问题,有如下几点需要说明。

第一,我国民法中并无"经济胁迫"的概念,但并不代表"经济胁迫"所指涉的案件类型在我国不应或不能得到救济。普通法为突破早先狭窄的胁迫界定,逐渐拓展出"经济胁迫"案型,这一概念的确为英美法所独有,但从功能比较的视角,其所包含的内容对于大陆法系并非陌生。以德国法为例,根据德国学说,胁迫意指向被胁迫人预示某种未来的危害(Übel),而此种危害,任何不利均可,既可以是物质属性,也可以是精神属性的,重要的仅仅是表意人由于这样的危害而陷入强制状态中,③ 经济上的损失当然可以包含于其中。并且,经济胁迫中常见的威胁手段,如不履行合同、非法扣押财产等行为均为不法行为。即使某些行为本身并非不法,但手段与目的相结合亦表现出不法性,如以罢工相威胁要求订立合

---

① 李永军:《合同法》,法律出版社 2004 年版,第 342 页。
② 参见韩世远《合同法总论》,法律出版社 2011 年版,第 191 页。
③ Vgl. Erman BGB/Arnold, Band I, 15. Auflage, §123, Rn. 41; Palandt BGB/Ellenberger, 78. Auflage, 2019, §123, Rn. 15.

同。因此,"经济胁迫"所包含的大多数案件可为德国法上的"不法胁迫"概念所涵摄。我国原《民通意见》第六十九条曾将胁迫内容指向"公民及其亲友的生命健康、荣誉、名誉、财产等"以及"法人的荣誉、名誉、财产等",这一界定明显过于狭窄,在《民法典》之下,从保护表意人意思决定自由的立场出发,应对胁迫的内容作广义理解,只要能引起妨碍表意人意思决定自由的不利即可。① 至于对交易安全的担忧,从两大法系的共同做法来看,并非通过对胁迫指向的危害类型作限定,而是通过对威胁行为的妥当性判断来实现。正如范斯沃思教授所言,"每个要约都是一种威胁,目的是诱使受要约人作出回复。在一个自由企业经济中,这种威胁是缔约过程中不可避免的一部分。所以,真正的问题变成:将那些构成了滥用缔约过程的威胁的类型挑选出来。"② 在大陆法系,这一任务主要由不法性要件来承担。③ 我国通说即已接受胁迫的不法性要件,通过它来划定违法胁迫与适当威胁的边界,足以胜任维护交易安全的要求。

第二,英美法上的"经济胁迫"与"乘人之危"的确存在关联,例如,上述第四种经济胁迫案型就属于典型的"乘人之危"。由此看来,英国法并没有如德国法那样区分胁迫和利用相对人困境的情形,出现此种状况,可能在于普通法珍视合同自由,没有规定"暴利行为"这类规范,故只能通过扩张胁迫规则的方式来涵盖后者的案型。④ 不过值得注意的是,"经济胁迫"虽有部分案型属于"乘人之危"的范畴,但前者并不能涵盖后者的所有情形,因为"乘人之危"中的"危"并非一定是经济上的损失。同样,"经济胁迫"中也并非所有的案型都可归属到"乘人之危"之下,如上述第三种扣押财产类案件,就只能构成胁迫而不能构成乘人之

---

① 已有学者指出,对于《民通意见》之界定,在适用时,应作典型列举而非封闭列举解释。参见朱庆育《民法总论》,北京大学出版社2013年版,第278页。

② [美]E. 艾伦·范斯沃思:《美国合同法》,葛云松、丁春艳译,中国政法大学出版社2004年版,第241页。

③ 大陆法系内部,针对手段合法的不适当威胁行为,又发展出不同的控制标准,德国民法以目的不法以及手段与目的结合不法,意大利民法以"目的不正当",瑞士债务法以"过分的",法国最高法院则以"滥用权力"标准予以控制。参见[德]海因·克茨《欧洲合同法》,周忠海、李居迁、宫立云译,法律出版社2001年版,第305页。

④ 此点在法国也有所表现,在法国的有些判决中,尽管有利的一方只是利用了他的经济优势,合同还是被认为是由于"暴力"而无效。参见[德]海因·克茨《欧洲合同法》,周忠海、李居迁、宫立云译,法律出版社2001年版,第304页。

危。因此,"经济胁迫"与"乘人之危"并非等同,而是交叉关系。我国民法与德国法类似,区分对待胁迫和利用相对人困境的情形,并分设不同制度予以调整。在《民法典》颁布的背景下,"乘人之危"已被"显失公平"所吸收,故上述经济胁迫中的第四种案型在我国法上交由显失公平制度调整即可,没有突破"行为论"立场将其纳入胁迫制度调整的必要。至于第三种案型,在我国可归入胁迫制度调整。

第三,"经济胁迫"中最为常见的案型,即以不履约相威胁要求变更合同条件或新订合同,既满足胁迫的要求也同时满足显失公平的构成要件。例如,在上述第一种案型之中,从威胁不履行合同引起相对人经济损失的担忧的角度看,符合胁迫的要求。但这类案件中,相对人之所以产生经济困境,还在于其与第三人签订了合同而面临生产、交付或赔偿的压力,行为人的威胁行为,从另一个侧面也可以看作是对相对人这种压力境况的利用。胁迫制度专注于保护表意人的决定自由,显失公平制度则着眼于交易公平,从更好地维护表意人利益的角度出发,不妨承认此种情形存在请求权竞合,表意人既可以主张胁迫,也可以显失公平为由要求撤销合同。从实践层面来看,胁迫的构成要件主要涉及当事人的主观方面,证明难度较高,并且对于手段和目的均合法的行为,如通过提起民事诉讼、行使合同解除权、继续性合同中拒绝继续供货等手段要求订立新的合同,威胁行为的不法性较难判断。[①] 或许正是这样的原因,早在20世纪中期,就有美国学者呼吁对经济威胁行为的妥当性判断应立足于合同的公平性。[②] 美国司法实践也表现出这一转向,即在不当威胁行为的甄别上,更加强调威胁结果对受害方的不公平性,而不是强调威胁方的可非难性。[③] 例如在

[①] 对此只能通过手段与目的结合是否不法来判断,德国判例中,是根据"所有公平和正义的思想者的礼仪感"这一抽象标准进行判断。Vgl. Palandt BGB/ Ellenberger, 78. Auflage, 2019, §123, Rn. 21.

[②] See John P. Dawson, "Economic Duress—an Essay in Perspective", *Michigan Law Review*, Vol. 45, No. 3, 1947, p. 287.

[③] 参见[美]E. 艾伦·范斯沃思《美国合同法》,葛云松、丁春艳译,中国政法大学出版社2004年版,第241页。美国《第二次合同法重述》也接受这一观点,第一百七十六条将不正当的威胁分为两类,第二款规定:一个威胁是不适当的,如果交换非基于公平条款,并且(a)威胁行为将损害接受者,并且不会对作出威胁的当事人产生重大利益;(b)导致对方同意表示的效果,由于威胁人先前的不公平交易而显著增加时,或(c)所受威胁是为非法目的而为之权力的行使。参见傅崐成编《美国合同法精义》,厦门大学出版社2008年版,第487页。

Pao On v. Lau yin Long（1980）案中，主审法官 Scarman 指出"经济胁迫可能导致合同无效，但经济上的压力必须压制了相对方自由意志的表达，迫使他接受明显不利的合同。本案尽管存在商业压力，但并没有达到前述程度，不构成胁迫。"[1] 同样在德国，这类经济压力案型处于胁迫和暴利行为的交界地带，实践中，暴利行为在此领域处于支配地位，而胁迫仅扮演一个次要角色。[2] 因此，可以预见的是，这类经济胁迫案件在我国也会更多地进入显失公平制度的轨道上进行调整。

三　显失公平与重大误解

（一）基本界定

民法准许人们通过法律行为自由地塑造法律关系，然而，受制于主客观因素的影响，当事人陷入错误认识时有发生，致使法律行为之效果非其所愿的情形在所难免。法律行为既然作为贯彻意思自治的工具，当其效果非行为人所愿时，准许其不受该法律行为的约束似乎顺理成章。不过，意思自治同样强调自负其责，个人因行使自由而产生的不利后果，应当归属于自身。[3] 此外，在合同之中，作为当事人之一的相对人的合理信赖亦不能无视，故对错误方脱离合同必须予以限制。因此，错误制度的设计是上述诸种价值折中权衡的结果。

从比较法上看，各国民事立法在错误制度上大致遵循合意主义与意思表示主义两大模式，前者以《法国民法典》为代表，后者肇始于《德国民法典》。

《法国民法典》错误制度的立法选择深受遵从罗马法传统的自然法学家多玛和波蒂埃的影响。[4] 在法国民法上，仅当错误涉及合同标的物的本质，或者错误涉及他方当事人，且他方当事人被认为是合同的主要原因

---

[1] 参见何宝玉《合同法原理与判例》，中国法制出版社 2013 年版，第 402 页。
[2] See John P. Dawson, "Economic Duress and the Fair Exchange in French and German Law", *Tulane Law Review*, Vol. 12, No. 1, 1937 – 1938, p. 53.
[3] 参见［德］迪特尔·梅迪库斯《德国民法总论》，邵建东译，法律出版社 2013 年版，第 564 页。
[4] 参见赵毅《民法典错误制度构造论》，《法商研究》2016 年第 4 期。

第四章　显失公平制度的外部体系与功能审视

时，错误始构成合同无效的原因（第一千一百一十条）。并且，如果合意由于错误导致，则不能认为合意已有效成立（第一千一百零九条）。波蒂埃关于错误的论述还深刻影响了英国法，[①] 在传统英美法中，错误主要是指双方错误，即双方当事人对合同的成立所依据的基本假设的错误。[②] 单方错误原本被认为不会影响合同效力，不过近来的判例逐渐放弃这种观点，承认在一定限度内可以基于单方错误主张撤销权，只是要遵循更为严格的要件，即对于一方当事人的错误，另一方当事人知道或应当知道其发生了错误，或对错误之铸成有过失，或该错误十分严重，以致合同的履行将会显失公平。[③]

与合意主义模式不同，德国民法中的错误制度源自萨维尼的理论贡献，它从意思表示的视角切入，并按照时间顺序划分为意思形成阶段的错误与意思表达上的错误，进而将错误区分为动机错误、内容错误、表示错误、传达错误以及受领人错误等类型，[④] 意思表达阶段的错误将会影响法律行为的效力（第一百一十九条第一款、第一百二十条）。与之相对，动机错误原则上不影响法律行为的效力，除非构成在交易上被认为重要的人的资格或物的性质的错误，可以被例外地视为表示内容的错误（第一百一十九条第二款）。在错误构成要件的设计上，德国民法以表意人为中心，相对人在错误的构成中并不扮演角色。

自《民法通则》以来，经过《合同法》，及至《民法典》，我国立法者一以贯之地使用重大误解这一概念，就词语的表面含义而言，误解与错误并不等同，"错误系表意人方面，于意思表示成立之际之误，误解系受领人方面于了解意思表示时之误"[⑤]。尽管如此，我国学者却未囿于文义，

[①] 参见〔德〕海因·克茨《欧洲合同法》（上卷），周忠海、李居迁、宫立云译，法律出版社2011年版，第251页。

[②] 参见杨桢《英美契约法论》，北京大学出版社2007年版，第203页；〔美〕E. 艾伦·范斯沃思《美国合同法》，葛云松、丁春艳译，中国政法大学出版社2004年版，第619页；美国《第二次合同法重述》第一百五十二条。

[③] 参见〔美〕E. 艾伦·范斯沃思《美国合同法》，葛云松、丁春艳译，中国政法大学出版社2004年版，第627页；美国《第二次合同法重述》第一百五十三条。

[④] 参见〔德〕迪特尔·梅迪库斯《德国民法总论》，邵建东译，法律出版社2013年版，第567—571页。

[⑤] 史尚宽：《民法总论》，中国政法大学出版社2000年版，第395页。

而是将重大误解与错误概念等量齐观。① 在重大误解的解释论上，我国通说几乎全盘接受德国学说，追随区分动机错误与表达错误的二元论，在构成要件上亦以表意人为中心构造。②

在重大误解二元论下，显失公平制度与重大误解制度的区别应该是极为明显的。首先，从制度功能着眼，重大误解制度旨在为陷入错误的当事人提供脱离合同的机会，而显失公平制度则在于救济处于弱势地位的当事人，使其免受不公平合同的剥削。其次，就二者考量的价值来看，显失公平制度聚焦于合同的公平性，而重大误解对此并不关注。尽管显失公平制度与重大误解制度均致力于维护当事人的意思自治，不过二者的着眼点存在差异，重大误解制度关注表意人意思表示的真实性，而显失公平制度则关注弱势方当事人的表意自由。另外，相对方的信赖保护在显失公平制度的构成上占有一席之地，相反，相对方的信赖要素除关乎损害赔偿外，对于重大误解的构成无关紧要。这种差异体现在构成要件上，即显失公平制度要求合同利益安排客观失衡、不利方意思自治不完备以及相对方背信三项要件。而二元论下的重大误解制度却只关注表意人错误的类型和程度，相对方的情况以及合同的客观均衡性都不在要件之列。

尽管显失公平制度与重大误解在制度功能和构成要件上泾渭分明，但并不排除具体的案件中存在二者竞合的可能性。在构成重大误解的诸种错误类型中，完全可能同时存在合同利益失衡的问题。例如，在就物之性质发生错误的场合，某表意人误认赝品为真迹，进而支付真迹价格购买赝品，假如表意人欠缺鉴赏的能力和经验，并且该错误是由相对方的误导所致，则该案同时满足重大误解和显失公平的构成要件，当事人可择一主张。需要指出的是，根据《民法典》第一百五十二条的规定，重大误解的当事人自知道或者应当知道撤销事由之日起三个月内没有行使撤销权的，其撤销权消灭。而对于显失公平，不利方的撤销权自其知

---

① 参见韩世远《合同法总论》，法律出版社2018年版，第263页；朱广新《合同法总则》，中国人民大学出版社2012年版，第220页。
② 参见佟柔主编《中国民法学·民法典》，中国人民公安大学出版社1990年版，第245页；梁慧星《民法总论》，法律出版社2017年版，第183页；崔建远《合同法》，北京大学出版社2013年版，第97页；李宇《民法典要义：规范释论与判解集注》，法律出版社2017年版，第547页。

道或者应当知道撤销事由之日起一年内方才消灭，就此点而言，在重大误解的合同亦构成显失公平的情况下，错误表意人撤销权的有效期得到了延长。

（二）重大误解"一元论"与显失公平

在"二元论"下，重大误解的构成围绕表意人一方的状态展开，相对方的信赖问题则通过损害赔偿予以兼顾，这种立基于意思主义的思想，在当今私法表示主义占据主导地位的背景下，已显得不合时宜。

首先，二元论依赖的所谓心理学基础，将错误依发生阶段划分为动机错误和表达错误的做法，在实践操作中难免遭遇困难。例如，有关交易上重要的人的资格或物的性质究竟属于动机错误还是表示错误，在德国学界长期存在争议。又如，同一性错误与性质错误的区分亦是一道难题。[①] 重大误解二元论将本是价值权衡的问题掩盖在概念区分与涵摄的技术之下，难免陷入概念法学的泥淖。

其次，重大误解"二元论"在我国更多是学说继受的产物，我国民事立法者自始至终都是通过"重大误解"概念统一安排错误制度，未如德国民法对错误类型作层次化的规定（《德国民法典》第一百一十九条、第一百二十条），对此，即便是赞同"二元论"的学者也承认我国重大误解的立法模式是一元的。[②]

再次，我国司法实务部门更未囿于动机错误与表示错误的区分，最高人民法院颁布的《民通意见》第七十一条规定："行为人因对行为的性质、对方当事人、标的物的品种、质量、规格和数量等的错误认识，使行为的后果与自己的意思相悖，并造成较大损失的，可以认定为重大误解。"其中关于人或物的性质的认识错误常常可归属于动机错误范畴。在实践案例中，动机错误获得救济并不显见，例如在人身损害的情形中，受害方基于对伤情的错误估计与加害方签订和解协议，后受害方经过鉴定得知实际伤情，其遭受损害远高于和解协议约定的赔偿额。在这类案件中，受害方的

[①] 参见〔德〕迪特尔·梅迪库斯《德国民法总论》，邵建东译，法律出版社2013年版，第579—583页。

[②] 参见梅伟《民法中意思表示错误的构造》，《环球法律评论》2015年第3期。

错误显然属于意思形成阶段的动机错误,然而人民法院并未由此否定重大误解的构成,常常支持其撤销合同的主张。①

最后,从比较法的发展趋势来看,德国式的错误二元论并未成为主流。相反,一元式的错误制度立法成为新近国际或地区性示范法的共同选择。②

基于以上原因,反思在我国处于通说地位的重大误解二元论,主张重大误解一元论的解释观点逐渐在我国学界成为有力说。③

一元论相较于二元论在重大误解的构成上主要存在两点不同,一是不再刻意区分动机错误与表达错误,而是对所有错误类型作统一把握,通过错误的重大性要件来排除无关紧要的错误;二是引入相对人要素,一个可以被允许撤销的错误的法律行为,相对方必须存在下列三种情况之一:其一,表意方的错误由相对方引起;其二,相对方知道或者应当知道表意方的错误而违背诚信地未告知错误;其三,相对方与表意方一道陷入错误。重大误解一元论通过将相对方要素引入重大误解的构成要件中,实则将信赖保护原则提高到甚至超越表意方意思自治的层面,反映了当代私法对交易安全的重视。

在重大误解一元论下,其与显失公平制度的关系,将会发生以下两个方面的变化。

首先,重大误解制度与显失公平制度在要件上趋近。一元论下,重大误解须考量相对方因素,其中,共同错误由于双方当事人均陷入错误认识,自然不存在一方当事人对另一方当事人的利用问题。不过,在相对人知道或应当知道表意人陷入错误而违背诚信的未予告知的情形,换个角度看,也可以视作相对人对表意人错误认识的利用。如果说相对方知道或应当知道错误且是在利用错误的话,那么相对方引发型错误在可非难性上则更胜一筹。相对方要素的引入,本质上是诚信或信赖原理在发挥作用,这

---

① 连云港海州区人民法院(2012)海民初字第0063号民事判决书。参见韩世远《合同法总论》,法律出版社2018年版,第271页。

② 参见《国际商事合同通则(2010)》(PICC)第3.2.1条、第3.2.2条,《欧洲合同法原则》(PECL)第40:3页,《欧洲私法共同参考框架草案》(DCFR)第Ⅱ—7:201条。

③ 参见冉克平《民法典总则视野下意思表示错误制度的构建》,《法学》2016年第2期;龙俊《论意思表示错误的理论构造》,《清华法学》2016年第5期;韩世远《重大误解解释论纲》,《中外法学》2017年第3期。

第四章 显失公平制度的外部体系与功能审视

与显失公平制度对相对方的要求一致。此外，我国有主张一元论的学者将"错误给表意人造成较大损失"作为错误的构成要件，[①] 还有学者主张将错误是否导致合同均衡性显著缺失作为错误重大性的客观判断标准，[②] 如此一来，与显失公平制度的客观要件也趋向一致。实际上，重大误解制度与显失公平制度在构成要件上的趋同体现了制度背后原理的相似，在一元论构成下，重大误解制度体现了意思自治原理、诚信或信赖原理、合同均衡性原理的互动，这与本书第二章所述的显失公平制度的三大内在原理是比较一致的。不过必须说明的是，尽管一元论下重大误解制度与显失公平制度在要件上趋近，但二者仍有本质上的不同：其一，陷入错误的表意人尽管也可能是弱势方，但重大误解的构成仅关注其错误的重大性，相反，显失公平的构成则不关心其是否陷入错误，而仅关注其所处的危困、缺乏判断能力等弱势状态。其二，在重大误解的构成上，相对方的认识指向的是表意人的错误，即使谓之利用，其利用的对象也是表意人的错误，而非表意人的弱势状态。其三，合同均衡性之于重大误解仅是错误重大性判断的辅助性参考因素，而非其必要要件，相反，合同均衡性则是显失公平制度的最重要的构成要素。

其次，在一元论下，重大误解制度与显失公平制度的竞合案型的范围可能会增大。重大误解一元论对所有错误类型一体把握，通过相对人要素的引入，在救济范围上相较于二元论可能存在以下两点变化：一方面是原先在二元论下可能得到救济的表示错误案型在一元论下不再得到救济。另一方面，原先在二元论下不能得到救济的动机错误案型在一元论下可以得到救济。而在重大误解与显失公平制度的交集案型中，以动机错误案型居多，以表意人对标的物性质发生错误认识进而错估标的物价值案型为主，例如某古董商到乡下以低价从农户手中收购珍贵古瓷器，如果农户不知道其拥有瓷器的年代，也无法估算其价值，仅当普通瓷器变卖，那么这种情形可能同时构成重大误解或显失公平。表示错误案型往往不能满足显失公平制度的构成要件，虽然表示错误的结果也可能导致合同均衡性丧失，例

[①] 参见冉克平《民法典总则视野下意思表示错误制度的构建》，《法学》2016 年第 2 期。
[②] 参见武腾《民法典编纂背景下重大误解的规范构造》，《当代法学》2019 年第 1 期。

如表意人原本打算以 10.8 万元购买一辆二手车，但打印合同时发生笔误写成 18.0 万元，此时假如相对方知道表意人的错误，并且合同给付也确实存在均衡性丧失的问题，但此一结果纯由表意人自身造成，不能认为合同给付失衡是相对方利用所致，因而难以满足显失公平制度的因果关系要件。综上，一元论下排除的错误案型本身难以同时满足显失公平制度的构成要件，而其扩大救济的案件类型则可能满足显失公平制度的要件，如此一来，重大误解一元论下会有更多的案件与显失公平制度发生竞合。

四 显失公平与"不当影响"

英美法上，对于意思决定不自由之救济，除欺诈和胁迫制度外，尚有不当影响（Undue Influence）制度。所谓不当影响，系指对一居于实际劝说人支配下之当事人，或对一个因彼此间的关系而有正当理由可假设该劝说人之行为方式将不会与自己的利益不一致之当事人，进行的不公平劝说。[1] 不当影响制度由衡平法院发展而来，与普通法上的不实陈述和胁迫不同的是，不当影响制度是指在不存在不实陈述或胁迫的情形下，保护那些能力有缺陷，但却不构成缺乏行为能力的人，使其免受那些处于特殊地位的人的不当劝说。[2] 及至 19 世纪晚期，不当影响制度打破衡平法的藩篱，而被普通法所承认。[3]

传统上，要认定不当影响的存在，一般要求当事人之间存在一种使一方特别容易被对方说服的特殊关系，典型的情形是存在信任关系，例如父母与子女、神职人员与信众、医生与患者、丈夫与妻子等。不过，该制度的适用范围目前已经扩张到了具有信任关系之外的情形，只要是弱者一方受到强者一方的控制即可。[4] 如今，根据当事人之间信任关系之有无，不

---

[1] 美国《第二次合同法重述》第一百七十七条第一款。参见傅崐成编《美国合同法精义》，厦门大学出版社 2008 年版，第 490 页。
[2] 参见[美] E. 艾伦·范斯沃思《美国合同法》，葛云松、丁春艳译，中国政法大学出版社 2004 年版，第 271 页。
[3] See John P. Dawson, "Economic Duress—an Essay in Perspective", *Michigan Law Review*, Vol. 45, No. 3, 1947, p. 265.
[4] 参见[美] E. 艾伦·范斯沃思《美国合同法》，葛云松、丁春艳译，中国政法大学出版社 2004 年版，第 271—272 页。

第四章　显失公平制度的外部体系与功能审视

当影响被划分为两类：一类为推定有不正当影响，例如在 Lloyds Bank, Ltd. V. Bundy 一案中，被告作为无经验的老农，为帮助其子摆脱经济困境，而在往来银行经理说服下为其子所借债务提供担保，将其仅有的自住房抵押给银行。后老农之子经济状况恶化，于是银行要求老农出售房屋。法庭认为老农与其银行经理之间为一种信托关系（因为老农与银行存在长期业务往来），银行经理依受托人应有之注意，有责任劝告此农民听取独立的其他意见。由于该经理未善尽职责，故不能够享受协议中规定的利益。① 另一类为实际上有不当影响。例如在 Dammond v Osborn（2002）案中，原告年老体弱，被告是他的邻居，随着原告的身体越来越弱，被告不时予以适当的照顾，约两年后原告将其价值约 20 万英镑的投资变现并赠予被告，其子女随后主张不正当影响，上诉法院认为，原告虽然知道自己在做什么，但是不能完全控制自己的决定权，赠予的财产几乎是原告的全部流动资产，而且这样必须缴纳约 5 万英镑资本增值税，使原告今后无法支付自己的照料费用，而被告完全清楚这些，据此判决不当影响成立。② 上述两种类型均构成不当影响，不同的是，在有信任关系场合，法庭可直接推定一方对另一方施加了不当影响，而在无此信任关系场合，寻求救济的当事人必须证明对方对自己施加了不当影响。

一方对另一方施加的影响是否构成"不当"，其判断标准取决于诸多情形，一个特别重要的因素是达成的交易是否公平，此外，还包括弱势方是否得到独立的建议、是否有时间进行思考以及弱者一方是否易受影响等。③ 值得注意的是，在交易中，不当影响除由相对人施加之外，还可以由第三人带来。比较常见的案例是丈夫劝说妻子与银行签订合同，为其个人债务或经营活动提供担保，从而使她的财产处于风险之中。④ 美国《第二次合同法重述》已经接受这一规则，其第一百七十七条第三款规定："除交易之相对方是善意的且没有理由知道该不正当影响而给付对价或对

---

① 参见杨桢《英美契约法论》，北京大学出版社 1997 年版，第 243—244 页。
② 参见何宝玉《合同法原理与判例》，中国法制出版社 2013 年版，第 408—409 页。
③ 参见［美］E. 艾伦·范斯沃思《美国合同法》，葛云松、丁春艳译，中国政法大学出版社 2004 年版，第 273 页。
④ 参见何宝玉《合同法原理与判例》，中国法制出版社 2013 年版，第 415 页。

该交易为重大依赖外，当事人一方之同意表示系受到一非交易当事人之引诱所致时，受害人可撤销合同。"①

对于英美法上的不当影响制度，我国已有不少学者关注，不过在该制度是否应被我国民法接受的问题上，却呈现出两种截然相反的意见：一种观点认为我国民法应当设置不当影响制度，②另一种观点则认为我国不需要引入该制度。③不过仔细观察正反两方的论点，不难发现，尽管在前述问题上存在分歧，但双方均接受的是，不当影响制度所关涉的案件中的当事人确有受到法律保护的必要。唯有不同的是，赞成引入不当影响制度的学者，认为我国民法中的现有制度对于这种遭受不当压力的情形无法提供救济，故须引入不当影响制度填补法律漏洞。如有学者认为从我国社会现实来看，确实存在着一方利用其特殊身份、地位、职权等对他人施加不正当的压力，使其在非自主自愿的情形下订立合同，这种情况下受害一方不能主张胁迫规则维护其合法权益，因为不存在胁迫行为，那么势必会出现法律保护的盲区。④反对方则认为不当影响制度所针对的问题在现行法律框架内能够得到救济。例如，李永军教授认为"如果构成胁迫，就按胁迫救济；如果构成显失公平，就按显失公平制度处理；如果构成欺诈就按欺诈处理。""除此之外，我国民法也像许多大陆法系国家的民法典一样，有许多弹性条款，诸如'诚实信用''等价有偿''公平'等，也可适用。"故无须引入不当影响制度，"以免制度重叠而画蛇添足"。⑤

早期的不当影响制度的确在一定程度上发挥着弥补胁迫制度保护范围

---

① 参见傅崐成编《美国合同法精义》，厦门大学出版社 2008 年版，第 490 页。
② 参见汪渊智、陆娟《英美合同上的不正当影响》，《比较法研究》1996 年第 3 期；齐恩平《合同上的胁迫与不正当影响》，《法学》2000 年第 1 期；王志华《试论不正当影响制度的设立——兼论我国意思表示瑕疵制度之完善》，《政法论丛》2000 年第 2 期；袁雪《浅析英美法系的不正当影响制度——兼论我国〈合同法〉建立不正当影响制度的必要性》，《学术交流》2005 年第 6 期；王成《我国民法中意思表示瑕疵制度的完善》，《人民司法》2014 年第 3 期。据梁慧星教授介绍，"不当影响"制度曾在合同法草案中出现，但从第二草案开始被删掉。参见梁慧星《合同法的成功与不足》（下），《中外法学》2000 年第 1 期。
③ 参见李永军《合同法》，法律出版社 2004 年版，第 369 页；冉克平《意思表示瑕疵：学说与规范》，法律出版社 2018 年版，第 345 页。
④ 齐恩平：《合同上的胁迫与不正当影响》，《法学》2000 年第 1 期。
⑤ 李永军：《合同法》，法律出版社 2004 年版，第 369 页。

第四章　显失公平制度的外部体系与功能审视

过窄的功能。① 不过，随着胁迫范围的扩张，不当影响制度逐渐限缩于其核心情形，就此种情形而言，一方当事人并未虚假陈述也未施以威胁，故欺诈和胁迫制度没有适用余地。从不当影响被肯定的案件中，我们可以发现不当影响之所以能够发生，乃在于当事人之间的特殊关系，如存在一方对另一方的信任、依赖等。或者在没有特殊关系的场合，一方当事人多为年老体弱的老人、家庭妇女或者不谙世事青年，如此一来，不当影响换一种说法就是一方当事人对另一方当事人信任、依赖、缺乏判断能力、无经验、意志薄弱等情势的利用。并且，有些时候在不当影响下签订的双务合同存在给付之间严重失衡的问题，例如在 Macklin v Dowsett（2004）一案中，该案被告的房屋被政府认定应当废弃，同时授予被告重建的规划许可，但必须在1999年初开工。被告无力重建，于1996年将房屋出售给原告，条件是允许被告继续免费居住，原告承诺及时打地基使被告的规划许可不失效。原被告随后又达成协议，如果被告3年内不能完成重建，原告将以5000英镑购买被告的终身居住权。后原告要求履行协议，被告主张签订合同时受到原告的不当影响。上诉法院认为，原告知道被告无钱建房，很可能导致规划许可失效，并且原告只以5000英镑就购买原告的终身居住权，因此认定双方的协议是不正当影响的结果。② 在该案中，原告利用被告的急迫情势而订立了一个给付不相称的合同，从比较法来看，这恰是《德国民法典》第一百三十八条第二款所规范的案型。

值得注意的是，在新近的国际或区域性示范法中，对于显失公平制度的适用情形，均作出了比较宽泛的规定，例如 PICC（2010）第 3.2.7 条规定的"重大失衡"中列举了"依赖""经济压力""急迫需求""缺乏远见""无知""无经验""缺乏谈判技巧"，PECL 第 4：109 条规定的"过分的利益或不公平的有利"中，列举了"依赖""信任关系""经济压力""急迫需求""无知""无经验""缺乏谈判技巧"，DCFR 第Ⅱ—7：207 条规定的"不公平的剥削"中，列举了"依赖""信任关系""经济压力"

---

① 参见［德］海因·克茨《欧洲合同法》，周忠海、李居迁、宫立云译，法律出版社2001年版，第303页。
② 参见何宝玉《合同法原理与判例》，中国法制出版社2013年版，第413页。

"急迫需求""无知""无经验""缺乏谈判技巧",上述示范法中的"信任""依赖""无知""无经验"等正是不当影响案件中常见的情形,可以说是对英美法上不当影响制度的借鉴。

我国《民法典》第一百五十一条虽然只提及"危困状态"和"缺乏判断能力"两种情形,但"等"字昭示了此两种情形仅是典型列举而非封闭式规定,不当影响案件中的"依赖""信任"等情形完全可以通过解释补充于其中,如若在此影响下签订的有偿合同交换给付之间显著失衡,当事人自然可以主张显失公平撤销合同。

存有疑问的是,从不当影响制度的适用案型来看,其针对的并非只是存在交换关系的合同,并且在更多的案件中涉及的是保证、抵押或者赠与等单务无偿行为,[①] 这类合同能否适用显失公平制度,值得思考。

就德国法而言,其《民法典》第一百三十八条第二款只调整有偿的交换关系(Entgeltliches Austauschverhaeltnis),不适用于保证、免除、赠与以及家庭法上的合同。[②] 对于受不当影响而订立的无偿合同,如何提供救济,德国学说提出了两种思路。按照 Wolf 教授的观点,其认为依据立法理由书对第一百二十三条和第一百二十四条的说明,意思决定自由是意思表示的生效前提,如果合同当事人的决定自由完全缺乏,那么合同总是无效(或部分无效)的。不过德国现行法对这一路径设置了难题,因为立法者仅规定了欺诈和胁迫两种影响意思决定自由的情形。对此,Kramer 教授建议对第一百二十三条作目的论扩张,当一方虽不构成对另一方当事人的胁迫,但其有意识地利用了相对方的心理强制状态时,也可以允许撤销合同。[③] 不过这一主张并没有得到德国判例的接受,因为它们担心这将使第一百二十三条的适用范围漫无边际。[④] 另一种思路则为德国判例所采纳,即当一方对另一方心理强制状态的利用,导致缔结的合同在整体上违背善良风俗

---

① 不当影响制度的很大部分是就无偿转让(包括遗嘱转让)的情形发展而来的。参见[美] E. 艾伦·范斯沃思《美国合同法》,葛云松、丁春艳译,中国政法大学出版社2004年版,第271页。
② Vgl. Prütting/Wegen/Weinreich Kommentar BGB/Ahrens, 14. Auflage, 2019, §138, Rn. 53.
③ Vgl. MüKoBGB/Armbrüster, 8. Aufl. 2018, §123, Rn. 135.
④ Vgl. MüKoBGB/Armbrüster, 8. Aufl. 2018, §123, Rn. 131.

时，可以依据第一百三十八条第一款宣告其无效。①

在德国，银行等金融机构发放贷款需要以获得担保为条件，过去，与债务人有密切关系的人常会对银行提供保证，不过这种保证经常是超出保证人的负担能力的，并且保证人是基于对主债务人的情感上的关系，被银行劝说且未被银行提示风险的情况下作出保证的。当债务人丧失还款能力时，银行起诉保证人，要求其承担连带责任。早些时候，德国联邦普通最高法院肯定这样的保证的效力，它认为具有完全行为能力的保证人应自负其责。不过在1993 年的一个案件中，一位年轻的保证人提起一项宪法诉愿，德国联邦宪法法院认为，合同自由仅在双方当事人力量关系均衡时才能导致一个公正的利益分配。基于《基本法》第二条第二款的行动自由原则，从私法自治中也可以得出对合同拘束力进行限制的可能，当合同当事人存在结构上的不平等时，为了实现真正的私法自治，可以对合同内容进行控制。在后来一系列的类似案件中，德国联邦普通最高法院改弦更张，围绕第一百三十八条第一款，发展出所谓亲属保证（Angehoerigenbuergschaften）案型。②

根据德国判例确立的规则，构成违背善良风俗的保证需要满足如下几项要求：第一，保证人与主债务人存在密切关系，这些关系包括父母、夫妻、兄弟姐妹，也包括雇主与雇员，只要保证人对主债务人存在情感上的或事实上的依赖或约束。第二，保证人承担的义务范围与他的给付能力严重不相称，保证人的给付能力根据合同缔结时他的收入和财产状况确定。第三，保证人对所担保的贷款不享有利益。第四，作为债权人的银行等职业放贷人有意识地利用了保证人与主债务人之间的这种关系。③ 由此可见，德国判例中的亲属保证案型及其发展出的适用规则与不当影响下的核心案型已经十分接近。

对于保证、抵押或赠与这类单务无偿合同，能否适用我国法上的显失公平制度，关键在于如何理解条文中的"显失公平"一词。观察英美法上

---

① Vgl. MüKoBGB/Armbrüster, 8. Aufl. 2018, § 123, Rn. 131.
② Vgl. Hirsch, BGB Allgemeiner Teil, 9. Auflage, 2016. S. 281；Leipold, BGB I Einfuehrung und Allgemeiner Teil, 8. Auflage, 2015, § 20, Rn. 32.
③ Vgl. Prütting/Wegen/Weinreich Kommentar BGB/Ahrens, 14. Auflage, 2019, § 138, Rn. 82ff.

的不当影响的认定标准,可以发现其同样要求所达成的交易不公平,例如在 National Westminster Bank plc v Morgan (1985) 一案中,英国上议院在判决理由中提到"要使假定的不正当影响成立,交易必须对被告明显不利,而本案的情形并非如此",据此,英国上议院在不当影响制度中确立了明显不利原则,即当事人基于假定的不当影响而请求法院判决交易无效的,必须证明交易对他确实显著不利(manifest disadvantage)。① 不过必须指出的是,由于在保证或抵押中不存在对价,因此上述"不利"并非等于德国法上暴利行为的"给付与对待给付显著不相称",而是指该交易会对当事人产生不利的后果。通常认为,我国民法中的"显失公平"一语较德国民法中暴利行为的相关表述更具包容性,不仅指"给付与对待给付"之间显著不相称,也包括合同中的有关负担和风险分配的不均衡。② 但能否对"显失公平"作英美法上"明显不利原则"那样宽泛的理解,却是存在疑问的。单就保证、赠与合同而言,当事人并不以追求对待给付为目的,从纯经济角度而言,对保证人或赠与人都是"不利"的,如果将这类不利解释为"显失公平",无疑在这类合同中取消了客观要件的要求,而进行纯主观的评价,此与我国法律的明文规定不符。③ 考察比较法上的经验,不论是英国判例强调的"明显不利原则",或是德国在亲属保证案例中强调"承担责任与支付能力显著不相称",都旨在更加严格地控制此类合同撤销的条件,保护相对人的合理信赖。如果对我国法上的"显失公平"作如此宽泛的解释,使得保证、赠与等单务无偿合同可以直接适用"显失公平"制度,将降低显失公平的适用门槛,不利于合同拘束力的维持。

尽管保证、赠与等单务无偿合同无法直接适用显失公平制度,但并不

---

① 参见何宝玉《合同法原理与判例》,中国法制出版社2013年版,第414—415页。
② 参见胡康生主编《中华人民共和国合同法释义》,法律出版社2009年版,第98页;武腾《显失公平规定的解释论构造——基于相关裁判经验的实证考察》,《法学》2018年第1期;贺剑《〈合同法〉第五十四条第一款第二项(显失公平制度)评注》,《法学家》2017年第1期。
③ 值得注意的是,《荷兰民法典》第三编第四十四条第四款规定了"滥用情势":"滥用情势意指,当某人知道或应当知道另一方可能被引诱作出法律行为是因为其处于特别情势的影响,如紧急状态、依赖、轻率、成瘾、反常的心理状态或者无经验,尽管如此他却力促其作出此项法律行为,虽然他知道或应当知道的情形应阻止其这样做。"可见,上述规定并未要求客观要件,应是对英美法上的不当影响制度的直接借鉴。与之不同,我国《民法典》第一百五十一条"一方利用……致使……显失公平的"的表述,明显指示合同"显失公平"是结果上的客观要件。

代表受不当影响而订立的这类合同无法得到救济。从解释论上讲，由于我国《民法典》中的显失公平条款并非违背公序良俗的一种特别情形，而是具有独立地位，就其与公序良俗的关系，应遵循穷尽规则方得适用原则的解释要求。因此，不妨借鉴瑞士模式，允许类推适用显失公平制度提供救济。类推适用并非直接适用，法官在类推适用时负有相似性论证和个案说理义务，于此可起到调节阀的功能，防止显失公平制度的滥用。就具体规则而言，可借鉴英美以及德国判例的经验，在个案中，围绕当事人之关系、负有给付义务一方当事人的支付能力、合同缔结的原因、相对人是否不当利用了特殊关系等要素，进行综合判断。

第四节 显失公平制度的一般条款与特别规定

一 显失公平制度与格式条款的内容控制

比较法上，对于不公平合同条款，美国不区分个别协商条款和格式条款，而统一以显失公平制度予以规制。[①] 与之不同，德国则专门针对格式条款，设立若干规范进行规制。[②]《德国民法典》第三百零七条以下3个条文，组成格式条款的内容控制规范。在具体适用上，格式条款的效力评价遵循倒序原则，即从第三百零九条（无评价可能性的条款禁止）、第三百零八条（有评价可能性的条款禁止）至第三百零七条，在这一过程中，法官的自由裁量空间逐渐增大，第三百零七条第一款具有一般条款性质，授权法官依诚实信用原则审查一切法未明文禁止的不适当的格式条款。[③]

德国法上，同样作为对法律行为进行效力控制的规范，格式条款的内容控制规范与第一百三十八条的善良风俗条款具有以下几点不同：第一，二者调整的对象并不完全重合，善良风俗条款的审查对象包括一切法律行

[①] 参见［美］E. 艾伦·范斯沃思《美国合同法》，葛云松、丁春艳译，中国政法大学出版社2004年版，第305页以下。

[②] 德国法上将格式条款称为"一般交易条款"（Allgemeine Geschaeftsbedingung），此处及后文依我国习惯用法统一称为格式条款。

[③] Vgl. Brox/Walker, Allgemeines Schuldrecht, 38. Auflage, 2014, §4, Rn. 46ff.

为，而格式条款的内容控制对象限于依格式条款订立的合同。第二，根据《德国民法典》第三百一十条第四款的规定，继承法、亲属法与公司法领域的合同，以及团体协议、经营及职务协议，即使使用格式条款订立，也不适用格式条款内容控制的规定，但是这些格式条款须受到善良风俗条款的审查。第三，根据第三百零七条第三款的规定，格式条款内容控制规范"仅适用于用来约定偏离或补充法律条文的规定的一般交易条款"，而第一百三十八条的善良风俗则审查一切合同条款，并且尤其关注给付与对待给付之间的均衡性问题（第一百三十八条第二款）。第四，第三百零七条以下条文之宗旨在保护合同当事人，而第一百三十八条的善良风俗不仅在于保护合同当事人，还在于保护合同之外的第三人利益以及社会公共利益。①对于处在第三百零七条调整下的格式条款，鉴于第三百零六条规定的特别法律效果，即原则上不适当的格式条款不生效力，而非合同整体无效，德国学说认为第三百零七条及以下条文相对于第一百三十八条优先适用，即受到内容控制的格式条款并非必然违背善良风俗。当然，如果合同出于道德上应受责难的意图过分偏向一方当事人，而忽视了另一方利益时，使用不适当的格式条款也有可能导致法律行为违背善良风俗。②

我国原《合同法》在显失公平制度以外，第三十九条至第四十一条就格式条款作出专门规定，对于显失公平制度与格式条款规制规范的关系，学界存有两种认识：一种观点认为，原《合同法》第三十九条、第四十条是显失公平制度的近亲。其中，第三十九条是显失公平制度的一种特殊类型。该条的主观要件是一方未尽到相应的提示和说明义务，可以看作是利用对方无经验，而客观要件则是免除或限制责任。至于第四十条的规定，该学者认为免除己方责任等属于客观上显失公平，而在格式条款显失公平的情形下，一方当事人往往利用了自己的优势，对此，立法者仅是因疏忽而未明确此项主观要件。③另一种观点则认为，显失公平制度与不公平格

---

① Vgl. Staudinger Kommentar zum BGB/Sack/Fischinger, 2017, §138, Rn. 37.
② Vgl. Palandt BGB/Ellenberger, 78. Auflage, 2019, §138, Rn. 16; Prütting/Wegen/Weinreich BGB/Ahrens, 14. Auflage. 2019, §138, Rn. 8.
③ 参见贺剑《〈合同法〉第五十四条第一款第二项（显失公平制度）评注》，《法学家》2017年第1期。

式条款的效力规定，原则上并非一般规定与特别规定的关系，在合同对价条款之外的不公平格式条款领域，两者的适用范围仍有交叉，此时两者的构成要件部分重叠，但法律效果不相容，需根据各规范的意义、目的及其背后的价值判断决定何者被排除适用。① 上述观点分歧的核心在于格式条款的内容控制规定是否为显失公平制度的特别规定。对此，须从二者的适用范围、规范目的及法律效果方面予以释明。

对于格式条款的规制，《民法典》基本继承原《合同法》的规定。首先必须说明的是，《民法典》第四百九十六条并非格式条款的内容控制规范。格式条款虽由一方当事人预先拟定，另一方当事人"要么接受，要么走开"，但格式合同的订立仍须遵循合同订立的一般规则，即必须存在当事人的合意。第三十九条要求提供格式条款一方须对"免除或者限制其责任等与对方有重大利害关系的条款"尽到提示和说明义务，就法政策而言，在于此类条款关系当事人利益甚巨，故不能让提供格式条款一方"浑水摸鱼"。格式条款由一方拟定，另一方当事人对于条款内容并不熟悉，若未经提示，则其可能完全不知晓相关条款的存在，既然不知晓相关条款，则不存在合意的前提，故符合逻辑的结论应是相关条款未纳入合同。② 因此，从比较法上看，《民法典》第四百九十六条对应的并非是《德国民法典》第三百零七条以下的内容控制规范，而是第三百零五条的格式条款纳入合同规范。正是如此，相较于原《合同法》第三十九条，《民法典》第四百九十六条第二款明确了未尽提示和说明义务的法律效果，即"对方可以主张该条款不成为合同的内容"。综上，认为《民法典》第四百九十六条是显失公平制度的一种特殊类型，显非妥当。

其次，显失公平制度可以完全涵盖格式条款内容控制规范的适用范围。第一，显失公平制度立于《民法典》总则编之中，调整对象为"法律行为"，当然包括合同。第二，显失公平制度的关注焦点并不限于给付与对待给付的均衡性问题，它还关注其他合同条款，实践中，显失公平制度

---

① 参见武腾《显失公平规定的解释论构造——基于相关裁判经验的实证考察》，《法学》2018 年第 1 期。

② 参见韩世远《中国法中的不公平合同条款规制》，《财经法学》2017 年第 4 期。

被用来审查给付条款以外条款的效力，如竞业限制条款、单方仲裁选择权条款等。① 第三，显失公平制度的适用情形并未排除非个别磋商的合同或合同条款。第四，显失公平制度与格式条款的内容控制规范均关注合同或合同条款的公平性问题，其调整方法均是否定合同或合同条款的效力，只是无效的路径有所不同。因此，格式条款的内容控制规范可以看作是显失公平制度的特别规定。

再次，既然格式条款的内容控制规范构成显失公平制度的特别规定，那么如何看待前者未规定主观要件的问题？需要指出的是，在缔约过程中，提供格式条款的一方通常情况下为占据优势的一方，其在格式条款中订入于己有利的不公平条款，属于利用优势订立不公平合同的情形，该行为当然违背诚信。但是，《民法典》第四百九十七条并未要求此等主观要件，于此存在两种解释可能：一是立法者基于法政策考量，在此种情形取消主观要件，当事人仅需证明格式条款客观上显失公平即为已足。二是基于提供格式条款一方利用优势订立不公平合同条款的事实，立法者推定主观要件既已存在，不过当事人一方可以举反证推翻此推定。② 两相比较，后一种解释更为可取，原因在于我国《民法典》采"民商合一"体制，并且第四百九十七条亦未如《德国民法典》第三百一十条那样排除对经营者之间的适用，如果格式条款在经营者之间采用，或者虽在经营者与消费者之间适用，但格式条款由消费者提出，此等场合不存在利用优势的问题，可排除格式条款的内容控制规范的适用。

最后，如果将显失公平制度与格式条款的内容控制看作相互并立的规范，各有其适用范围，并且适用范围还有重叠，那么在交叉情形中，由于二者的法律效果不同，就必须"根据各规范的意义、目的及其背后的价值判断决定何者被排除适用"，③ 对法律适用而言，这样平添困扰，并无实

---

① 参见贺剑《〈合同法〉第五十四条第一款第二项（显失公平制度）评注》，《法学家》2017年第1期。

② 此种观点跟贺剑老师的观点类似，不过笔者认为这里未规定主观要件并非立法者疏忽，而是已经暗含在通过格式条款订立合同这一要件中。

③ 参见武腾《显失公平规定的解释论构造——基于相关裁判经验的实证考察》，《法学》2018年第1期。

益。相反，如果认为格式条款的内容控制规范为显失公平制度的特别规定，则二者竞合时，根据特别法优先于一般法，适用前者的法律效果即可。唯须说明的是，基于比较法上的经验，并非格式合同中的所有条款均可被格式条款的内容控制规范所调整。例如，根据《德国民法典》第三百零七条第三款的规定，关于合同主给付义务的约定，如给付说明（Leistungsbeschreibungen）和价格约定（Preisvereinbarung）条款，不在格式条款内容控制规范的调整之列。① 原因在于，此类条款为合同必要条款，通常由当事人个别磋商决定，缺乏这些条款将导致合同不成立，并且这类条款涉及对价问题，法官难以审查，且难以通过任意性规范或合同解释予以填补。② 就我国法而言，对于合同中的主给付义务条款，如果由当事人个别磋商决定，则其当然不属于格式条款，不在格式条款的内容控制之列，当事人若欲否定此类条款的效力，须依据显失公平制度寻求救济。然而，在某些格式合同中，主给付义务仍由格式条款规定，如保险合同中对保险人的风险和赔偿义务的限制条款，对于这些条款，由于我国法上的格式条款的内容控制规范是显失公平制度的特别规定，应交由前者调整，当事人只需证明这些条款显失公平即可。不过在法律效果层面这里应承认一个例外，选择适用可撤销而非无效的规定。理由在于，这类条款构成合同的必要条款，如果径直认定其无效将导致合同整体无效，而这一效果也许并不符合相对方当事人的愿望，从保护格式条款相对方的制度本旨出发，将合同存废交由不利方当事人决定，是更为妥当的。

二 显失公平制度与《劳动合同法》第二十六条第一款第一项

《劳动合同法》第二十六条第一款第一项规定："下列劳动合同无效或

---

① 德国学说认为应严格把握给付说明和价格约定的范围，给付说明，系直接规定主给付义务的种类、质量以及范围的，不在内容控制之列。但是限制、改变、扩张或削弱主给付义务的，须受到内容控制。直接规定种类和范围的价格约定不受内容控制，但是价格补充约定，须受到内容控制。Pruetting/Wegen/Weinreich BGB/K. P. Berger, 14. Auflage, 2019, §307, Rn. 35ff; Palandt BGB/Ellenberger, 78. Auflage, §307, Rn. 41ff. 在格式条款内容控制领域区分核心给付条款与附随条款，尚未引起司法实务界的重视，不过已引起部分学者的关注。参见解亘《格式条款内容规制的规范体系》，《法学研究》2013年第2期。

② 参见[德]卡尔·拉伦茨《德国民法通论》（下），王晓晔等译，法律出版社2013年版，第782—783页。

者部分无效：（一）以欺诈、胁迫的手段或者乘人之危，使对方违背真实意思的情况下订立或者变更劳动合同的。"对于该项规定的乘人之危，从法条表述上看，其与欺诈和胁迫并列，旨在强调这种行为对合同相对方真实意思的妨碍，并无对其缔结合同是否公平的要求。另外，根据该条，因乘人之危而订立的劳动合同无效，此与合同显失公平场合的法律效果不同。对此，最高人民法院认为劳动法制定于《合同法》之后，其在合同法明确规定一方乘人之危使对方在违背真实意思的情形下订立的合同可变更、可撤销的情况下，仍规定该类劳动合同无效或部分无效，应有基于劳动合同特性之特殊考虑。故不能简单认为《劳动合同法》第一款第一项之规定，已被《民法典》第一百五十一条所覆盖。[1] 按照这一立场，《劳动合同法》第二十六条第一款第一项在解释上被认为属于《民法典》第一百五十一条在特别法中的特别规定，根据特别法优先于一般法适用的法理，其应得到优先适用。至于为何《劳动合同法》设此特别规定，立法者并无明确说明，按照全国人大法工委编写的法律释义，这一规定似乎是参照了原《合同法》第五十二条之规定。[2] 不过，按照《合同法》第五十二条的规定，欺诈、胁迫等事由造成合同无效须"损害国家利益"，而在欺诈、胁迫、乘人之危订立劳动合同场合，原则上并不损害国家利益，此种参照似乎缺乏依据。为此，有学者从立法论角度予以反思，与其将乘人之危的劳动合同归为无效，不如将其作为可撤销合同更为合理。因为赋予受害方撤销权，将使受害方占据主动地位，他可以选择撤销合同也可以维持合同，这更有利于受害方的权利保护。[3] 这一观点值得赞同。就解释论而言，《民法典》第一百五十一条改变了原有《民法通则》和《合同法》上关于显失公平合同的规定，属于新的一般规定。根据《立法法》第九十四条的规定，法律之间对同一事项的新的一般规定与旧的特别规定不一致，不能确定如何适用时，应由全国人大常委会裁决。

---

[1] 参见沈德咏主编《〈中华人民共和国民法典〉条文理解与适用》，人民法院出版社2017年版，第1009页。

[2] 参见信春鹰、阚珂主编《中华人民共和国劳动合同法释义》，法律出版社2013年版，第90页。

[3] 参见王硕《无效劳动合同制度研究》，博士学位论文，清华大学，2015年。

三 显失公平制度与《海商法》第一百七十六条

《海商法》第一百七十六条规定:"有下列情形之一,经一方当事人起诉或者双方当事人协议仲裁的,受理争议的法院或者仲裁机构可以判决或者裁决变更救助合同:(一)合同在不正当的或者危险情况的影响下订立,合同条款显失公平的;(二)根据合同支付的救助款项明显过高或者过低于实际提供的救助服务的。"欲厘清该条与《民法典》中的显失公平制度的关系,首先必须明确《海商法》第一百七十六条的适用范围。

最高人民法院在指导案例 110 号中,明确肯定了当事人可另行约定不同于"无效果无报酬"原则的雇佣救助合同,在这类合同中,排除专门针对"无效果无报酬"型海难救助而设的《海商法》第一百七十九条、第一百八十条、第一百八十三条的适用。不过,除上述条文外的《海商法》第九章中的其他条文,如第一百七十六条,是否能够适用于雇佣救助合同,指导案例并未表态。对于该问题,学界长期以来存有不小的争论。有学者将实行"无效果无报酬"原则视作海难救助的成立要件,认为约定固定报酬的雇佣救助合同不属于《海商法》第九章下的海难救助,不能适用该章的规定,雇佣救助合同本质上属于一种海上服务合同,只能适用与其性质相关的其他法律的规定。[1] 不同的观点则认为雇佣救助属于《海商法》下海难救助合同的一种,第九章中除有关无效果无报酬的规定和特别补偿条款不适用于雇佣救助外,该章其他条款可适用于雇佣救助。[2]

上述问题的解答,须立足于法律规范,通过法律解释方法予以释明。首先,《海商法》第一百七十一条作为第九章"海难救助"下的第一个条文,界定了海难救助的范围,根据该条,"本章规定适用于在海上或者与海相通的可航水域,对遇险的船舶和其他财产进行的救助"。有学者从中

---

[1] 参见司玉琢、吴煦《雇佣救助的法律属性及法律适用》,《中国海商法研究》2016 年第 3 期;王彦君、张永坚《雇佣救助合同的属性认定和对〈中华人民共和国海商法〉第九章的理解》,《中国海商法研究》2016 年第 3 期;杜彬彬、张永坚《雇佣救助的法律地位探析》,《中国海商法研究》2017 年第 3 期。

[2] 参见胡正良主编《海事法》,北京大学出版社 2016 年版,第 105 页;张文广《"加百利"轮海难救助合同纠纷再审案评析》,《法律适用》2016 年第 8 期。

析出海难救助的三项要件：其一，救助活动须发生于海上或与海相通的可航水域；其二，被救财产处于危险当中；其三，救助标的物是船舶或其他财产。①雇佣救助完全满足以上三个要件，在文义上可以归入《海商法》下的海难救助的概念范畴。

其次，《海商法》中关于"无效果无报酬"原则规定于第一百七十九条，根据该条规定，"救助未取得效果的，除本法第一百八十二条或者其他法律另有规定或者合同另有约定外，无权获得救助款项。"从允许"合同另有约定"可知，"无效果无报酬"之规定仅为任意性规定，可由当事人排除适用，不应将其作为海难救助的构成要件。②

再次，我国是《1989年国际救助公约》（以下简称《救助公约》）的缔约国，《海商法》第九章的规定广泛参考借鉴了《救助公约》，除了极少数条款以及个别措辞上的差异，在实质内容上前者基本上是后者的翻版。③因此，公约的规定对我国《海商法》的理解具有重要参考意义。《救助公约》第一条（a）项关于救助作业的定义与《海商法》第一百七十一条基本一致，④该公约并没有以救助合同的类型，以及是否采用"无效果无报酬"原则作为其适用与否的分界线。⑤相反，根据《救助公约》第六条第一款之规定，除"合同另有明示或默示的规定外，本公约适用于任何救助作业"。

最后，还有学者从目的论角度着眼，认为将雇佣救助排除在海难救助之外，将导致雇佣救助下的救援方不能再享有海商法下救助人的法律地位，这不仅使其失去要求被救助方提供担保等权利，还将无从享有船舶优先权、责任限制等利益，其产生的影响是，救助人将不愿接受雇佣救助，这并不符合海难救助制度的宗旨。⑥

---

① 参见傅廷中《雇佣救助合同的性质及其法律适用》，《中国海商法研究》2016年第3期。
② 参见张文广《雇佣救助的性质及其法律适用——以"加百利"轮海难救助合同纠纷再审案为视角》，《国际法研究》2018年第5期。
③ 参见司玉琢《海商法专论》，中国人民大学出版社2018年版，第294页。
④ 《1989年国际救助公约》第一条（a）：救助作业系指可航水域或其他任何水域中援救处于危险中的船舶或任何其他财产的行为或活动。参见中国人大网：http://www.npc.gov.cn/wxzl/gongbao/2000-12/28/content_5003083.htm，2019年11月1日。
⑤ 参见李海《关于"加百利"轮救助案若干问题的思考》，《中国海商法研究》2016年第3期。
⑥ 参见袁绍春《论雇佣救助的法律调整——兼论〈海商法〉第九章的修改》，《中国海商法研究》2018年第1期。

第四章 显失公平制度的外部体系与功能审视

综合以上分析，实行无效果有报酬的雇佣救助亦应在《海商法》第九章的调整范围之内。鉴于《海商法》第一百七十六条属于当事人不可排除适用的强制性规定，① 故凡是满足《海商法》第一百七十一条构成要件的海难救助合同，均应受到第一百七十六条的调整。

在明确《海商法》第一百七十六条适用范围的基础上，进一步的问题则是该条与《民法典》中的显失公平制度在规范构造上有何不同。从《海商法》第一百七十六条第一项的表述来看，除要求合同条款显失公平外，还要求合同"在不正当或者危险情况的影响下订立"，表面上看，"在危险情况的影响下"的要求似乎与显失公平制度"一方利用对方处于危困状态"有所不同，并未体现出对获利方可非难的要求。不过如此理解的问题在于，被救助方处于危险状况本就是构成海难救助的前提，换言之，海难救助合同始终是在危险情况下订立的，若将第一百七十六条第一项的理解局限于此，则该项前段之要件将成为具文，如此解释殊为不妥，因此有必要将目光集中于该项"不正当"之表述上。

值得注意的是，《海商法》第一百七十六条系直接翻译自《救助公约》第七条的规定，后者在条文中对应的措辞是"undue influence"，这不免让人想到英美法上的不当影响制度，对于不当影响的构成，要求一方当事人之自由判断被施以某些不公正之压力而受影响。② 另外，从公约起草过程的讨论来看，"undue influence"的表述是在后期加入，起草者期望该项作为审查合同效力的一般原则，并且起草者和大多数参会代表甚至认为这一概念可以包含部分国家国内法上的欺诈和胁迫等概念。③ 由是可知，对于《海商法》第一百七十六条第一项前段，不宜理解为仅是对被救助方危困状态的要求，救助一方具有应受责难的行为也是其题中之义，如此一来，救助方的非难、被救助方的危险、合同条款的显失公平共同构成《海商法》第一百七十六条第一项的要件，其相较于显失

---

① 我国《海商法》未明确第一百七十六条的规范属性，但该条显然来自《救助公约》第七条，而根据《救助公约》第六条第三项的规定，第七条为强制性规定，在我国法律对此未作明确规定的情况下，应作与《救助公约》相同的解释。
② 参见杨桢《英美契约法论》，北京大学出版社1997年版，第241页。
③ See The Travaux Preparatoires of the Convention on Salvage, 1989, p. 211.

公平制度在构成要件上并无特殊之处。

《海商法》第一百七十六条第二项仅要求根据合同支付的救助款项明显过高或者过低于实际提供的救助服务，从条文表述可知其针对的是海难救助合同中的价格条款，并且该项仅包含纯粹客观的要求，这不仅较之显失公平制度，而且对于同条第一项的规定亦显得特殊。尤须说明的是该项的适用范围，有观点认为《海商法》第一百七十六条第二项的适用范围应仅限于无效果、无报酬的救助合同中有关报酬的约定。[①] 笔者认为这一观点值得商榷，前已论及，凡是满足《海商法》第一百七十一条定义的救助作业均可纳入到海难救助的范畴，将无效果有报酬的雇佣救助合同下的报酬约定排除在第一百七十六条第二项适用范围之外并无坚实的理由。第一百七十六条第二项作为一项维护合同公平的规范，旨在矫正过分强调形式上的意思自治而可能导致的不公平结果，故对于当事人约定而成的报酬额该项均有介入审查的必要。

事实上，《海商法》第九章除第一百七十六条等少数条文为强制性规定外，包括第一百七十九条、第一百八十三条在内的大多数条文仅为任意性规定，允许当事人在合同中另作约定。[②] 基于此，当事人在救助合同中完全可以自行约定（不同于第一百七十九条的）救助报酬的发生条件以及（不同于第一百八十条的）救助报酬的确定标准，根据当事人约定的不同组合大致可以划分为如表 4-1 几种情形。

表 4-1　　　　　　　　救助报酬的五种类型

	救助报酬的发生条件	救助报酬的确定标准
类型一	未约定	未约定
类型二	无效果无报酬	未约定
类型三	无效果无报酬	约定了救助有效果时报酬的计算标准
类型四	无效果有报酬	未约定
类型五	无效果有报酬	约定了救助报酬的计算标准

[①] 参见武腾《显失公平规定的解释论构造——基于相关裁判经验的实证考察》，《法学》2018 年第 1 期。

[②] 参见司玉琢《海商法专论》，中国人民大学出版社 2018 年版，第 294 页。

第四章　显失公平制度的外部体系与功能审视

在类型一中，当事人既未约定救助报酬的发生条件，又未约定救助报酬的计算标准，在不能事后达成协议时，法律的任意性规定应发挥填补功能，根据《海商法》第一百七十九条实行无效果无报酬原则，在救助有效果时，再根据《海商法》第一百八十条确定具体的救助报酬。由于此时救助报酬由法院或仲裁机构根据法律规定合理确定，不存在适用第一百七十六条第二项调整救助报酬的必要。

在类型二中，当事人约定无效果无报酬原则，但未约定有效果时报酬的计算标准，故在救助有效果时由法院或仲裁机构根据《海商法》第一百八十条确定合理的救助报酬，此时亦无适用第一百七十六条第二项之必要。

在类型三中，当事人虽然约定了无效果无报酬原则，但却约定了有效果时救助报酬的计算标准，实则是排除了第一百八十条这一任意性规定的适用。此时，由于救助报酬并非由法院或仲裁机构根据法律规定合理确定，可能存在救助报酬不公平的问题，故有适用第一百七十六条第二项予以调整的可能。

在类型四中，当事人约定无效果亦有报酬，实则是排除第一百七十九条这一任意性规定的适用，但当事人并未约定救助报酬的计算标准，在当事人不能事后达成协议时，只能由法院或仲裁机构依据第一百八十条予以填补，此时同样没有适用第一百七十六条第二项的必要。

在类型五中，当事人既约定无效果亦有报酬，又约定了救助报酬的计算标准，实则是同时排除《海商法》第一百七十九条和第一百八十条的适用，这属于当事人意思自治的范畴，自无不许之理，但约定的救助报酬可能存在不公正，因此有通过第一百七十六条第二项予以审查的必要。

综上所论，无效果无报酬的海难救助合同未必一定需要第一百七十六条第二项予以调整，无效果有报酬的海难救助合同亦非没有受到第一百七十六条第二项调整的可能。① 另须指出的是，在判断约定报酬是否过高或

---

① 无效果无报酬的救助与无效果有报酬的雇佣救助，是以救助报酬的发生条件为标准作出的类型划分，但是《海商法》第一百七十六条第二项针对的却是救助报酬的确定方式，相关论者在救助报酬的发生条件类型下讨论第一百七十六条第二项的适用范围，实际上存在着观念的错位。

过低时,《海商法》第一百七十六条第二项仅以实际提供的救助服务作为判断标准,对此有学者认为,这里不应仅与救助活动所支付的成本费用作比较,而应当综合考虑《海商法》第一百八十条规定的确定救助报酬所需要考虑的十项因素。① 这一观点值得赞同,在适用第一百七十六条第二项对救助报酬约定进行审查时,宜对审查标准作扩大解释,将第一百八十条的参考要素纳入其中。

在分析了《海商法》第一百七十六条的构成要件后,值得关注的是该条规定的法律效果仅为变更合同,而不包括撤销合同,这不仅与显失公平制度不同,与《救助公约》第七条的规定亦有所不同。② 对于这里的法律效果设置,有学者认为"一旦发生海难便应尽力救助陷入危难者,撤销救助合同通常违背处于危难中的一方当事人的本意,也不利于鼓励海难救助活动,故变更救助合同才是更为妥当的救济方式"③,还有学者指出"这是因为,在海商法起草中,不想把撤销救助合同的权利赋予仲裁机构"④。不论立法的原因如何,这样的法律效果设置会导致一个奇怪的现象。根据上文对于《海商法》第一百七十六条的分析,该条第二项专门针对救助报酬条款,那么该条第一项的适用范围就限于除报酬条款外的其他合同条款,但是第二项仅要求纯粹客观要件,第一项却要求多项主客观要件,这就会产生一个疑问,同样是产生变更效果,为何立法者厚此薄彼,区别对待合同中的报酬条款与非报酬条款?

事实上,《1989 年国际救助公约》第七条规定了两种法律效果,即废止(annulled)和修改(modified)合同,根据公约草案讨论中法国代表的发言可知,废止合同主要适用于该条第一款的情形,即合同是在不合理的压力或危险的影响下订立,并且合同条款是不合理的。⑤ 由此可知,废止

---

① 参加胡正良主编《海事法》,北京大学出版社 2016 年版,第 124 页。
② 《1989 年救助公约》第七条(合同的废止和修改):如有以下情况,可以废止或修改合同或其任何条款:(a)在胁迫或危险情况影响下签订的合同,且其条款不公平;或(b)合同项下的支付款项同实际提供的服务大不相称,过高或过低。
③ 武腾:《显失公平规定的解释论构造——基于相关裁判经验的实证考察》,《法学》2018 年第 1 期。
④ 参加胡正良主编《海事法》,北京大学出版社 2016 年版,第 124 页。
⑤ See The Travaux Preparatoires of the Convention on Salvage, 1989, p. 213.

合同作为一种更为严厉的法律效果，是在合同订立环节当事人受到不正当影响而使合同整体上呈现出不公平时适用，严厉的法律效果对应严格的构成要件，我国《海商法》缺失了撤销合同这一严厉的法律效果，就很难说明这一严格要件的合理性。值得注意的是，我国立法者已经意识到这一问题，在2018年11月发布的《海商法（修订征求意见稿）》中，新的条文已增加了撤销合同的规定。① 不过，不论是现在仅允许法院或仲裁机构变更救助合同，还是未来允许撤销或变更救助合同，由于《民法典》第一百五十一条已经删除显失公平的合同可变更的规定，《海商法》第一百七十六条在法律效果上亦构成显失公平制度的特别规定。

综上所述，《海商法》第一百七十六条第一项与显失公平制度的要件类似，但是法律效果不同，第一百七十六条第二项在构成要件和法律效果上均不同于显失公平制度，考虑到《海商法》第一百七十六条的适用范围包含一切满足同法第一百七十一条要件的海难救助合同，故在此范围内，《海商法》第一百七十六条构成特别规定，排除《民法典》第一百五十一条的适用，并且在《海商法》第一百七十六条内部，第二项又构成第一项的特别规定。

第五节　显失公平制度与其他有关公平的规则

一　显失公平制度与情事变更制度

《民法典》第五百三十三条规定了情事变更制度，就其要求"合同成立后，合同的基础条件发生了当事人在订立合同时无法预见的、不属于商业风险的重大变化"而言，与之类比德国法上的行为基础障碍制度，大致相当于后者规定的客观行为基础障碍。至于主观行为基础障碍，即成为合

---

① 《海商法（修订征求意见稿）》：有下列情形之一，经一方当事人起诉或者双方当事人协议仲裁的，受理争议的法院或者仲裁机构可以撤销或者变更救助合同：（一）合同在不正当的或者危险情况的影响下订立，合同条款显失公平的；（二）根据合同支付的救助款项明显过高或者过低于实际提供的救助服务的。

同基础的重要观念被证明是错误的，主要是双方重要的动机错误的情形，[1]在我国可纳入到重大误解制度调整。[2]

情事变更制度被认为旨在贯彻公平及诚实信用原则，[3]此点从上述规定强调"当事人在订立合同时无法预见""继续履行合同对于一方当事人明显不公平"等要件亦可看出。因此，情事变更制度与显失公平制度在价值基础与功能上可谓具有相似之处，即均旨在矫正不公平的合同。不过有所不同的是，我国法上的情事变更制度只调整合同成立后由于客观情事变化导致的合同不公平，而显失公平制度则在于调整合同成立时既已存在的显著不公平，[4]此点构成二者最显著的区分标志。另外，在法律效果上，显失公平的合同为可撤销，而在情事变更场合，根据《民法典》第五百三十三条第一款之规定，"受不利影响的当事人可以与对方重新协商；在合理期限内协商不成的，当事人可以请求人民法院或者仲裁机构变更或者解除合同"。在此场合，当事人首先负有再交涉义务，只有在交涉不成之后，方可请求人民法院变更或解除合同。[5]并且，学说认为变更合同相较于解除须优先考虑，解除为辅助性措施，仅在极端案例中才会涉及。[6]从法律效果的差异可以看出，显失公平制度有对不利方意思瑕疵予以救济之意，故允许其撤销合同，恢复到未订立合同时的状态，情事变更欠缺此一目的，故应尽可能地维持合同关系。

二　显失公平制度与违约金调整制度

《民法典》第五百八十五条第二款设置了违约金调整制度，从该项调整权的构成要件来看，仅要求低于或过分高于损失这一纯客观要件，学说认为

---

[1] Vgl. Brox/Walker: Allgemeiners Schuldrecht, 42. Auflage, 2018, §27, S. 324.
[2] 参见韩世远《合同法总论》，法律出版社2018年版，第504—505页。也有学者从立法论角度，认为共同错误案型不宜由重大误解制度调整，而应规定于情事变更制度之中。参见武腾《民法典编纂背景下重大误解的规范构造》，《当代法学》2019年第1期。值得注意的是，《民法典》第五百三十三条大体延续了司法解释的规定，未包含主观行为基础障碍的情形。
[3] 参见梁慧星《合同法上的情事变更问题》，《法学研究》1988年第6期。
[4] 值得注意的是，《民法通则》第五十九条规定的显失公平并没有要求"订立合同时"，这一要件是在《合同法》第五十四条中加入，《民法典》第一百五十一条继承之。
[5] 参见韩世远《情事变更若干问题研究》，《中外法学》2014年第3期；朱广新《合同法总则》，中国人民大学出版社2012年版，第399页。
[6] Vgl. Westermann/Bydlinski/Weber: BGB-Schuldrecht Allgemeiner Teil, 8. Auflage, 2013, §12, S. 241.

其"在肯认意思自治的基础上,为兼顾实质公平和个案正义而设"。[①] 并且,根据学界通说,违约金调整权属于形成诉权(Gestaltungsklagerecht),[②] 此与在我国同样作为形成诉权的撤销权或变更权相似。从以上几点出发,违约金调整制度与显失公平制度颇有几分相似,那么前者是否构成后者的特别规定?

我国有学者认为,"由于司法酌减规则之存在,应限制显失公平规则的适用"。[③] 德国法院早期判例亦认为,当事人所约定的违约金约款有明显过高的情况时,仍不至于导致约款无效,而仅涉及法院依《德国民法典》第三百四十三条酌减违约金债务的问题。[④] 不过这一做法的弊端至为明显,因为如果一律以违约金酌减的方式代替违约金条款的公平性审查,无异于间接承认维持效力的限缩原则之适用。由此导致的结果,使得处于有利地位之人即便悖信地订立不公平违约金条款,也可因酌减规则的存在而享有保底收益,合同内容控制规范所追求之目的将难以达成。[⑤]

事实上,现今德国通说认为,第一百三十八条的合同控制(Vertragskontrolle)与第三百四十三条的个案控制(Einzelfallkontrolle)属于不同层次的问题,前者关注的是合同整体是否达到悖俗的程度,进而需要否定其效力的问题,后者则是在个案中,审查有效约款之履行是否将导致当事人负担过重的问题。质言之,如果经过效力审查,违约金条款因悖俗而无效,则就根本谈不上违约金酌减的问题了。[⑥] 就我国法而言,合同显失公平的法律效果为可撤销而非无效,其与违约金调整制度的关系未必如德国法那样不能并存,但二者在制度功能上的分野仍然泾渭分明。正如有学者正确指出的那样,显失公平制度与违约金调整制度在构成要件、不公平的判断标准以及权利存续期间等方面差异显著,因此,不宜认为违约金调整制度为显失公平制度的特别规定,两者可并立存在。[⑦] 由于违约金调整以

---

① 参见姚明斌《违约金司法酌减的规范构成》,《法学》2014年第1期。
② Vgl. Staudinger Kommentar zum BGB/ Rieble, 2015, §343, Rn. 55ff.
③ 参见姚明斌《违约金司法酌减的规范构成》,《法学》2014年第1期。
④ 参见黄程贯《定型化劳动契约之司法控制》,硕士学位论文,台湾政治大学,2009年。
⑤ 参见黄程贯《定型化劳动契约之司法控制》,硕士学位论文,台湾政治大学,2009年。
⑥ Vgl. Staudinger Kommentar zum BGB/ Rieble, 2015, §343, Rn. 71-72.
⑦ 参见武腾《显失公平规定的解释论构造——基于相关裁判经验的实证考察》,《法学》2018年第1期。

违约金条款的有效为前提,故在当事人同时主张撤销违约金条款以及调整违约金时,法院应优先适用显失公平制度,如果不构成显失公平,方能继续审查违约金是否适当。

对于《合同法》第一百一十四条规定之"违约金",究竟指向何种违约金,我国学说呈现分歧,有认为其仅指赔偿性违约金,[①] 亦有认为其包含固有意义上的违约金以及作为损害赔偿总额预定的赔偿性违约金,[②] 还有认为其应指惩罚性违约金。[③] 上述分歧涉及违约金的类型划分,而"类型"本身是对生活现象的抽象提炼,对生活事实的观察角度以及考察重点的不同,自然会导致类型划分的差异。现实生活中,违约金的形态多样、目的各异,或作为履约之担保,或为损害赔偿之预定,或具有违约惩罚之目的,不一而足,其具体的类型归属及法律适用本质上还是要通过合同解释来决定。就违约金调整规则与显失公平制度的适用关系而论,下面就违约金约定过低与过高的情形分别展开讨论。

在违约金低于实际损失时,是否不问差异程度而允许直接要求增加,学说对此存在分歧。[④] 如果只要存在违约金低于实际损失这一事实,即可要求增加违约金,那么此时双方当事人均不存在主张适用显失公平制度的动力。如果认为违约金增额权需要满足一定程度为前提,那么,对于非违约方来说,此时就存在选择的余地。由于显失公平制度与违约金调整制度构成要件不同,就前者而言,当事人须证明违约金定额与该类合同典型情况下的违约损失之间差异过大,且相对方在缔约时存在利用自己弱势地位的情况;就后者而言,当事人则须证明违约金定额与实际损失差异过大。

---

① 参见韩世远《违约金的理论问题——以合同法第一百一十四条为中心的解释论》,《法学研究》2003年第4期。

② 参见韩强《违约金担保功能的异化与回归——以对违约金类型的考察为中心》,《法学研究》2015年第3期。

③ 参见王洪亮《违约金功能定位的反思》,《法律科学》2014年第2期。

④ 我国通说对此持否定态度,违约金低于损失必须达到一定程度方能增加,"否则,只要有差额,均准予增额,必然使违约金的规范目的落空,这种效果并不妥当。"参见韩世远《违约金的理论问题——以合同法第一百一十四条为中心的解释论》,《法学研究》2003年第4期。另有学说认为"只要违约金低于实际损失,哪怕是轻微低于损失,完全赔偿也无法实现。而如何确定'过低'也难有确切标准。"参见韩强《违约金担保功能的异化与回归——以对违约金类型的考察为中心》,《法学研究》2015年第3期。

上述举证难度随个案情形而有异，当事人可根据自身情况择一主张。另外，在违约金低于实际损失的情形，如果根据合同解释，认定违约金条款具有明确的限制责任目的，此时应无适用违约金调整规则的余地，但仍不妨碍显失公平制度的适用。

在违约金过分高于损失时，违约方既可以请求司法酌减，也可以主张显失公平撤销违约金条款。实践中，当事人通常在违约情况下会请求法院酌减违约金，而未意识到显失公平制度的适用可能，有学者主张应区分当事人在诉讼中提供的事实是否已包含违约金条款显失公平的主观要件事实，而赋予法官不同的释明职责，如果包含，则法官须询问当事人是否还主张违约金条款显失公平，若未包含，则不需要释明。① 此种观点，值得赞同。在某些合同中，当事人订立违约金具有明显的惩罚意图，如约定"一经违约，除损害赔偿外，必须支付违约金10万元"，从尊重当事人意思自治角度着眼，似不应简单否定此类约定的效力，或直接适用违约金酌减规则。② 不过，对于此类条款，也不能完全放任，有学者主张类推适用《担保法》第九十一条之规定，以其数额不超过主合同标的额的百分之二十为限。③ 从平衡合同自由与合同正义的思想出发，单纯类推适用这一客观标准仍稍显僵硬，不妨此时交由显失公平制度予以调整，当然，合同标的百分之二十这一界限可以作为显失公平客观要件的判断标准。

三　显失公平制度与违约瑕疵担保责任

实践中，可能发生出卖人利用买受人无经验而出售有瑕疵标的物的情况，例如，一名二手车销售商将一辆发动机老化且有故障的汽车以20万元的价格卖给对汽车一无所知的青年，这辆车的实际价值仅值10万元，后汽车因发动机损坏不能行驶。这类案件中，一方面符合显失公平制度的构成要件，另一方面也有瑕疵担保责任的适用空间，于此二者的适用关系

---

① 参见武腾《显失公平规定的解释论构造——基于相关裁判经验的实证考察》，《法学》2018年第1期。

② 不同观点参见王洪亮《违约金功能定位的反思》，《法律科学》2014年第2期。

③ 参见韩世远《违约金的理论问题——以合同法第一百一十四条为中心的解释论》，《法学研究》2003年第4期。

如何，目前鲜有讨论。

德国法上，由于其民法中规定的暴利行为的法律效果为无效，因此当其与瑕疵担保责任发生竞合时，自然先行审查合同是否有效，如果合同无效，则当然没有进一步适用瑕疵担保责任的空间。既然德国法上暴利行为与瑕疵担保责任关系的经验对我国借鉴意义不大，这里不妨考察德国法上同样作为可撤销的欺诈以及错误制度与瑕疵担保责任的适用关系。根据德国学说，在买卖标的物不适约场合，如果买受人同时存在表示错误和内容错误，由于此类错误与标的物性质无关，因此这里不存在与瑕疵担保责任的真正竞合，其基于《德国民法典》第一百一十九条第一款的撤销权不受影响。① 有疑问的是，如果买受人的错误是关于交易上重要的标的物的性质时，此时如何处理与瑕疵担保责任的关系？根据德国通说，在标的物风险移转之后，第四百三十三条及以下条文排除当事人基于第一百一十九条第二款的撤销权。② 理由在于，如果允许买受人撤销合同的话，那么关于担保给付权的特别规定（特别是第四百三十八条、第四百四十二条）将会落空。③ 2002年德国债法现代化改革后更强化了这一理由，因为普遍认为新法给予出卖人所谓"二次供与权"（Recht zur zweiten Andienung），如果允许买受人基于性质错误撤销合同的话，出卖人的这一对缺陷的补救权将会被排除。④

与性质错误不同的是，如果出卖人对于标的物的缺陷构成欺诈，那么买受人基于《德国民法典》第一百二十三条的撤销权并不能被买卖法中的瑕疵担保责任所排斥。此时，买方可以选择撤销合同或者主张瑕疵担保责任。如果买方撤销合同，则善后事宜根据第八百一十二条及以下条款处

---

① Vgl. Looschelders, Schuldrecht: Besonderer Teil, 14. Auflage, 2019, S. 78.

② 素有争议的是，在标的物风险移转之前，是否排除基于性质错误的撤销。德国通说认为此时基于性质错误的撤销是允许的，因为关于买卖法的瑕疵担保的规定原则上自风险转移时方才适用。虽然德国联邦普通最高法院例外允许瑕疵担保责任提前至风险移转之前行使，但其认为这种提前应该有利于买方，而不能对他产生失去撤销权的不利后果。Erman BGB/Grunemald, 15. Auflage, vor §437, Rn. 25. 不过，相反观点则基于出卖人的二次供与权，认为此时买受人基于第一百一十九条第二款的撤销权也被排除。Vgl. Staudinger Kommentar zum BGB/Matusche-Beckmann, 2004, §437, Rn. 25-27.

③ Vgl. Looschelders, Schuldrecht: Besonderer Teil, 14. Auflage, 2019, S. 79.

④ Vgl. Staudinger Kommentar zum BGB/Matusche-Beckmann, 2004, §437, Rn. 24.

理，如果买方选择瑕疵担保责任，则可主张第四百三十七条及以下条文规定的权利，假如嗣后履行无果，买方进而依据第四百四十条解除合同，则善后事宜根据第三百四十六条及以下条文处理。① 之所以区分性质错误和欺诈而异其规则，在于利益衡量的结果，在错误场合，表意人通常存在过错，故而相对人的合理信赖不得不考虑。与之不同，在欺诈场合表意人的错误由欺诈人引起，欺诈人的信赖不值得法律保护，此时应尽可能地给被欺诈人保留一切选择的可能性。②

就我国法而言，显失公平制度要求一方当事人存在对另一方弱势地位的利用，此种行为有悖诚信，制度本旨在于保护处于弱势地位的相对人，借鉴德国经验来看，此种情形与欺诈更为接近，故从周延保护相对人的立场出发，应当承认显失公平制度与瑕疵担保责任存在竞合的可能性。就上文假设案例来说，买受人可在撤销合同与违约救济之间进行选择，如果当事人选择撤销合同，自无适用违约责任的可能。实践中，当事人通常可能主张违约救济而未意识到显失公平制度的适用可能性，此时不妨参照上文关于显失公平制度与违约金酌减规则竞合时的情况，如果当事人提供的客观事实包含显失公平的要件，法官应尽释明之责，待释明之后，当事人仍选择违约救济，则视作放弃撤销权（《民法典》第一百五十二条第一款第三项）。唯须说明的是，如果标的物瑕疵构成根本违约，则当事人可根据《民法典》第五百六十三条第一款第四项解除合同，此时从结果上看似乎与撤销合同相似。不过不可不察的是，根据《民法典》第一百五十五条之规定，"被撤销的法律行为自始没有法律约束力"，此时善后事宜应根据不当得利规则处理。而在解除场合，善后事宜根据《民法典》第五百六十六条处理，根据解释，此时并非合同自始无效，而是发生相互返还义务。③ 上述差异在瑕疵之物嗣后灭失而不能返还时特别具有意义，因为撤销合同对买受人更为有利。④ 另外，以显失公平撤销合同后，当事人尚可依《民法典》第五百条主张缔约过失责任，要求相对人赔偿信赖利益损失。而在

---

① Vgl. Staudinger Kommentar zum BGB/Matusche-Beckmann, 2004, §437, Rn. 45.
② Vgl. Medicus, Allgemeiner Teil des BGB, 10. Auflage, 2010, §49, Rn. 809.
③ 参见韩世远《合同法总论》，法律出版社 2011 年版，第 523 页。
④ Vgl. Staudinger Kommentar zum BGB/Matusche-Beckmann, 2004, §437, Rn. 45.

解除合同后,当事人则可依据《民法典》第五百七十七条,要求相对人承担违约损害赔偿责任,赔偿范围根据第五百八十四条的规定,"包括合同履行后可以获得的利益"。何种选择对买受人更优,其可根据案件情况自己决定,竞合说之优势在此也得以彰显。

四 显失公平制度与高利贷规制

高利贷,由于其对政治、经济、社会伦理等方面的腐蚀败坏影响,[①]古今中外的法制实践均对其进行了长期的斗争。在西方,早在公元前5世纪的《十二铜表法》中,即有最高贷款利率不得超过贷款总额十二分之一的规定。[②] 我国早在汉代就有皇室成员因"取息过律"而被免去爵位的记载。[③]

新中国成立以来,除建国初期对民间借贷利息采取宽松放任的政策外,[④] 人民政府对高利贷长期采取了高压政策。1964年,中共中央转发的《关于城市高利贷活动情况和取缔办法的报告》中指出,"高利贷和正常借贷的界限,主要按利息的高低来确定……一切借贷活动,月息超过1分5厘的,视为高利贷。"该报告还提出"对高利贷活动进行一次坚决的打击和取缔"。[⑤] 可以说,在高度集中的计划经济年代,高利贷问题在我国社会并不突出。

改革开放后,随着商品经济的不断发展,公民个体以及民营企业对资金的需求日益强烈,由于官方主导的金融机构不能完全满足市场主体的资金需求,民间金融市场逐渐壮大,民间借贷的规模日益膨胀,伴随而生的高利盘剥问题自然也重新出现。应该说,高利贷问题很早就引起了官方的

[①] 参见陈晓枫、周鹏《高利贷治理之史鉴》,《法学评论》2019年第4期。

[②] Matthias Pohlkamp, Die Entstehung des modernen Wucherrechts und die Wucherrechtsprechung des Reichsgerichts zwischen 1880 und 1933, Peter Lang, 2009, S. 30.

[③] 参见许德风《论利息的法律管制——兼议私法中的社会化考量》,《北大法律评论》2010年第1期。

[④] 参见廖振中、高晋康《我国民间借贷利率管制法治进路的检讨与选择》,《现代法学》2012年第2期。

[⑤] 中共中央转发邓子恢《关于城乡高利贷活动情况和取缔办法的报告》,中国经济网,http://www.ce.cn/xwzx/gnsz/szyw/200705/31/t20070531_11556396.shtml,2019年10月9日。

第四章 显失公平制度的外部体系与功能审视

警惕，1981年国务院批转的《中国农业银行关于农村借贷问题的报告的通知》中指出："对那些一贯从事高利盘剥，并为主要经济来源，严重危害社会主义经济和人民生活，破坏金融市场的高利贷者，要按情节轻重和国家法令、规定严肃处理。"不过，对于高利贷的认定标准，我国法律却长期未给予一个明确的判断标准。1986年颁布的《民法通则》对于民间借贷除第九十条原则性地规定"合法的借贷关系受法律保护"外，并未着墨。① 1999年颁布的《合同法》虽然专章规定了借款合同，但对于自然人之间借款合同的利率也仅是抽象地规定"不得违反国家有关限制借款利率的规定"。在法律规则缺失的背景下，处在纠纷解决第一线的人民法院不得不担负起制定统一裁判规则的重任，1991年《最高人民法院关于人民法院审理借贷案件的若干意见》第六条规定"民间借贷的利率可以适当高于银行的利率，各地人民法院可根据本地区的实际情况具体掌握，但最高不得超过银行同类贷款利率的四倍（包含利率本数）。超出此限度的，超出部分的利息不予保护。"此一"四倍红线"成为随后20余年中法院区分合法利息与高利贷的重要标准。②

2015年，在政府"双创"政策的推动下，为解决市场主体融资难、融资贵的问题，承认民间金融的正当性，使民间借贷（尤其在企业之间的借贷）从灰色地带走向阳光，似乎成为一条可行路径。在此背景下，最高人民法院是年发布《关于审理民间借贷案件适用法律若干问题的规定》，该司法解释第二十六条就民间借贷的利率上限规定"借贷双方约定的利率未超过年利率24%，出借人请求借款人按照约定的利率支付利息的，人民法院应予支持。借贷双方约定的利率超过年利率36%，超过部分的利息约定无效。借款人请求出借人返还已支付的超过年利率36%部分的利息的，人民法院应予支持。"此一被称作"两线三区"的民间借贷利率标准，用

---

① 次年颁布的《民通意见》在借贷利率问题上也采取了模糊态度。《民通意见》第一百二十二条：公民之间的生产经营性借贷的利率，可以适当高于生活性借贷利率。如因利率发生纠纷，应本着保护合法借贷关系，考虑当地实际情况，有利于生产和稳定经济秩序的原则处理。

② 这一标准还被行政机关借鉴，2002年发布的《中国人民银行关于取缔地下钱庄及打击高利贷行为的通知》中指出，"民间个人借贷利率由借贷双方协商确定，但双方协商的利率不得超过中国人民银行公布的金融机构同期、同档次贷款利率（不含浮动）的4倍。超过上述标准的，应界定为高利借贷行为。"

以取代实行了20余年的"四倍红线"标准。从内容上看,"两线三区"标准无疑展现出一定弹性,它用年利率24%和36%两条线划分出的三个区间,即所谓的合法债务区、自然债务区、违法债务区,为民间借贷的利息约定预留了一定的自治空间。①

不过,自2015年上述司法解释颁布以来,随着金融热潮的退却,以及经济新常态下经济增长由高速向中速的转变,"两线三区"所定标准过高的问题日益显现,要求降低民间借贷利率上限的呼声不时出现。② 在此背景下,最高人民法院于2020年对前述规则再次作出修改,修改后的司法解释第二十五条规定:"出借人请求借款人按照合同约定利率支付利息的,人民法院应予支持,但是双方约定的利率超过合同成立时一年期贷款市场报价利率四倍的除外。前款所称'一年期贷款市场报价利率',是指中国人民银行授权全国银行间同业拆借中心自2019年8月20日起每月发布的一年期贷款市场报价利率。"由此,在适用"两线三区"标准数年之后,最高人民法院对于利息的规制又回到了"四倍红线"标准。

尽管司法机关关于利息规制的标准几经反复,但不论是"两线三区"标准,还是"四倍红线"标准,在规制思路上仍然是一脉相承的,因为二者均以纯粹客观的数额作为划分合法利息与非法利息的界限,并且不考虑借贷的主体、目的、期限等而异其规则。由此可见,为法官提供清晰的裁判标准,并为市场释放明确的管制信号,是司法解释的一贯追求。③

从比较法上看,对于借贷利率的规制方式,根据学者的考察,计有三种模式,分别被称为统一划线模式、个案判定模式以及折中模式,④ 目前的"四倍红线"标准毫无疑问应归属于统一划线模式。不过值得注意的是,1991年《最高人民法院关于人民法院审理借贷案件的若干意见》在第六条确立"四倍红线"标准的同时,第十条规定"一方以欺诈、胁迫等

---

① 参见杨立新《民间借贷关系法律调整新时期的法律适用尺度——〈最高人民法院关于审理民间借贷案件适用法律若干问题的规定〉解读》,《法律适用》2015年第11期。

② 参见朱彬彬《全国人大代表、中国人民银行南京分行行长郭新明:对民间借贷利率的规定进行完善》,《江苏经济报》2018年3月9日A01版。

③ 参见杜万华主编《最高人民法院民间借贷司法解释理解与适用》,人民法院出版社2015年版,第464页。

④ 参见杜万华、谢勇《民间借贷利率的规制》,《人民司法·应用》2013年第19期。

第四章 显失公平制度的外部体系与功能审视

手段或者乘人之危,使对方在违背真实意思的情况下所形成的借贷关系,应认定为无效。"也就是说,我国对于民间借贷利率在适用统一划线规制的同时,并未排斥显失公平等制度的适用。与"四倍红线"这类清晰明确的客观标准相比较,显失公平制度具有非常大的不同,由不确定概念组成的显失公平制度更加抽象,需要法官在个案中予以价值补充,就此而言,将显失公平制度适用于民间借贷的暴利规制应属于个案判定模式。因此,立足于我国现有法律资源来看,我国对于民间借贷的暴利规制实行的并非统一划线的单一模式,而是统一划线与个案判定并存的双轨模式。

从司法实践的情况来看,就笔者搜集到的案例而言,很少见到通过显失公平制度调整民间借贷利率的案件,司法部门无疑更加偏爱"两线三区"或"四倍红线"这类清晰明确的规范。不过,"四倍红线"标准在具备简单可操作的优势的同时,也存在明显的弊端:其一,此类统一划线标准未区分借贷类型,难免存在"一刀切"的缺陷。[①] 其二,由于规则设计的不周延,为规避法律行为提供了可乘之机,各种"套路贷"不断涌现,给司法审判带来很大困扰。[②] 其三,司法解释设置的超过利率上限部分无效这一极其温和的法律效果,对高利贷者不能发挥足够的威慑作用,反而可能产生对于高利贷的反向激励。[③] 分析这些问题产生的原因,在于高利贷规制的行政和刑事规制手段的缺位,司法解释不得不既为市场主体提供清晰明确的行为规范,又必须发挥个案事后救济的功能,高利贷规制之多元目标成为司法解释不可承受之重。[④]

为化解统一划线标准的上述问题,对民间借贷暴利的司法规制,亟须引入一个具有弹性且较具威慑力的规范。于此,具有一般条款特征的显失公平制度或是承担此一任务的最佳选择。原因在于,其一,显失公平制度本身为有待价值补充的不确定概念,恰为法官在个案中审时度势地判断借

[①] 参见袁春湘《检视我国民间借贷的"四倍利率"上限规定》(上),《法制日报》2014年2月26日第9版。
[②] 参见李欢《民间借贷纠纷还有多少"套路贷"影子》,《上海法治报》2017年第A02版。
[③] 参见高圣平、申晨:《民间借贷中利率上限规定的司法适用》,《政治与法律》2013年第12期。
[④] 参见蔡睿《从"两线三区"到"显失公平":民间借贷暴利规制路径之嬗变》,《商业研究》2019年第4期。

贷利率妥当与否提供了弹性空间。其二，显失公平制度完全不存在法律规避问题。其三，显失公平的合同可撤销这一后果足以起到对高利贷者更大的威慑作用。

综上所述，面对民间借贷案件中出现的诸多难题，显失公平制度应从幕后走向台前，发挥其暴利规制功能，以弥补统一划线标准的不足。并且，随着高利贷规制行政与刑事制裁措施的完善，司法机关及其适用规则将专注于个案事后救济的角色，此时，具有更好的个案适应性的显失公平制度或可从"配角"成为司法规制高利贷的"主角"。①

五　显失公平制度与流押、流质禁止规定

我国原《物权法》第一百八十六条和第二百一十一条分别设置流押、流质之禁令。立法者之所以设此禁令，乃在于考虑到债务人借债多为急迫困窘之时，债权人常利用此一机会，逼使订立流质契约，以价值甚高之抵押物担保小额之债权，希冀债务人届期不能偿债时，得取得其所有权，获非分之利益。② 申言之，防止债务人免受暴利盘剥为其立法旨趣，此与显失公平制度具有相似之处。不过不同的是，对显失公平制度而言，合同订立时既要求给付欠缺均衡性，又要求此种暴利具有现实性。而在约定流押、流质条款场合，或由于债务人按时清偿债务而使抵押权、质权消灭，或由于标的物在合同订立后价值降低而不足以清偿债务，或由于担保权人清算义务的存在，债权人之暴利未必最终得以实现，故流押、流质之禁止在于避免抽象的危险。③

对于债务履行期届满前的流押、流质约定，完全可能满足显失公平制度的构成要件，但由于流押、流质禁令的存在，当事人自然没有必要费时费力地求助于显失公平制度，而可以径直依原《物权法》第一百八十六条、第二百一十一条宣告相关约定无效。就此而言，在流押、流质禁令可供适用之时，显失公平制度无适用之必要。相较于原《物权法》的规定，

---

① 显失公平制度在民间借贷暴利规制中的具体适用问题，将于本书第六章中详细论述。
② 参见谢在全《民法物权论》（中册），中国政法大学出版社2011年版，第783页。
③ Vgl. BeckOK BGB/Rohe, BGB § 1149, Rn. 1.

《民法典》第四百零一条、第四百二十八条在表述上略作改动，但笔者认为立法者并未改变流押、流质条款无效的立场，故前述结论仍然适用。

由于流押、流质之禁令旨在防止债务人免遭抽象的暴利盘剥危险，故在债务履行期届满，债务人不履行债务而使担保权人变价条件成就时，法律并不禁止当事人约定标的物所有权移转于债权人所有。对于此种代物清偿，尽管不在流押、流质禁止范围之列，但仍须受到显失公平制度的调整。① 此点已为我国法院所肯定，最高人民法院发布的第72号指导案例中，汤龙等人与彦海公司先签订借款合同，后债务届期债务人未能偿还借款之时，双方当事人又签订一份商品房买卖合同，约定彦海公司将其名下房产出售给汤龙等四人，欠款本息转为购房款。生效判决认为此一商品房买卖合同并非为双方之间的借款合同的履行提供担保，而是在彦海公司难以清偿到期的借款合同债务时，通过将债务人所有的商品房出售给四位债权人的方式，实现双方当事人权利义务平衡的一种交易安排，此种安排不属于流押禁止的情形。不过，由于购房款由原借款本息转换而来，故人民法院对基于借款合同而形成的借款本金及利息数额应当进行审查，以防止当事人通过签订商品房买卖合同的方式，将违法高息合法化。②

实践中常引起争议的一类案件是，双方当事人在订立借款合同的同时，签订一份买卖合同，约定若按期偿还借款，则买卖合同不再履行，相反，如果债务人到期未能偿还借款，则履行买卖合同以抵偿欠债。③ 对于此类案件，首先需要处置的是如何对待"买卖合同"的效力。一种观点认为此处的买卖合同是当事人真实意思的体现，不过借款合同为买卖合同设置了解除条件，同时又对出卖人交付房屋这一履行行为附设了停止条件。④ 另一种观点则认为此时"名为买卖，实为担保"，因为从买方的角度考察，他并没有支付价款的意思，就此而言，表意人与相对人相互串通作出与内心真实意思不

---

① Vgl. MüKoBGB/Damrau, BGB § 1229, Rn. 6.
② 参见最高人民法院指导案例72号"汤龙、刘新龙、马忠太、王洪刚诉新疆鄂尔多斯彦海房地产开发有限公司商品房买卖合同纠纷案"。
③ 参见《朱俊芳与山西嘉和泰房地产开发有限公司商品房买卖合同纠纷案》，《最高人民法院公报》2014年第12期。
④ 参见陆青《以房抵债协议的法理分析——〈最高人民法院公报〉载"朱俊芳案"评释》，《法学研究》2015年第3期。

符的虚假意思表示。① 判断此类案件中买卖合同的效力，关键在于当事人是否具有订立买卖合同的真实意思表示，这本质上是一个合同解释问题。

笔者认为，不论是先设立买卖合同后设立借款合同，还是先设立借款合同后设立买卖合同，当事人的真实意思都是极为明确的，那就是订立"买卖合同"的目的仅是为了担保借款。一个很简单的道理，若当事人真有订立买卖合同的意思，处分房屋即可获得对价，为何还去订立借款合同？因此，这个"买卖合同"中既不存在买受人支付价款的真实意思，也不存在出卖人移转所有权于买方的真实意思，根据《民法典》第一百四十六条第一款之规定，买卖合同因为属于虚假行为而无效。上述立场已得到司法实务部门的肯定，不仅体现在最高人民法院近来的裁判中，② 2015 年最高人民法院发布的《民间借贷司法解释》第二十四条亦作如是规定。③ 尽管上述案件中的买卖合同无效，但双方当事人于其中体现的"当借款不能按期偿还时，以房屋抵顶欠款"的意思却是真实的，根据《民法典》第一百四十六条第二款之规定，以虚假的意思表示隐藏的法律行为的效力，依照有关法律规定处理。

对于隐藏于虚假买卖合同项下的真实意思，如何构造其法律关系，理论上存有分歧。一说认为其构成后让与担保，是一种正在形成的习惯法担保物权。④ 也有学说认为所谓"后让与担保"仅是抵押权的一个变形，我国《物权法》担保权编关于"未来物"上的抵押权的规定已经涵盖了这一担保物权形式。⑤ 另有学说将其解释为附停止条件的代物清偿合意。⑥ 还有学说将其解为诺成性的以物抵债的担保协议。⑦

---

① 参见庄加园《"买卖型担保"与流押条款的效力——〈民间借贷规定〉第二十四条的解读》，《清华法学》2016 年第 3 期。
② 参见最高人民法院（2016）民再 113 号民事判决书。
③ 《民间借贷司法解释》第二十四条第一款：当事人以签订买卖合同作为民间借贷合同的担保，借款到期后借款人不能还款，出借人请求履行买卖合同的，人民法院应当按照民间借贷法律关系审理，并向当事人释明变更诉讼请求。当事人拒绝变更的，人民法院裁定驳回起诉。
④ 参见杨立新《后让与担保：一个正在形成的习惯法担保物权》，《中国法学》2013 年第 3 期。
⑤ 参见董学立《也论"后让与担保"——与杨立新教授商榷》，《中国法学》2014 年第 3 期。
⑥ 参见陆青《以房抵债协议的法理分析——〈最高人民法院公报〉载"朱俊芳案"评释》，《法学研究》2015 年第 3 期。
⑦ 参见庄加园《"买卖型担保"与流押条款的效力——〈民间借贷规定〉第二十四条的解读》，《清华法学》2016 年第 3 期。

在大量的买卖型担保案件中,双方当事人仅有借款不能偿还时以房屋抵顶借款的约定,而并未办理所有权过户登记,由于缺乏公示手段,此种担保是否具有物权效力,进而债权人可以此标的物优先受偿的确是值得怀疑的。① 不过,尽管这种情况下未发生真实物权的创设或移转,但当事人在债务履行期到来前作出的关于移转房屋所有权给债权人抵偿债务的约定,仍有可能带来使债务人遭受暴利盘剥的抽象危险,故流押、流质禁令于此仍有适用或类推适用的空间。② 例如在我国台湾地区,债务人以所负之债额作为不动产卖价,与债权人订立买卖契约,即不移转占有,只约明于一定期限内备价回赎者,此种契约形式上虽为买卖,实系就原有债务设定抵押权,而以回赎期间为其清偿期间,即使未为抵押权之登记,其所为移转不动产所有权之约定,亦属流抵契约。③

不过,对于流押、流质禁止的严格贯彻,一方面干预了当事人的意思自治,另一方面可能增加当事人实现担保物权的成本,故要求解禁流押、流质条款的呼声从未停止。④ 从比较法上看,对于流押、流质之禁止似有逐渐软化的趋势,例如,法国民法第二千四百五十九条承认流抵契约之效力。或许正是这样的缘故,对于买卖型担保中的移转房屋所有权抵顶债务的约定,《民间借贷司法解释》并没有以其属于流押、流质条款而认定为无效,而是通过增设债权人的清算义务,维系双方当事人利益的平衡。

2019年9月,最高人民法院发布《全国法院民商事审判工作会议纪要》(以下简称《九民纪要》),其中第七十一条第一款规定:"债务人或

---

① 龙俊老师指出应区分"具有担保作用"和"构成担保物权"两个概念,以买卖合同担保借款合同不具有担保物权效力,但是可以根据当事人的真实意思将这一隐藏的法律行为解释为以买卖合同的履行督促借款合同的履行,本质上是一个无名合同。参见龙俊《民法典物权编中让与担保制度的进路》,《法学》2019年第1期。

② 流押、流质禁令不仅指向导致所有权变动的处分行为,还包括约定所有权移转的负担行为。Vgl. BeckOK BGB/Schärtl, BGB § 1229, Rn. 2.

③ 参见谢在全《民法物权论》(中册),中国政法大学出版社2011年版,第784页。

④ 参见王明锁《禁止流质约款之合理性反思》,《法律科学》2006年第1期;刘俊《流质约款的再生》,《中国法学》2006年第4期;孙鹏、王勤劳《流质条款效力论》,《法学》2008年第1期;杨善长《流押条款法律效力辩——兼及法律父爱主义立法思想之取舍》,《河北法学》2017年第3期;高圣平《论流质契约的相对禁止》,《政法论丛》2018年第1期;孟强《〈民法典物权编〉应允许流质流抵》,《当代法学》2018年第4期。

者第三人与债权人订立合同,约定将财产形式上转让至债权人名下,债务人到期清偿债务,债权人将该财产返还给债务人或第三人,债务人到期没有清偿债务,债权人可以对财产拍卖、变卖、折价偿还债权的,人民法院应当认定合同有效。合同如果约定债务人到期没有清偿债务,财产归债权人所有的,人民法院应当认定该部分约定无效,但不影响合同其他部分的效力。"该条通过肯定处分型让与担保,从形式意义上突破了流质流押禁止,在一定程度上缓和了过于刚性的流质、流押禁止规定。①

需要指出的是,尽管买卖型担保的约定在司法实务中不适用流押、流质之禁止,但显失公平制度于此仍有适用空间,其不因清算义务的增设而被排斥。道理在于,显失公平制度在于防止具体而非抽象的暴利危险,其判断时点为合同订立之时,若买卖型担保之约定在订立之时既已显示出明显的给付失衡,且符合显失公平制度的其他要件的,当事人可以撤销此一担保约定。就此而言,显失公平制度在流押、流质禁令不发挥作用时,仍能起到补充的功能,构筑起保护债务人免遭暴利盘剥的最后防线。

本章小结

显失公平制度既关注法律行为的客观公平性,又关注缔约当事人的意思自由,这决定其不仅与公序良俗这类审查法律行为内容妥当性的规范存在关联,也与意思表示瑕疵这类关注当事人意思表示真实与自由的规范存在交集。就体系位置而言,我国法上的显失公平制度不必视作违背公序良俗的具体情形,而是具有独立的规范属性。相较于欺诈、胁迫、重大误解这类意思表示瑕疵规范,显失公平制度对当事人决定自由受到妨碍的要求更低,不过其要求的客观要素,是前者所不需要的。就此而言,在显失公平与欺诈、胁迫、重大误解存在交集的案件中,如果当事人难以证明欺

---

① 在让与担保场合,所谓形式意义上的流质流押,系指仅仅让担保权人获得所有权,但并不能获得超过被担保债权利益的担保方式;实质意义上的流质流押,系指不仅让担保权人获得所有权,而且可以就整个担保物价值受偿的担保方式。参见龙俊《民法典物权编中让与担保制度的进路》,《法学》2019年第1期。

诈、胁迫、重大误解要求的较高程度的主观要件，但却能够证明合同客观不公平的事实，则可以选择显失公平获得救济，显失公平制度在此对意思表示瑕疵制度也起到补充和兜底的功能。在格式条款的内容控制、《劳动合同法》、《海商法》中存在着显失公平制度的特别规定，对此应根据特别法优先于一般法的原则，排除《民法典》中显失公平制度的适用，不过作为一般规则的显失公平制度对这些特别规定的适用仍发挥着指引作用。显失公平制度与情事变更、违约金调整、瑕疵担保、高利贷规制、流押、流质禁令等为平行的规范，它们相互分工配合，共同维护着合同正义。综上所论，《民法典》中的显失公平制度在民法公平规范中居于中枢位置，在民法体系中扮演着维护合同公平的一般性衡平条款的角色。

第五章
显失公平制度的动态适用

第一节 "要件—效果"模式之检讨

对于显失公平制度，我国传统学说通常在"要件—效果"模式下解读。在这一模式下，法律适用严格遵循三段论式的演绎推理，将法条预先给定的描述语句视作构成要件与法律效果的关联体系（T→R），进而作为推理之大前提，当案件事实符合法律规定之构成要件时（S＝T），则导出相应的法律效果（S→R）。其中，小前提的取得，即将案件事实归属到法定构成要件的这一过程，被称作"涵摄"（Subsumtion）。①

作为"涵摄"的前提，必须厘清法定的构成要件。具体到显失公平制度，首先从法条中被析出的是作为客观要件的"显失公平"，对此，一般解为"双方当事人在法律行为中的权利义务明显失衡、显著不相称"。② 还有学者进一步将其具体化为"当事人在给付与对待给付之间失衡或造成利益不平衡"。③ 司法实践中，市场评估价常常作为判断合同客观给付是否失衡的参考，如双方当事人签订"以房抵债协议"，约定以市场价值2000多万元的房屋，抵偿4000多万元的债务，被法院认定为显失公平。④ 然而，

---

① "涵摄"这一概念由逻辑学而进入法学，在逻辑学上，其意指"将外延较窄的概念划归到外延较宽的概念之下，易言之，将前者涵摄于后者之下的一种推演"。参见[德]卡尔·拉伦茨《法学方法论》，陈爱娥译，商务印书馆2004年版，第152页。
② 李适时主编：《中华人民共和国民法总则释义》，法律出版社2017年版，第474页。
③ 王利明等：《合同法》，中国人民大学出版社2009年版，第145页。
④ 参见最高人民法院（2015）民申字第3510号民事判决书。

并非所有合同标的均有合适的"市场价格"作为参考,例如双方当事人约定以玉原石抵偿债务,而玉原石价格的确定具有极大的个性色彩。① 再如在股权转让合同中,股权的价格受制于不同的交易情形,很难确定一个普适的价格认定机制,此类案件中,法院只能根据合同的周遭情况,如股权转让的目的、商业风险、公司的资产状况等多种因素综合判断股权转让价格的合理性。② 由此可以看出,合同客观给付失衡的判断,并非通过概念的定义,然后通过案件事实的"涵摄"即可完成,而是一个融入价值判断的权衡过程。

除要求合同客观上显失公平外,《民法典》第一百五十一条尚要求"一方利用对方处于危困状态、缺乏判断能力等情形"的附加要件。③ 对此,可进一步分解为对不利方与获利方两方面的要求。

于不利方一侧,在"要件—效果"模式下,面对第一百五十一条之表述,有如下两项作业需要法律适用者开展。

其一,法条以"等"字作结,表明立法者对不利方情形之描述仅为开放式列举,对未尽之情形裁判者有填补之责。为此,比较法上的经验或许可供借鉴,④ 我国法院亦创设若干情形,如不利方无经验⑤、信息不对称⑥、公司内部处于新旧交接不顺、内部管理混乱的非常时期⑦等。然而,在"要件—效果"模式下,司法实践中对这些拓展情形的正当性均欠缺合理的论证与说明。

---

① 参见最高人民法院(2016)民终字234号民事判决书。
② 参见河北省高级人民法院(2015)冀民二终字第55号、四川省高级人民法院(2017)川民终162号、河南省高级人民法院(2008)豫法民二终字第90号、山东省高级人民法院(2013)鲁商终字第249号民事判决书。
③ 我国学说常将这一要件统称为主观要件,但仔细观察,不难发现不利方当事人的境地既有属于主观状态的,如缺乏判断能力,也有属于客观状态的,如处于危困状态。正是如此,有德国学者将不利方情形归入客观要件。Vgl. Faust, Bürgerliches Gesetzbuch Allgemeiner Teil, 6. Auflage, 2018, S. 105. 本书为准确起见,采纳梅迪库斯教授的措辞,将其统称为附加要件(Das zusätzliche Tatbestandsmerkmal)。Vgl. Medicus, Allgemeiner Teil des BGB, 9. Auflage, S. 282.
④ 例如《德国民法典》第一百三十八条第二款要求不利方"处于强制状态、无经验、缺乏判断能力或显著意志薄弱"。
⑤ 参见成都市锦江区人民法院(2015)锦江民初字第2456号、内江市中级人民法院(2016)川10民终622号、玉林市中级人民法院(2018)桂09民终505号民事判决书。
⑥ 参见安顺市平坝区人民法院(2017)黔0403民初386号民事判决书。
⑦ 参见舟山市中级人民法院(2012)浙舟民终字第88号民事判决书。

其二,"危困状态""缺乏判断能力""无经验"等本为生活用语,其内涵和外延均存模糊空间,但作为涵摄之前提,在规范层面却必须廓清其含义,然而这并不容易办到。例如对于"危困状态",或可比照德国法上的"强制状态"(Zwangslage),将其界定为由于经济上的逼迫或其他情形使得相关者对金钱或物之给付产生紧迫的需求。[1] 不过,根据这一定义,在一些类似案件中并不能够得出稳定的结论。例如,对于面临债务危机而不得不接受极为苛刻的借款条件的情形,我国多数法院认定危困状态较为谨慎,[2] 但在个别案件中,法院也支持此种情形符合危困状态的要件。[3] 再如,对于"无经验",学说通常将其解为缺乏一般的生活经验或交易知识,并不是指在特定的生活或经济领域没有经验或交易知识。[4] 然而在具体的个案中,这样一个对暴利行为的保护限制被认为是没有说服力的,某人由于在具体的法律交易中缺乏必要的知识而受损,同样如普通的缺乏经验那样需要得到保护。[5] 我国法院在某些判决中,也突破一般生活或交易经验的限定,在不利方对于特定专业或经营领域处于无经验状态时,认定合同显失公平。[6] 然而,亦有论者认为从现代社会专业分工来看,欠缺特定领域经验殊为平常,若将无经验之概念拓展开来,亦对交易安全产生极大风险,故主张仍应坚守通说标准。[7] 如此一来,"无经验"之概念在内涵界定的拉扯之间而陷外延于进退维谷的境地。

于获利方一侧,第一百五十一条要求其"利用"了不利方的弱势地位。对此"利用",通说一般将其解为"故意",[8] 全国人大法工委编写的

---

[1] Vgl. Staudinger Kommentar zun BGB/Sack, 2003, §138, Rn. 195.
[2] 参见武腾《显失公平规定的解释论构造——基于相关裁判经验的实证考察》,《法学》2018年第1期。
[3] 例如在"田利库、沈阳北方建设股份有限公司企业借贷纠纷案"中,作为承包方的原告由于面临不能支付农民工工资的困境而与被告签订条件苛刻的借款协议,法院支持了原告诉请。参见辽宁省高级人民法院(2017)辽民再684号民事判决书。
[4] Vgl. Köhler, BGB Allgemeiner Teil, 41. Auflage, 2017, S. 211.
[5] Vgl. Staudinger Kommentar zum BGB/Sack, 2003, §138, Rn. 208.
[6] 参见玉林市中级人民法院(2018)桂09民终505号民事判决书。
[7] 参见吴从周《论暴利行为》,《台大法学论丛》2018年第2期。
[8] 参见王利明《合同法研究》(第一卷),中国人民大学出版社2011年版,第705页;朱广新《合同法总则》,中国人民大学出版社2008年版,第231页。

释义书亦认为"利用"系指"一方当事人主观上意识到对方当事人处于不利情境，且有利用这一不利情境之故意。"① 不过，也有学者在包含认识要素与意志要素的故意之外，为其加入目的要素，即要求获利方"为谋取利益"。② 另外，还有学者从缓和受害人严苛举证责任，充分发挥显失公平制度的规范功能的角度，主张应对"利用"进行"目的论扩张"的解释，将获利方因重大过失而不知的情形纳入其中。③ 值得注意的是，由于获利方的主观意图存于其内心，外界难以查知，因此，在司法实践中，法院要么对此要件"存而不论"，④ 要么以获利方未尽提示说明义务简要带过。⑤

除需要进行上述要件分解、含义厘清的作业外，在"要件—效果"模式下，规范涵摄的过程还具有如下三个特征：第一，由于被分解的各项要件之间相互独立，法官在裁判中只能将整体的案件事实根据要件要求予以拆解，然后将其与法定要件一一比对，分别判断满足与否。第二，作为涵摄的结论，各要件呈现出满足与不满足非此即彼的刚性结构，只要一个要件不满足，则法律效果全部不成立。第三，法官对案件事实的认定、裁剪、价值判断等事实上存在的评价被隐藏在要件涵摄这一技术化的过程之下，在判决书中不能彰显。

"要件—效果"模式下的法律适用，对于各项要素较为均衡、明显需要法律介入，或者对于某项要素缺乏而明显排斥法律介入的案件而言，无疑具有直观的优势，因为它使法官从不必要的繁重的论证说理义务中解脱出来，能够依据法律给定的要件简洁明快地裁判，有助于提高裁判的效率并保障法律的安定性。然而，对于未有客观标准作为评价依据，出现法条未列举之情形，主客观各项要素分布不均衡，或部分要件难以查明等非典型案件，"要件—效果"模式就显现出如下不足。

首先，要件被分割理解，相互独立，使得各要件含义的厘定通常只能

---

① 参见李适时《中华人民共和国民法总则释义》，法律出版社2017年版，第474页。
② 参见李宇《民法典要义：规范释论与判解集注》，法律出版社2017年版，第620页。《民通意见》第七十条亦要求一方当事人"为牟取不正当利益"。
③ 参见王磊《论显失公平规则的内在体系》，《法律科学》2018年第2期。
④ 参见浙江省高级人民法院（2015）浙民申字第70号民事判决书。
⑤ 参见安顺市平坝区人民法院（2017）黔0403民初386号、上海市闵行区人民法院（2009）闵民三（民）初字第1794号民事判决书。

考虑最大公约数，对于边缘情形则难以照顾。然而在非典型案件中，案件事实常常处于要件外延的边缘地带，这就带来裁判者的犹疑，假若为个案需要而重新定义概念，使其外延涵括案件事实，则又会带来要件本身的不稳定，上述"危困状态""无经验""利用"等概念界定上的游移即为典型。

其次，对于非典型案件，其事实要素常存在分布不均衡的特点，某些案件中可能客观给付严重失衡，然而不利方的弱势地位不太明显。或是不利方处于极度弱势，获利方利用之心也昭然若揭，但客观给付失衡并不显著。此类案件，裁判者本应立足案件全貌以为整体评价，然而要件的分割及刚性却造成阻碍，使得法官不得不在要件成就与不成就之间二者择其一。

最后，对于非典型案件，或由于事实认定争议较大，或由于承担法律续造之责，法官本应为此承担更重的论证说理义务，将其内在评价过程完整展现于外。然而，在"要件—效果"模式下，这一评价过程被隐藏在要件的涵摄之下而不能得以彰显，造成裁判说理缺乏说服力。

综上所论，"要件—效果"模式对于典型案件适用的优点，亦构成其面对非典型案件时的缺陷，对于后者，唯有跳脱"要件—效果"的思维模式，寻求既具有张力和灵活度，同时又能展现评价过程、增强裁判说服力的新的法律适用模式。

第二节 "要素—效果"思维之引入

一 域外司法实践之动向

（一）德国：否定"沙堆理论"回归一般条款

《德国民法典》第一百三十八条第二款规定的"暴利行为"（Wucher），包含"给付与对待给付显著不相称"与"一方利用另一方不利境地"的要件。不过，与我国《民法典》第一百五十一条不同的是，德国民法明确将不利方境地限于"强制状态""无经验""缺乏判断能力""显著意志薄弱"四种情形。如此一来，便产生若不利方的情境不能归属于上述任何一种情形,或获利方"利用"的主观状态难以证明,但其缔结的给付显著失衡的合同仍然需要获得救济的问题。对于此类案件,德国斯图加特高等法院曾采纳"沙堆理论"(Sandhaufentheorem)肯定暴利行为的构成。[1] 所谓沙堆理论,意指"当某个法律规范所要求的多个要件中,有部分不足,但其他部分过分满足时,只要符合法律规范的目的,仍然可以适用。"这就像是堆沙堆一样,已充足而过多之构成要件要素,再分成两个一样大的沙堆。[2] 不过"沙堆理论"并未被德国联邦最高法院所采纳。[3] 在学界,这一理论也广受批评,"法官应适用法律规范,而非适用什么原理。"梅迪库斯教授认为这里真正的问题是能否通过类推,将第一百三十八条第二款扩大适用至不存在"利用"行为的案件。[4] 对此,德国通说认为这里没有类推的必要,不满足第一百三十八条第二款严格要件而值得保护的当事人,可通过第一百三十八条第一款规定的善良风俗的一般条款提供救济。因为根据主流意见,第一百三十八条第二款并非对于存在给付失衡合同的最终规则,其并不反对第一百三十八条第一款的漏洞填补适用。[5]

通过回归到第一百三十八条第一款的一般条款,德国判例发展出"准暴利行为"(Wucherähnliches Geschäft)案型。为避免与该条第二款产生评价矛盾,准暴利行为的构成除要求给付与对待给付显著不相称外,还要求其他的附加要件,如获利一方具有可责难的想法(verwerfliche Gesinnung),其有意识地利用或至少是过失地未认识到不利一方的弱势地位。[6] 比较可知,准暴利行为通过"可责难的想法"代替暴利行为的"利用",通过"不利方的弱势地位"代替了第一百三十八条第二款要求的四种情形,软化了暴利行为要件的僵硬性。不止于此,考虑到获利方的主观状态难以证

---

[1] Vgl. OLG Stuttgart NJW 1979, 2409, 2412.

[2] Vgl. Bender, Das "Sandhaufentheorem": ein Beitrag zur Regelungstechnik in der Gesetzgebungslehre, in: Gesetzgebungstheorie, Juristische Logik, Zivil-und Prozessrecht: Gedachtnisschrift für Jürgen Rödig, Springer, 1978, S. 34–42.

[3] Vgl. BGHZ 80, 153, 159 aE.

[4] Vgl. Medicus, Allgemeiner Teil des BGB, 10. Auflage, 2010, S. 295。

[5] Vgl. Staudinger Kommentar zum BGB/Sack, 2003, § 138, Rn. 228.

[6] Vgl. Leipold, BGB I Einfuhrung und Allgemeiner Teil, 9. Auflage, 2017, S. 338; Köhler, BGB Allgemeiner Teil, C. H. Beck, 41. Auflage, 2017, S. 207.

明，德国判例还通过推定（Vermutung）的方式，进一步软化主观要件，即当给付与对待给付存在特别重大的失衡（besonders grobes Missverhältnis）时，可推定获利方可责难想法的存在。① 对于何谓"特别重大的失衡"，德国判例在不同合同类型中逐步确立了若干标准，例如在消费者信贷中，如果合同约定的利息双倍于市场通常利息，或与市场利率之间绝对值之差超过12%时，特别重大的失衡即成立。② 又如当劳动报酬的约定少于普遍报酬的三分之二时，工资暴利中的特别重大失衡即被肯定。③

（二）美国：从双重要件到"滑动标尺法"

美国法上，一个合同由于显失公平而丧失强制执行力，根据传统方法必须同时满足程序和实质上显失公平两项要求。程序上的显失公平关注缔约程序本身，要求不利一方在交易上缺乏有意义的同意。司法实践中，法院通常将消费者的年龄、文化程度、是否缺乏谈判机会以及是否使用格式条款、合同印刷字体等外在证据予以考虑以决定程序要件成就与否。实质上的显失公平则瞄准条款本身，这一审查的核心在于合同风险分配或对价在商业上是不合理的或者是难以预料的片面（one-sided）。并且，相关条款不能仅仅是不合理的，而且必须是严苛和难以忍受的，或者这个条款是如此地偏向一方以至于触犯良知。按照传统方法的要求，上述程序性要求和实质性要求必须同时呈现出强烈的证据时，才能宣告合同无执行力。④

不过，随着跨学科研究的进步，越来越多的证据表明在消费者依赖合同中，即使商家提供更多的信息，受制于主客观条件的限制，消费者也难以作出有意义的同意，通过外在证据去证明消费者缺乏有意义的同意是没有必要的。⑤ 基于此，美国越来越多的州法院放弃传统方法，逐渐采取被称作"滑动标尺法"（The Sliding Scale Approach）的审查方法。滑动标尺法尽管仍然保留了程序和实质的二元分析框架，但相较于传统方法，其具

---

① Vgl. Leipold, BGB I Einfuhrung und Allgemeiner Teil, 9. Auflage, 2017, S. 338.
② Vgl. BGHZ 104, 102 = NJW 1988, 1659.
③ Vgl. BAG NJW 2016, 2359.
④ See Melissa T. Lonegrass, "Finding Room for Fairness in Formalism—The Sliding Scale Approach to Unconscionability", *Loyola Iniversity Chicago Law Journal*, Vol. 44, 2012, pp. 8–11.
⑤ See Melissa T. Lonegrass, "Finding Room for Fairness in Formalism—The Sliding Scale Approach to Unconscionability", *Loyola Iniversity Chicago Law Journal*, Vol. 44, 2012, pp. 29–39.

有如下两个特征。

其一,滑动标尺法放松了程序上和实质上显失公平的认定标准。在程序面向,一些法院仅要求存在一个依赖的消费者合同即可,即使没有"缺乏有意义的同意"的外在标志。例如,加利福尼亚州法院在适用滑动标尺法时,总是倾向于认定程序上显失公平,只要一个典型的标准格式合同的存在。① 在实体层面,使用滑动标尺法的法院也适度调低其要求,只要一个条款不合理的偏向一方或者商业上是不合理的即为已足。② 其二,与传统方法分别检视程序上和实质上的证据,要求每一层面都必须达到最低门槛不同,滑动标尺法基于一种程序与实质互动的视角,并不要求每一个侧面均达到特定的程度,而是认为一个侧面的较大满足可以补偿满足度较低的另一侧面,两个侧面相互协力,整体上决定合同的可执行性。③

值得注意的是,现今美国多数州法院已经明确采用了滑动标尺法,只有少数州法院仍继续采用传统的双重要件法,另外,还有少数州法院允许仅根据单一要件的满足即认定合同无执行力。④ 例如,在 Maxwell v. Fidelity 案中,亚利桑那州最高法院宣称"一个显失公平的主张可以建立在仅表现出实质性的不公平时,特别是在涉及价格成本差异或救济限制的案例中。"⑤

(三) 启示

"沙堆理论"之所以没有被德国联邦普通最高法院接受,⑥ 在于其以不允许的方式混淆了法律要求积累式提出的构成要件,对于暴利行为而言,第一百三十八条第二款要求的任何一个要件都必须满足,法定构成要件并非如沙堆一般,可以任意以有余而补不足,否则会造成法律的不安定。⑦ 因此,德国判例选择回归善良风俗一般条款的方式缓和暴利行为要件的僵

---

① See Gentry v. Superior Court, 165 P. 3d 556, 572 (Cal. 2007).
② See Little v. Auto Stiegler, Inc., 130 Cal. Rptr. 2d 892, 898 (Ct. App. 2003).
③ See Melissa T. Lonegrass, "Finding Room for Fairness in Formalism—The Sliding Scale Approach to Unconscionability", *Loyola Iniversity Chicago Law Journal*, Vol. 44, 2012, pp. 12 - 17.
④ See Melissa T. Lonegrass, "Finding Room for Fairness in Formalism—The Sliding Scale Approach to Unconscionability", *Loyola Iniversity Chicago Law Journal*, Vol. 44, 2012, p. 25.
⑤ 907 P. 2d 51, 59 (Ariz. 1995). See Dov Waisman, "Preserving Substantive Unconscionability", *Southwestern Law Review*, Vol. 44, 2014, p. 308.
⑥ Vgl. BGH 80, 159f; NJW 1979, 758.
⑦ Vgl. Erman Kommentar BGB, 13. Auflage, Band I, §138, Rn. 18.

硬性，创设出"准暴利行为"这一案型。而对于后者，德国法院又通过事实推定的手段，缓解"利用"这一要件的举证困难。此所谓事实推定，德国通说认为属于一种表见证明，本质上是在存在典型事实经过的场合，通过盖然性程度较高的经验法则所为的证据评价。[1] 由此可见，德国法院通过表见证明这一程序法上的技术手段，在一定程度上废除了实体法上"利用"这一要件，梅迪库斯教授认为德国法院对第一百三十八条第一款的判例已经非常接近"非常损害"（Laesio enormis）规则了。[2]

与德国判例绕道一般条款并配合程序手段缓和暴利行为要件的僵硬性不同，美国司法实践通过"滑动标尺法"的运用，使法官从要件式的相互孤立、形式化的法律适用思维中解放出来，打通了程序性要素与实质性要素的关联，树立了一种整体评价视角，在扩大规则包容力的同时，又使裁判受到一定约束，这一做法颇具启发意义。值得注意的是，德国判例和学说在具体化第一百三十八条第一款时，同样开始引入所谓"动态体系"（bewegliches System）的思想。根据德国学者 Mayer-Maly 的观点，被认为是违背善良风俗的诸多标志，如违反秩序、限制自由、滥用优势、损害第三人、严重的等价障碍、可责难的思想等，不应该被孤立地看待，其中一个标志的出现并不足以去认定违背善良风俗，经常需要多个标志的相互作用才能将一个法律行为认定为违背善良风俗。对于准暴利行为，德国传统学说认为违背善良风俗必须具备主客观要件，客观上要求给付与对待给付显著失衡，主观上要求获利方具有可责难的想法，不过对于后者很多时候难以证明，司法实践中只得通过给付失衡的程度来推定，然而这样的推定没有持续稳定的假设是无法实现的。"这样或许会更好，即将动态体系的思想引入其中，一个违背善良风俗的要素（如等价障碍）的特别显著的实现，另一个要素的要求可以相应降低。"[3] 这一动态体系的思想目前得到德国著名的施陶丁格法律评注（Staudinger Kommentar）和慕尼黑人法律评注

---

[1] 参见周翠《从事实推定走向表见证明》，《现代法学》2014 年第 6 期。
[2] Vgl. Medicus, Allgemeiner Teil des BGB, 10. Auflage, 2010, S. 295.
[3] Vgl. Mayer-Maly, Bewegliches System und Konkretisierung der guten Sitten. in: Franz Bydlinski/Heinz Krejci/Bernd Schilcher/Viktor Steininger, Das Bewegliche System im geltenden und Künftigen Recht, Springer-Verlag, 1986, S. 117 – 126.

第五章 显失公平制度的动态适用

(Münchener Kommentar)的肯定。[1]并且,在一个自动装置安装合同案中,德国联邦普通最高法院也接受这样的观点,"虽然合同所约定的原告的权利单独看不违背善良风俗,然而合同的规定在整体上不合理地束缚了相关店主的行为自由。"[2]通过动态体系思想的引入,在不破坏法定要素完整性的同时,沟通各项要素的关联,使法律规则更具适应性,这与"滑动标尺法"具有异曲同工之妙,为相关公平规范的适用开辟了一条新的思路。

二 从"要件—效果"转向动态体系

"动态体系论"由奥地利法学家维尔伯格提出,在发表于1941年的《损害赔偿法的要素》一文中,他提到了在损害赔偿法领域具有决定性作用的四个要素,在维尔伯格看来,损害赔偿并非根据一个统一的原则来决定,毋宁取决于诸要素间的相互作用。[3]在其1950年就任格拉兹大学校长的就职演说中,维尔伯格将这种动态体系思想进一步运用于合同法和不当得利法等领域。[4]在维尔伯格之后,这一思想得到著名学者比德林斯基(Bydlinski)和卡纳里斯(Canaris)的继承和阐发,[5]逐渐在奥地利和德国两国产生巨大影响,奥地利学者库奇奥(Koziol)称其开辟了介于固定要件与模糊一般条款之间的中间路线。[6]相较于固定构成要件和法官基于一般条款的自由裁量,动态体系具有如下三个性格特征。

(一) 动态性

动态体系论为批判概念法学而生,维尔伯格为此提出"要素"(Ele-

---

[1] Vgl. Staudinger Kommentar zum BGB/Sack, 2003, §138, Rn. 57 - 60; MüKoBGB/Armbrüster, 2018, §138, Rn. 27 - 32.

[2] Vgl. BGHZ 51, 55, 56 = NJW 1969, 230.

[3] 四个要素为:1. 通过侵害或危险而对他人权利领域的利用;2. 由于责任承担者领域发生的情事导致损害事件的引发;3. 就涉及1或2时责任承担者方面应受责难的瑕疵;4. 责任承担者的经济实力或确保责任承担的可能性。Vgl. Wilburg, Die Elemente des Schadensrechts, N. G. E. V. M, 1941, S. 28 - 29.

[4] 参见[奥]瓦尔特·维尔伯格《私法领域内动态体系的发展》,李昊译,《苏州大学学报》(法学版)2015年第4期。

[5] Vgl. F. Bydlinski, Juristische Methodenlehre und Rechtsbegriff, Springer, 1982, S. 529ff; Canaris, Systemdenken und Systembegriff in der Jurisprudenz, Duncker und Humblot, 1983, S. 74ff.

[6] Vgl. Helmut Koziol, Das bewegliche System: Die goldene Mitte Für Gesetzgebung und Dogmatik, *Austrian Law Journal*, No. 3, 2017, S. 169.

mente）或"变动之力"（bewegende Kraft）以取代要件这一概念。要素并非一种概念式的要件规定，而是一种原理（Prinzip），它并非可供涵摄的规范。相较于"要件—效果"模式，动态体系的动态性表现在如下三个方面：其一，要素本身的动态性。与要件"全有或全无"不同，要素内部具有可分层的特征，可通过比较句式予以描述，而呈现出或多或少满足的特点。① 其二，与各要件相互区隔孤立判断不同，要素之间呈现出可交换性与可互补性，一个满足程度较低的要素可与其他高度满足的要素共同作用而呈现出如各要素均衡状态下相同的整体力量，进而得出相同的法律效果。其三，与要件全部成就即得出统一的法律效果不同，基于具体案件中不同要素之间的组合情况，可以得出不同的整体图像，进而可以产生层次不一的法律效果。② 针对此种动态性，有学者形象地指出，动态体系的运用过程与其说是"适用"，不如说是一个"持续赋形的程序"（Prozeß fortwährender Gestaltgebung）。③

（二）评价性

与关注事物抽象共同特征的要件式司法适用不同，动态体系下的司法裁判并非一种自动式的反射装置，它更加关注个案的特殊性，每一个案件根据预先确定的要素的相互作用和力量强度，都呈现出自身独特的图像。在这一过程中，法官的任务并非从事案件事实与法定要件的涵摄，而是就各要素在具体案件中的重要性作出整体评价。显然，评价和权衡是动态体系论的显著特征之一。此外，维尔伯格的动态体系还呈现一种结果导向式思维，与其说他关注的是法的发现过程，毋宁说他更加关注得出结论的论证过程，这从他一再强调评价结论的可事后检验性可以看出。从这一角度看，动态体系论与批判机械适用法律的利益法学是一脉相承的，有所不同的是，利益法学使法官的评价受制于先于法律的立法者的价值判断，而动

---

① Vgl. Gerhard Otte, Zur Anwendung komparativer Saetze im Recht. in: Franz Bydlinski/Heinz Krejci/Bernd Schilcher/Viktor Steininger, Das Bewegliche System im geltenden und Künftigen Recht, Springer-Verlag, 1986, S. 271–286.

② Vgl. Helmut Koziol, Das bewegliche System: Die goldene Mitte Für Gesetzgebung und Dogmatik, Austrian Law Journal, No. 3, 2017, S. 167.

③ Vgl. Ewald Hücking, Der Systemversuch Wilburgs, Inauguradissertation aur Erlangung der Doktorwürde einer Hohen Rechtswissenschaftlichen Fakultaet der Universitaet zu Köln, S. 33.

第五章 显失公平制度的动态适用

态体系则将评价的标准转移至规范自身,赋予法官自主评价的可能性。①在这个立场上,动态体系论应属于当代价值法学流派之一。②

(三) 体系性

动态体系论反对概念逻辑演绎的主张,曾被德国学者菲韦格视作为当代民法学之论题学结构的一个例证。③ 在菲韦格看来,法学作为解决疑难的技术,与作为问题思维的论题学是一致的。④ 作为论题学的法学,解决个案疑难并不能从体系中获得助益,也不能从价值尺度层面获取正当性,而应寻求论据的帮助,通过讨论来实现针对特定问题的一致观点。⑤ 诚然,动态体系关注个案的独特性,并强调论证程序的正当性,这与论题学重视"讨论"的问题思维具有相似性,但认为动态体系属于完全不受体系和价值拘束的自由讨论的论题学,恐怕只是一个美妙的误会。必须指出的是,动态体系的要素并非来自法官的恣意想象,而是来自法律的归纳,也包含法官法、法学家的文献以及法律比较,总而言之,在各个法律领域占据支配地位的原理组成了体系的要素。⑥ 动态体系的要素尽管可以不同组合进而呈现出个性化的特征,但这种个性化并非无限制的,而是建立在确定数量的要素之上。⑦ 在这个意义上,动态体系论可概括为"阐明支配各个法律领域的一定的指导原理,并构思由这些原理组成的'体系'的理论"。⑧ 不过,动态体系的"体系"并非由抽象概念构成的外在体系,而是通过原

---

① Vgl. F. Bydlinski, Juristische Methodenlehre und Rechtsbegriff, Springer, 1982, S. 529.

② 参见吴从周《概念法学、利益法学与价值法学:探索一部民法方法论的演变史》,中国法制出版社 2011 年版,第 416—430 页。

③ 参见 [德] 特奥多尔·菲韦格《论题学与法学——论法学的基础研究》,舒国滢译,法律出版社 2012 年版,第 112 页。

④ 参见 [德] 特奥多尔·菲韦格《论题学与法学——论法学的基础研究》,舒国滢译,法律出版社 2012 年版,第 104 页。

⑤ Vgl. Ewald Hücking, Der Systemversuch Wilburgs, Inauguradissertation aur Erlangung der Doktorwürde einer Hohen Rechtswissenschaftlichen Fakultät der Universitaet zu Köln, S. 38.

⑥ Vgl. F. Bydlinski, Juristische Methodenlehre und Rechtsbegriff, Springer, 1982, S. 531.

⑦ Vgl. Canaris, Systemdenken und Systembegriff in der Jurisprudenz, Duncker und Humblot, 1983, S. 77.

⑧ 参见 [日] 山本敬三《民法中的动态体系论——有关法律评价及方法的绪论性考察》,解亘译,梁慧星主编《民商法论丛》(第 23 卷),金桥文化出版(香港)有限公司 2002 年版,第 197 页。

理的相互作用形成的内在体系。①

"与过去被传统物理学所塑造的机械的世界观不同，当今的世界由于价值的多元化和科技的进步而呈现出网状的结构。"面对外部世界的复杂性，传统法学上单向的线性思维不敷适用，而需要引入一种考虑事物联系的环状的思维结构。②社会学家卢曼为此提出"法律系统在规范上闭合，在认知上开放"的著名命题。③与传统法学上的"要件—效果"模式相比，由动态体系所构建的"要素—效果"模式具有动态性的特征，更能保障法律规则适用上的灵活度和对现实生活的开放性。动态体系的评价性特征将法官评价过程展示于外，使得裁判过程相比于纯粹的概念涵摄更具说服力。此外，动态体系的体系性又划定裁量的边界，同时兼顾了法律的安定性要求。让我们把目光转回到显失公平制度，动态体系的三点特征正好满足非典型显失公平案件对司法裁判提出的诸项要求，动态体系论的引入或可成为破解上述司法难题的一剂良药。

三 显失公平制度动态体系化之可能性与正当性

将动态体系论引入显失公平制度的解释适用中，首先必须回答的问题是《民法典》第一百五十一条是否具有动态体系化的可能性。在卡纳里斯教授看来，不变体系原则上具有优先性，如果法律规则明确采用了固定构成要件的塑造，那么动态体系就被排除了。④德国立法者在第一百三十八条第二款中对暴利行为规定了严格的适用要件，表明其限制该条适用范围的立法意图，这也是为什么"沙堆理论"式的要件互补在暴利行为上不能得到德国学说和判例广泛支持的原因。⑤学者施泰宁格（Steininger）在阐

---

① 参见［德］卡尔·拉伦茨《法学方法论》，商务印书馆2004年版，第316—348页。

② Vgl. Viktor Steininger, Walter Wilburg als Lehrer und Forscher in der Erinnerung seiner unmittelbaren Schueler und das Bewegliche System im Gesamtgefuege der Wissenschaften. in: Franz Bydlinski/Heinz Krejci/Bernd Schilcher/Viktor Steininger, Das Bewegliche System im geltenden und Kuenftigen Recht, Springer-Verlag, 1986, S. 14.

③ 参见顾祝轩《民法系统论思维：从法律体系转向法律系统》，法律出版社2012年版，第30页。

④ Vgl. Canaris, Systemdenken und Systembegriff in der Jurisprudenz, Duncker und Humblot, 1983, S. 78.

⑤ Vgl. Erman Kommentar BGB/Arnold, 13. Auflage, Band I, §138, Rn. 47; Staudinger Kommentar zum BGB/Sack, 2003, §138, Rn. 217.

第五章 显失公平制度的动态适用

述动态体系论可发挥的作用时,也提到了民法典的立法风格和立法者的态度对动态体系运用的影响。"奥地利普通民法典偏爱日常生活用语,而尽量避免过于专业化的法律措辞,因而形成了这样一种规范风格,即尽量规定具体的情景,而将详细的规则和大量类比交由法律适用者去解决。""另一方面,奥地利普通民法典在其著名的解释规定中也表达了对类推的需求(第七条),以及在第六条中规定法律适用者负有义务,即不能拘泥于立法条文,而应始终注意其内在含义。"以上种种表明奥地利普通民法典的风格适宜动态体系的运用。[1] 由此观之,动态体系论的运用空间,受制于立法者的规范意图以及为贯彻这一意图的规范表达。

对于《民法典》第一百五十一条的规范特征,可通过与《德国民法典》第一百三十八条第二款的比较得以呈现。首先,在客观层面,第一百五十一条未如德国民法那样使用"以法律行为使该他人就某项给付向自己或第三人约定或给予与该项给付明显的不相当的财产利益"如此具体明确的措辞,而是使用了"显失公平"这一更具包容力的表达。其次,在不利方一侧,第一百五十一条未如德国民法那样封闭式的列举四种情形,而是采取了以"等"字兜底的开放式列举。上述特征清楚地表明,相较于德国立法者对暴利行为施以严格要件而限缩其适用范围的立法意图,我国立法者赋予显失公平制度更大的弹性和灵活度,表明其希望显失公平制度发挥更大作用的立法意图。尽管第一百五十一条的规范表达具有构成要件的特征,我国学说通常也在"要件—效果"模式下对其进行解读,但具有"要件—效果"式的规范结构并不必然排斥动态体系化的可能,正如比德林斯基教授所言,尽管存在要件标记,但这些要件呈现出数量上可分层的特点时,如过错、危险、等价性、强制状态、无经验、信赖等,就仍然有动态体系的适用空间。[2]《民法典》第一百五十一条所使用的"危困状态""无经验""显失公平"等均为有待法官价值补充的表达,符合"数量上可分层"的特点,完全具备动态体

---

[1] Vgl. Viktor Steininger, Walter Wilburg als Lehrer und Forscher in der Erinnerung seiner unmittelbaren Schueler und das Bewegliche System im Gesamtgefuege der Wissenschaften. in: Franz Bydlinski/Heinz Krejci/Bernd Schilcher/Viktor Steininger, Das Bewegliche System im geltenden und Kuenftigen Recht, Springer-Verlag, 1986, S. 6 – 8.

[2] Vgl. F. Bydlinski, Juristische Methodenlehre und Rechtsbegriff, Springer, 1982, S. 535ff.

系化的可能性。

尽管具备动态体系化的可能性，但唯此尚不能得出显失公平制度动态体系化的正当性，对于后者，只有在与其他替代方案的比较中证明其优越性才行。对于本书所述的非典型案件，假如不通过动态体系论扩张显失公平制度的适用空间，似乎也可以如德国判例那样，通过回归公序良俗一般条款的方式予以救济。究竟是通过动态体系论增大显失公平制度的适用弹性，还是选择回归公序良俗条款，这两种方案孰优孰劣，本书第四章在显失公平制度与公序良俗条款的关系部分已经进行了论证。在此仅补充一点，与公序良俗这类一般条款不同，将显失公平制度予以动态体系化，尽管同样会增大法官的自由裁量空间，但此种裁量仍须受到内存于规则的原理的制约。诚如比德林斯基教授所言，对于这类边缘案型，如果没有动态体系，那么就会纯粹交由裁判者个人的评价。与此相比，动态体系旨在为这些案件提供一个客观的可嗣后检验的评价标准，法官的个人评价在这一过程中被最大限度地遏制。[1] 由此可见，从法的安定性角度着眼，相较于回归公序良俗条款，将显失公平的构成动态体系化也是更为优越的选择。

第三节　显失公平制度动态体系之建构

一　显失公平制度的内在要素

（一）单一要素之不足

动态体系论的基本构想是，"特定在一定的法律领域发挥作用的诸要素，通过与要素的数量和强度相对应的协动作用来说明、正当化法律规范或者法律效果"。[2] 此所谓"要素"（Element），维尔伯格称其为在规范背后起作用的"原理"（Prinzip）。[3] 因而，发现这些在特定法律领域起作用

---

[1] Vgl. F. Bydlinski, Juristische Methodenlehre und Rechtsbegriff, Springer, 1982, S. 537.

[2] 参见［日］山本敬三《民法中的动态体系论——有关法律评价及方法的绪论性考察》，解亘译，梁慧星主编《民商法论丛》（第23卷），金桥文化出版（香港）有限公司2002年版，第175页。

[3] Vgl. Ewald Hücking, Der Systemversuch Wilburgs, Inauguradissertation aur Erlangung der Doktorwürde einer Hohen Rechtswissenschaftlichen Fakultät der Universitaet zu Köln, S. 25.

的"原理",即为建立动态体系的基础。对于我国法上显失公平制度的内在原理,综合现有学说,大致可以分为单一原理说和多重原理说。①

在单一原理说内部,存有三种观点:一是认为显失公平制度体现了合同实质正义的思想,如王利明教授认为"法律上确认显失公平的合同可撤销,不仅是公平原则的具体体现,而且切实保障了合同正义的实现。"② 二是立足于意思自治,认为显失公平制度旨在维护表意人的意思自由。③ 三是将显失公平制度的法理基础系于公序良俗原则。如朱广新教授认为:"法律行为能力、意思表示自愿与真实、公序良俗、禁止性规定,是法律行为或合同有效性的四个评价依据。既然显失公平不能以意思表示自愿与真实作为评价依据,且与法律行为能力、禁止性规定毫不相干,那么,唯有公序良俗可作为评价它的依据。"④ 合同实质正义与意思自治原理,各自抓住显失公平规则的一个侧面,具有合理性,但单独以其作为制度原理,却失之片面,对此,本书第三章已作论述。下面,笔者仅分析公序良俗为什么不应作为显失公平制度的内在原理。

认为显失公平制度背后的原理是公序良俗,显然是受到德国民法的影响,但正如上文所述,我国民法中的显失公平制度在体系位置上与德国民法不同,在规范解释上不能认为合同显失公平是违背公序良俗的一种具体类型。尽管如此,这里可能面临的一个质疑是,虽然规范层面我国法上的显失公平制度独立于公序良俗条款,但笔者也承认在观念层面可认为显失公平的合同同样是违背公序良俗的,那么为什么不能将公序良俗作为显失

---

① 我国学者在阐述显失公平制度的内在原理时,均立足于我国民法规定的基本原则。为此,需要指出的是,基本原则固然是民法内部发挥作用的重要原理,但并非所有的民法原理均使用成文化的方式通过基本原则条款予以表达,例如德国民法仅规定了诚实信用和公序良俗条款,但不能认为德国民法的内在原理仅包含这两项。因此,民法的内在原理并不完全等同于实证法上的基本原则条款,此点在分析显失公平制度的内在原理时必须注意。

② 参见王利明《合同法研究》(第一卷),中国人民大学出版社2015年版,第701页。另见曾大鹏《论显失公平的构成要件与体系定位》,《法学》2011年第3期。

③ 参见李宇《民法典要义——规范释论与判解集注》,法律出版社2017年版,第613页。另见张俊浩主编《民法学原理》(上册),中国政法大学出版社2000年版,第273页;朱庆育《民法总论》,北京大学出版社2013年版,第284页。

④ 参见朱广新《合同法总则》,中国人民大学出版社2012年版,第235页。另见贺剑《〈合同法〉第五十四条第一款第二项(显失公平制度)评注》,《法学家》2017年第1期。

公平制度的内在原理呢?问题的关键,在于"公序良俗"或者德国法上的"善良风俗",均为不确定法律概念,具有抽象空洞的个性,立法者有意识地设置这样的条款,目的是授权法院规制所有的未被专门规定或禁止规定所涵盖的不正义的法律行为。① 基于公序良俗的这一特征,仅能通过对判例类型化的方式勾勒出它的大致轮廓。根据德国学者的整理,德国判例上认定为违背善良风俗的情形大致包括滥用权力或垄断地位、损害第三人或债权人、经济压榨合同、限制竞争、违反性道德、准暴利行为等类型。② 仔细观察这些案件类型,不难发现这些判例的背后体现了民事主体地位平等、合同自由、毋害他人、家庭道德伦理、给付均衡等诸多思想。由是可知,发挥漏洞填补功能的善良风俗,其本身是多元价值的集合体,将其作为显失公平制度的内在原理,虽不能称其错误,但实际上等于什么都没说。

(二) 构成显失公平的三大要素

合同应得到严守为一古老法则,非如此社会交往无从开展。然而,如果无条件的奉行这一原则,它也可以为莎翁笔下的"威尼斯商人"提供滥用合同拘束力的可能,故在大多数法律体系中,均设置了合同无拘束力的例外情形。基于对实证法的研究,维尔伯格提出在合同法领域对合同效力产生影响的三个因素:一是存在合同订立时无法适当保护自己利益的当事人,如撤销权人缺乏行为能力、精神耗弱、缺乏经验、陷入错误或困境等。二是基于不能通过损害他人而使自己获益的观念,在一方以不公平的方式从合同中获益,且使他人付出代价时,会出现一个支持撤销合同的力量。三是合同订立过程中当事人的过错行为。③

维尔伯格之后,比德林斯基在《私法自治与负担行为的客观基础》一书中提出了在负担行为法中发挥作用的四种决定之力:其一,意思自决思想。其二,交易安全思想,它首先作为信赖保护的要求发生作用。其三,合同给付和法律地位上的等价思想。其四,合同诚信上的伦理力量。④ 在比德林斯

---

① Vgl. Staudinger Kommentar zum BGB/Sack, 2003, §138, Rn. 26.
② Vgl. Köhler, BGB Allgemeiner Teil, 41. Auflage, 2017, S. 205–207.
③ 参见[奥]瓦尔特·维尔伯格《私法领域内动态体系的发展》,李昊译,《苏州大学学报》(法学版) 2015年第4期。
④ Vgl. Franz Bydlinski, Privatautonomie Und Objektive Grundlagen Des Verpflichtenden Rechtsgeschäftes, Springer-Verlage, 1967, S. 122.

基的观点基础上，霍恩（Hönn）提出了合同效力领域的三个上位原理：第一，私法自治。第二，与合同有关的个人保护。第三，公共利益。其中，在与合同有关的个人保护下，他认为又可以析出"交易和信赖的保护""与应对实力强弱关系以及其他危险有关的，通过合同利益的重要性、等价性、竞争而获得的初始保护"两项子原理。在公共利益原理下，又可以析出"法的安定性""保障竞争""社会国原则"三项子原理。[①]

上述三位学者对涉及合同效力原理的解读尽管存在差异，但仍然体现出观念上的相似性，维尔伯格的观点属于一种针对现象的朴素直观的表达，比德林斯基在此基础上进行了抽象化的归纳整理，而霍恩则更进一步，在抽象层面进行了层次化的分析。借鉴以上学说，并以本书第三章的分析为基础，笔者认为显失公平制度中体现了如下三项内在原理：第一，显失公平制度旨在实现交换正义，而交换正义要求合同交换给付之间的均衡性，故其体现了一种合同实质正义的原理。第二，显失公平制度关于不利方弱势地位的要求，表现了其对合同弱势方缔结合同的理性能力的关怀，可视为合同自由原理在发挥作用。第三，显失公平制度对获利方，一方面要求其适当兼顾弱势方利益，另一方面也关注其主观因素，考察其是否具有值得保护的信赖。因此，诚实信用原理在显失公平制度中亦占有一席之地。

综上所述，合同实质正义、合同自由、诚实信用三者共同构成显失公平制度的内在原理。实践中，合同利益客观上失衡是法院介入合同关系的显在理由，但在现代合同法上，其不能单独作为消解合同拘束力的依据，故需进一步考察合同是否自由缔结，以增强撤销合同的正当性。在此基础上，还不能忽视合同相对方的合理利益，故诚信原理也在此发挥作用。从这一角度看，合同实质正义、合同自由、诚实信用三者在审查顺序上体现出层次性，诚信原理在其中处于辅助性地位，如果基于合同实质正义原理与合同自由原理的审查，合同不存在被撤销的理由，自然不需要再考虑诚

---

① Vgl. Günther Hönn, Verständnis und Interpretation des Vertragsrechts im Lichte eines Beweglichen Systems. in: Franz Bydlinski/Heinz Krejci/Bernd Schilcher/Viktor Steininger, Das Bewegliche System im geltenden und Kuenftigen Recht, Springer-Verlag, 1986, S. 93 – 94.

信原理，只有在经过前两者的审查存在撤销合同的可能时，才进一步考虑诚信原理。

二　诸原理的互动

（一）原理的满足度

前已论及，作为动态体系之基础的原理本身具有动态性。这一动态性可通过德沃金（Ronald Myles Dworkin）与阿列克西（Robert Alexy）两位学者的原则理论得到说明。在德沃金看来，规则与原则具有"质"的区别，规则通过一种"全有或全无"的方式被适用，在个案中，一个规则要么是有效的，要么是无效的。而"原则具有分量或重要性的向度，当多个原则交叉影响同一案件时，解决纠纷必须考虑每一原则分量的强弱"[1]。阿列克西在德沃金学说的基础上，提出了原则（Prinzip）作为"最佳化命令"（Optimierungsgebot）的观点，他指出"原则是最佳化命令，它具有这样的特性，可以在不同程度上被满足，并且它的满足程度不仅取决于事实上还取决于法律上的可能。""与之相反，规则是这样一种规范，它始终仅能要么被满足要么不能被满足。"[2] 作为动态体系基础的内在原理具有原则的特性，自然存在满足程度的问题，具体到显失公平的构成上，从否定合同拘束力的角度着眼，上述三大原理可以分别表述为合同正义的背离程度、意思自治的不完备程度、相对人悖信的程度。

动态体系中原理的满足度除了通过"高或低"这种外在的抽象表达外，能否深入原理内部，透过原理内部结构的观察，展现其满足程度的层次性？为此，日本学者山本敬三在分析维尔伯格、比德林斯基等人的理论后，发现动态体系的要素存在两种不同的形态，一是作为观点或因子的要素，二是作为原理的要素。在山本敬三看来，二者具有密切的相关性，在观点或因子的背后，可以发现原理的存在，而在把原理理解为要素的情形，也可以抽出观点或因子，因此他得出如下结论：作为用来衡量原理在

---

[1] 参见雷磊《基本权利、原则与原则权衡——读阿列克西〈基本权利论〉》，《法律方法》2021 年第 00 期。

[2] Vgl. Robert Alexy, Theorie der Grundrechte, Suhrkamp, 1986, S. 75–77.

多大程度上得到实现或者受到侵害的要点，才设定了观点或者因子。在这个意义上，可以说动态体系是以原理为基础，由用以衡量其得以实现程度的观点或者因子构成。① 以上观点颇具启发意义，只要我们能够从原理中析出相应的"观点或因子"，即可从原理内部描述其满足程度的高低。

在显失公平制度的三大原理中，合同正义原理关注合同权利义务及风险的分配，在双务合同中，主要体现为合同对价的均衡性。于此，我们不妨借鉴比德林斯基关于等价性原理的观点，将等价性依其实现程度由低到高划分为（1）等价性完全丧失；（2）给付显著不均；（3）能够认可程度的等价性；（4）得到保障的等价性四个阶段。②

合同自由原理关注个人真实意思在法律关系形成过程中的实现程度，对于合同自由不完备的救济，各国民法均规定有胁迫、欺诈、错误、显失公平等制度，透过这些制度我们可以将意思自治的实现程度由低到高划分为（1）由于外在强制而被迫作出意思表示；（2）由于外在欺骗而作出错误的意思表示；（3）由于外在或自身原因作出错误的意思表示；（4）由于外在或自身原因作出非理性的意思表示；（5）能够自由和真实地作出理性的意思表示五个阶段。

诚信原理一方面关注相对方逐利行为的合理性，另一方面又考察其是否具有值得保护的合理信赖。对于前者，我们可以通过认识要素、意志要素、目的要素的不同组合就其对合同拘束力的影响依次划分为（1）明知对方处于不利境地并有意识地加以利用，为获取不当利益（绝对不值得保护）；（2）明知对方处于不利境地并有意识地利用（不值得保护）；（3）明知或因重大过失而不知对方处于不利境地（相对不值得保护）；（4）由于一般过失而不知对方处于不利境地（考虑适当保护）；（5）无过错地不知对方处于不利境地（值得保护）五个阶段。对于后者，又可划分为三个阶段：（1）明知或重大过失地不知合同显著失衡的事实；（2）一般过失地不知合同显著失

---

① 参见［日］山本敬三《民法中的动态体系论——有关法律评价及方法的绪论性考察》，解亘译，梁慧星主编《民商法论丛》（第23卷），金桥文化出版（香港）有限公司2002年版，第188页以下。

② Vgl. Franz Bydlinski, Privatautonomie Und Objektive Grundlagen Des Verpflichtenden Rechtsgeschäftes, Springer-Verlage, 1967, S. 151ff.

衡的事实；(3) 无过错地不知合同显著失衡的事实。

通过从原理中析出上述观点和因子，我们即可从原理内部描述其满足程度的高低。在原理满足度的描述工具上，我们可运用比较句式。根据奥拓（Otto）的观点，比较句式在语言上的基本形式是："越多或越可能 a，则越多或越可能 b"（je mehr bzw. Je eher a, desto mehr bzw. Desto eher b）或者是"当 a 存在时，则更多或更可能 b，反之亦然"（wenn a, dann mehr bzw eher b, als wenn nicht a）。① 具体到显失公平制度的各项内在原理，我们可以说随着上述各项因子越往（1）方向发展时，则合同正义的背离程度越大、合同自由的不完备程度越高、相对人的诚信值越低，进而合同拘束力越倾向于被否定。

值得注意的是，原理内部的各项观点和因子，本身并非具有严格的界限，透过要素的添加和减少，其呈现出某种流动性，从这一意义看，此种观点和因子具有类型的特征。因此，动态体系论与类型论在思维方式上呈现出一定的相似性。②

（二）原理之间的协动

原理自身满足程度上的差异，导致原理之间协动关系的产生，这种协动可以是同向的，如朝着合同正义的背离方向、合同自由的不完备方向、信赖的不受保护方向发展，那么三个原理共同使得合同朝着拘束力消解的方向前进，反之亦然。同时，各原理之间的协动也可以是逆向的，如合同正义的背离程度较大，但是意思自治的不完备程度较小；抑或是合同正义的背离程度不大，但是意思自治的不完备程度较大，且相对人信赖的受保护程度较低，此时就发生原理之间的拉扯作用，各原理之间的互补特性也由此凸显，这就是被诸多动态体系论的支持者所青睐的"要素的可交换性或互补性"，即在诸多决定法律效果的要素中，如果某个要素满足度足够大，则其他要素的满足度小一些也足够，反过来，如果某一要素的满足度

---

① Vgl. Gerhard Otte, Zur Anwendung komparativer Sätze im Recht. in: Franz Bydlinski/Heinz Krejci/Bernd Schilcher/Viktor Steininger, Das Bewegliche System im geltenden und Künftigen Recht, Springer-Verlag, 1986, S. 272.

② 参见 [德] 卡尔·拉伦茨《法学方法论》，陈爱娥译，商务印书馆 2004 年版，第 337—347 页。

足够小，则其他各项要素的满足度相应地必须足够大。①

关于要素的可交换性或互补性，有两点值得澄清之处。

一是部分学者在探讨显失公平的动态体系时，将要素的互动理解为要件的互动，例如，有学者提到"显失公平主客观要件的相关关系中呈现出以'动态体系论'的方式灵活地导出法结论，从而实现法律评价的弹性化"。② 作为规则组成部分的要件，其本身具有"全有或全无"的特征，要件只有满足与不满足之说，而没有满足程度的问题，更谈不上要件之间的互动了。只有回溯到规则的内部体系，作为体系基础的原理由于其内部观点或因子的流动，才呈现出满足程度的高低。因此，动态体系下要素的协动，是内在原理的协动，而非构成要件的协动。

二是要素之间尽管呈现出互补的特征，但这并不是动态体系关注的重点所在。动态体系关心的并非是一个较小满足的要素可被一个较大满足的要素所补足，而是强调尽管一个要素的满足度较低，但如果其他要素的满足度较高，则根据这些要素互动呈现出的整体图像，仍然可以导出相应的法律效果，也即，这种整体评价才是动态体系关注的重点。③ 具体到显失公平制度来说，在个案中，各项原理的满足度未必均衡，此时法官应观察各项原理的运动方向及其满足程度，建立起原理互动的整体图像，在此基础上综合判断合同显失公平与否。

（三）类型区分说与动态体系论

在《民法通则》和《合同法》时代，对于乘人之危和显失公平的构成，崔建远教授曾提出区分类型的主张。在崔建远教授看来，我国法上的乘人之危和显失公平是将德国等民法上的暴利行为加以改造，一分为二的

---

① 参见［日］山本敬三《民法中的动态体系论——有关法律评价及方法的绪论性考察》，解亘译，梁慧星主编《民商法论丛》（第23卷），金桥文化出版（香港）有限公司2002年版，第192页以下。

② 参见王磊《论显失公平规则的内在体系》，《法律科学》2018年第2期。

③ 维尔伯格提到："责任并不以所有或确定要素的满足为前提，而是可以发生任意的结合，每一个存在的责任要素按照它们的强度被组成。在个案中通过评价使其形成一个整体评价，审判者权衡它以作出全部或部分赔偿义务的判决。责任要素被考虑成一个价值序列，根据它们的数量和范围去充实损害赔偿的图像。"Vgl. Wilburg, Die Elemente des Schadensrechts, N. G. E. V. M, 1941, S. 29.

结果。对于乘人之危，应承认两种类型：第一种类型的乘人之危，既要求行为人的主观上具有恶意，又要求客观上双方之间的权利义务失衡；第二种类型的乘人之危，则重在强调行为人主观方面的恶意，客观方面不再强调双方当事人间的权利义务关系显失公平，只要有所失衡即为已足。而对于显失公平的构成，崔建远教授倾向于总体上不要求主观要件，个别类型得以"当事人急迫、轻率或无经验"为构成要件。[①] 这种类型区分说一方面立足于法条文义，另一方面又从立法目的着眼，很好地从功能上界分了乘人之危与显失公平两项制度。更重要的是，这种类型区分说看到了现实情况的复杂性，体察到赋予乘人之危与显失公平制度适用弹性的必要性，其深思卓见令人称道！

笔者认为，上述类型区分说与本书主张的动态体系论可以说有着异曲同工之妙。"异曲"在于类型区分说针对不同的类型构造不同的要件，而动态体系论则回溯至内在原理，透过内在原理的互动实现动态的调整。实际上，按照动态体系论的思想，各个案件均有其特殊性，各项要素在个案中的分布存在差异，但只要其要素互动的整体图像达到显失公平制度的适用门槛即可。如此一来，从结果上看就会出现许多的显失公平"类型"：一些案件中当事人的主观恶意严重，但合同客观上虽有所失衡但未必严重；另一些案件中合同客观上极其失衡，但一方当事人的主观恶意可能并不显著；当然，还有的案件既存在合同客观上显著失衡，也存在一方当事人主观恶意极大的情况。由此与类型区分说相比，实则是殊途同归。

三 法的安定性保障

（一）基础评价与示例性规范

原理的动态描述为法官提供了一个指针，他可以运用比较句式判断一种情形比另一种情形更倾向于否定合同的拘束力，然而，这种判断仍然缺乏一种确定性，因为比较句式并没有揭示原理达到何种程度，才能导出法律效果。因此，在动态体系的各项原理中，还需要确定一个"锚"来指示法官的判断，这个"锚"一般称为"基础评价"（Basiswertung）。例如，

[①] 参见崔建远《合同法总论》（上卷），中国人民大学出版社2011年版，第349、354页。

对于意思原理，需要诸如"意思表示者无行为能力的情形，契约的效力将被否定"，或者，"意思表示者有错误的情形，契约的效力将被否定"这样的基础评价。①

基础评价从何而来？维尔伯格在其著作中并没有详细说明，但从被其称为平均规则（Durchnittsregeln）的描述中，不难发现它们主要来自实证法、判例和比较法上的归纳。② 考虑到实证法的拘束力，现在一般认为，至少在解释论上，还是应当把成文法和判例作为要素和基础评价的第一源泉。③

在显失公平制度中，合同实质正义原理主要着眼于给付均衡性的判断，即合同在何种程度上"显"失公平。对此，立法上难以提供一个客观的价格标准作为参考，原则上只能交由案例的积累而逐渐形成一定的共识，例如德国联邦普通最高法院倾向于"100%界限"（100-Prozent-Grenze），即一方给付的价值只有另一方的一半，或接受的给付价值超过自己给付的100%时。④ 除交由案例积累共识外，我国法律或司法解释中的部分规定或可在一定程度上发挥基础评价的作用。例如，原《合同法司法解释二》第十九条关于"明显不合理低价"和"明显不合理高价"，以及该解释第二十九条关于违约金过高的认定标准。又如，《民间借贷司法解释》第二十六条确立的所谓四倍标准等。

对于合同自由原理，《民法典》第一百五十一条列举了两种不利方的典型情境，即危困状态和缺乏判断能力。根据法工委编写的释义书，所谓危困状态，是指因陷入某种暂时性的急迫困境而对于金钱、物的需求极为迫切。所谓缺乏判断能力，是指"缺少基于理性考虑而实施法律行为或对法律行为的后果予以评估的能力"。⑤ 由是可知，合同显失公平情形的不利

---

① 参见［日］山本敬三《民法中的动态体系论——有关法律评价及方法的绪论性考察》，解亘译，梁慧星主编《民商法论丛》（第23卷），金桥文化出版（香港）有限公司2002年版，第198页。
② Vgl. Ewald Hücking, Der Systemversuch Wilburgs, Inauguradissertation aur Erlangung der Doktorwürde einer Hohen Rechtswissenschaftlichen Fakultaet der Universitaet zu Köln, S. 11 – 12.
③ 参见［日］山本敬三《民法中的动态体系论——有关法律评价及方法的绪论性考察》，解亘译，梁慧星主编《民商法论丛》（第23卷），金桥文化出版（香港）有限公司2002年版，第202页。
④ Vgl. Leenen, BGB Allgemeiner Teil: Rechtsgeschäftslehre, 2. Auflage, 2015, S. 218.
⑤ 参见李适时主编《中华人民共和国民法总则释义》，法律出版社2017年版，第474页。

方的主观状态并未要求达到欺诈、胁迫，错误场合下意思表示不自由、不真实的程度，而是由于某种主客观原因，导致其理性决策能力缺失即可。

至于诚信原理，对获利方主观状态的非难可从认识要素、意志要素和目的要素入手，第一百五十一条要求获利方具有"利用"对方不利情境的意图，对此"利用"，不应解释为包含目的要素，即不要求当事人具有获取暴利的行为动机，① 具备认识要素和意志要素上的故意即为已足。

随着基础评价的确定，为动态体系下的裁断提供了一定基准，如果案件中的事实情况达到或超过基础评价的要求，如给付与对待给付相差两倍以上、不利方所处情境已使其意思表示达到不自由的程度，相对方不仅具有利用的故意还有谋取不正当利益的意图，则该原理即为满足。在是否达到基础标准的判断方法上，可采取类推的方式进行，例如获利方主观上虽不存在故意，但却具有重大过失，在我国立法和学说上，重大过失常常等同于故意，② 此时也可得出该原理获得满足的结论。

基础评价为单个原理的满足与否提供了一定指引，但原理的互补性格，意味着即使一个满足度较低的原理也可以被其他满足度较高的原理所补充，进而达成相当的法律效果。事实上，"各项基础评价上均附着有'在其他条件相同的情况下'这样一个不成文的限定。"只有在其他原理处于满足的中间状态时，运用基础评价对该原理满足度的判断才有意义，"在这个意义上，基础评价只有大致的性格特征。"③ 因此，除基础评价外，动态体系尚需要示例性规范来确保动态体系整体评价的准确性。所谓示例性规范，是给定每个要素的平均充足度，规定依此发生某一法律效果的原则性示例。④ 对于显失公平的构成，立法者对法律规则的设计无疑考虑的就是中间、典型的情况，⑤ 如此，我们不妨把《民法典》第一百五十一条

---

① 参见张新宝《〈中华人民共和国民法典〉释义》，中国人民大学出版社2017年版，第314页。
② 参见崔建远《物权法》，中国人民大学出版社2014年版，第78、93页。
③ 参见［日］山本敬三《民法中的动态体系论——有关法律评价及方法的绪论性考察》，解亘译，梁慧星主编《民商法论丛》（第23卷），金桥文化出版（香港）有限公司2002年版，第199页。
④ 标准的原则性示例应当是这样的：要素A×充足度a1+要素B×充足度b1+……=法律效果R1。参见解亘、班天可《被误解和被高估的动态体系论》，《法学研究》2017年第2期。
⑤ 比德林斯基认为，立法者一般以平均状态为前提选定构成要件。参见［日］山本敬三《民法中的动态体系论——有关法律评价及方法的绪论性考察》，解亘译，梁慧星主编《民商法论丛》（第23卷），金桥文化出版（香港）有限公司2002年版，第206页。

看作是立法者给予的一种示例性规范，即将该条描述的情形作为立法者脑海中的显失公平合同之典型。在显失公平制度的动态适用中，法官应根据个案事实得出原理互动的整体图像，通过与第一百五十一条描述的示例性规范的对比，判断个案是否达到该典型情形的程度，进而得出发生或不发生该条规定法律效果的结论。通过将第一百五十一条看作一种示例性规范，实定法的拘束力也得到了维护。

（二）原理互动的边界

随着各原理强度不一的任意组合，便会产生两种极端情况，即某一原理满足度极高，但另一原理却不彰显，最为典型者就是合同客观上给付与对待给付极度不相称，但合同双方的主观状态并不显现，或者不利方意思自治极度缺乏，但合同客观上并未到达给付与对待给付显著失衡的程度。对此，有学者以两要件事实之间的分量互补关系须受到双重要件缺一不可的实在法规定的制约，否定显失公平的构成。[①] 这一结论值得赞同，但在动态体系论视角下如何证成，仍需说明。

1. 仅能证明合同客观上失衡

在当事人仅能证明合同客观上给付失衡时，存在两种可能：一是不利方缔约不自由或获利方背信行为在事实上不存在，二是二者有可能存在但却难以证明。

对于前者，由于现代民法中意思自治处于核心地位，故不能仅以合同实质正义原理作为废除合同拘束力的唯一理由，因此不能认定合同显失公平。值得注意的是，在《民法典》颁布之前，我国有大量案例仅以合同客观给付失衡认定显失公平的成立。[②] 这一方面是受到当时显失公平"单一要件说"的影响，不过仔细观察，不难发现这类案例多见于请求撤销和解协议的场合，双方当事人的关系多为雇主和劳动者，前者往往利用后者急

[①] 参见武腾《显失公平规定的解释论构造——基于相关裁判经验的实证考察》，《法学》2018 年第 1 期。

[②] 典型代表如《最高人民法院公报》2013 年第 1 期发布的"黄仲华诉刘三明债权人撤销权纠纷案"，另可参见广州市中级人民法院（2010）穗中法民一终字第 4612 号、上海市第一中级人民法院（2014）沪一中民一（民）终字第 1542 号、新疆维吾尔自治区高级人民法院（2014）新民申字 1711 号、银川市中级人民法院（2016）宁 01 民终 1151 号民事判决书。

于治疗的困境，迫使后者订立极为不利的工伤赔偿和解协议。对于这类案件，尽管在当时的时空条件下，法院未审查是否存在一方对另一方不利境地的利用，但并不代表这些事实不存在。

至于后者，则是程序法上的证明责任问题。对此，德国判例中广泛运用的"事实推定"或曰"表见证明"理论可资借鉴。[①] 实践中，法官应综合案件的整体情况和当事人提交的各项证据材料，依据经验法则，经过自由心证得出主观要素存在与否的结论。需要指出的是，上述事实推定除可建立在合同给付失衡的程度上，还可建立在当事人之间的地位关系上。例如，有学者主张若合同一方当事人相对于另一方当事人存在"结构优势"时，如合同在雇主与劳动者、商人与消费者之间订立，则作为一项"日常生活经验法则"，可以事实推定"利用优势"的存在。[②]

2. 合同客观上未失衡

当合同客观上不存在给付失衡，不利方能否仅以主观要素而主张合同显失公平的问题，在动态体系论的视角下，可以转化为显失公平制度能否抛弃合同实质正义原理，而仅以意思自治原理和诚信原理构成的问题。《民法典》第一百四十七条至第一百五十一条依次规定了重大误解、欺诈、胁迫、显失公平四项法律行为可撤销制度。其中，胁迫被认为是对合同自由剥夺最彻底的情形，故不论胁迫由合同相对人所为还是第三人所为，受胁迫者均得主张撤销合同，意思自治原理在此发挥唯一作用。相较而言，欺诈虽同属意思表示瑕疵的情形，但当事人意思受强制的程度较胁迫稍低，故在第三人欺诈场合，须追问合同相对人是否善意而异其规则，信赖原理开始介入其中并发挥作用。进一步观察，重大误解的当事人的意思瑕疵较欺诈、胁迫更为轻微，且误解者通常也有过错，故合同相对人的利益必须考虑，近来有力说主张在重大误解要件中引入相对人参与因素便是证

[①] 德国判例就暴利行为或准暴利行为上的事实推定已积累相当标准以供参考。Vgl. Leipold, BGB I Einfuhrung und Allgemeiner Teil, 9. Auflage, 2017, S. 329；Hirsch, BGB Allgemeiner Teil, 8. Auflage, 2015, S. 277 – 280.

[②] 参见贺剑《〈合同法〉第五十四条第一款第二项（显失公平制度）评注》，《法学家》2017 年第 1 期。

明。① 及至显失公平制度，立法者除要求不利方及获利方要素外，尚要求合同"显失公平"这一客观要素。通过以上分析不难发现，从胁迫、欺诈、重大误解到显失公平制度，随着享有撤销权的一方当事人的意思瑕疵程度逐渐减弱，为证成消解合同拘束力的正当性，立法者逐渐加入相对方因素以及合同客观均衡性因素的要求。由此可见，意思自治原理单独实现消解合同拘束力之目的必须达到一定程度，当其程度不足时，必须通过其他原理予以补充。是故，合同客观上未失衡，当事人仅存在显失公平制度要求的合同自由不完备情形，并不足以单独构成消解合同拘束力的理由。反过来讲，如果当事人意思自治之不完备单独即可达到消解合同拘束力的程度时，已不在显失公平制度的指涉范围之内，而应归属于欺诈、胁迫或重大误解制度调整了。从中可以看出，要求合同客观上显著失衡，是显失公平制度与其他意思表示瑕疵制度界分的关键，可以说对合同实质正义原理的要求是显失公平制度最为显著的标志。

本章小结

自动态体系论被引介入我国以来，② 相关研究方兴未艾，运用动态体系论分析具体制度已涌现出不少佳作。③ 将该理论用于我国法上显失公平制度的分析，在笔者之前，也已引起部分学者的关注。④ 相较于以往研究，本书新的推进在于：第一，本书展示了"要件—效果"模式下显失公平制度存在的规范适用困境，回答了为什么要将动态体系论引入显失公平制度

---

① 参见韩世远《重大误解解释论纲》，《中外法学》2017 年第 3 期。
② 国内最早介绍动态体系论的文章当属解亘教授翻译的山本敬三教授的论文，现今，维尔伯格和库奇奥等人的论著也已被翻译成中文。
③ 参见解亘《格式条款内容规制的规范体系》，《法学研究》2013 年第 2 期；尚连杰《缔约过程中说明义务的动态体系论》，《法学研究》2016 年第 3 期；周晓晨《过失相抵的重构——动态系统论的研究路径》，《清华法学》2016 年第 4 期；杨晓蓉《动态系统论视角下情事变更原则的适用——以建设工程合同为例》，《学海》2018 年第 3 期。
④ 参见武腾《显失公平规定的解释论构造——基于相关裁判经验的实证考察》，《法学》2018 年第 1 期；王磊《论显失公平规则的内在体系》，《法律科学》2018 年第 2 期。

的原因。第二，揭示了动态体系动态性、评价性、体系性的性格特征，并分析了在显失公平制度中引入动态体系的可能性和正当性。第三，揭示了显失公平制度的内部体系，分别是合同实质正义原理、合同自由原理以及诚实信用原理在其中发挥作用。第四，尝试完整地建构显失公平制度的动态体系。一方面，从原理中析出观点和因子，揭示原理内部的动态特征，并阐述了原理之间的互动关系，澄清是原理的互动而非构成要件的互动，原理互动的重点在于获得评价的整体图像而非关注原理间相互补充的特点。另一方面，从法的安定性角度，尝试为显失公平制度的动态体系寻找基础评价和示例性规定，并分析了原理互动的边界。

动态体系论自其诞生时起就肩负着两线作战使命，一方面须克服概念法学的僵化，另一方面则要防止自由法学的恣意。在某种程度上，动态体系论无疑是成功的，它建立起完整的评价框架，通过这一框架既增大了规范适用的灵活度，同时又制约了法官的无限制的自由裁量。当然，正如有学者正确地反思到，"换个角度看，较之于具体固定构成要件的规范，选择经动态体系化了的规范会在一定程度上牺牲法的安定性；较之于一般条款，动态化的规范会在一定程度上限制法官对实定法的续造"[1]。因此，也必须承认，动态体系并非包治百病的"万灵药"，对于法律体系而言，固定要件、动态体系、一般条款均不可或缺，关键在于使它们适得其位。本书关于显失公平制度的动态体系论，并非期冀其解决合同显失公平的全部案件，对于运用固定要件即可解决的典型案件，法官自然无须进入动态体系，仅是针对那些非典型案件，动态体系论可为法官在落入一般条款的迷雾之前，提供一个妥当审慎的分析框架，在这样一个框架中，法官或许能为疑难案件寻找到合适的答案，进而实现法的安定性与灵活性的统一。

---

[1] 解亘、班天可：《被误解和被高估的动态体系论》，《法学研究》2017年第2期。

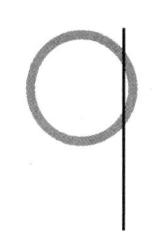

第六章
法律行为显失公平的类型整理

显失公平制度这类一般条款的适用过程，本质上是一个将抽象规范具体化或曰现实化的过程，本书之前的章节，均是致力于此项工作。然而，不论是对显失公平制度内在价值的探讨，还是对其外在体系的梳理，这种规范导向的分析仍不免给人以抽象之感。诚如考夫曼（Arthur Kaufman）教授所言，规范永远只是许多可能产生的案件的标准而已，但绝非因此就是一个现实发生的案件的判决，由此可知，制定法不是现实性，只是法的可能性。[1]

既然法律理念和法律规范只是法的可能性，那么法的现实性从何得来？考夫曼教授为此取向于具体的生活关系。"如同制定法只能考虑到拟规范之可能的生活事实而具体化，法也只能考虑到拟判决之现实的生活事实而实在化。规范作为一种应然，根本无法从自身产生真实的法，它必须加入存在。只有在规范与具体的生活事实、当为与存在，相互对应时才能产生真实的法。"[2] 就此而言，法的发现应是一个双向过程，既是从规范向现实，亦是从现实向规范的一个相互调适的过程。恰如德国学者菲肯切尔（Fikentscher）所说，"法官据以涵摄个案的规范大多并非法律规则本身，而是由法官根据法律规则，并考虑被裁判案件的具体情况而形成的规范。"[3] 而使这一双向调适得以进行，必须存在一个规范与现实之间的中和

---

[1] 参见［德］亚图·考夫曼《类推与事物本质——兼论类型理论》，吴从周译，台北：新学林出版股份有限公司1999年版，第25页。

[2] 参见［德］亚图·考夫曼《类推与事物本质——兼论类型理论》，吴从周译，台北：新学林出版股份有限公司1999年版，第41页。

[3] Vgl. Fikentscher, Methoden des Rechts in vergleichender Darstellung, Tubingen, 1977, S. 202.

者，此即所谓的"事物本质"。

事物本质是指向类型的，从事物本质产生的思维便是类型式思维。[1]类型式思维与概念思维均始于抽象化的思考，唯其有别的是二者抽象化程度不同。为构建一般的概念，基于生活事实提炼出的特征被不断放弃，最终化为孤立的要素。与之不同，类型并不追求要素的绝对纯化，它毋宁只是抽象到适可而止的地步，诸种要素仍可维持其结合状态，仅是利用这些要素来描述类型，而类型之间也并非绝对区隔，而是呈现出流动性。因此，类型处于个别直观与抽象概念之间，它比概念更具体，又比个别直观更抽象。[2] 类型的这种独特个性使之成为理念及规范与现实之间的适合接驳点，类型化思维亦成为一般条款的具体化路径之一。

如果说本书前面部分的分析遵循的是一种从理念、规范出发的具体化路径的话，那么本章调换一个方向，从生活现实出发，以我国法院审判的实际案例为基础，考察显失公平的法律行为在现实中存在的主要形态，并运用类型思维对其加以整理、编排，并就各自类型中的具体问题展开分析和讨论。

第一节 类型整理的前提性说明

一 既有的类型整理及其不足

贺剑博士在其《〈合同法〉第五十四条第一款第二项（显失公平制度）评注》一文中，对显失公平制度的常见案例类型进行了整理，分别是：1. 人身损害赔偿协议；2. 离婚财产分割协议；3. 竞业限制条款；4. 单方仲裁选择权条款；5. 建设工程合同；6. 特别法规定，即《劳动合同法》和《海商法》等特别法上显失公平规则的适用。[3]

---

[1] 参见［德］亚图·考夫曼《类推与事物本质——兼论类型理论》，吴从周译，台北：新学林出版股份有限公司1999年版，第105页。

[2] 参见［德］卡尔·拉伦茨《法学方法论》，陈爱娥译，商务印书馆2003年版，第338页。

[3] 参见贺剑《〈合同法〉第五十四条第一款第二项（显失公平制度）评注》，《法学家》2017年第1期。

在《民法典》颁布后,赵永巍和梁茜两位法院实务工作者基于中国裁判文书网的大数据分析,总结出四类适用显失公平制度的类型:1. 基于民商事合同纠纷的常见合同的效力认定,如买卖、股权转让、借贷、租赁、融资融券等合同;2. 基于侵权责任纠纷、生命权、健康权纠纷的人身、财产赔偿协议等;3. 基于劳动争议纠纷的经济补偿金、工伤赔偿协议等;4. 基于婚姻家庭继承纠纷的离婚财产分割协议等。[①]

上述学者对显失公平既有案例的类型化整理,有助于增进我们对显失公平制度实践运用状况的认识,其贡献必须肯定。但客观而言,既有的类型整理成果仍存有一些不足。

首先,类型整理不够全面,对于司法实践中常见的显失公平的合同类型仍存在一定缺漏。当然,由于实践发展的无限性,以及个人精力的有限性,缺漏本就是类型化整理的必然,并且类型本身亦是开放而非封闭的,故对此不能予以苛责,本书的整理也必然存在缺漏,但缺漏本身也说明作进一步推进的可能性和必要性。

其次,既有的整理更多的是对合同类型的罗列,据以构建类型的理由和依据是什么并不清楚。诚如拉伦茨教授所言,类型可以用不同的观点来建构,例如,可以通过在何种程度上,社团的结构超越了特定个别多数人的法律联系的因素这一观点,来建构关于人的结合之类型系列,依此,对待给付的契约—合伙—无权利能力的社团—法人这一类型系列建构而成。这种系列建构的价值一方面在于个案的类型归属,进而有助于法的发现,另一方面能够认识不同规整整体"内在"有意义的脉络关系。[②] 我国既有的类型化尝试由于缺乏内在观点和意义脉络的说明,其理论和现实意义不得不打上折扣。

二 切入点的选择

类型的发现来自生活经验,故我国审判实践的案例是类型整理的源泉

[①] 参见赵永巍、梁茜《〈民法典〉显失公平条款的类型化适用前瞻——从中国裁判文书网显失公平案例大数据分析出发》,《法律适用》2018 年第 1 期。

[②] 参见[德]卡尔·拉伦茨《法学方法论》,陈爱娥译,商务印书馆 2003 年版,第 345—346 页。

所在。并且，显失公平主要表现于合同关系之中，而我国法律已就典型合同关系予以了规定，此种"法的构造类型"本身就构成显失公平合同类型整理的基础。在以上前提下，选择何种标准作为显失公平合同的表现形象以及如何界分各种类型，则是显失公平制度的规范目的及其背后的法律思想起着决定性的影响。①

对于显失公平制度，前文已论及其体现了交换正义、合同自由以及诚实信用三大原理，而立法规范亦从三个方面展现其构成要素，就此而论，显失公平合同的类型整理似可选择任一角度展开。例如，可从获利方的背信要素出发整理出其"利用"的不同形态。还可站在不利方角度，就其各种不利情形作类型化的整理，实际上，立法规范所包含的"危困状态""缺乏判断能力"等本身就属于来源于生活经验而被立法者赋予规范性因素的法的构造类型。②尽管如此，笔者仍决定选取合同显失公平这一客观面向作为类型整理的切入点，原因有二：其一，虽然显失公平制度体现了三大原理的互动，但合同的客观公平性仍是该制度最基本的特征，一方面这是该制度区别于其他制度最显著的标志，另一方面合同客观上是否失衡亦是司法审查合同是否满足显失公平构成要素的逻辑进路。其二，对于这一客观要素，立法者仅使用"显失公平"这一极端抽象化的表达，对于不确定概念的具体化，类型化正是其优势所在。

《民法典》第一百五十一条以"法律行为"作为调整对象，对于法律行为，学说上常划分为三类，即单方法律行为、双方法律行为、多方法律行为。对于单方法律行为，如债务免除、解除权的行使、所有权的抛弃等，仅存在一方当事人，不存在第一百五十一条要求的一方利用对方的问题，自然不存在显失公平的问题。对于双方法律行为，即合同行为，应是显失公平制度适用的主要领域。不过，对于无偿合同，如赠与等，由于不存在交换关系，自然也不在显失公平制度调整之列。应该说，显失公平制度主要适用于有偿合同，既包括典型的双务合同，如买卖、承揽、租赁

---

① 参见［德］卡尔·拉伦茨《法学方法论》，陈爱娥译，商务印书馆2003年版，第340页；黄茂荣《法学方法与现代民法》，法律出版社2007年版，第632页。

② 有学者已从此角度进行了类型化的整理。参见武腾《显失公平规定的解释论构造——基于相关裁判经验的实证考察》，《法学》2018年第1期。

等，也包括一些有偿的单务合同，例如对于有息借款合同，如果当事人约定以交付借款作为合同的成立要件的话。一言以蔽之，合同适用显失公平制度以存在交换关系为必要。至于多方法律行为，如设立合伙的共同行为，能否适用显失公平制度予以调整？应该看到，《民法典》的立法者使用"显失公平"这一抽象的表达，相比于德国民法上"给付与对待给付显著不相称"这样的描述，具有更大的包容性。现实来看，合伙合同作为安排当事人权利义务的协议，也存在不公平的可能性，司法实践中也的确有以显失公平为由撤销合伙协议的案例。[1] 因此，在我国法上，应认为多方法律行为亦有适用显失公平制度的空间。

如此一来，法律行为显失公平不仅表现为交换关系中的不公平，也表现为权利义务分配中的不公平。此外，除了法律行为整体上显失公平外，法律行为的部分，如合同的个别条款，如竞业限制条款，也有单独构成显失公平的可能性。综上所述，本书将法律行为显失公平的表现形态划分为交换关系中的不公平、（财产）权利义务分配关系中的不公平以及个别条款的不公平三类。

三 类型整理的线索

在确定法律行为显失公平的三种形态之后，进一步的问题则是在各个形态内部，选取何种标准作为类型展开的线索。对此，我们不妨先参考一下德国学者的工作。

梅迪库斯教授在不相称关系下，划分了三类暴利，分别为信用暴利、销售暴利和租赁暴利。[2] 弗卢梅教授将暴利行为划分为金钱暴利、信用暴利和财产暴利，金钱或信用暴利是指某人因向他人提供贷款或允许他人延期偿还金钱而要求该他人给予其过多利益。财产暴利则是指除上述行为之外的给付与对待给付的不对等。[3] 施陶丁格法律评注的纂写者罗尔夫·萨克（Rolf Sack）将暴利行为划分为三类，第一类是消费者与信贷机构之间

---

[1] 参见玉林市中级人民法院（2018）桂09民终505号民事判决书。
[2] 参见［德］迪特尔·梅迪库斯《德国民法总论》，邵建东译，法律出版社2013年版，第538—540页。
[3] 参见［德］维尔纳·弗卢梅《法律行为论》，迟颖译，法律出版社2013年版，第449页。

的信贷合同；第二类是其他借贷合同，包括企业间借贷、非企业贷款者的机会贷款（Gelegenheitskredite）、人身保险和消费者借贷的混合合同、融资租赁合同；第三类是其他合同，包括不动产交易、用益租赁、股权转让、中介服务、动产买卖、著作权许可、工资暴利等。①

上述德国学者的类型整理尽管表现形式略有不同，但均贯彻了一个基本的分类，即区分信贷暴利（Kreditwucher）和财产暴利（Sachwucher）。应该说，这一划分有历史因素的影响，正如本书第一章的介绍，德国法上设立暴利行为制度最初的目的就在于规制高利贷，对财产暴利的规制是后来才加入的。除此之外，信贷暴利与财产暴利的区分还有其实质上的原因。信贷合同的给付与对待给付均为作为一般等价物的金钱，这就为其给付对等性的判断提供了极大的便利，尽管借款人会返还多于贷款人提供数额的金钱，作为使用贷款人金钱的代价以及对其面临风险的补偿，但在一定时期特定地域内有较为固定的市场利率作为参考，故信贷合同是否构成暴利的判断标准较为客观。正是这个缘故，德国联邦议会曾经在1983年8月18日审议过一个法律草案，企图在民法典第一百三十八条补充第三款，规定信贷行为直接根据给付和对待给付的显著不相称而无效。② 虽然这一草案最终未能定案，但信贷暴利的特殊性由此可见一斑。

与之相较，财产暴利所涉合同中交换的并非同类物，并且合同种类繁多，合同标的形态各异，因此价值判断往往要具体分析，甚至要因人而异，寻求绝对客观化的判断标准比较困难。因此，对于财产暴利的成立而言，合同给付客观均衡性所占的比重较小，需要更多地依赖其他要素。正如梅迪库斯教授所说，在买卖行为和其他销售行为中，人们对暴利行为——如出卖人索要过高的价格——的讨论，要大大少于信贷行为。在买卖行为中，大多是出于其他原因才能构成违背善良风俗，如出卖人说服买受人购买了一件他用不着的或买不起的东西。③ 由此可知，信贷暴利与财产暴利划分的一条潜藏的线索，即合同给付均衡性判断标准的客观性及其

---

① Vgl. Staudinger Kommentar zum BGB/ Sack, 2003, §138, Rn. 181–193.
② Vgl. Staudinger Kommentar zum BGB/ Sack, 2003, §138, Rn. 230.
③ 参见［德］迪特尔·梅迪库斯《德国民法总论》，邵建东译，法律出版社2013年版，第540页。

在暴利行为构成中所占的比重。

德国学者的类型化标准颇具启发意义，值得参考，本书也以此作为类型整理的线索，将各种合同类型按照客观均衡性判断由易到难进行排列，透过这种排列，我们可以发现一种动态体系式的流动式思维过程。需要说明的是，由于《民法典》颁布不久，新的显失公平制度积累的案例尚且不多，故笔者的类型整理不限于既有判例中存在的合同类型，还包括可能适用显失公平制度的合同类型。例如，对于信贷暴利，由于我国司法解释确立了"四倍红线"这一简便可操作的标准，司法实务部门也大多以此审查借贷利息，不过正如前文所论，"四倍红线"标准并不排斥显失公平制度的适用，并且从功能而论，二者具有互补效果，运用显失公平制度审查借贷暴利在一定程度上可以弥补"四倍红线"标准的缺陷。因此，尽管司法实践中以显失公平制度处理借贷暴利的案例不多见，但本书仍将其作为显失公平的一种类型，并且进一步讨论显失公平制度在其中的具体适用方法。

第二节　交换关系中的不公平

一　利息暴利[①]

（一）借贷利息规制的三条路径

对于借款利息的规制，在我国法律之下，存在三条可供选择的路径，第一条是众所周知的"四倍红线"标准。关于"四倍红线"标准在借贷利息规制中存在的不足，已在前文中有所提及，在此不赘。此外，根据该标准，借贷双方约定的利率超过四倍 LPR 的，超过部分的利息人民法院不予支持，相当于相关利息约定部分无效。由于涉及法律行为的效力评价，"四倍红线"标准本身的正当性亦值得怀疑。因为根据《民法典》第一百五十三条第一款，只有法律、行政法规的强制性规定能够导致合同无效，而"四倍红线"标准仅作为司法解释的规定。对此，或许可以将"四倍红线"标准结合

---

① 本小节部分内容已公开发表。参见蔡睿《"从两线三区"到"显失公平"：民间借贷暴利规制路径之嬗变》，《商业研究》2019 年第 4 期。

《民法典》第六百八十条第一款的高利贷禁止规定，通过《民法典》第一百五十三条第一款对合同条款的效力作出否定评价。然而，这一解释的问题在于，《民法典》第六百八十条第一款作为引致规范，本身为不完全法条，不能单独作为宣告合同无效的请求权基础规范。况且，也不能将司法解释的规定视作《民法典》第六百八十条第一款的"国家有关规定"，因为这不符合只有法律、行政法规的强制性规定可以导致合同无效的要求。

除"四倍红线"标准外，另一条至今未受到关注的利息规制路径则是通过法律行为适法规范，即《民法典》第一百五十三条第一款的规定。德国法上，由于其《刑法典》第二百九十一条规定了信贷暴利罪，故对于信贷暴利除了根据《民法典》第一百三十八条第二款宣告无效外，还可以其违反刑法规定而根据第一百三十四条宣告无效。我国刑法除适用情形比较有限的高利转贷罪外，对于高利贷行为并未规定专门罪名，因此这一路径长期以来没有引起关注。不过，2019年7月23日，最高人民法院联合四部门共同发布《关于办理非法放贷刑事案件若干问题的意见》，根据该意见第一条的规定，违反国家规定，未经监管部门批准，或者超越经营范围，以营利为目的，经常性地向社会不特定对象发放贷款，扰乱金融市场秩序，情节严重的，依照刑法第二百二十五条第（四）项规定，以非法经营罪定罪处罚。如此一来，如果发放高利贷构成刑事犯罪，则根据法律行为适法规范宣告高利贷行为无效的通道似已被打通。尽管如此，依据这一路径规制借贷暴利仍非理想。首先，刑法与民法的功能不同，前者严厉的法律制裁使得高利贷的入罪标准较高，根据上述意见，只有在2年内向不特定多人以借款或其他名义出借资金10次以上，方才属于"经常性地向社会不特定对象发放贷款"，进而构成犯罪。由此，并非所有的信贷暴利均能通过这一路径得到规制。其次，以非法经营罪规制高利贷本身亦是权宜之计，这一罪名的构成具有极大的不确定性，在实践中有沦为"口袋罪"的嫌疑，已遭到学界不少质疑。[①] 将其作为借贷暴利规制的依据，有

---

① 参见高翼飞《从扩张走向变异：非法经营罪如何摆脱"口袋罪"的宿命》，《政治与法律》2012年第3期；马春晓《非法经营罪的"口袋化"困境和规范解释路径——基于司法实务的分析立场》，《中国刑事法杂志》2013年第6期。

损于法的安定性。最后，违反法律禁止性规定的法律行为的效果为无效，就此而言，未必对高利贷的受害者有利。

第三条规制高利贷的路径则是通过显失公平制度，如本书第二章所述，从制度史的角度来看，高利贷本就是显失公平制度最初的规制对象，只是这一功能在我国长期没有受到重视罢了。① 比较而言，显失公平制度的构成较之"四倍红线"标准更为灵活，而其法律效果相对于法律行为适法规范又更为弹性，是一个规制借贷暴利比较理想的方案。当然，显失公平制度的适用弹性亦决定其操作更为复杂，对法官的法律适用技术要求较高。如何运用显失公平制度规制借贷暴利，在发挥其灵活性优势的同时又保障法的安定性，是一个值得进一步讨论的话题。

（二）借贷利息过高的认定标准

在价格理论的视角下，借款利息的构成可以被分解为以下几个部分：抵销通胀、冲销风险、支付交易费用和获取资本利得。② 其中，特定地区一定时期的通胀率是稳定的，而交易费用是可控且数值较为确定的，因此，冲销风险和资本利得是考虑利息是否合理的关键点。对于借款的风险，主要受到借款期限、借款用途以及有无担保的影响，法官在审查过程中应将这些因素予以充分考虑并进行差别对待。对于资本利得，法官应充分考虑本地区同行业的利润水平，若利息过分高于相关产业的平均利润水平，则须格外留意。当然，借贷行为，尤其是商业借贷，本质上是一个交易行为，而交易本身就面临盈利或亏损的风险，法官应为借贷双方的自由博弈预留一定的空间，以免破坏市场秩序。

由法官在个案中考虑各项因素来决定利息是否合理，固然是一个理想状态，但这种理想却过分地依赖法官的专业素养和责任心，并且在裁判上存在较大的不确定性。考虑到我国法官普遍缺乏金融领域的专业知识，并且法院在信息来源上也处于不对称状态，无法保证其在面对专业问题时能作出迅速而准确的判断。③ 因此，相较于上述完全放权于法官的做法，为

---

① 当然，笔者也发现有依据显失公平撤销借款合同的案例，参见"田利库、沈阳北方建设股份有限公司企业借贷纠纷案"，辽宁省高级人民法院（2017）辽民再684号民事判决书。
② 参见许德风《论利息的法律管制——兼议私法中的社会化考量》，《北大法律评论》2010年第1期。
③ 参见陈若英《超脱或应对——法院与市场规制部门的竞争》，《北大法律评论》2013年第1辑。

法官裁断事实提供一定基准或许是更为现实的选择。

在判断基准的选取上，市场利率或是一个选择。例如德国法院在判断消费者信贷利率是否显著过高时，即将德意志联邦银行月报告中对于分期付款交易提供的平均月利率作为重点利率（Schwerpunktzins）参考，原则上，当根据合同利率计算的有效年息两倍于重点利率时，通常就构成给付与对待给付的显著不相称。① 不过，选择市场利率作为显失公平客观要件的认定基准，在我国存在如下障碍：其一，市场利率难以获取，我国除中国人民银行温州中心支行定期监测并公布温州地区的民间借贷平均利率外，其他地区的民间借贷利率缺乏专门机关的统计。其二，我国民间借贷市场存在明显的地域分割特点，不同地区的借贷利率往往存在差异，发达地区利率相对低一些，不发达地区则相对高一些，例如2004年，浙江省湖州市总体月利率水平在10‰—17‰，衢州市在10‰—20‰，宁海则在10‰—12‰。② 同一省份不同地区即存在如此差异，放眼全国这种差异会更大。

鉴于上述情形，笔者认为不妨直接借用"四倍红线"标准作为判断借款利率是否显著过高的基准，即当事人约定的年利率超过四倍LPR的，就可以认为满足显失公平的客观要件。理由在于：第一，"四倍红线"标准以中国人民银行授权全国银行间同业拆借中每月发布的一年期贷款市场报价利率为基准，四倍LPR在一定程度上反映了官方对高利贷的传统认知和容忍上限。③ 第二，"四倍红线"标准实行多年，市场主体对这一标准已形成一定认知，以此作为借款合同客观上是否显失公平的认定基准，不会超出市场主体的预期。第三，根据温州民间借贷网公布的当地民间借贷利率情况，作为我国民间借贷最活跃的地区，温州地区2016年至2018年的民间借贷市场利率维持在14%至18%的区间。④ 考虑到最近几年经济增速放缓，民间借贷利率呈下降趋势，目前四倍LPR维持在13%—15%区间

---

① Vgl. Staudinger Kommentar zum BGB/ Sack, 2003, §138, Rn. 181 – 182.
② 参见郭安娜等《民间借贷现趋活跃对金融宏观调控的影响》，《浙江金融》2004年第9期。
③ 2001年4月26日施行的《中国人民银行办公厅关于以高利贷形式向社会不特定对象出借资金行为法律性质问题的批复》中将高利贷的认定标准确定为银行同类贷款利率的4倍。
④ 《温州指数2016—2018年走势图》，http://www.wzmjjddj.com/news/list.php? fid = 139，最后访问时间：2018年3月30日。

(2023 年)，基本符合正常民间借贷约定的利率上限。

需要说明的是，选择以四倍 LPR 为界，只是为法官作出判断提供一项基准，其本质上属于一种对客观要件事实的"推定"，这种"推定"可以为相对人提供的相反证据所推翻。① 例如德国法院虽然以双倍标准作为认定给付显著失衡的基准，但是这一界限并非绝对，在这一界限之下，显著失衡可以基于其他对另一方过重负担的规定而被接受，在这一界限之上，显著不均衡也可以基于合同特殊的风险结构或类似的情形而被排除。② 其次，这种推定应只适用于一般性质的贷款，对于一些具有特殊性质的贷款，则不适用。例如，德国判例对于机会贷款（Gelegenheitsdarlehen），即私人贷款提供者向其商业伙伴提供的短期借贷，在给付不相称的判断上即不适用双倍标准。在一个六周的风险贷款中，本金为 72000 马克，最终还款 90000 马克，也不构成显著失衡。在这样的短期贷款中，法院不能将约定利息转化为年息与市场利率进行比较。③ 最后，利率是否超过四倍 LPR 只是认定显失公平客观要件的基准，即使利息超过四倍 LPR，合同是否显失公平，仍要进行主观要件的考察。

（三）借贷利息过高时对主观要件的推定

借款合同作为法律行为的一种，遵循意思自治原则，其利率高低由当事人自行评估协商形成，因而利息暴利的认定仍不应忽视主观要件。不过，相对于其他合同，借款合同的特殊之处在于标的物为货币。货币作为一般等价物，其功能并非对其本身的直接利用，而在于交换其他有用的商品，故其价值是在市场条件下客观决定的，当事人的主观因素影响不大。并且，在通常的借贷关系中，相对于经验丰富、财力雄厚的贷款人，借款方往往是低收入或者面临困难而急需用钱的人，这些弱势群体往往对金融信贷市场缺乏清晰的认识，因此，在借贷关系中平等协商往往并不存在，"自由博弈"的结果通常是高利率的产生而使借款人利益受损。④

---

① 在某种程度上看，这种"推定"既是对法官自由心证的指引，也是对自由心证的约束。
② Vgl. Leenen. BGB Allgemeiner Teil：Rechtsgeschaeftslehre 2. Aufl，2015，§9，S. 219.
③ Vgl. Hirsch，BGB Allgemeiner Teil，9. Auflage，2016，S. 278.
④ See William Anderson，"An Economic Analysis and Brief Legislative Overview of Usury Ceilings"，in Congressional Research Service Reports，July 2，1981，p. 3.

此外，资本作为市场的血液，其配置和流向不仅关乎个人，而且事关金融稳定与经济安全，因此，对借贷利率予以管制，不仅是一个弱者保护的问题，更是关乎国民经济健康发展的一个宏观政策问题。根据学者们的研究，对借贷利率予以管制至少出于以下几点考虑。

第一，从促进经济增长角度出发，认为利率与投资之间存在着此消彼长的关系，利率管制下的低利率有利于促进投资，进而带动经济增长。[①]

第二，利率规制有助于政府产业政策的落实和经济的健康运行。根据马克思的观点，利息是平均利润的一部分，而利润的本质则是剩余价值，对利息的分配也是对剩余价值的分割。在马克思看来，利息率是货币资本家和产业资本家之间分割利润或剩余价值的竞争，利率的高低一方面取决于平均利润，因为它决定了利率的最高界限；另一方面则取决于货币资本家与产业资本家的博弈，而这种博弈则取决于资金的供求关系。[②] 然而在很多时候，货币资本家与产业资本家的这种博弈往往是不平等的。根据经济学家麦金农的研究，在发展中国家普遍实行金融抑制政策，这种政策使得大量中小企业不能从正规金融机构获得贷款，因而催生了民间金融。[③] 而在民间金融领域，则是典型的贷款方市场，掌握资金的贷款人处于绝对的强势地位，放任双方自由竞争的结果，便是民间借贷的高利化。在赞同管制论者看来，如果不对民间借贷利率实行管制，那么超过实体经济利润的借贷利率，不仅将会导致中小企业大量破产。并且，高利率将对资本产生虹吸现象，产业资本将会被大量吸引到借贷领域，进而使得经济"脱实向虚"，最终导致产业空心化和泡沫经济。

第三，利率规制还是一种积极的社会保障措施，在贫富差距越大的年代，政府通过高利贷管制，实际上使资金收益由高收入者向低收入者转移，从而实现社会财富的再分配。[④]

[①] See William Anderson, "An Economic Analysis and Brief Legislative Overview of Usury Ceilings", in Congressional Research Service Reports, July 2, 1981, p. 3.

[②] 参见［德］卡尔·马克思《资本论》（第三卷），人民出版社2004年版，第401—414页。

[③] 参见［美］罗纳德·I. 麦金农《经济发展中的货币与资本》，卢聪译，上海三联书店1997年版，第76—83页。

[④] See Edward L. Glaeser & Jose Scheinkman, "Neither a Borrower Nor a Lender Be: An Economic Analysis of Interest Restrictions and Usury Laws", The Journal of Law and Economics, Vol. 41, No. 1, 1998, p. 1.

第六章　法律行为显失公平的类型整理

第四，社会秩序的维护也是借贷暴利规制中一个不可忽视的理由，高利贷往往是黑恶势力产生的温床，如果放任高利贷的发生会引发暴利追债等违法犯罪活动。[1] 基于以上原因，对借贷利率予以管制一直是古今中外各国政府的共同做法。

综合以上因素，在利息暴利的认定中，客观因素应占有较大比重，主观要素的要求可适当降低。在实践操作层面，针对主观要件往往难以证明的问题，不妨在当事人约定借贷利率显著过高时，直接推定主观要件成就，进而肯定借款合同显失公平。此种推定就程序法视角来看，应属于一种表见证明。所谓表见证明，是指法院基于一般生活经验而推得之典型事实经过，由某一客观存在事实，而推断另一于裁判上具有重要性待证事实之证据提出过程。[2] 就其性质而言，表见证明属于一种证据评价，是法官在自由心证的范围内对经验法则的运用。[3]

具体到借贷利息问题上，若当事人约定的利率明显高于正常标准，并且借贷双方处于明显不对等的境地，那么法官不妨推定主观要件事实的存在，除非贷款人能提供合理的证据证明借款人是在充分自愿的情况下接受利息约定的。如此一来，进一步的问题便是，约定利率达到何种程度可作为推定的基准？能否提供一个客观的标准供法院参考？对此，德国法院在消费者信贷领域采纳"双倍标准"，即给付与对待给付严重不相称，以致超出市场正常利率的100%时，原则上可以推定存在违背善良风俗的准暴利行为的主观要件。[4] 考虑到我国民间借贷市场的分割性以及法官专业素养的差异性，选取一个客观值作为推定显失公平主观要件存在的基准，是具有合理性的。在参考标准的选取上，笔者认为不妨参考德国的双倍标准，即，如果当事人约定的年利率超过四倍LPR的两倍（相当于八倍LPR），那么可直接推定存在显失公平制度要求的主观要素。当然，这种表见证明既然建立在事实经验的基础上，那么其适用也应有所限度。如果借贷双方当事人力量均衡，如双方均为势均力敌的企业，则不能进行这样的

---

[1] 参见杜万华《建立和完善我国民间借贷法律规制的报告》，《人民司法》2012年第9期。
[2] Vgl. Schlosser. Zivilprozessrecht I, 2. Aufl., 1991. Rn. 369.
[3] Vgl. Baumbach/Luterbch/Albers/Hartmann, ZPO Kommentar, 64. Aufl., 2006, §286, Rn. 15.
[4] Vgl. Grigoleit/Herresthal, BGB Allgemeiner Teil, 3. Aufl., 2015, S. 176.

推断,主观要件仍须当事人自行证明。①

需要说明的是,笔者虽然主张以四倍 LPR 作为推定显失公平客观要件满足的基准,以四倍 LPR 的两倍作为推定满足显失公平制度主观要件的阈值。但笔者无意使"四倍红线"标准与显失公平制度合二为一,或者将"四倍红线"标准作为显失公平制度的下位规范,二者仍是相互平行的制度。在司法实践中,如果借款合同约定的年利率超过四倍 LPR,则须进一步审查是否满足显失公平制度的主观要件,若不满足显失公平制度的构成要件,则按"四倍红线"标准处理即可。如果满足显失公平制度的主观要件,则借款合同就不仅仅是超过四倍 LPR 的利息不予支持,而是不利方可以撤销整个借款合同。

如此一来,在民间借贷的暴利规制上,实际上将实行双轨并存的审查方式,就结果而言可能出现四种情形(见表6-1):其一,利息约定不超过"四倍红线"标准也不构成显失公平;其二,超过"四倍红线"标准并且同时充足显失公平制度的构成要件;其三,利息约定不超过"四倍红线"但却充足显失公平制度的构成要件;其四,利息约定超过"四倍红线"标准但不充足显失公平的构成要件。上述第一种情形无须赘言。对于第二种情形,由于二者的法律效果不同,一为部分无效,一为可撤销,那么将会发生双重效果,当事人可以选择对其有利的主张。② 就程序而言,由于"四倍红线"标准属于对借贷利息的法定限制,无须当事人主张法官亦得依职权审查。而对于显失公平规则,其效果为可撤销,属于当事人需自愿选择行使的权利。因此,在诉讼中,若债务人提出拒绝支付利息的抗辩时,法官应释明当事人是否主张显失公平而撤销合同。对于第三和第四种情形,则分别适用"四倍红线"标准或显失公平制度。从这一效果上看,将显失公平制度引入借款合同的利息审查中,将起到加强利息规制的效果,从当今实务面临的现实情况来看,这无疑是"对症下药",显失公平制度或可弥补"四倍红线"标准的不足,起

---

① 德国判例中,对于企业间借贷以及机会贷款,不采用主观要件的推定规则。Vgl. Staudinger Kommentar zum BGB/ Sack, 2003, §138, Rn. 185 – 187.

② 在此产生无效行为的可撤销问题。无效行为何以仍可被撤销,可参见王泽鉴《民法学说与判例研究》(第4册),北京大学出版社2009年版,第27页。

到加强借款人保护的作用。

表6-1 显失公平制度与"四倍红线"规则并存适用时的合同效力

显失公平制度 "四倍红线"标准	不构成显失公平	构成显失公平
未超过四倍 LPR	约定有效	合同可撤销
超过四倍 LPR	部分无效	部分无效/合同可撤销

（四）利息暴利的变形

纵使法律对借款利率进行管控，但有利润的地方就会有人铤而走险，为追求暴利自然也会催生规避法律管制的手段。

一种规避手段是当事人虽然约定的利率条款符合法律要求，但通过复利、逾期利息、违约金等的设计使借款人实际负担过重。此外，各种巧立名目的收费，使利息改头换面的现象也时常可见。例如，根据有关媒体报道，实践中大量网络借贷平台以中介人的身份出现，通过收取中介费的形式与"名义"出借人的利息进行了拆分，从而规避法定的利率限制。① 对于这种规避行为，各国司法机关均不会坐视不管。根据法国1966年颁布的《高利贷法》第三条的规定，法国法院在计算借贷利率时，不仅要考虑合同中明确的利率约定，还要考虑所有费用、佣金以及其他支出。② 德国联邦普通最高法院在计算利息的时候，亦将以其他名义附加在借款人头上的费用，特别是"要约费"和中介费用，一并列入利息范围。③

我国《民间借贷司法解释》第二十七条至第二十九条分别就复利、逾期利息和违约金等约定的上限作出规定，正是考虑到可能存在的法律规避问题。对于通过各种服务费、中介费等名义规避利率管制的行为，最高人

---

① 参见《民间借贷纠纷渐长 法院建议：禁预扣借贷中介费》，http://money.163.com/17/0512/17/CK8L4D68002580S6.html，2018年3月28日。

② See A. H. Angelo, E. P. Ellinger, "Unconscionable Contracts: A Comparative Study of the Appo-raches in England, France, Germany, and the United States", Loy. L. A. Int' I& Comp. L. J., Vol. 14, 1992, p. 480.

③ 参见［德］迪特尔·梅迪库斯《德国民法总论》，邵建东译，法律出版社2013年版，第539页。

民法院于 2018 年发布了《关于依法妥善审理民间借贷案件的通知》，该通知第三条要求各级人民法院严守法定利率红线，人民法院在民间借贷纠纷案件审理过程中，对于各种以"利息""违约金""服务费""中介费""保证金""延期费"等突破或变相突破法定利率红线的，应当依法不予支持。对于这种规避利率红线的手段，显失公平制度具有天然的优势，因为不管利息以何种明目出现，均可视作一方当事人的负担，纳入到合同公平性的审查范围之内。

另一种较为常见的规避手段则是伪装交易，或者通过改变给付标的的方式达成规避利率管制的目标。对此种规避方式法官首先必须通过合同解释澄清其本来面目。例如双方当事人达成一个附有买回权的买卖，在标的物出售一段时间后，出卖人可以买回标的物，但须返还价款且要支付一笔额外的费用。这样一个外在形式上的买卖合同本质上是一种融资安排，需要受到法院审查是否构成暴利。① 德国判例对人寿保险与消费信贷的混合合同，以及融资租赁合同，同样比照借贷暴利的标准予以审查。②

我国实践中比较常见的一种情形是当事人订立借款合同时又订立一个买卖合同，约定借款人不能还款时，将其所有的房产过户给贷款人，借款抵作购房款。对此，《民间借贷司法解释》第二十三条第一款正确地将其按照民间借贷法律关系审理。正如本书第四章所述，这种做法一方面有规避流押、流质禁令的嫌疑，不过前述司法解释同条第二款通过引入清算义务放过其一马，未否定这类约定的效力。即便如此，这里仍然存在"四倍红线"标准以及显失公平制度的适用空间，对于后者，也应该按照利息暴利的标准予以审查。③

与前述类似的还有在还款期届至后双方当事人签订以物抵债协议的情况，此时虽不构成对流押、流质禁令的规避，但合同仍有可能构成显失公平。④ 对

---

① See A. H. Angelo, E. P. Ellinger, "Unconscionable Contracts: A Comparative Study of the Approaches in England, France, Germany, and the United States", *Loy. L. A. Int' l& Comp. L. J.*, Vol. 14, 1992, p. 477 – 478.
② See Staudinger Kommentar zum BGB/ Sack, 2003, § 138, Rn. 188 – 189.
③ 参见最高人民法院（2011）民提字第 344 号民事判决书。
④ 参见最高人民法院（2015）民一终字第 149 号民事判决书。

此，在客观给付失衡的判断上，应以合同签订时标的物的价值与借款本金进行比较，审查其是否超过借款本金达到四倍LPR。不过，在上述情形中，由于金钱债务已经转化为以物抵债，而物的价值的评估难以做到精确，因此法院在房债价值的权衡上应该有所弹性。[1] 当然，显失公平制度的适用不应忽视当事人的主观状态，特别是在双方当事人均为商事主体的情况下，如果债务人不能证明债权人存在利用其危困状态、无经验等情形，则以物抵债协议不构成显失公平。例如在"青海昆玉实业投资集团有限公司与青海福果典当有限公司合同纠纷案"中，双方签订的《玉石冲抵借款费用协议书》，约定以玉石冲抵原借款债务，虽然冲抵的借款债务年利率高达42%，但审理该案的法院认为"昆玉公司作为开采、加工、销售玉石的专业企业，未经评估机构评估，即对其所有的玉石进行折价，不属于缺乏经验的情形"，"昆玉公司基于生产经营需要而进行借贷并展期，与紧急情况下的生活消费型借贷不同，不存在危难急迫的客观事实"。因此认定本案合同不存在乘人之危和显失公平的情形。[2]

二 人身损害赔偿协议

实践中多发的一类案件，当原告遭受人身损害，而被告作为雇主，或作为侵权行为人，需对受害人承担赔偿责任时，双方达成所谓赔偿协议，在协议中约定由被告赔偿原告一笔金钱，原告则放弃主张该赔偿外的对被告的其他权利，后原告以赔偿额度低于法定标准为由请求人民法院撤销赔偿协议。

《最高人民法院公报》2013年第1期刊登的"黄仲华诉刘三明债权人撤销权纠纷案"为这类案件的典型代表，该案中黄仲华为个体工商户刘三明开办的广汉市亿达胶合板厂的员工，其在上班期间受伤，后双方达成赔偿协议，约定黄仲华放弃工伤认定和伤残等级鉴定，除刘三明已经支付的医疗费、停工留薪待遇、交通费等合计2927.92元外，再一次性支付护理

---

[1] 从实践的情况来看，有地方法院主张参照适用《合同法司法解释（二）》第十九条的规定，即当合同约定的抵债价格低于房屋市场价格的百分之七十的，可以认定合同客观上显失公平。北京市高级人民法院《关于审理房屋买卖合同纠纷案件若干疑难问题的会议纪要》第二十五条第二款。

[2] 参见最高人民法院（2016）最高法民终234号民事判决书。

费、伤残补助金、医疗补助金和伤残就业补助金合计 4000 元。并约定在该协议履行后,双方就此事项涉及的经济往来全部结束,黄仲华今后不得以任何理由以此事项再向刘三明提出任何经济赔偿。之后,黄仲华经工伤鉴定为伤残十级,由于赔偿协议约定的赔偿额远低于依照法律可以获得的赔偿额,遂其提起诉讼,要求撤销赔偿协议。该案经二审后,人民法院认定赔偿协议显失公平,准予撤销。①

就这类赔偿协议的性质而言,可以看作是就特定法律纠纷达成的和解协议,在我国属于无名合同的范畴。在这样的合同关系中,一方当事人作出一定给付（金钱）,在于换取对方免除或部分免除其法律责任,双方存在交换关系。既然如此,也就存在交换权益不对等的问题,因此也有适用显失公平制度的空间。当然,和解协议本身的性质决定其是双方当事人相互让步的结果,因此即便合同约定的赔偿额与当事人的实际损失存在一定差距,也不能一概否定和解协议的效力,唯如此,方能使和解制度的功能得以发挥。②

人的生命、身体、健康等权利是不能用金钱加以衡量的,但当这些权利受损时通过金钱予以补偿又是不得已的合理选择。正是这一原因,我国相关法律法规以及司法解释对人身损害赔偿的范围和标准作出了详细的规定。例如,国务院颁布的《工伤保险条例》对工伤医疗待遇、停工留薪期内的工资福利待遇、生活护理费、伤残补助金、伤残津贴等计算标准作出了详细规定。最高人民法院发布的《人身损害赔偿司法解释》就侵权案件中受害人遭受人身损害的可赔范围（第十七条、第十八条）,以及各赔偿项目的计算标准都予以了详细规定（第十九至二十九条）。正是这些客观标准的存在,现实中人民法院判断赔偿协议约定的赔偿额与法定赔偿标准是否差距过大,是比较容易做到的。从实践中的案例来看,有如下赔偿协议被法院认定为显失公平：工伤赔偿协议约定的赔偿额 25000 元,与原告伤残七级的工伤待遇以及停工留薪期 6 个月的补偿数额差距太远。③《协议

---

① 《黄仲华诉刘三明债权人撤销权纠纷案》,http://gongbao.court.gov.cn/Details/b50af0ef3bbdf59479eb5b705eb807.html? sw=%E9%BB%84%E4%BB%B2%E5%8D%8E,2020 年 2 月 5 日。

② 参见武腾《显失公平规定的解释论构造——基于相关裁判经验的实证考察》,《法学》2018 年第 1 期。

③ 福州市仓山区人民法院（2017）闽 0104 民初 4692 号民事判决书。

书》约定被告赔偿原告10万元，与被告实际应承担的法定赔偿数额427374.44元相比显失公平。①《补偿协议》约定的补偿额9625元，与原告的实际损失46607.68元相比差距过大。②《工伤赔偿协议书》约定的赔偿额20000元，与被告对原告的依据法律的应赔金额（71875.41元）相差较大，显失公平。③《协议书》约定的赔偿额为28133.32元，而被告应赔偿原告的损失为88890.84元，《协议书》显失公平。④《补偿协议书》约定的赔偿额55000元，相较被告的法定赔偿责任215866.08元相差过大，协议显失公平。⑤

对于此类人身损害赔偿协议是否显失公平的认定，除客观要件外，是否还需要满足主观要件，在《民法典》颁布之前，各人民法院的裁判立场并不统一。上述公报案例中，法院就只审查了客观要件，而没有过问主观要件，此立场亦得到一系列案例的追随。不过，在另一些案例中，也有人民法院审查主观要件。例如在"王美容诉陈红及第三人吴旭英合同纠纷案"中，人民法院认为，原告在出院后明知其伤情可能存在伤残等级的情况下仍然明确表示放弃伤残等级鉴定，由此可见，在本案中不存在一方利用其优势或者利用对方没有经验的情形，进而否定赔偿协议显失公平。⑥又如在"钟伟明与王小群生命权、健康权、身体权纠纷案"中，人民法院认为原告未提交证据证明本案被告存在利用优势或采取恐吓的方式迫使原告签订调解协议等情况，故原告依据重大误解及显失公平要求撤销其与被告签订的调解协议，没有事实及法律依据，法院不予支持。⑦

在《民法典》颁布之后，人民法院不应再以单一客观要件的满足来认定合同显失公平，而必须审查主观要件存在与否。不过，就程序法视角而言，如果赔偿协议约定的赔偿额与法定标准差距过大，或者双方当事人之间存在结构上的不平等，例如在工伤赔偿的情形下，双方当事人为雇佣关

---

① 广州市中级人民法院（2010）穗中法民一终字第4612号民事判决书。
② 云阳县人民法院（2010）云法民初字第262号民事判决书。
③ 银川市中级人民法院（2016）宁01民终1151号民事判决书。
④ 南平市中级人民法院（2018）闽07民终201号民事判决书。
⑤ 上海市第一中级人民法院（2014）沪一中民一（民）终字第1542号民事判决书。
⑥ 乐山市沙湾区人民法院（2014）沙湾民初字第392号民事判决书。
⑦ 深圳市中级人民法院（2017）粤03民终16523号民事判决书。

系，通常情况下雇主具有谈判优势，而雇员只能迫于各种压力接受不利于己的条件。那么，不妨基于经验可以推定主观要件成就，除非另一方当事人能够举出反证推翻这一推定。当然，如果赔偿协议是在公权力机关的主持下达成，如交警队、人民调解委员会等，那么人民法院一般不太容易认定主观要件的成立。①

此类案件另一值得注意的问题是作为请求权基础的显失公平制度与重大误解制度的界分。从理论上讲，如果赔偿权利人对自己所受伤情存在错误认识，进而在此基础上签订赔偿协议，可依重大误解处理。例如在"徐树芬与谢顺会生命权、健康权、身体权纠纷案"中，原被告发生争执打闹，致原告受伤。在纠纷发生次日，在公安机关主持下，达成了被告赔偿原告200元损失的协议。不过，在达成协议时，原告认为其伤情仅需门诊治疗，未意识到其伤情的严重性，没有预见到日后住院导致的医疗费、误工费等损失，后法院查明原告遭受的实际损失为5146.38元。② 与之不同，如果当事人对自身伤情没有错误认识，只是治病急需用钱，或者由于对所签订协议的法律后果缺乏判断能力，致使接受极为有限的赔偿额度，则可依显失公平制度处理。当然，完全可能存在显失公平制度与重大误解制度的竞合现象，因为当事人对自身伤情的错误认识可能是由于无经验导致，并且即便存在错误认识，当事人也可能存在急需用钱的窘迫情境，如果对方当事人认识到这种情况并有意识地加以利用，进而签订一个十分不公平的赔偿协议，那么受害方亦可主张显失公平撤销合同。

三 财产转让合同

涉及显失公平的财产转让合同的类型较多，其中既包括不动产、动产等有体物的买卖，也涉及土地使用权、合同权利义务、营业转让、股权转让等情形。总体来说，所涉标的物为种类物，或具有市场价以供参考时，合同显失公平与否的认定较为容易。相反，如果涉及高度个性化的标的，

---

① 参见乐山市沙湾区人民法院（2014）沙湾民初字第392号民事判决书、深圳市中级人民法院（2017）粤03民终16523号民事判决书。
② 宁波市鄞州区人民法院（2015）甬鄞东民初字第284号民事判决书。

没有市场价可供参考,则认定合同显失公平的难度较大。

如果案涉标的存在市场价格,则法院通常以此作为判断合同客观上是否显失公平的标准,而市场价可通过评估机构的评估获取。例如在"潘锡群、田淑贞房屋买卖合同纠纷案"中,原告的委托人以77万元价格将房产卖予被告,法院委托评估机构认定该房产在出售时的市场价格为186.89万元,故认定房屋买卖合同显失公平。[1] 又如在"龚丽苹、杨丽梦买卖合同纠纷案"中,被告以5000元/吨的价格出售给原告387.802吨钢筋,法院查明合同签订时同类钢筋的市场平均价格为2500—2800元/吨,买卖合同被认定显失公平。[2] 如果双方当事人选择以某种评估方法确定的价格作为合同价格,纵使该价格与政府确定的基准价格有所出入,法院也不会认定合同显失公平。例如在"长县土地储备中心与长兴县牛燃料科技开发有限公司纠纷案"中,双方当事人以原告事先委托评估机构作出的估价作为国有土地使用权转让的价格,后原告以该价格低于政府文件确认的基准地价为由要求撤销合同,法院并未采纳,认为"基准地价仅是认定土地使用权价值的一个参考因素,并非简单的对应关系。"由于客观要件判断的相对客观性,此类案件认定合同显失公平的关键,在于显失公平制度要求的其他要件是否得到满足。例如,被告大昌公司虽以价值1000万元房产抵偿所欠原告张春成311万元债务,但法院认为该合同由双方当事人自愿签订,张春成并不存在利用优势的情形,遂未认定合同显失公平。[3] 又如,吴某以其900万元购买的房产抵偿600万元的债务,法院认为吴某作为一个从事商业活动多年的商人,应具备签订商业合同的丰富经验,而驳回其再审申请。[4] 再如,原被告达成废旧钢材买卖合同,虽然合同未约定对废旧钢材除杂,致使合同价格相对其品质较高,但法院以废旧钢材是通过公开拍卖成交,认定不存在显失公平的情形。[5]

如果合同标的物没有市场价格可供参考,法院对于显失公平的判断只

---

[1] 廊坊市中级人民法院(2017)冀10民终2215号民事判决书。
[2] 承德市中级人民法院(2018)冀08民终934号民事判决书。
[3] 山东省高级人民法院(2006)鲁民一终字第320号民事判决。
[4] 重庆市高级人民法院(2014)渝高法民申字第00250号民事判决书。
[5] 陕西省高级人民法院(2017)陕民再4号民事判决书。

能基于个案衡量。在合同权利义务概括转让案件中,有法院以转让人在合同中所享有权利的价值作为参考标准,例如在"平江县巨龙矿业有限公司与四川丰润矿业有限公司探矿权转让合同纠纷案"中,丰润公司与武警黄金部队达成探矿权转让的预约合同,后丰润公司将该预约合同下的权利义务作价 1000 万元转让给巨龙公司,巨龙公司随后与武警黄金部队达成《探矿权转让合同》,审理该案的法院认为巨龙公司从丰润公司受让的仅是与武警黄金部队洽谈探矿权转让的商业机会,巨龙公司与武警黄金部队确定的转让价款为 349.3 万元,两者相比较,涉案合同约定的价款高达真正探矿权人转让价款的三倍,故认定合同显失公平。①

还有法院以转让人在合同中的实际投入以及对标的物增值的贡献作为判断依据。在"张宝财与聂绪梅撤销权纠纷案"中,聂绪梅自 1998 年与农场签订 300 余亩荒地的承包合同,在支付 3 万元土地承包费以及 3 万元土地开发费后,将土地长期置之不管。2012 年,聂绪梅与张宝财签订《合同权利义务转让协议》,以 10 万元的价格将承包合同中的权利义务转让给后者,随后聂绪梅以显失公平为由请求法院撤销协议。审理本案的一审和二审法院支持了聂绪梅的诉请,判决撤销合同,不过新疆高级人民法院再审推翻了先前判决。再审法院认为土地作为一种特殊的标的物,其价值是随着所投入的物资和人力的增加而增加的,聂绪梅除支付 3 万元土地承包费及 3 万元土地开发费外,再无别的投入,相反,张宝财自《合同权利义务转让协议》签订后,不仅按期支付土地承包费,且提交大量证据以证明其对土地的投资。聂绪梅以其投资的 6 万元要求获得现存土地高达百万元的回报对张宝财不公,故驳回聂绪梅撤销合同的诉讼请求。②

在营业转让案件中,法院还会考虑合同目的来衡量合同价款公平与否。在"潘培宏与彭九琴等房屋租赁合同纠纷上诉案"中,原告与被告签订《转让协议》一份,约定被告将其门面连带装修、设备转让给原告,供原告经营餐厅,合同价款 7 万元。双方并同时签订一份租赁协议,租期为 2013 年 9 月 15 日至 2013 年 12 月 31 日,之后由原告与业主直接续租。后

---

① 湖南省高级人民法院(2015)湘高法民三终字第 124 号民事判决书。
② 新疆维吾尔自治区高级人民法院(2016)新民再 32 号民事判决书。

第六章 法律行为显失公平的类型整理

来，原告得知被告无权转租此一门店，且业主拒绝与其续租，遂要求撤销其与被告签订的《转让协议》。审理该案的法院认为原告签订《转让协议》的目的是利用该店面进行营业，故该协议有关转让价的约定考虑了租赁期限的长短，现原告已无续租继续经营的可能。而原告在三个半月的租期内，在支付租金的基础上，再支付7万元转让费用，有违公平原则，故将协议转让费由7万元变更为4万元。①

一类比较常见的案例是以显失公平为由要求撤销股权转让协议，不过从裁判结果来看，这些主张大多难以得到法院的支持。

首先，由于各个公司的情况不同，又没有公开的市场价格作为参考（上市公司除外），股权转让协议客观上显失公平的认定面临极大困难。实践中，有法院以公司注册资本以及股东的出资状况作为股权价格的衡量标准，如在"许雪芬与黄爱英股权转让纠纷案"中，法院以美通公司注册资本为1000万美元，投资合作协议书中约定的黄爱英的投资金额为1800万元等事实，认为黄爱英以1000万元作为其股份的转让对价应属合理范围。②还有法院以公司资产的价值来评估股权的价值，如在"计春林与梅兰化工集团有限公司股权转让纠纷案"中，计春林将颖兴萤石矿50%的股权以4000万元转让给梅兰化工，根据先前的评价报告，萤石矿有储量980万吨，但后来经调查发现该矿只有14.638万吨的可采储量，法院以此认定股权转让协议显失公平。③不过，在大多数案件中，法院会尊重当事人缔约时对股权价值作出的判断，即使后来一方当事人以公司资产状况或事后的评估报告作为股权转让显失公平的依据，法院也不认可。在"王仲贤与沈红新等股权转让纠纷案"中，王仲贤与伊维普特公司五名股东达成协议，决定收购五名股东持有的50%股权，转让价格根据公司资产负债表中的资产、债权以及公司的品牌价值确定为1614万元，后王仲贤委托评估机构得出公司股权实际价值应为430万元，并以公司不存在商誉价值为由，主张转让协议显失公平。审理该案的法院未采纳该意见，认为股权价

---

① 嘉兴市中级人民法院（2015）浙嘉民终字第279号民事判决书。
② 浙江省高级人民法院（2013）浙商外终字第143号民事判决书。
③ 河北省高级人民法院（2015）冀民二终字第55号民事判决书。

值是否等同于所在公司的账面净资产价值,对此并无绝对性标准。公司本身作为市场活动的持续参与主体,其营利能力、发展前景、市场资源、有形与无形资产等均可能影响股权转让对价的形成。① 又如,在"王泉森、井东明与位安荣、谢云芳股权转让纠纷案"中,王泉森、井东明二人将分别持有的公司 80%、20% 股权作价 1100 万元转让给位安荣和谢云芳,后王、井二人以《评估报告》显示公司股权价值 3105.27 万元为由主张合同显失公平。对此,法院认为双方约定的转让价格并未依据评估确定,当事人仅以评估报告显示的价格高于转让价而主张显失公平,法院不予支持,即便股权评估价格远高于转让价格,也未必一定显失公平。② 甚至有法院直接将股权价值的形成作为当事人的商业判断,由此导致的不利后果属于须自行承担的商业风险。③

其次,法院很难认定股权转让协议满足显失公平制度所要求的其他要件。在上述王仲贤案中,王仲贤本身即是伊维普特公司的大股东,且担任该公司董事长兼法定代表人,法院认为其并非处于法律上的弱势地位。④ 在许雪芬案中,法院认为许雪芬作为其他公司的法定代表人,也参与了案涉一系列协议的商谈,不存在缺乏经验的问题。⑤ 即使不存在作为公司股东或担任公司高管的情形,股权转让作为典型的商事交易,其参与者为商主体的事实一般也难以让法院相信其处于弱势地位。例如,在"祝心悦、王永年股权转让纠纷案"中,法院认为作为商人的祝心悦,理应对受让股权及莲花湖公司的经营状况、资产负债等情况进行全面调查核实,对于股权转让方对公司经营状况的陈述,没有理由全部信赖。⑥ 又如,在"洛阳煤电公司与华侨边贸公司等资产转让合同纠纷案"中,法院认为华侨边贸公司是已经经营多年的公司,并不缺乏交易经验。⑦

---

① 北京市海淀区人民法院(2013)海民初字第 23749 号民事判决书。
② 山东省高级人民法院(2013)鲁商终字第 249 号民事判决书。
③ 四川省高级人民法院(2017)川民终 162 号民事判决书。
④ 北京市海淀区人民法院(2013)海民初字第 23749 号民事判决书。
⑤ 浙江省高级人民法院(2013)浙商外终字第 143 号民事判决书。
⑥ 四川省高级人民法院(2017)川民终 162 号民事判决书。
⑦ 河南省高级人民法院(2008)豫法民二终字第 90 号民事判决书。

四 租赁合同

租赁合同由出租人将标的物交给承租人,而承租人为此支付租金,就物与金钱的交换而言,与财产转让合同类似,故交换公平性的判断可根据标的物的价值决定。然而,有所不同的是,出租人并不移转标的物的所有权,仅是将标的物交给承租人使用、受益,租期届满承租人须返还标的物,从这一角度看,租金可视作标的物的一种孳息,就此而言,与金钱借贷颇为类似。不过,出租人的给付与贷款人相比,其不受货币贬值的影响,且出租人的给付可能丧失的风险也往往是微不足道的。[①] 因此,对租金暴利的容忍范围应较借贷暴利更窄。为此,德国《经济刑法》(WiStrafG)第五条第一款专设租赁暴利罪,故意或轻率地为出租房屋索要不合理高的租金者,构成违反社会秩序的行为。只要出租人利用房屋供应不足的情形,索要的租金与同类房屋的通常价格相比"为实质之超过",该报酬即为不合理的高价。在德国司法实践中,索要超过通行价格20%的房租,就可认定为不合理的高价。[②] 在法律适用上,德国《经济刑法》第五条关于租金暴利的规定属于暴利的特别规定,满足该条构成要件的租赁合同可根据《经济刑法》第五条第一款并《民法典》第一百三十四条无效,只有当《经济刑法》第五条的要件不满足时,才考虑适用《民法典》第一百三十八条第二款。[③]

我国审判实践中,法院常通过委托鉴定的方式确定租金的参考标准,并且如果涉及商铺租赁,法院会走访调查同一地段类似商铺的租金情况。例如在"沈某某与舟山市台胞商场有限公司房屋租赁合同纠纷案"中,法院以案涉商场一楼的评估价5197元/平方米,结合同一商场一楼出租给其他商户的年租金5756元/平方米,认定案涉合同租金过低。[④] 又如在"百色长江房地产开发有限公司与钟王娟租赁合同纠纷案"中,原被告租赁合

[①] 参见[德]迪特尔·梅迪库斯《德国民法总论》,邵建东译,法律出版社2013年版,第540页。

[②] 参见[德]迪特尔·梅迪库斯《德国民法总论》,邵建东译,法律出版社2013年版,第541页。

[③] Bork, Allgemeiner Teil des Buergerlichen Gesetzbuchs, 3. Auflage, 2011, Rn. 1158.

[④] 舟山市中级人民法院(2012)浙舟民终字第88号民事判决书。

同约定租金为每平方米22元,且租金每年递增12%。法院调查发现原告在同一时段以每平方米17元的租金并以每年递增5万元将类似商铺出租给其他商户。法院两相比较认为案涉合同的租金确实高于原告与其他租户签订的合同,认定合同存在显失公平。[①] 再如在"肖小德诉被告陶辉房屋租赁合同纠纷案"中,原被告签订的合同的租金为9000元/月,远高于评估机构确定的4200元/月的评估价,被法院认定显失公平。[②]

在租赁合同被认定显失公平的情形下,由于其属于继续性合同,单纯撤销合同可能并非合适选择,故在维持合同效力的基础上调整租金比较适当。德国判例对租金暴利适用维持效力的限缩原则,将租金降至法律最高允许的范围,或者调整至相似地段可比较的租金范围。[③] 我国法院亦通过变更租金的方式调整合同,上述长江公司案中,法院即参考同等地段商铺的租金,将涉案合同租金调整为17元/每平方米。而在肖小德案中,租金则参考评估价予以调整。当然,在租赁合同显失公平的判断中,仍不能免除主观要件的要求,上述认定租赁合同显失公平的案件中,均对此予以了考察和认定。

五　建设工程合同

根据《民法典》第七百八十八条的定义,建设工程合同是承包人进行工程建设,发包人支付价款的合同。在建设工程合同中,承包人工作价值的成分较为复杂,既包括其投入的物料成本,还包括其付出的劳力和智力,故此类合同标的价格的计算较之前述几类合同更为主观。正是这一缘故,以显失公平为由撤销建设工程合同的难度颇大。此外,建设工程合同为典型的商事合同,此类合同的当事人多为具有商业经验的市场主体,法院一般也较难认定其满足显失公平所要求的主观要件。在"重庆渝圣建筑工程有限公司与重庆龙江置地有限公司建设工程施工合同纠纷案"中,原被告签订《土石方项目施工合同》,约定土石方爆破开挖综合单价为32元/立方米,后原告以其远高于市场价格为由要求撤销合同。审理该案的法

[①] 百色市中级人民法院(2014)百中民一终字第260号民事判决书。
[②] 江西省南昌县人民法院(2015)南民初字第1756号民事判决书。
[③] Vgl. Staudinger Kommentar zum BGB/ Sack, 2003, §138. Rn. 120.

院认为，虽然原告委托工程造价鉴定机构举示了合同约定单价高于市场单价的客观事实，但本案中的原告作为房地产开发企业，本身具有建设工程领域的专业知识、经验和优势地位，其与被告签订合同时，对土石方工程开挖的方式和市场价格是十分清楚的，不存在受被告诱导而签订显失公平合同的情形，故对于合同显失公平不予认定。①

六　委托合同

民事主体可委托他人代其处理事务，相应地，委托人与受托人亦可约定支付报酬。委托报酬的确定难有客观标准以供参照，当事人可根据受托人付出的时间、劳动，以及委托事项的难易程度等因素自由约定委托报酬，对此法院通常难有介入的抓手。同时基于意思自治原则，法院的干预亦应审慎。不过委托合同并非没有显失公平的可能，特别是当委托报酬系于委托事项所涉标的一定比例，而依此计算的委托报酬与委托人预想的状况极为悬殊时。在"朴钟浩、朴坚实、朱静霞与钟首岩委托合同纠纷案"中，朴钟浩等三人委托钟首岩代为办理房屋拆迁征收补偿事宜，在委托报酬上，朴钟浩等三人以市场价预估征收补偿标准为每平方米1万元左右，总价款大约35624100元，并约定超出这一价款的数额作为受托人的报酬。后根据当地政府相关文件，委托人实际应得征收补偿款达55302924元，远高于合同预估，根据委托合同，受托人的委托报酬将达到2000万元左右，委托人遂要求撤销委托合同。本案中，委托人就作为委托报酬计算基础的事实，即征收补偿标准存在认识错误，应属于重大的动机错误，首先构成重大误解，对此，二审和再审法院都予以确认。与此同时，法院亦认定委托报酬的约定显失公平，不仅实际征收所得与合同预估差距巨大，而且认为受托人多次就征收事宜与政府相关部门协商，相对于委托人，其在征收政策和征收价格的了解方面更具经验，可以认定其在评估价格的了解上具有信息优势。最终，在认定委托合同显失公平的基础上，法院综合考虑受托人在办理征收事宜、确定征收价格中的作用，以及付出的相关成本，对委托报酬予以了调整。②

---

① 重庆市高级人民法院（2015）渝高法民终字第00471号民事判决书。
② 吉林省高级人民法院（2014）吉民二终字第89号民事判决书、最高人民法院（2015）民申字第307号民事裁定书。

七 其他交换合同

除上述有名合同外,在各种无名合同中,只要存在交换关系,亦可能构成显失公平。例如,在"湖北潮流钢结构有限公司与湖北王胖子置业集团有限公司保证合同纠纷案"中,潮流公司原本对王胖子公司享有13638711元的债权,后潮流公司向案外人融资500万元,急需担保人,遂与王胖子公司订立反担保协议,由王胖子公司为潮流公司借款提供担保,若潮流公司不能按期还款,则王胖子公司承担保证责任后,潮流公司免除王胖子公司对其承担的所有债务。后潮流公司虽未按期还款,不过之后亦偿还欠款,王胖子公司未实际承担保证责任,但其主张对潮流公司的债务已消灭,潮流公司以显失公平为由要求撤销反担保协议。就本案所涉合同的权利义务而言,王胖子公司实则以承担500万元保证责任,换取免除其1000余万元债务的可能性。如果潮流公司按期还款,王胖子公司不会有任何损失,相反,假如潮流公司未按期还款,王胖子公司即可获得800余万元的受益。虽然王胖子公司并无为潮流公司提供保证的义务,并且作为其提供保证的对价,潮流公司在减免债务上作出让步也可以理解,但本案中潮流公司的让步显然过于巨大,法院以此认定反担保协议显失公平。[1]

第三节 (财产)权利义务分配关系中的不公平

一 合伙合同

我国传统民法学说曾区分契约行为与合同行为,前者为由两个交换的意思表示之一致,而成立之法律行为,后者为同方向平行的两个以上意思表示之一致而成立之法律行为。[2] 不过我国《民法典》未作此区分,今日社会之习惯亦普遍接受"合同"这一概念,[3] 故契约与合同之概念区分不

---

[1] 湖北省高级人民法院(2016)鄂民终984号民事判决书。
[2] 参见史尚宽《民法总论》,中国政法大学出版社2000年版,第310—311页。
[3] 参见韩世远《合同法总论》,法律出版社2018年版,第10—11页。

再有强调之必要。合伙合同，与买卖、互易等交换合同不同，此一传统上非属契约而被归为合同的法律行为，并不涉及当事人间财产的交换，而系指二人以上为了共同的事业目的，签订的共享利益、共担风险的协议。①因此，合伙合同显失公平并非表现在给付与对待给付之间的不均衡上，而是当事人在合伙事业中权利义务分配上的不公平。合伙合同通常就合伙人的出资、利润分配、亏损分担、合伙事务的执行、入伙与退伙、争议解决、合伙的解散与清算、违约责任等事项作出规定，《合伙企业法》就这些事项亦有所规定，不过必须看到，这些规定多为任意性规定，合伙合同的约定不因违反这些规定而无效。这同样也说明合伙合同的约定事项是高度个性化的，合伙人之间可以根据自身情况对合伙事务作出差异化的安排，法院不得仅以这些安排不符合法律的任意性规定，或合伙安排不符合局外人的公平观念即认定合伙合同显失公平。亦即，在合伙合同显失公平与否的认定上，更应注重当事人间订立协议时的主观状态，一般人的或者客观上的公平标准在此意义不大。

从实践的案例来看，合伙合同显失公平的情形主要有三类。

第一类是合伙合同整体上的权利义务安排失衡。例如在"梁旌、麦海燕合伙协议纠纷"案中，二人签订《合作协议书》，约定麦海燕出资80000元参与梁旌的舞蹈工作室的经营，并取得15％的权益。《合作协议书》包括合作条件和付款方式两部分，其中就麦海燕付款的数额、方式、须承担的义务等进行了详细规定，并约定了相应处罚措施。但是协议对麦海燕享有的权益几乎只字未提。法院审理后认为《合作协议书》仅对麦海燕设定各种义务，未提任何权利，而对于梁旌则没有约定任何一条的责任和义务，且存在梁旌利用其经营舞蹈工作室的优势和经验进行合作的情形，该合作协议对麦海燕一方显失公平。②

第二类则是合伙合同中部分收益分配条款显失公平。例如在"赤壁市水利局与湖北广宸房地产开发有限公司确定合同效力纠纷案"中，双方签订《危旧房屋改造框架协议》，该协议对项目规模、开发方式等作出了约

---

① 参见《民法典合同编（草案）》（2018年12月14日稿）第七百五十一条。
② 玉林市中级人民法院（2018）桂09民终505号民事判决书。

定，并就双方的收益分配进行了明确约定，即甲方分得"1. 乙方对现有住房及部分公共建筑还建的具有合法产权的住宅不低于 2300 平方米；2. 乙方对其他公共建筑的补偿款 180 万元；3. 政府土地收储及地面建筑补偿部分，乙方分得剩余部分。"后乙方认为其已就地面建筑对甲方进行了补偿，故前述协议第三项的约定对其显失公平。法院认为协议第三项与前两项约定的内容重合，使得甲方得到重复补偿，的确有失公平，故对该条予以撤销。①

第三类则是退伙或散伙协议中的财产分配或权利义务安排显失公平。例如在"许明岐与李文欢确认合同效力纠纷案"中，原被告曾共同从事水果干果经营，后许明岐退出经营，双方约定由李文欢每年支付给许明岐 12 万元补偿款，且以后店铺转让须经双方一致同意。审理该案的法院在综合考虑双方当事人在合伙中的贡献、实际投入以及涉案店铺的经营收入基础上，认定前述协议中的条款显失公平。②

二 离婚财产分割协议

离婚财产分割协议能否以显失公平为由而被撤销，素来具有争议。《最高人民法院关于适用〈中华人民共和国民法典〉婚姻家庭编的解释（一）》第七十条规定："男女双方协议离婚后一年内就财产分割问题反悔，请求变更或者撤销财产分割协议的，人民法院应当受理。人民法院审理后，未发现订立财产分割协议时存在欺诈、胁迫等情形的，应当依法驳回当事人的诉讼请求。"对于前述司法解释中的"等情形"是否包括显失公平，最高人民法院民一庭曾经持否定意见。③ 在理由上，有认为离婚财产分割协议不同于一般民事主体间的民事合同，当事人在签订离婚财产分割协议时考虑的不仅是纯粹的经济利益因素及财产分割是否均等，还可能考虑子女的抚养、夫妻原有的感情、己方的过错程度、达到离婚目的等多项因素，故一般不能将一方放弃大部分财产甚至全部财产的离婚财产分割

---

① 湖北省高级人民法院（2015）鄂咸宁中民终字第 292 号民事判决书。
② 烟台市中级人民法院（2016）鲁 06 民终 2944 号民事判决书。
③ 参见人民法院出版社编《最高人民法院司法观点集成·民事卷》，人民法院出版社 2017 年版，第 263 页。

第六章 法律行为显失公平的类型整理

协议的法律后果认定为显失公平。①

上述理由确有一定道理，不过任何协议的达成，任何财产的交换或分配均是当事人就多种因素考虑的结果，单以之作为排除显失公平制度适用的理由并不充分。诚然，在离婚财产分割协议中往往掺入了家庭等情感因素，不能纯粹按照均等分配思维考察其公平性，但是这种特殊性只能说明在离婚协议公平性的判断上要纳入这些考量因素，要对其主观要素赋予更大的权重，并对财产分配的差异给予更大的包容，并不意味着要彻底排除显失公平制度的适用。

离婚财产分割协议虽然涉及身份因素，但其本质仍是财产协议，既然涉及财产的分配，就仍然存在分配不公平的问题。从现实来看，夫妻双方的地位未必平等，自然也存在一方利用其强势地位压榨弱者的可能，有通过法律介入调整的必要。

从比较法来看，对夫妻财产合同进行内容控制并非无迹可寻。德国法上，对于夫妻财产合同，德国联邦普通最高法院曾长期持不干预态度，不过自2001年起，德国联邦宪法法院表明其加强对夫妻财产合同进行内容控制的态度。在一个案例中，一个怀孕的妇女只有接受关于离婚后放弃扶养费请求权的约定，孩子的父亲才同意结婚。德国联邦宪法法院根据《基本法》第二条第一款以及第六条第四款，从妇女保护的角度出发排除此类约定的效力。② 在该案之后，德国联邦普通最高法院也转变立场，在一系列案件中基于《民法典》第一百三十八条对夫妻财产合同的内容予以审查。悖俗的情形不仅限于怀孕妇女为了结婚，还包括处于特别压力之下的妇女。例如妇女B有严重的疾病，并且只有结婚才能获得居留和工作许可，而A以签订夫妻财产合同作为结婚条件，在协议中约定B放弃离婚后的扶养和生活费请求权。③

我国台湾地区"司法机关"曾处理过这样一个案件，妻子乙发现丈夫甲与人通奸，在派出所内，乙拿出事先准备好的离婚协议让甲签字，其中

---

① 参见郁忠主编《离婚案件房产分割司法观点集成》，法律出版社2017年版，第280页。
② Vgl. Bverf GE 103, 89, 100 = NJW 2001, 957.
③ Vgl. BGH NJW 2007, 908. Hirsch, BGB Allgemeiner Teil, 9. Auflage, 2016, S. 284.

包含甲放弃所有财产的条款，否则乙将告发甲通奸，迫于此等情势，甲签署离婚协议。事后甲反悔，诉至法院，以该协议中的财产分配条款显失公平为由请求法院予以撤销。台湾地区"法院"以甲本身并无经验及法知识，又处于惊慌之情势，乙主观上明知并有意利用甲之急迫及欠缺经验，并且财产给付之约定明显欠缺衡平为理由，支持了原告甲的诉请。①

在我国的司法实践中，亦不乏类似案例，《民事审判指导与参考》中曾收录这样一个案例：李某与包某结婚多年，婚后育有一女。由于包某性格暴躁，双方婚后经常争吵打闹，并且包某经常用自杀、自残等方式逼迫李某顺从其意志。后在李某将与单位续签劳动合同之际，包某到李某单位找其签订离婚协议，在各种压力下李某被迫签订离婚协议，夫妻共有的两处房产全数归包某一人所有。后来，李某起诉至法院，以前述协议显失公平为由，请求人民法院撤销离婚协议。审理该案的法院虽然驳回了李某的诉讼请求，②但亦说明显失公平制度之于夫妻财产分割协议并非没有需求空间。

就解释论而言，我国原《合同法》第二条第二款规定"婚姻、收养、监护等有关身份关系的协议，适用其他法律规定。"离婚协议虽涉及身份关系，但其中的财产分割仍属财产关系，不应排除在原《合同法》的适用范围之内。况且，在《民法典》颁布后，显失公平制度已成为《民法典》总则编的制度，其适用对象已由合同变为法律行为，离婚财产分割协议自应在其涵摄范围之内。当然，离婚属于婚姻家庭法领域的行为，不能完全沿用财产法思维处理这类纠纷，因此判断离婚财产分割协议显失公平与否必须考虑到婚姻家庭关系的特殊性，宜综合考虑婚姻双方当事人的地位、对家庭的贡献、婚前婚后的生活情况、财产状况、抚养子女情况以及离婚协议签订时的具体情形等因素予以审慎地认定，不宜以财产分割客观上不

---

① 吴从周先生对该案构成显失公平持不同意见，但亦认为可构成准暴利行为。吴从周：《论暴利行为》，《台大法学论丛》2018 年第 2 期。

② 参见吴晓芳《不宜以显失公平为由支持一方请求撤销登记离婚时的财产分割协议的主张》，最高人民法院民事审判第一庭编《民事审判指导与参考》2008 年第 2 辑，法律出版社 2008 年版，第 62—64 页。类似案例亦可参见上海市第二中级人民法院（2013）沪二中民一（民）终字第 1732 号民事判决书。

公平即否定此类合同的效力。

第四节　合同个别条款的不公平

一　竞业限制条款

合同中的竞业限制条款常受到司法机关的审查，不过各国法院给出的理由各有不同。德国法上，一个竞业限制条款可能因过分束缚行为人的经济自由而被认为是违背善良风俗的。[①] 美国法上，对交易的限制可能因违反公共政策而被宣告没有强制执行效力。[②] 不过，以善良风俗或公共政策否定竞业限制条款可能掩盖了背后的真实原因。因为，当事人之所以接受此类条款显然不是出于道德上的原因，而是对方给予了他合适的补偿。倘若对方给予义务人足够的补偿，使他不从事相关工作亦可衣食无忧，而义务人也安然接受，那么法律似乎也没有介入的必要。正如阿狄亚教授所说，在竞业限制条款的审查中，法院对当事人之间公平的关心与对公共利益的关心一样多。某人如果为其不竞争的允诺得到了丰厚的回报，他可能会发现很难抨击该合同，然而如果对价不充分，则合同有可能被认为无效。[③]

在我国法上，竞业限制条款应纳入显失公平制度的审查范围之内。在"家园房地产公司诉森德瑞公司特许经营合同纠纷案"[④] 中，双方当事人在《加盟特许经营合同》和《解除合同协议书》中约定了竞业禁止条款。本案中，法院分别从合同对一方当事人是否存在明显不公平，以及一方是否故意利用其优势或者对方轻率、没有经验两方面审查该条款，最终驳回了原告撤销竞业禁止条款的诉请。此案作为最高人民法院的公报案例，具有

[①] Vgl. Hirsch, BGB Allgemeiner Teil, 9. Auflage, 2016, S. 281; Jauernig BGB Kommentar/Mansel, 17. Auflage, 2018, S. 106.

[②] 参见［美］E. 艾伦·范斯沃思《美国合同法》，葛云松、丁春艳译，中国政法大学出版社 2004 年版，第 330 页。

[③] 参见［英］S. 阿狄亚《合同法导论》，赵旭东、何帅领、邓晓霞译，法律出版社 2002 年版，第 315 页。

[④] 参见《最高人民法院公报》2007 年第 2 期。

一定的代表性，体现了我国司法机关对商事主体间约定的竞业限制条款进行审查持谨慎态度。

竞业限制条款更为常见地出现于劳动合同之中，为此，《劳动合同法》第二十三条和第二十四条专门予以规定。其中，第二十四条作为效力性强制规定，超出特定主体范围和 2 年期限的竞业禁止条款应被认定无效。[①]此外，即使劳动合同中的竞业禁止条款不因违反强制性规定而无效，亦因受到显失公平制度的审查，法院可根据竞业限制的范围、时间等因素与用人单位的经济补偿额进行衡量，以判断其是否显失公平。最高人民法院在法释〔2013〕4 号第六条中规定："当事人在劳动合同或者保密协议中约定了竞业限制，但未约定解除或者终止劳动合同后给予劳动者经济补偿，劳动者履行了竞业限制义务，要求用人单位按照劳动者在劳动合同解除或者终止前十二个月平均工资的 30% 按月支付经济补偿的，人民法院应予支持。前款规定的月平均工资的 30% 低于劳动合同履行地最低工资标准的，按照劳动合同履行地最低工资标准支付。"若当事人之间约定了关于竞业限制的经济补偿，前述标准亦可作为判断其是否公平的基准。由于在劳动合同中，雇主往往处于优势地位，故在经济补偿与竞业限制的时间、范围显著不相称的情况下，可推定显失公平其他要件的成立，除非用人单位举出反证推翻此一推定。

二 没收条款

2006 年，华宇公司作为甲方与郭建新（乙方）签订铝矿石购销合同，约定由乙方向甲方供应铝矿石，其质量标准及价格严格执行甲方公布的标准。乙方运送的矿石到达甲方后，由甲方进行检验，甲方将根据不同质量，对乙方所供矿石采取全部没收、没收 1/3、没收 2/3。合同签订后，乙方分批向甲方供应铝矿石 5821 吨，华宇公司依据检验结果共没收郭建新的铝矿石 2568 吨，其中整车没收 2106 吨，没收 1/3 的 155 吨，没收 2/3 的 305 吨。所有矿石均被华宇公司使用，后郭建新以没收条款显失公平为

[①] 参见最高人民法院民一庭编著《最高人民法院劳动争议司法解释（四）理解与适用》，人民法院出版社 2013 年版，第 141—142 页。

由，诉请法院撤销合同。

合同当事人根据标的物的不同品质约定不同的价格，自然无不许之道理。本案中，当事人约定根据铝矿石的不同品质采取没收 1/3、2/3 的方式，未被没收的部分华宇公司按照合同最低价 370 元/吨进行结算，就此而言，与《民法典》第五百八十二条规定的瑕疵履行场合的"减少价款"所反映的"按质论价"精神相一致，不过这里并非行使减价权，毋宁是减价的约定。然而，合同约定的整车没收条款则不无商榷余地，从合同履行效果看，整车没收的铝矿石亦被华宇公司使用，这里已非"按质论价"，而是无偿使用，并且整车没收的矿石达到全部供货的近一半，就交易关系而言，对乙方显然有失公允。审理本案的法院最终撤销"全部没收"条款，并以每吨 110 元的价格予以结算，判决华宇公司赔偿郭建新经济损失 231760 元。[①]

本章小结

通过案例的梳理，可以发现我国法上的显失公平制度适用范围较为广泛，既包括人身损害赔偿协议、买卖、租赁、建设工程、委托等交换合同，也包括合伙合同等权利义务分配型合同，还包括竞业限制条款等个别的合同条款。同时，我们也应看到，显失公平制度在我国尚有十分巨大的适用潜力，对于借贷利息暴利、离婚财产分割协议等，均有予以规制的必要和空间。此外，透过上述案件类型的整理和分析，我们可以发现，尽管审判法官自身或许没有意识，但动态体系式的思维已经体现在裁判中，对于合同均衡性判断标准较为客观的合同类型，法官明显赋予客观要素在显失公平的认定中以更大的权重，在人身损害赔偿协议、房屋买卖、房屋租赁等纠纷中，合同交换客观上的失衡程度是认定显失公平的关键性因素，主观因素在其中往往退居其次或可以通过推定的方式认定。与之相比，对于没有客观标准或具有高度人身性因素的合同，如股权转让协议或离婚财

---

① 参见李勇主编《买卖合同纠纷》，法律出版社 2015 年版，第 363 页。

产分割协议等，客观要素在显失公平的认定中所占权重较低，主观因素在其中往往起着决定性作用。就此而言，我国法官虽不熟悉动态体系，多是在"要件—效果"层面适用显失公平制度，但动态体系的思维在审判实践中未必不发挥作用，或许可以说，动态体系是对法官审判思维的一种更准确地反映和再现。

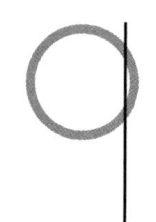

第七章
显失公平合同的法律效果：变更权的存废[①]

第一节 围绕变更权的争论

自《民法通则》以来，对于显失公平的合同，不利方当事人可请求撤销合同，这一做法与国际主要立法例相似，我国学者也没有不同意见。唯有特别的是，不论是《民法通则》还是之后的《合同法》，立法者在赋予一方当事人撤销权的同时，还赋予其主张变更合同的权利。并且，《民通意见》第七十三条第一款规定："对于重大误解或者显失公平的民事行为，当事人请求变更的，人民法院应当予以变更；当事人请求撤销的，人民法院可以酌情予以变更或者撤销。"原《合同法》第五十四条第三款亦规定"当事人请求变更的，人民法院或者仲裁机构不得撤销。"对于显失公平合同的法律效果，立法者显然将变更权放在优先的地位。

变更权的设置曾被认为是我国民法的一大创新，例如佟柔先生主编的教科书中，认为我国民法的相关规定"比传统民法多了一种'变更'的效力"。其道理在于，"在现实生活中，除行为人故意为意思表示不真实的行为外，一般来说，行为人之所以要实行某一民事行为，总是有其生产或生活上的某种需要的。如果因意思表示有瑕疵，就撤销这一行为，使之完全

[①] 本章部分内容已公开发表。参见蔡睿《民法典恢复"可变更合同"规则之必要性——围绕"重大误解"与"显失公平"案件的实证分析》，《北方法学》2020年第1期。

不发生效力，有时反倒不利于当事人。如果只对有瑕疵的行为进行某些变更，有时对于当事人社会交易环境的安全更为有利。所以，《民法通则》对无意为不真实意思表示的行为，规定了'变更'和'撤销'两种效力，供当事人和有关机关根据不同的情况进行选择。"[1] 王利明教授也认为"可撤销合同包括变更的内容，有利于鼓励交易，避免因过多宣告合同无效而造成的财产的损失、浪费。"[2]

不过，对此变更权的设置，我国民法学界一直存有不同意见。例如，马俊驹和余延满两位教授在其《民法原论》一书中，即反对将变更权扩展至整个可撤销合同领域。他们的理由主要有二：一是认为变更权的设置"无异于许多情况下是强迫另一方接受一个新的合同，与合同自愿原则相矛盾"；二是变更权"有时违背公平原则，不利于保护无过错相对人的合法权益。"[3] 学界关于变更权的观点分歧，在《民法典》制定的背景下重新引发关注。梁慧星教授认为变更权将使权利人可依单方的意思变更双方之间的权利义务，使权利人单方的意思具有约束对方当事人的效力，有悖于民法的平等原则和意思自治原则，有悖于法律行为非依合意不得变更的基本原理。并且在考察相关实务案例后，梁慧星教授认为司法实践中主张变更的情况较少，且难以得到人民法院的支持，故主张删除《民法通则》和《合同法》中可撤销法律行为的"变更"规定。[4] 尹田教授也认为变更权的设置违背意思自治原则，《民法通则》的前述创新"显而易见是完全没有道理的"。[5]

从结果来看，上述持反对意见的学者观点得到了立法者的采纳，在《民法典》中，对于可撤销合同全面废弃了变更权的规定。全国人大法工委编写的释义书中，给出了这一决定的三项理由：一是认为变更权这一制度在实践中并未得到广泛适用，真正发挥作用的空间较小；二是赋予相对

---

[1] 参见佟柔主编《中国民法学·民法典》，中国人民公安大学出版社1990年版，第245页。
[2] 参见王利明《合同法研究》（第一卷），中国人民大学出版社2011年版，第717页。
[3] 参见马俊驹、余延满《民法原论》，法律出版社2010年版，第210页。
[4] 梁慧星：《〈中华人民共和国民法典（草案）〉：解读、评论和修改建议》，《华东政法大学学报》2016年第5期。
[5] 尹田：《〈民法典（草案）〉中法律行为制度的创新点之评价》，《法学杂志》2016年第11期。

第七章　显失公平合同的法律效果：变更权的存废

人变更权不符合国际上的立法趋势；三是认为如果允许法院或仲裁机构根据当事人的申请变更法律行为，并不一定符合当事人的内心意思，容易形成公权力对私人权利领域的不当干涉，甚至导致自由裁量权的滥用。[1]

虽然《民法典》的立法者选择放弃变更权，但争论并没有就此消弭。随着《民法典》的颁布，支持变更权设置的学者相继发声。崔建远教授对废除变更权一直持有不同意见，认为"废除变更权实属罔顾生活"。在若干情况下，"逼迫"有关权利人撤销此类法律行为会矫枉过正，如果权利人确需业已成立的法律行为，只要变更某些因素，如价格、履行期等，就会使交易双方各得其所。[2] 韩世远教授从实践中的案例着眼，认为变更权的设置有其效用，在法律中"继续承认当事人可以根据需要请求变更，并无坏处"。[3] 朱广新教授在作比较法考察和对变更权的性质进行分析的基础上，主张部分保留可变更法律行为制度并对其加以补充完善。[4] 申海恩博士认为我国立法者删除变更权，既是对最新立法趋势的漠视，也是对我国既有立法成绩自信心不足的体现。[5] 武腾博士在分析实证案例的基础上，认为"从法律行为的性质、目的以及诚信原则出发，应当事人请求变更法律行为内容的裁判经验仍有其合理性，不应忽视。"[6] 聂卫峰博士基于我国学术史的考察，从赋予变更权的必要性和中国法律发展的自主性方面着眼，主张重新唤回变更权。[7]

法律行为制度作为潘德克顿式民法典的灵魂，在法典中处于提纲挈领的地位，可谓牵一发而动全身，因此，立法的任何改动都不能不慎重。可撤销合同亦可变更的规定在我国民法中存在30余年，立法者在《民法典》立法过程中全盘放弃这一制度，似乎显得过于草率，其给出的理由也难以

---

[1] 李适时主编：《中华人民共和国民法总则释义》，法律出版社2017年版，第464—465页。
[2] 崔建远：《合同效力规则之完善》，《吉林大学社会科学学报》2018年第1期。
[3] 韩世远：《重大误解解释论纲》，《中外法学》2017年第3期。
[4] 朱广新：《论可撤销法律行为的变更问题》，《法学》2017年第2期。
[5] 申海恩：《〈民法典〉关于"法律行为"规定的释评》，《法律适用》2017年第9期。
[6] 武腾：《显失公平规定的解释论构造——基于相关裁判经验的实证考察》，《法学》2018年第1期。
[7] 聂卫峰：《〈民法典〉变更权之殇——兼论中国法律发展的自主性问题》，《法学家》2018年第6期。

服众。本章着眼于显失公平合同的变更问题,首先从立法论角度,通过历史与比较法的考察、变更权的现实意义及其法理基础等方面探讨变更权的存废问题,然后立足于解释论,探讨缺乏变更权规范的情况下,如何通过解释方法实现显失公平合同的"变更"之道。

第二节 历史和比较法视野下的变更权

一 非常损害规则中的"补救权"

根据非常损害规则,如果土地的出卖人获得的价格少于其土地价值的一半,那么他可以收回土地。对于此种效果,近代学者在术语使用上存在分歧,Hackl 使用撤销（Anfechtung）这一概念,认为它会导致合同的废除（Aufhebung）。Kaser 和 Schlosser 使用终止合同（auflosen）作为法律效果。Sirks 和 Pennitz 则在合同无效下讨论其法律效果。应该说,古罗马的法律人并没有明确地区分无效（invalidity）、撤销（rescindment）以及终止（termination）等概念,上述学者对罗马法的解读无疑带入了现代法学观念。[1] 不过具有共识的是,罗马法上的非常损害规则在给出卖人提供救济的同时,亦赋予买受人一项补救的权利,在 C.4.44.2 和 C.4.44.8 两个敕答中,均提到买方可以补足差价以维持买卖。非常损害规则的这一安排,体现了兼顾买卖双方当事人利益的规范意图,同时也体现了尽可能平衡公正与自由价值的努力。

非常损害规则中的补救权,得到后世法典的继受。《法国民法典》在继承非常损害规则的基础上,于第一千六百八十一条规定,"取消买卖之诉成立的情形,买受人得依其选择,或返还标的物而取回其已支付的价金,或在减少正常价金总额十分之一后,支付正常价金的不足额而保有不动产"。[2] 与罗马法上的古老规则有所不同的是,法国民法允许买受人保留

---

[1] See Janos Jusztinger, "The Principle of Laesio Enormis in Sale and Purchase Contracts in Roman Law", *Studia Iuridica Auctoritate Universitatis Pecs Publicata*, Vol. 149, 2011, p. 120.

[2] 参见《拿破仑法典》,李浩培、吴传颐、孙鸣岗译,商务印书馆1979年版,第235页。

正常价金总额十分之一的价款,这是该条作为妥协产物的证明。随后的《奥地利普通民法典》第九百三十四条同样保留了这一规则,不过由于该法典中的非常损害规则赓续中世纪以来的传统,适用对象不限于土地买卖的出卖人,自然其补救权的主体也不限于买方,获利的合同当事人均可以调整给付以维持合同。[①] 不独在继承非常损害规则的理性法时代的诸法典中,即便是随后采用暴利行为制度的法典,也有保留这一补救权的立法例,例如在1942年的《意大利民法典》中,第一千四百五十条规定,"接到废除契约请求的缔约人,可以提议修改契约以使之充分恢复公平,从而避免契约的废除"。[②]

二 暴利行为的"变更效力"

《德国民法典》中的暴利行为制度开创了一种新的立法体例,不过受制于时代背景,对暴利的规制被纳入到善良风俗之下,其法律效果为无效(Nichtigkeit)。尽管多数学者认为构成暴利行为将导致负担行为整体无效,但是亦有少数学者反对这一效果,认为暴利行为并非整体无效,而是构成暴利的报酬约定应降低至最高允许的范围并维持效力。[③] 在司法实务中,德国法院在租赁暴利和工资暴利的问题上采取了维持效力的限缩这一方案。至于信贷暴利,尽管多数判例仍然采取整体无效的方案,不过这一做法已遭到越来越多的批评,因为整体无效将导致借贷方无偿使用贷款,尽管暴利行为旨在保护借款方免受暴利盘剥,但这并不意味着使其获得比正常借贷下更为优越的条件。因此,有学者主张在信贷暴利场合应将贷款利率降低至法律最高允许的范围或市场普遍的利率程度。[④] 通过维持效力的限缩,使无效法律行为的效力得以维持,事实上是对原有给付予以了变更。

在《德国民法典》之后,1911年颁布的《瑞士债务法》继受了前者关于暴利行为的规定,根据该法第二十一条的规定,遭受损害者可以在1

---

① Vgl. Helmut Koziol, Peter Budlinski, Raimund Bollenberger (Hrsg.), Kurzkommentar zum ABGB, 2., uberarbeitete und erweiterte Auflage, Springer, 2007, S. 994.
② 参见《意大利民法典》,费安玲、丁玫、张宓译,中国政法大学出版社2004年版,第346页。
③ Vgl. Staudinger Kommentar/Sack, 2003, §138, Rn. 218.
④ Vgl. Staudinger Kommentar/Sack, 2003, §138, Rn. 122 – 125.

年的期间宣告其不遵守合同。对此"不遵守",瑞士学者或认为这是一项撤销权,或认为其属于相对无效,只有不利方可以在 1 年期限内主张。[①] 对于是否能够通过缩减给付的方式改变给付关系,《瑞士债务法》第二十一条并未提及,不过部分学说和司法判例认为,在某些情况下可以类推适用该法第二十条第二款关于部分无效的规定。伯尔尼债务法评注第二十一条的撰写人 Huguenin 即赞同这种类推适用,他指出《瑞士债务法》第二十一条旨在保护受剥削方的当事人,这种保护是否通过整体或部分无约束力的方式来实现,取决于具体的情形。如果规范目的仅能通过修改合同的方式实现,那么就不应该根据当事人假想的意思来决定整体或是部分无约束力。[②] 通过使暴利的给付部分无效,并将之调整到市场上的平均报酬,瑞士学说和判例也肯定了暴利合同的变更。

三 显失公平制度下变更权的发展趋势

如果说非常损害规则中的补救权旨在给予获利方一个维持交易的机会,而暴利行为制度中的"变更效力"旨在更为周延地保护受损害方的利益,那么近年来的发展趋势,则是兼采二者,赋予显失公平合同中的双方当事人以变更合同的权利。

1991 年生效的《魁北克民法典》第一千四百零六条规定"显失公平产生于一方当事人对他方的剥削,而此等剥削使当事人之间的给付严重比例失调"。第一千四百零七条规定在因欺诈导致错误、胁迫或显失公平的情形,受损害方除可以主张合同无效外,如该人愿意维持合同,也可以请求削减等于他可证明的损害的义务。第一千四百零八条则规定"在以显失公平为由主张宣告合同无效的情形,如被告提出削减其请求权或给予公平的金钱补偿,法院可判处维持合同。"[③]

[①] Vgl. Kommentar zum Schweizerischen Privatrecht, Obligationenrecht Ⅰ: Art. 1 – 529 OR/Huguenin, 1992, §21, Rn. 15.

[②] Vgl. Kommentar zum Schweizerischen Privatrecht, Obligationenrecht Ⅰ: Art. 1 – 529 OR/Huguenin, 1992, §21, Rn. 16.

[③] 参见《魁北克民法典》,孙建江、郭站红、朱亚芬译,中国人民大学出版社 2005 年版,第 179 页。

第七章 显失公平合同的法律效果：变更权的存废

1992年生效的新《荷兰民法典》第3编在第四十四条规定滥用情势的法律行为可撤销之后，紧接着第五十四条规定可修改可撤销法律行为的不利效果。该条第一款规定了类似非常损害规则上的补救权，如果收到撤销通知的合同相对人及时地提出变更法律行为的主张，去消除对方的损害，那么受损害方援引滥用情势宣告法律行为无效的权利即告消灭。该条第二款则规定了一项普遍的变更合同的权利，在一方或多方当事人的请求下，法院可以修改法律行为的效力以免去它的不利后果，进而替代以滥用情势为由宣告法律行为无效。

我国澳门特别行政区的《澳门民法典》于第二百七十五条详尽地规定了暴利行为，紧随该条之后，第二百七十六条规定了暴利行为的变更，该条第一款规定受害人得声请按衡平原则之判断变更暴利行为，而不请求撤销该行为。第二款规定撤销经声请后，他方当事人可就该声请提出异议，并表示按上款之规定接纳该法律行为之变更。

除了近年来的各新编法典外，作为国际比较法研究的最新成果，各国际或地区性示范法亦反映了这一趋势。《国际商事合同通则》《欧洲合同法原则》以及《欧洲私法共同参考框架草案》三部示范法在显失公平合同的法律效果上不约而同地规定了双方当事人的变更权，即法院不仅可以应有权宣告合同无效一方的请求，对合同作符合公平的调整，另一方当事人亦可在收到无效通知后，且在对方当事人信赖该通知合理行事前，请求法院调整合同。对于这种做法，《欧洲合同法原则》的官方注释指出，在重大失衡的合同中，仅仅允许撤销合同有时是不适当的。弱势一方可能希望合同在变更后继续履行。相反，对于有利一方，如果只是允许整个合同无效，也可能对他是不公平的。因此，法院有权应任何一方的请求去修改合同，只要该请求是迅速提出并且在作出通知的一方行事之前提出。[1] 值得注意的是，《欧洲私法共同参考框架草案》在这一问题上完全接受了《欧洲合同法原则》的做法，有学者认为"这说明在法律行为的法律效果的革新上，欧洲学术界已形成十分稳定的认识，支撑这种认识的现实基础在于

---

[1] See Ole Lando and Hugh Beale, eds., *Principles of European Contract Law Parts I and II*, The Hague: Kluwer Law International, 2000, p. 263.

欧洲诸国顺应时代发展需求的民事立法、判例和学说"①。的确，在《欧洲私法共同参考框架草案》的官方注释中，明确指出关于合同修正的规定广泛参考了《奥地利普通民法典》第九百三十四条、《荷兰民法典》第3：54条、《卢森堡民法典》第一千一百一十八条、《法国民法典》第一千六百八十一条、《葡萄牙民法典》第二百八十三条以及《北欧合同法》第三十六条等规定，② 以证明其比较法上的基础。

我国原《民法通则》第五十九条以及原《合同法》第五十四条仅规定当事人一方有权请求法院或仲裁机构变更合同，似乎仅包含了不利方的调整权，而没有规定获利方的补救权，不过原《民通意见》第七十三条第一款规定"当事人请求撤销的，人民法院可以酌情予以变更或者撤销"，在一定程度上缓和了前述规范的局限性，事实上已经比较接近于国际上的典型立法了。

第三节　显失公平合同可变更的现实意义

赞成删除变更权的依据之一，在于认为这一权利在实践中被运用得不多，即使当事人主张变更，往往也难以得到人民法院的支持。为了解司法实践中合同显失公平场合变更权的适用情况，本节首先通过案例检索，搜集支持变更合同的案例，分析其比例和适用情况。在此基础上，笔者通过对相关裁判文书的分析，判断变更权在这类案件中是否具有撤销权不可替代的作用。

一　基于有限样本的调查

由于在《民法通则》和《合同法》之中，显失公平与重大误解于同一条文中规定，为检索方便，笔者首先搜寻适用《民法通则》第五十九条或

---

① 参见朱广新《论可撤销法律行为的变更问题》，《法学》2017年第2期。
② 参见欧洲民法典研究组、欧洲现行私法研究组编《欧洲私法的原则、定义与示范规则》（第一、二、三卷），高圣平等译，法律出版社2014年版，第450页。

《合同法》第五十四条变更合同的案例，再通过裁判文书的研读，找出其中适用显失公平制度变更合同的案例。

样本一：通过"中国裁判文书网"，搜索关键词"可变更合同"，获得803份裁判文书，再通过关键词"变更"过滤，获得288份裁判文书（访问时间：2018年7月12日）。通过对288份裁判文书的阅读和筛选，发现人民法院以《民法通则》第五十九条和《合同法》第五十四条为依据判决支持变更合同的案例共24件。

样本二：通过"无讼"网站的案例检索功能，通过法条检索到援引《合同法》第五十四条第三款的案例共108件（访问时间：2018年9月15日）。通过对108份裁判文书的阅读和筛选，发现人民法院以《民法通则》第五十九条和《合同法》第五十四条为由判决支持变更合同的案例共14件。

样本三：通过"中国知网"检索关键词"合同变更""可变更合同""变更合同"，从相关期刊论文、报纸新闻中获得案例名称或案号，再通过"北大法宝"网站的案例检索功能获得以《民法通则》第五十九条和《合同法》第五十四条为由判决支持变更合同的裁判文书共9份。

以上案例共计47件，进一步分析如表7-1、7-2、7-3所示。

表7-1　　　　　　47例案件中裁判变更合同的依据

变更事由	重大误解	显失公平	重大误解且显失公平
数量	32	13	2

表7-2　　　　　　15例案件的地域分布和审级情况

地域 审级	山西	浙江	山东	江苏	陕西	甘肃	新疆	江西	广西	天津	最高人民法院
一审		3			1			1		1	
二审	1	1	1	1		2	1		1		
再审											1

表 7-3　　　　　　　　　　15 例案件所涉合同类型

合同类型	以房抵债协议	委托合同	拆迁征收补偿协议	合伙合同	和解协议	商品房买卖合同	营业转让协议	房屋租赁合同
数量	1	1	1	2	5	1	1	3

由表 7-1 可知，在 47 例案件中，以显失公平为依据变更合同的案例占 15 件。由表 7-2 可知，该 15 例案件分布于陕西、浙江等 10 个省、直辖市、自治区，还有 1 例属于最高人民法院的再审案件，并且，判决变更合同的案例在一审和二审均有分布，说明可变更合同规则的适用具有相当程度的广泛性，它绝非为个别法院或个别层级的法院所偏爱。表 7-3 统计了 15 例判决变更合同案例中涉及的合同类型，其中，以房抵债协议、委托合同、拆迁征收补偿协议、商品房买卖合同、营业转让协议、商品房买卖合同各一例，而变更和解协议、合伙合同以及房屋租赁合同的案件更多一些。

以上数据均通过网络途径获得，考虑到上网案例仅占全国法院审判案件的一部分，且由于笔者精力和搜索方式的局限，这些案例也不能反映上网案例的全貌。并且，笔者提取的仅是得到法院支持的变更合同的案件，不包括当事人主张变更而法院未予准许的情形，在这些未予准许的案件中，法院的决定并非是排斥变更权的适用，而有相当比例是证据不足等原因。从有限的搜索样本来看，以"显失公平"为由判决变更合同的案例虽不能称作十分普遍，但也绝非罕见，可以说是比较稳定地占有一定的比例。因此，认为实践中当事人选择变更的案例不多，且难以得到法院支持的观点恐怕值得进一步商榷。

二　变更权在显失公平案件中的必要性

法律以人类生活为其规范对象，并以将法理念或正义实现于人类生活为其规范目标。因此，在规范的形成上，除了必须取向于法理念外，还须取向于其所规范之对象的性质，方不会使法律因与人类的社会生活关系脱节，以致成为人类和平发展的障碍。[①] 此所谓"法律所规范之对象的性

---

① 参见黄茂荣《法学方法与现代民法》，法律出版社 2007 年版，第 489 页。

第七章 显失公平合同的法律效果：变更权的存废

质",德国学者称之为"事物本质"（Natur der Sache），考夫曼教授将其理解为"能使理念或者说规范与事实在当中取得一致的,亦即,当为与存在之间的调和者"。① 它意味着法律理念或法律规范与生活事实必须同一,它们相互之间能够彼此"相对应""相调适",即意义关系上具有同一性。②

立法是使法律理念与将来可能的生活事实调适,法律发现是使法律规范与现实的生活事实调适。③ 法律规则要成为法理念与生活现实之间合格的调适者,除需要贯彻某种正当的法理念外,还必须回应社会生活现实的需要。这就要求一方面必须保障法律规则对社会生活需要的有效供给;另一方面,还要求法律规则提供的解决方案必须合于事理,必须有助于现实纠纷的真正解决。具体到显失公平制度,关于其法律效果的设置亦应在事物本质的层面予以审视。易言之,在"可撤销"这一法律效果之外增设"可变更"的法律效果,是否更能满足社会生活的实际需要？为此,笔者基于上述15个变更案例的分析,发现选择变更而非撤销合同在一些场合至少具有如下三个方面的优点。

首先,变更合同更有助于定分止争。这一优势特别体现在合伙终止后的财产分配协议纠纷中,例如,在"伊犁鑫瑞煤炭销售有限责任公司与吴文生合伙协议纠纷案"④ 中,鑫瑞公司乘人之危与吴文生订立合伙财产分配协议,作出对吴文生十分不利的安排。又如,在"许明岐与李文欢确认合同效力纠纷案"⑤ 中,为使许明岐退出合伙,李文欢与其订立协议,约定许明岐每年可从李文欢的经营中获得12万元收入,且李文欢处置个人资产还须经过许明岐的同意,法院认定该协议对李文欢显失公平。在这类合同中,人民法院固然可以将合同一撤了之,但当事人之间就合伙财产分配产生的纠纷并不能就此解决,相反,基于公平原则变更合同的财产分配

---

① 参见［德］亚图·考夫曼《类推与事物本质——兼论类型理论》,吴从周译,台北:新学林出版股份有限公司1999年版,第101页。
② 参见彭诚信《从法律原则到个案规范——阿列克西原则理论的民法应用》,《法学研究》2014年第4期。
③ 参见［德］亚图·考夫曼《类推与事物本质——兼论类型理论》,吴从周译,台北:新学林出版股份有限公司1999年版,第101页。
④ 参见新疆维吾尔自治区高级人民法院（2016）新民终453号民事判决书。
⑤ 参见烟台市中级人民法院（2016）鲁06民终2944号民事判决书。

方案，使财产最终归属有着落，才能真正实现案结事了。

其次，变更合同更有利于保护弱势方当事人。显失公平的情形常出现于人身损害案件的和解协议之中，在这类情况下，一方当事人往往利用对方经验不足或急需用钱的困厄状态，订立显失公平的和解协议。例如在"朱水清诉朱银木提供劳务者受害责任纠纷案"①中，原告受雇于被告从事水泥装卸工作，在工作中眼睛受伤，后被告利用原告拿钱治病的急迫心情，与原告订立和解协议，约定被告一次性赔偿 10000 元，原告致伤一切后患再与被告无关。随后原告继续治疗，治疗费用远超和解协议的赔偿额，并经鉴定为人体损伤八级伤残，遂起诉至人民法院请求变更和解协议。又如，在"胡明清与谭晓冬合同纠纷案"②中，原告雇佣之人在运输过程中与被告车辆相撞，原告车辆负全责，后被告利用原告无经验与其订立和解协议，由原告赔偿被告 16 万元作为车辆重置费用。后法院查明被告车辆修理费和车辆实际价格分别为 8910 元和 41760 元，远低于和解协议所定数额，认定协议显失公平。除了人身损害赔偿纠纷外，双方当事人地位失衡的情形还普遍存在于拆迁征收补偿纠纷之中，③在这类案件中，一方当事人常占有优势地位，而合同显失公平则是双方当事人谈判地位不平等的结果。正如有学者所指出的那样，纵使法院判决撤销合同，让当事人另行协商，也不能改变当事人之间不平衡的缔约实力，难以期待当事人再次协商之后会订立一个公平的合同。④因此，由法院直接变更合同，在这种情况下更有利于保护不利方当事人，并最终达致一个公平的结果。

最后，变更合同更有利于简化程序，降低纠纷解决成本。例如，在"肖小德诉被告陶辉房屋租赁合同纠纷案"⑤中，原告将其商铺以每月 9000 元的价格出租给被告，租期 6 年，租赁合同签订后，被告将该商铺交由其朋友陶某经营餐馆，后陶某与原告就房屋使用等问题发生争执，遂关停餐馆。

---

① 参见绍兴市上虞区人民法院（2016）浙 0604 民初 2184 号民事判决书。
② 参见陕西省南郑县人民法院（2014）南民初字第 00714 号民事判决书。
③ 参见杭州市余杭区人民法院（2016）浙 0110 民初 17939 号民事判决书。
④ 参见武腾《显失公平规定的解释论构造——基于相关裁判经验的实证考察》，《法学》2018 年第 1 期。
⑤ 参见江西省南昌县人民法院（2015）南民初字第 1756 号民事判决书。

被告在支付第1季度租金后，未再继续支付租金，原告起诉至法院要求解除合同，并要求被告支付拖欠的3个月租金。诉讼中，被告同意解除合同，辩称原告利用其无经验且急于为朋友寻找店面的情况，订立了远高于市场价格的租赁合同。经鉴定，该铺面的市场价仅为每月4200元。本案中，法院认定租赁合同显失公平的事实，不过此时合同已经进入清算程序，法院虽然可以选择撤销合同，但这并不能改变被告实际占有使用商铺的事实，合同撤销后，原告只能另行起诉要求被告返还不当得利，如此一来颇为周折。相反，由法院在该案中直接变更合同，彻底清算合同关系，是更为经济的选择。同样的情况也见于和解协议纠纷案件中，如果法院仅是撤销和解合同，当事人的赔偿问题仍未解决，在返还已支付的赔偿款后，当事人只得另行起诉索要法定损害赔偿，如此一来费时费力，并不可取。

第四节　变更权的法理基础

一　合同变更与意思自治

反对变更权的另一理由在于认为其违背了意思自治原则。所谓意思自治，又称私法自治（Privatautonomie），布洛克斯（Brox）和瓦尔克（Walker）两位教授将其定义为"赋予个人在法律规范所允许的范围内自己决定其生活关系的规则的自由"，[①]莱嫩（Leenen）教授提到私法自治系指在顾及限制的前提下，使个人能够尽可能自由地塑造其法律关系。[②]一言以蔽之，意思自治的核心在于自己决定，并由自己承受自己决定的后果。在合同显失公平场合，一方当事人行使变更权，追求其理想的法律关系，本身是其意思自治的表现，因此，指责变更权有违意思自治，实则是认为其违背了相对方的意思自治，使其受他主决定之约束。

不过，以违反相对方的意思自主为由，否定变更权的正当性禁不起推敲，这里面实际上蕴含了双重标准。尽管我国学说对于变更权的具体构造

[①] Vgl. Brox/Walker, Allgemeiner Teil des BGB, 42. Auflage, 2018, S. 17.
[②] Vgl. Detlef Leenen, BGB Allgemeiner Teil：Rechtsgeschäftslehre, 2. Auflage, 2016, S. 1.

存在分歧，① 但具有共识的是，显失公平场合的变更权属于一项形成权。②既然变更权与撤销权同样作为形成权，而形成权的本质在于根据一方当事人的意思使法律关系得以产生、变更或消灭，如果说变更权有违相对方的意思自治，那么撤销权又何尝不是？事实上，不论是变更权还是撤销权，都是作为不利方的救济手段出现，均是以一个已经存在并且生效的合同为前提，撤销权的行使导致合同自始无效，相对方的合同利益被彻底剥夺。相反，变更权的行使并不否定合同的效力，而仅是改变合同的内容，并且此一改变亦非新造一个合同，变更后的合同与之前的合同仍保有同一性，合同相对方的合同利益并未完全丧失。因此，相较于撤销权，变更权对于相对方意思自治的干预或违反并不甚于前者，既然法律允许撤销权的存在，为什么却容不下变更权？

事实上，在笔者搜集的 15 份裁判变更合同的案例中，双方当事人对合同效力的态度存在两种类型：第一种是不利方当事人要求变更合同，而有利方要求维持原合同内容；③ 第二种是不利方主张撤销合同，有利方则要求维持合同，最终法院裁判变更合同。④ 从意思自治的角度看，在第一种情形下，判决变更合同符合不利方当事人的意愿，而违背有利方当事人的意愿。在第二种情形，法院裁判变更合同从表面上看似乎违背了双方当事人的意愿。更进一步分析，意思自治在合同法领域主要表现为合同自

---

① 张俊浩教书在其《民法学原理》第三版中将变更解释为"撤销＋另行形成意思表示"。不同意见参见朱庆育《民法总论》，北京大学出版社 2013 年版，第 317 页。

② 参见柳经纬主编《民法总论》，厦门大学出版社 2008 年版，第 238 页；王利明《合同法研究》（第一卷），中国人民大学出版社 2015 年版，第 718—720 页；韩世远《合同法总论》，法律出版社 2018 年版，第 245 页。

③ 参见陕西省高级人民法院（2015）陕民二终字第 00045 号、杭州市余杭区人民法院（2016）浙 0110 民初 17939 号、绍兴市上虞区人民法院（2016）浙 0604 民初 2184 号、南郑县人民法院（2014）南民初字第 00714 号、甘肃省白银市中级人民法院（2015）白中民一终字第 150 号、新疆维吾尔自治区高级人民法院（2016）新民终 453 号、江苏省盐城市中级人民法院（1999）盐民终字第 634 号、广西壮族自治区百色市中级人民法院（2014）百中民一终字第 260 号、天津市河东区人民法院（2017）津 0102 民初 856 号、甘肃省庆阳市中级人民法院（2013）庆中民终字第 535 号民事判决书。

④ 参见最高人民法院（2015）民申字第 307 号民事裁定书、山东省烟台市中级人民法院（2016）鲁 06 民终 2944 号、杭州市余杭区人民法院（2016）浙 0110 民初 4237 号、浙江省嘉兴市中级人民法院（2015）浙嘉民终字第 279 号、江西省南昌县人民法院（2015）南民初字第 1756 号民事判决书。

由，对于合同自由原则，学者一般再将其分解为缔约自由、选择相对人的自由、合同内容的自由与合同方式的自由等。[①] 在第一种情形，尽管双方当事人对合同内容存有分歧，但双方在维持原合同效力上是具有共识的，因此更准确地说，变更合同此时仅构成对有利方决定合同内容自由的限制。相反，若不准许变更合同而仅能撤销合同，恰恰妨碍了双方当事人的缔约自由，构成对意思自治更深层次的限制。在第二种情形，变更合同虽然表面上构成对不利方缔约自由的限制，但不利方撤销合同的动因在于合同内容形成上的不自由，法院变更合同内容维持合同均衡，实际上是在限制缔约自由的表象下恢复了决定合同内容的自由瑕疵。对有利方来说，变更合同固然违背了其决定合同内容的自由，但相较于撤销合同，变更合同对他而言却通常是一种两害相权取其轻的做法。

综上所述，变更合同并不一定违背双方当事人的意思自治，在有些案件中，变更权是贯彻一方当事人意思自治的体现，同时又构成对另一方当事人意思自治的限制。并且，在不同的案件中，变更权对不同当事人的意思自治的限制在程度上亦存在差异。此外，撤销合同并不比变更合同对当事人意思自治的妨碍更轻。因此，笼统地认为变更权违背意思自治原则进而否定其意义，并不合理。

二 变更权的实质

意思自治固然是民法之基，但却并非在任何场合均不得对其加以限制。事实上，在合同法领域，对意思自治原则予以限制的规则不乏其例，例如我国《民法典》第八百一十条规定"从事公共运输的承运人不得拒绝旅客、托运人通常、合理的运输要求"，即是对公共承运人缔约自由的限制。再如《民法典》第一百五十三条第一款规定"违反法律、行政法规的强制性规定"的法律行为无效，这一条款常常被视作连接公私法的"桥梁"，具有调和管制与自治、将公法规范转介至私法之功能。[②] 公法规范通

[①] 参见韩世远《合同法总论》，法律出版社2011年版，第37页。
[②] 参见苏永钦《以公法规范控制私法契约——两岸转介条款的比较与操作建议》，《人大法律评论》2010年第1期。

过这一"桥梁"进入私法，进而可对合同内容进行干预。由此可见，民法中的意思自治原则并非完全不能置喙之教条，我们不能仅以可变更合同可能限制意思自治，就简单地否定其正当性。

实际上，民法中的价值并非单一，除意思自治原则外，我国《民法典》尚规定了诚实信用原则、公平原则等诸多民法基本原则，这些原则反映了立法者对民事法律关系多元化的价值追求。因此，变更权的行使即便在某些场合构成对意思自治的限制，亦不妨认为其是为了追求民法的其他价值。在我国法上，变更权的行使须经过人民法院或仲裁机构的认可，因而其并非单纯的形成权，而是一种形成诉权。合同是否变更以及如何变更，不是权利人单方意志决定的，而是有裁判者的意志融入，是一种裁判变更。① 而裁判者意志的融入，法官的判断实则取向于多种民法价值的权衡。现实中，在诸多裁判的说理过程中，法院经常会援引诚实信用原则或公平原则作为变更合同的正当性基础，即为其表现。②

当判决变更合同构成对意思自治原则的限制，但其同时却是出于诚实信用原则或公平原则的要求时，是否判决变更合同本质上取决于诸种原则间的权衡。在阿列克西教授（Alexy）看来，法律原则作为"最佳化命令"，不同于法律规则"要么被满足要么不被满足"的特性，原则具有这样的特性，它可以在不同程度上被满足，并且它的满足程度不仅取决于事实上还取决于法律上的可能。③ 当多个相互冲突的法律原则在个案中发挥作用时，阿列克西教授将这种情况称作"原则的碰撞"（Collisions of Principles）。原则碰撞呈现出极强的个性色彩，在具体案件中，一个原则经过权衡优先于另一原则，此时另一原则并非无效，而是退居其次，在另外的案件中这种优先性则可能颠倒过来。申言之，根据碰撞法则（Kollisionsgesetz），首先要确定各项原则的重要性分别为何，进而确定一个原则优先于另一原则的条件，在具体的案件中，则要探究此种优先条件成就与否。④

---

① 参见韩世远《合同法总论》，法律出版社2018年版，第245页。
② 参见南郑县人民法院（2014）南民初字第00714号、宁波市鄞州区人民法院（2009）甬鄞民初字第1431号民事判决书。
③ Vgl. Robert Alexy, Theorie der Grundrechte, Suhrkamp, 1986, S. 75.
④ Vgl. Robert Alexy, Theorie der Grundrechte, Suhrkamp, 1986, S. 77ff.

第七章 显失公平合同的法律效果：变更权的存废

由上可知，判断能否变更合同的关键不在于其是否限制了意思自治，而在于这种限制是否具有充足的理由，如果追求其他民法价值的必要性超过贯彻意思自治原则的要求，则这种限制就是正当的，反之则不然。当然，正如上文反映的合同变更对意思自治的限制具有强弱之别，如果对意思自治的限制越强，对合同自由的干预越深入，那么所需要的通过其他原则对其判断予以正当化的依据就必须越充分。

变更权的合理性还可以通过动态体系论得到说明。正如上文所述，显失公平制度包含交换正义、合同自由、诚实信用三项原理，法官据以判断合同是否显失公平时，需要考察具体个案中三大原理的互动图像。并且，动态体系的动态性不仅体现在显失公平的构成上，同样还体现在显失公平合同的法律效果上。因为不像要件仅具有满足或不满足的二元结构，要素存在满足程度的高低，在具体案件中，三大原理的互动结果在否定合同拘束力的方向上可能显现出不同的程度。因此，针对这些不同的程度，分别选择撤销合同，或是维持合同效力仅变更合同部分内容，就是合适的做法。

事实上，在显失公平合同的裁判变更案例中，公平原则或者诚实信用原则，正是人民法院变更合同的考量因素。例如，在"朴钟浩、朴坚实、朱静霞与钟首岩委托合同纠纷案"[①]中，朴钟浩等人委托钟首岩代其办理房屋征收补偿事宜，钟首岩利用其在评估价格了解上的信息优势，与朴钟浩等人约定以房屋市场价格作为征收补偿费的计算标准（每平方米1万元，大约总数为3000万元），并约定超过这部分的价款作为委托报酬归其所有。但拆迁征收补偿标准并非完全遵循市场价格，政府最终实际发放的征收补偿款远远高于合同假设，达6000万之巨，双方当事人就委托报酬事宜发生纠纷。受托人起诉要求按照合同约定支付委托报酬，委托人则提起反诉要求撤销合同。本案中，单纯从意思自治原则出发，似应肯定委托人撤销合同的权利。但从诚实信用原则的要求出发，另一方当事人的利益期待也不能忽视。合同已经履行完毕，若准许委托人撤销合同，并辅之以信赖利益赔偿，并不能完全满足受托人履行合同之期待。同时，从公平原则的角度看，被告对征收成果之获得（6000万元的征收款）努力甚多，

---

① 参见最高人民法院（2015）民申字第307号民事判决书。

撤销合同而使全部利益归于委托人也难谓公平。但是，若维持原合同使受托人得到3000万报酬，对委托人而言也负担过重。考虑本案实际情况，法院在衡量意思自治原则、诚实信用原则与公平原则的分量之后，选择了将合同报酬变更为"超额部分的50%"的折中方案，使双方当事人利益均沾，可以说是兼顾到各方利益的比较妥当的安排。

综上所述，在具体案件中，变更权在维护一方当事人意思自治的同时，又可能构成对另一方当事人意思自治的限制。尽管变更权在一些案件中构成对意思自治的限制，但其却是为了贯彻诚实信用原则或公平原则等其他价值，变更本身只是多元价值博弈的结果。因此，变更权与其说是在贯彻某种单一的价值立场，毋宁说它只是法律赋予当事人或法院的一项"工具性权利"，判决变更合同正当与否，并非依赖于某种单一的价值立场，而是取决于考虑到个案情况下的正确的价值权衡，只要这种权衡的过程与结果是妥当的，那么判决变更合同就是正当的。

第五节　变更权废弃后的解释论补救

上文分别从比较法、司法实务以及法理基础三个方面论证了变更权之于显失公平制度的意义，从立法论角度而言，《民法典》未保留变更权不得不说是一大遗憾。然而，制度供给的缺失并不能否定现实的需求，在立法否弃变更权之后，通过法律解释方法弥补制度缺失，以满足现实需求，将是退而求其次的办法。下文提供三种解释路径，以供司法机关参考。

一　部分撤销（Teilanfechtung）

当可撤销的原因仅及于合同的部分条款时，撤销权人可否对合同作分割处理，换言之，其是否可以选择部分撤销合同？自理论以观，撤销权之行使取决于一方当事人的意思，撤销权人自由决定其撤销权的行使范围，自无不许之理，故学说上有肯定部分撤销的可能。[1] 我国司法实践中亦不

---

[1] 参见［德］维尔纳·弗卢梅《法律行为论》，迟颖译，法律出版社2013年版，第670页。

第七章 显失公平合同的法律效果：变更权的存废

乏判决合同部分撤销的案例。① 唯撤销将导致法律行为溯及自始无效的后果，关系双方当事人利益甚巨，故部分撤销是否仅发生合同部分无效的后果不能全由撤销权人自行决定。《德国民法典》第一百三十九条关于部分无效的规定，根据学界通说，其无效原因包括由于行使撤销权而溯及自始无效的情形（第一百四十二条第一款）。② 因此，部分撤销究竟导致合同部分无效还是全部无效，应在第一百三十九条部分无效规则之下予以审视。③ 我国《民法典》第一百五十六条同样规定有法律行为部分无效的规定，若当事人部分撤销满足该条部分无效之要件，则在部分撤销后，通过合同解释或者任意性规定补充合同部分无效留下的漏洞，则在实质上可以达致合同变更的效果。

对于法律行为部分无效的规定，学说认为旨在贯彻意思自治原则，其背后包含两层意义：其一，如果多个法律行为规则中的某一个规则无效，那么是否构成整体法律行为"各部分"的其他规则也无效。其二，当某一整体法律行为的部分无效时，如果满足当事人真实的或可推知的意思时，应尽可能维持一个部分无效行为其余部分的效力。④ 从上述两层含义，可推出部分无效须满足以下要件：第一，行为须具有整体性。行为的整体性可通过外在证据予以认定，如订立在同一个合同文本之中，但更重要的是当事人的意思。⑤ 第二，行为须具有可分性，即无效原因未涉及的部分能够作为一个独立的法律行为而存在。⑥ 如果一个合同的要约或者承诺无效，那么合同整体无效。⑦ 并且，如果维持合同部分的效力将会偏离整体法律行为的特征，那么就不能适用部分无效的法律效果，而应认为合同整体无效。⑧

---

① 参见葫芦岛市中级人民法院（2016）辽14民终1814号民事判决。
② Vgl. Jauernig BGB Kommentar, 17. Auflage, 2018, §139, Rn. 1.
③ Vgl. Helmut Köhler, BGB Allgemeiner Teil, 42. Auflage, 2018, §7, Rn. 72.
④ Vgl. Helmut Köhler, BGB Allgemeiner Teil, 42. Auflage, 2018, §15, Rn. 3.
⑤ Vgl. Detlef Leenen, BGB Allgemeiner Teil: Rechtsgeschäftsöehre, 2. Auflage, 2016, S. 227.
⑥ Vgl. Faust, Buergerliches Gesetzbuch Allgemeiner Teil, 6. Auflage, 2018, §12, Rn. 7; Astrid Stadler, Allgemeiner Teil des BGB, 19. Auflage, 2017, §27, Rn. 4.
⑦ Vgl. Jauernig BGB Kommentar, 17. Auflage, 2018, §139, Rn. 4.
⑧ Vgl. Jauernig BGB Kommentar, 17. Auflage, 2018, §139, Rn. 6.

期望通过部分撤销来变相实现合同变更的效果，必须满足上述法律行为可分性的要件，在合同中，即要求除去无效部分，其余部分仍能作为合同独立存在。当合同显失公平的原因仅涉及合同非必要条款时，可通过部分撤销来实现变更效果。例如在"伊犁鑫瑞煤炭销售有限责任公司与吴文生合伙协议纠纷案"[1]中，被人民法院认定为显失公平的并非《所有权分配协议》整体，而仅是其中的部分条款，具体来说，是该协议"对之前确认的吴文生投资 2500000 元未予确定，且吴文生还要向鑫瑞公司让渡 500000 元利润"部分显失公平，由于这部分与合同其他部分相互独立，如果人民法院不能直接变更合同，亦可单独撤销这部分合同条款，然后根据合同漏洞填补的方法，就这部分财产作出公平的分割。

除合同非必要条款外，实践中大量案例涉及变更的对象是合同中的对待给付条款，这类条款原则上不能适用部分撤销。德国学说认为，就法律行为的内容而言，只有当其余"部分"本身构成法律秩序所规定的行为类型意义上的法律行为时，才能论及部分无效的问题。例如，当买卖合同中有关价款的规定无效时，仅存的关于商品的规定尚不足以构成法律行为。[2] 此种观点确有道理。不过，当合同显失公平的原因涉及过高的价格时，能否对价格作"合理的分割"以维持合同整体的效力？这是一个极具争议的话题。

首先，对于这种"维持效力的限缩"（geltungserhaltende Reduktion）与部分无效的关系存在不同认识。有学者认为，在通常情形，只要涉及某项给付的范围或者排除责任的范围，就不能认为存在可分性，因为对过高的给付或过度的排除责任进行"维持效力的限缩"不是使合同部分有效，而是要对合同作全部变更。[3] 不过也有学者认为二者并无本质不同。[4]

其次，对于违背善良风俗的合同，能否通过"维持效力的限缩"使合同在符合善良风俗的范围内有效。例如一个为期 30 年的啤酒供应合同，这个期限由于违背善良风俗而无效，那么是否可以将这一期限缩减到善良风俗允许的范围内而使合同得以维持？反对"维持效力的限缩"的学者认

---

[1] 参见新疆维吾尔自治区高级人民法院（2016）新民终 453 号民事判决书。
[2] 参见［德］维尔纳·弗卢梅《法律行为论》，迟颖译，法律出版社 2013 年版，第 685 页。
[3] Vgl. Medicus/Petersen, Allgemeiner Teil des BGB, 11. Auflage, 2016, §35, S. 225.
[4] Vgl. Roth, Geltungserhaltende Reduktion im Privatrecht, JZ1989, S. 411.

第七章 显失公平合同的法律效果：变更权的存废

为，对违背善良风俗的行为进行维持效力的限缩减轻了无效风险，有可能导致对违背善良风俗合同条款的刺激。① 不过，德国联邦普通最高法院在不少判例中采用了"维持效力的限缩"方法，例如在啤酒供应合同和自动售货机安装合同中，由于它们过长的期限违反了第一百三十八条第一款，相应地适用第一百三十九条，根据事实上或推定的当事人意思去维持一个较短的期限，使其可以摆脱一个较长的期限。并且，违反价格规定也不应该导致合同无效，而是在许可的标准内缩减价格。② 对此，有学者评论道，能否适用"维持效力的限缩"，其关键在于具体案件中通过无效来阻吓违法和违背善良风俗形成合同的需求，这种预防的想法越不重要，那么允许法院作此限缩的可能性就越大。③ 因而，正确的说法并非是"维持效力的限缩"在暴利和准暴利行为中应被拒绝适用，而是应该审慎地、有限制地适用。④

于我国法而言，对于因价款过高而显失公平的合同，可考虑通过"维持效力的限缩"方式调整合同价款使之恢复平衡。理由在于，首先，我国法上的显失公平制度未如德国法一样将"暴利行为"作为违背善良风俗的具体类型，显失公平的合同作为损害私益而非损害公益的行为，法律对其非难的程度及其预防的期待较小。其次，显失公平的合同在法律效果上并非无效而是可撤销，"维持效力的限缩"可视为不利方行使部分撤销权的结果，符合立法者尊重不利方意思自决的初衷。最后，"维持效力的限缩"在我国法上并不缺乏示例，例如在租赁合同中，当事人约定的租赁期超过20年的，法律规定超过的部分无效。再如在民间借贷合同中，当事人约定的借贷年利率超过四倍LPR的，则超过部分的利息约定无效。据此，本着"相同事物相同处理"的原则，将"维持效力的限缩"适用于价款或报酬过高而致合同显失公平的情形，应不存在问题。⑤ 如此一来，在和解协议赔偿额过高的案件⑥中，亦非只有撤销合同一条路可走，人民法院可通过

---

① Vgl. Faust, Buergerliches Gesetzbuch Allgemeiner Teil, 6. Auflage, 2018, §12, Rn. 9.
② Vgl. Faust, Buergerliches Gesetzbuch Allgemeiner Teil, 6. Auflage, 2018, §12, Rn. 9.
③ Vgl. Faust, Buergerliches Gesetzbuch Allgemeiner Teil, 6. Auflage, 2018, §12, Rn. 10.
④ Vgl. Jauernig BGB Kommentar, 17. Auflage, 2018, §139, Rn. 8.
⑤ 参见武腾《显失公平规定的解释论构造——基于相关裁判经验的实证考察》，《法学》2018年第1期。
⑥ 参见江苏省盐城市中级人民法院（1999）盐民终字第634号、陕西省南郑县人民法院（2014）南民初字第00714号民事判决书。

维持效力的限缩方式，宣告超出合理数额的赔偿无效，维持公平的给付即可。

二　减价条款的类推适用

在存在标的物的交换场合，合同显失公平常表现为标的物价值与对价的不相称。在一方当事人支付的价款远高于相对方所给付标的物的客观价值时，其往往主张变更合同，变更的内容即要求减少价款，这与我国《民法典》中的减价责任颇为相似。

在一些案例中，可以发现显失公平制度与减价责任的竞合现象。例如，在"翁丽英诉饶井瑞合同纠纷案"中，被告饶井瑞以14万元的价格将其经营的烟酒超市转让给原告翁丽英，原告在经营过程中得知该超市面积120平方米中的60平方米系违章建筑，后该部分被拆除。由于原告未能证明被告在合同订立之时知道烟酒超市占用的部分建筑属于违章建筑且即将被拆除，故法院未认定被告欺诈，但是认定合同显失公平。在这一案件中，由于所涉超市部分场地属于必须拆除的违章建筑，可认为被告之给付存在权利瑕疵，在违章建筑被拆除后，原告实际上只获得60平方米的场地，低于合同约定的数量，亦可认为被告给付存在数量短缺。因此，原告除基于显失公平主张撤销或变更合同外，尚可基于《民法典》第五百八十二条，请求减少价款。[①]

当然，大多数价值不符的案例，并不直接构成减价责任。例如在"山西省新绛县汉都房地产开发有限责任公司诉胡水旺等债务转移合同纠纷案"[②]中，原被告签订以物抵债协议，约定汉都公司向胡水旺承担交付房屋的义务，以期消灭城固秦汉公司、陕西秦汉集团所欠胡水旺的4428.90万元债务。原审法院委托鉴定机构评估，结论为案涉房屋评估价值仅为2259.05万元，远低于案涉协议约定的价格。又如在"肖小德诉被告陶辉

---

① 我国《合同法》第一百一十一条的用语虽为"质量不符合约定"，但解释上通常认为应将数量不足的情形纳入其中，允许成立减价权。参见韩世远《减价责任的逻辑构成》，《清华法学》2008年第1期。

② 参见最高人民法院（2015）民申字第3510号民事判决书。

房屋租赁合同纠纷案"① 中，原告利用被告缺乏商业经验，以每月 9000 元的价格订立房屋租赁合同，但是经过鉴定，同等地段的同等房屋租金价格仅为每月 4200 元，合同约定超过市场价两倍有余。在以上案件中，一方当事人之给付既不存在质量瑕疵，又不存在数量短缺，因此不存在违约的问题。不过标的物价值与价格显著不相称，却与减价责任"按质论价"的精神相一致。并且，对于中国法上的减价权，根据我国学者的观点，其建构在"合同变更"的思想之上。② 基于两类案件的相似性，在变更权不复存在的背景下，人民法院不妨类推适用减价责任之规定，"变更"合同价格至公平的范围。当然，由于此时提供标的物一方并不构成违约，因此，除可类推适用减价的法律效果外，当事人不得另行主张违约损害赔偿。

三 取向于法律原则的司法续造

在适用变更权的案例中，并非所有的案例都可以援用其他规则予以替代，或通过法律漏洞填补技术予以解决。例如显失公平的合同条款与合同其他部分不可分割时，部分撤销即不能适用。又如和解协议显失公平并非由于赔偿额过高，而是由于赔偿额过低时，维持效力的限缩或类推减价条款均没有发挥空间。不过，我国《民法典》第六条和第七条分别规定了公平原则和诚实信用原则，当合同显失公平，而撤销权人不愿撤销合同，又或是相对方愿意恢复合同公平而维持合同效力的，本着合乎事理的要求，如果撤销合同并非适当，并且穷尽一切狭义解释方法仍不能变相实现合同变更的效果，那么唯有跳脱法的外在体系，转而取向于法的内在体系，通过法律原则从事法律之续造。③

---

① 参见江西省南昌县人民法院（2015）南民初字第 1756 号民事判决书。
② 参见韩世远《减价责任的逻辑构成》，《清华法学》2008 年第 1 期。
③ 参见［德］卡尔·拉伦茨《法学方法论》，陈爱娥译，商务印书馆 2003 年版，第 348 页。

第八章
结　论

从功能比较的视角，显失公平制度这类关注合同交换实质公平的规范最早可追溯至罗马法上的非常损害规则，后者诞生于罗马帝国晚期，伴随着经济危机而生。非常损害规则仅规定了客观要件，不过其适用范围极其有限，其对合同自由的"反叛"仍然有所限度。随着基督教思想在欧洲大陆占据统治地位，源于宗教教义的公平价格思想逐渐渗透入世俗司法活动之中。罗马法的重新发现使非常损害规则成为基督教会贯彻其价格理论的工具，其适用对象和适用领域也日益扩张。随着注释法学派以及后继的评论法学派的学术和司法活动，非常损害规则传播到整个西欧大陆，成为欧洲普通法的一部分。

理性法时期是一个新旧思想的转换时代，一方面保留了中世纪的余温，另一方面又吹响了新时代的号角，非常损害规则尽管保留在理性法时代的诸多法典之中，不过其已日渐式微。在自由主义时代，非常损害规则已显得不合时宜，对合同实质正义的追求湮没在合同自由的理想主义之下。但对合同实质公平的关切并未完全退场，渊源于高利贷规制立法，迎合了时代需求融入了主客观要件的暴利行为制度登上历史舞台。暴利行为制度的雏形源于德国巴登州刑法，后历经修改最终进入《德国民法典》之中，并被后世诸多民法典所效仿。

20世纪以降，随着资本主义经济危机引发的社会矛盾逐渐激化，合同实质正义重新受到各国立法和司法机关的重视。尽管在各国立法和司法实践中的表现形式不同，但合同法上相关制度的总体发展趋势有二：一是以显失公平制度为代表的维护合同公平条款的一般化，二是此类一般条款的适用呈现出弹性化趋势。通过制度史的梳理，可知显失公平制度经历了两次进化:第一次是经过自由主义思想的洗礼而打上主观要件的印记,第二次则是20世纪以来面对新形势在实践合同正义上扮演更为重要的角色。中国《民法典》赋予显失公平制度新的内涵,明确其主客观要素,可谓完成了第一次跨越,第二次跨越则需在解释论上进一步努力。

显失公平制度蕴含交换正义、合同自由与诚实信用三大价值。其中,交换正义关注交换的对等,对于交换对等的判断宜采用反向思维,即否定性标准。合同自由接续康德以降的哲学传统,为显失公平制度提供第二个伦理基础。不过,显失公平制度体现的合同自由并非消极自由,而是20世纪社会发展带来的私法人像变迁之后所要求的积极自由。此外,显失公平制度对获利方的要求,则同时体现了客观诚信与信赖思想的统一,其不仅要求当事人在从事交易时合理行事,适当兼顾相对方利益,并且合同拘束力的维持与否还要考量其主观信赖是否存在。显失公平制度中的三大价值相互作用,共同构成其内部体系。就显失公平制度的功能而言,其对强者与弱者的划分,并关注交易间的公平性,可以说它是私法中为数不多的关涉分配正义的制度。

显失公平与公序良俗之间的关系可从观念和规范两个层面观察。在观念层面,显失公平的合同亦违背公序良俗,但在规范层面二者不必为隶属关系,二者关系在本质上是一个法律解释问题。从比较法上看,存在显失公平制度依附于公序良俗条款与独立于公序良俗条款两种解释路径,我国法上的显失公平制度,不应视为违背公序良俗的具体类型,而应视作一个独立的规定,为此可从形式和实质两方面得到论证。如此一来,显失公平制度在我国成为维护合同公平性的终局性一般规定。

在显失公平制度独立于公序良俗条款的基础上,其与意思表示瑕疵制度的关系有待理清。一般地说,显失公平制度与欺诈、胁迫和重大误解制度在功能和要件上的区别较为清晰,不过它们之间在概念边缘地带也存在竞合现象。对于所谓"过失欺诈",在我国可交由重大误解制度和显失公平制度调整。我国民事立法尽管未接受经济胁迫的概念,不过经济胁迫所涉案型可分别交由我国法上的胁迫和显失公平制度予以调整。在重大误解一元论下,重大误解与显失公平制度将存在更多的竞合空间。对于英美法上的不当影响制度,其所涉及的案件类型亦可适用或类推适用显失公平制度进行调整。总结而言，显失公平制度与欺诈、胁迫、重大误解等意思表示瑕疵制度相比，尽管其也关注当事人的意思决定自由，不过其对"意思瑕疵"的要求程度更低，相反，其要求意思表示瑕疵制度所不要求的客观要件。就实践来看，因欺诈、胁迫及重大误解而订立的合同通常亦存在显失公平的问题，而欺诈、胁迫或重大误解的主观要件往往证明难度较高，如果当事人不能举证证明这些情形，但却可以证明对方利用了自己的不利境地，则可依显失公平制度获得救济。就此而言，显失公平制度相对于意思表示瑕疵制度也能起到兜底和补充的作用。

在我国民事一般法或特别法中，尚有许多承担与显失公平制度类似功能的条款，这些制度中，关于格式条款的内容控制规范、《劳动合同法》第二十六条以及《海商法》第一百七十六条可视为特别领域或特别法中的显失公平制度。情事变更制度、违约金调整规则、瑕疵担保违约责任、规制高利贷的"四倍红线"标准、流押、流质禁令等，则是与显失公平制度平行的规范，它们相互配合，共同维护合同正义。

对于显失公平制度的适用，传统的"要件—效果"思维模式面对非典型案件存在法律适用上的困境，需要在方法论上探寻新的道路。动态体系具有的动态性、评价性、体系性特征，既能增大显失公平制度适用的弹性，又能为法官的自由裁量划定界限，考虑到我国法上显失公平制度的规范特点，引入动态体系思想不失为解决现实困境的一条可行路径。显失公平制度体现了交换正义、合同自由、诚实信用三大原理，三者共同作用形成其内在体系。通过观点或因子的提取并运用比较句式可以展现个案中各项原理的实现程度，各个原理的动态性又产生原理之间的协动关系，对于案件的裁判而言，原理之间协动产生的整体图像至关重要。通过基础评价和示例性规范的引入，可为动态体系下的案件裁断提供一定指引。同时，原理的互动亦存在边界，单一原理并不能证成合同显失公平。

从我国司法实践中的案例出发，以合同显失公平的表现形态这一客观面向作为类型整理的切入点，可划分出交换关系中的不公平、（财产）权利义务分配中的不公平以及个别条款的不公平三大类型。同时以显失公平判断标准的客观性，以及客观要素在显失公平判断中所占权重为线索，可整理出多种类型的显失公平合同。在交换关系中的不公平类型中，包括利

第八章 结论

息暴利、人身损害赔偿协议、财产转让合同、租赁合同、建设工程合同、委托合同等合同类型。在财产分配关系中的不公平类型中，包括合伙合同、离婚财产分割协议等类型。在合同个别条款不公平的类型中，又包括竞业限制条款不公平等情形。通过对显失公平合同的具体类型的梳理，可以发现我国法官虽不熟悉动态体系论，但动态体系式思维却早已体现在审判实践中。

关于显失公平合同的法律效果，最具争议的问题是变更权的保留与否。显失公平的合同可变更，曾被认为是我国民事立法的一大创新，这一制度创新在实施30余年后被《民法典》的立法者放弃，对此值得系统性地反思。从历史和比较法的考察来看，赋予显失公平的合同的当事人双方变更权，是符合国际立法潮流的做法。从我国司法审判的现实来看，得到法院支持的变更请求尽管不是特别多，但也绝非寥寥无几，而是稳定占有一定比例。在有些案件中，变更而非撤销合同确实更有利于定分止争，更有利于保护弱势方当事人，并且更有利于简化程序降低纠纷解决的成本。就变更权与意思自治的关系，分析具体案例可知，变更合同未必一定构成对当事人意思自治的妨碍，即使构成对意思自治的限制，这种限制在不同的情况下对不同的合同当事人亦有程度上的差异。意思自治并非完全不能限制之教条，纵使变更合同在个案中构成对一方当事人意思自治的限制，但也可能是为了实现其他民法价值，因此，变更权的正当性并非建立在是否构成对意思自治的限制上，而是其背后反映的诸种价值间权衡的正当性。在《民法典》未规定变更权的背景下，对于司法实践中变更合同的现实需求，可通过部分撤销、类推适用减价规则，或是求助于民法基本原则进行法律的续造，间接实现合同"变更"的效果。

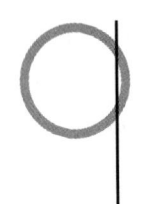

参考文献

一　中文文献

（一）著作

陈范宏：《显失公平规范研究》，中国社会科学出版社2022年版。

陈华彬：《民法典》，中国政法大学出版社2017年版。

陈小君主编：《合同法学》，高等教育出版社2009年版。

程啸编著：《合同法一本通》，法律出版社2016年版。

崔建远等：《民法总论》，清华大学出版社2019年版。

崔建远、韩世远、于敏：《债法》，清华大学出版社2010年版。

崔建远：《合同法》，北京大学出版社2016年版。

崔建远：《合同法总论》（上卷），中国人民大学出版社2011年版。

崔建远：《物权法》，中国人民大学出版社2014年版。

崔建远：《债权：借鉴与发展》，中国人民大学出版社2012年版。

崔建远主编：《新合同法原理与案例评释》（上），吉林大学出版社1999年版。

崔文星：《民法典专论》，法律出版社2012年版。

丁南：《民法理念与信赖保护》，中国政法大学出版社2013年版。

傅崐成编：《美国合同法精义》，厦门大学出版社2008年版。

高圣平：《担保法论》，法律出版社2009年版。

葛先园：《社会国原则研究》，中国政法大学出版社2014年版。

耿林：《强制规范与合同效力》，中国民主法制出版社2009年版。

顾祝轩：《民法系统论思维：从法律体系转向法律系统》，法律出版社

2012年版。

郭明瑞、王轶：《合同法新论·分则》，中国政法大学出版社1997年版。

韩世远：《合同法学》，高等教育出版社2010年版。

韩世远：《合同法总论》，法律出版社2011年版。

韩世远：《合同法总论》，法律出版社2018年版。

韩世远：《履行障碍法的体系》，法律出版社2006年版。

韩世远：《履行障碍法研究》，法律出版社2006年版。

韩世远：《民法的解释论与立法论》，法律出版社2015年版。

何宝玉：《合同法原理与判例》，中国法制出版社2013年版。

胡正良主编：《海事法》，北京大学出版社2016年版。

黄程贯：《定型化劳动契约之司法控制》，硕士学位论文，台湾政治大学，2009年。

黄立：《民法典》，中国政法大学出版社2002年版。

黄立：《民法债编总论》，台北：元照出版公司2006年版。

黄茂荣：《法学方法与现代民法》，法律出版社2007年版。

江平主编：《民法学》，中国政法大学出版社2019年版。

李响：《美国合同法要义》，中国政法大学出版社2008年版。

李永军：《合同法》，法律出版社2010年版。

李永军：《民法典》，中国法制出版社2018年版。

李宇：《民法典要义：规范释论与判解集注》，法律出版社2017年版。

梁慧星：《民法解释学》，中国政法大学出版社1995年版。

梁慧星：《民法学说判例与立法研究》，法律出版社2003年版。

梁慧星：《民法总论》，法律出版社2017年版。

梁慧星：《中国民法经济法诸问题》，法律出版社1991年版。

林诚二：《民法典》，法律出版社2008年版。

刘承韪：《英美法对价原则研究：解读英美合同法王国中的"理论与规则之王"》，法律出版社2006年版。

刘得宽：《民法典》，中国政法大学出版社2006年版。

刘晓华：《私法上的信赖保护原则研究》，法律出版社2015年版。

柳经纬：《当代中国私法进程》，中国法制出版社2013年版。

柳经纬：《当代中国债权立法问题研究》，北京大学出版社 2009 年版。
柳经纬主编：《民法总论》，厦门大学出版社 2008 年版。
柳经纬主编：《债权法》，厦门大学出版社 2015 年版。
马俊驹、余延满：《民法原论》，法律出版社 2010 年版。
马强：《合同法新问题判解研究》，人民法院出版社 2005 年版。
马新彦：《现代私法上的信赖法则》，社会科学文献出版社 2010 年版。
梅仲协：《民法要义》，中国政法大学出版社 1998 年版。
冉克平：《意思表示瑕疵：学说与规范》，法律出版社 2018 年版。
人民法院出版社编：《最高人民法院司法观点集成（民事卷）》，人民法院出版社 2017 年版。
申卫星：《民法学》，北京大学出版社 2015 年版。
施启扬：《民法典》，中国法制出版社 2010 年版。
史尚宽：《民法总论》，中国政法大学出版社 2000 年版。
司玉琢：《海商法专论》，中国人民大学出版社 2018 年版。
隋彭生：《合同法要义》，中国人民大学出版社 2015 年版。
孙宪忠主编：《中国民法总论》，中国社会科学出版社 2009 年版。
佟柔主编：《中国民法学·民法典》，中国人民公安大学出版社 1990 年版。
王洪亮等主编：《中德私法研究（13）：合同因违法而无效》，北京大学出版社 2016 年版。
王洪亮：《债法总论》，北京大学出版社 2016 年版。
王家福主编：《中国民法学·民法债权》，法律出版社 1999 年版。
王军：《美国合同法》，对外经济贸易大学出版社 2011 年版。
王煜：《积极的信赖保护——权利外观责任研究》，法律出版社 2010 年版。
王利明、房绍坤、王轶：《合同法》，中国人民大学出版社 2013 年版。
王利明：《合同法研究》（第二卷），中国人民大学出版社 2015 年版。
王利明：《合同法研究》（第一卷），中国人民大学出版社 2015 年版。
王利明：《民法典》，中国人民大学出版社 2017 年版。
王硕：《无效劳动合同制度研究》，博士学位论文，清华大学，2015 年。
王泽鉴：《民法典》，北京大学出版社 2009 年版。
王泽鉴：《民法概要》，中国政法大学出版社 2003 年版。

王泽鉴:《民法思维》,北京大学出版社 2009 年版。

吴从周:《概念法学、利益法学与价值法学:探索一部民法方法论的演变史》,中国法制出版社 2011 年版。

武钦殿:《合同效力的研究与确认》,吉林人民出版社 2001 年版。

谢鸿飞:《合同法学的新发展》,中国社会科学出版社 2014 年版。

谢在全:《民法物权论》(中册),中国政法大学出版社 2011 年版。

徐涤宇:《原因理论研究——关于合同(法律行为)效力正当性的一种说明模式》,中国政法大学出版社 2005 年版。

徐国栋:《诚实信用原则研究》,中国人民大学出版社 2002 年版。

徐国栋:《民法基本原则解释——以诚实信用原则的法理分析为中心》,中国政法大学出版社 2004 年版。

徐国栋:《民法哲学》,中国法制出版社 2015 年版。

杨立新:《民法典》,法律出版社 2017 年版。

杨仁寿:《法学方法论》,中国政法大学出版社 2013 年版。

杨与龄主编:《民法典争议问题研究》,清华大学出版社 2004 年版。

杨祯:《英美契约法论》,北京大学出版社 1997 年版。

姚开建主编:《经济学说史》,中国人民大学出版社 2011 年版。

姚明斌:《违约金制度的中国法构造》,博士学位论文,清华大学,2014 年。

姚瑞光:《民法典论》,中国政法大学出版社 2011 年版。

叶金强:《信赖原理的私法构造》,博士学位论文,清华大学,2005 年。

尹田:《法国现代合同法》,法律出版社 1995 年版。

尹田:《民法典总则之理论与立法研究》,法律出版社 2010 年版。

于飞:《公序良俗原则研究——以基本原则的具体化为中心》,北京大学出版社 2006 年版。

张初霞:《显失公平制度研究》,中国社会科学出版社 2016 年版。

张俊浩主编:《民法学原理》(上册),中国政法大学出版社 2000 年版。

张俊浩主编:《民法学原理》(下册),中国政法大学出版社 2000 年版。

张良:《不公平合同条款的法律规制》,博士学位论文,武汉大学,2011 年。

张民安:《法国民法》,清华大学出版社 2015 年版。

郑玉波:《民法典》,中国政法大学出版社 2003 年版。

朱广新：《合同法总则》，中国人民大学出版社2012年版。

朱广新：《信赖保护原则及其在民法中的构造》，中国人民大学出版社2013年版。

朱广新：《信赖责任研究——以契约之缔结为分析对象》，法律出版社2007年版。

朱庆育：《民法总论》，北京大学出版社2013年版。

邹海林：《民法典》，法律出版社2018年版。

（二）译著

［奥］恩斯特·A.克莱默：《法律方法论》，周万里译，法律出版社2019年版。

［奥］凯尔森：《纯粹法理论》，张书友译，中国法制出版社2008年版。

［奥］凯尔森：《法与国家的一般理论》，沈宗灵译，商务印书馆2013年版。

［德］C.W.卡纳里斯：《德国商法》，杨继译，法律出版社2006年版。

［德］茨威格特、克茨《比较法总论》（上），潘汉典等译，中国法制出版社2017年版。

［德］迪特尔·梅迪库斯：《德国民法总论》，邵建东译，法律出版社2013年版。

［德］弗朗茨·维亚克尔：《近代私法史：以德意志的发展为观察重点》（上），陈爱娥、黄建辉译，上海三联书店2006年版。

［德］弗朗茨·维亚克尔：《近代私法史：以德意志的发展为观察重点》（下），陈爱娥、黄建辉译，上海三联书店2006年版。

［德］古斯塔夫·拉德布鲁赫：《法哲学》，王朴译，法律出版社2013年版。

［德］海因·克茨《欧洲合同法》（上卷），周忠海、李居迁、宫立云译，法律出版社2001年版。

［德］卡尔·拉伦茨：《德国民法通论》（上册），王晓晔等译，法律出版社2013年版。

［德］卡尔·拉伦茨：《德国民法通论》（下册），王晓晔等译，法律出版社2013年版。

［德］卡尔·拉伦茨：《法学方法论》，陈爱娥译，商务印书馆2003年版。

［德］康德：《法的形而上学原理》，沈叔平译，商务印书馆1991年版。

［德］拉德布鲁赫：《法学导论》，米健译，中国大百科全书出版社1997年版。

［德］莱茵哈德·齐默曼、［英］西蒙·惠特克：《欧洲合同法中的诚信原则》，丁广宇、杨才然、叶桂峰译，法律出版社2005年版。

［德］罗伯特·霍恩、海因·科茨、汉斯·G. 莱塞：《德国民商法导论》，楚建译，中国大百科全书出版社1996年版。

［德］马克斯·卡泽尔、罗尔夫·克努特尔：《罗马私法》，田士永译，法律出版社2018年版。

［德］特奥多尔·菲韦格：《论题学与法学——论法学的基础研究》，舒国滢译，法律出版社2012年版。

［德］托马斯·莱赛尔：《法社会学基本问题》，王亚飞译，法律出版社2014年版。

［德］维尔纳·弗卢梅：《法律行为论》，迟颖译，法律出版社2013年版。

［德］亚图·考夫曼：《类推与事物本质——兼论类型理论》，吴从周译，台北：新学林出版股份有限公司1999年版。

［法］亨利·勒帕日：《美国新自由主义经济学》，李燕生译，北京大学出版社1985年版。

［古希腊］柏拉图：《柏拉图全集》（第三卷），王晓朝译，人民出版社2003年版。

［古希腊］亚里士多德：《尼各马可伦理学》，廖申白译注，商务印书馆2017年版。

［美］E. 艾伦·范斯沃思：《美国合同法》，葛云松、丁春艳译，中国政法大学出版社2004年版。

［美］E. 博登海默：《法理学：法律哲学与法律方法》，邓正来译，中国政法大学出版社2004年版。

［美］S. E. 斯通普夫、J. 菲泽：《西方哲学史》，匡宏、邓晓芒等译，世界图书出版社2009年版。

［美］伯尔曼：《法律与宗教》，梁治平译，中国政法大学出版社2003年版。

［美］弗里德里奇·凯斯勒等：《合同法：案例与材料》（上），屈广清等译，中国政法大学出版社2011年版。

［美］亨利·马瑟：《合同法与道德》，戴孟勇、贾林娟译，中国政法大学

出版社 2005 年版。

［美］罗伯特·诺奇克：《无政府、国家和乌托邦》，姚大志译，中国社会科学出版社 2008 年版。

［美］罗斯科·庞德：《法律与道德》，陈林林译，商务印书馆 2015 年版。

［美］曼昆：《经济学原理：微观经济学分册》，梁小民、梁砾译，北京大学出版社 2015 年版。

［美］莫顿·霍维茨：《美国法的变迁：1780—1860》，谢鸿飞译，中国政法大学出版社 2019 年版。

［美］约翰·罗尔斯：《正义论》，何怀宏、何包钢、廖申白译，中国社会科学出版社 2009 年版。

［美］詹姆斯·戈德雷：《私法的基础：财产、侵权、合同和不当得利》，张家勇译，法律出版社 2007 年版。

［美］詹姆斯·戈德雷：《现代合同理论的哲学起源》，张家勇译，法律出版社 2006 年版。

［日］近江幸治：《民法典》，渠涛等译，北京大学出版社 2015 年版。

［日］山本敬三：《民法讲义Ⅰ：总则》，解亘译，北京大学出版社 2012 年版。

［日］山本敬三：《民法中的动态体系论——有关法律评价及方法的绪论性考察》，解亘译，梁慧星主编《民商法论丛》（第 23 卷），金桥文化出版（香港）有限公司 2002 年版。

［日］我妻荣：《新订民法典》，于敏译，中国法制出版社 2008 年版。

［日］星野英一：《私法中的人——以民法财产法为中心》，王闯译，梁慧星主编《民商法论丛》（第 8 卷），法律出版社 1997 年版。

［意］彼得罗·彭梵得：《罗马法教科书》，黄风译，中国政法大学出版社 2005 年版。

［意］圭多·德·拉吉罗：《欧洲自由主义史》，杨军译，吉林人民出版社 2011 年版。

［英］P. S. 阿狄亚：《合同法导论》，赵旭东、何帅领、邓晓霞译，法律出版社 2002 年版。

［英］边沁：《道德和立法原理导论》，时殷弘译，商务印书馆 2011 年版。

［英］弗里德里希·冯·哈耶克：《法律、立法与自由》（第二、三卷），

邓正来、张守东、李静冰译，中国大百科全书出版社 2000 年版。

［英］霍布斯：《利维坦》，黎思复、黎廷弼译，商务印书馆 1986 年版。

［英］约翰·斯图亚特·密尔：《论自由》，于庆生译，中国法制出版社 2009 年版。

（三）论文

蔡唱：《公序良俗在我国的司法适用研究》，《中国法学》2016 年第 6 期。

蔡睿：《从"两线三区"到"显失公平"：民间借贷暴利规制路径之嬗变》，《商业研究》2019 年第 4 期。

蔡睿：《民法典恢复"可变更合同"规则之必要性——围绕"重大误解"与"显失公平"案件的实证分析》，《北方法学》2020 年第 1 期。

常志伟：《柏拉图的正义观和亚里士多德的正义观比较》，《思想战线》2013 年第 S1 期。

陈晓枫、周鹏：《高利贷治理之史鉴》，《法学评论》2019 年第 4 期。

崔建远：《关于制定〈民法典〉的建议》，《财经法学》2015 年第 4 期。

崔建远：《合同解释的对象及其确定》，《华东政法大学学报》2018 年第 5 期。

崔建远：《合同效力规则之完善》，《吉林大学社会科学学报》2018 年第 1 期。

崔建远：《基本原则及制度本旨乃解释的基点》，《求是学刊》2017 年第 1 期。

崔建远、吴光荣：《中国法语境下的合同效力：理论与实践》，《法律适用》2012 年第 7 期。

崔建远：《先签合同与后续合同的关系及其解释》，《法学研究》2018 年第 4 期。

董学立：《也论"后让与担保"——与杨立新教授商榷》，《中国法学》2014 年第 3 期。

杜彬彬、张永坚：《雇佣救助的法律地位探析》，《中国海商法研究》2017 年第 3 期。

杜万华、谢勇：《民间借贷利率的规制》，《人民司法·应用》2013 年第 19 期。

范雪飞：《论不公平条款制度——兼论我国显失公平制度之于格式条款》，《法律科学》2014 年第 6 期。

高圣平：《论流质契约的相对禁止》，《政法论丛》2018 年第 1 期。

高圣平、申晨：《民间借贷中利率上限规定的司法适用》，《政治与法律》2013 年第 12 期。

高晓莹、杨明刚：《论显失公平》，《福建师范大学学报》（哲学社会科学版）2011 年第 3 期。

高岩：《显失公平规则适用标准的细化与完善》，《中国社会科学院研究生院学报》2013 年第 6 期。

耿林：《论民法典的撤销期间》，《华东政法大学学报》2018 年第 5 期。

耿林：《论私人自治的限制理论》，《南京大学学报》（哲学·人文科学·社会科学）2019 年第 1 期。

郭正模：《论市场交易价格形成的主观价值基础》，《社会科学研究》2000 年第 2 期。

韩强：《违约金担保功能的异化与回归——以对违约金类型的考察为中心》，《法学研究》2015 年第 3 期。

韩世远：《不可抗力、情事变更与合同解除》，《法律适用》2014 年第 11 期。

韩世远：《〈国际商事合同通则〉与中国合同法的发展》，《环球法律评论》2015 年第 6 期。

韩世远：《减价责任的逻辑构成》，《清华法学》2008 年第 1 期。

韩世远：《民法基本原则：体系结构、规范功能与应用发展》，《吉林大学社会科学学报》2017 年第 6 期。

韩世远：《情事变更若干问题研究》，《中外法学》2014 年第 3 期。

韩世远：《情事变更原则研究：以大陆法为主的比较考察及对我国理论构成的尝试》，《中外法学》2000 年第 4 期。

韩世远：《违约金的理论问题——以合同法第一百一十四条为中心的解释论》，《法学研究》2003 年第 4 期。

韩世远：《虚假表示与恶意串通问题研究》，《法律适用》2017 年第 17 期。

韩世远：《中国法中的不公平合同条款规制》，《财经法学》2017 年第

4 期。

韩世远：《重大误解解释论纲》，《中外法学》2017 年第 3 期。

贺剑：《〈合同法〉第五十四条第一款第二项（显失公平制度）评注》，《法学家》2017 年第 1 期。

解亘、班天可：《被误解和被高估的动态体系论》，《法学研究》2017 年第 2 期。

解亘：《格式条款内容规制的规范体系》，《法学研究》2013 年第 2 期。

雷磊：《基本权利、原则与原则权衡——读阿列克西〈基本权利论〉》，《法律方法》2021 年第 00 期。

李海：《关于"加百利"轮救助案若干问题的思考》，《中国海商法研究》2016 年第 3 期。

李双元、杨德群：《暴利行为比较研究——以"公序良俗原则"为视角》，《湖南师范大学社会科学学报》2015 年第 1 期。

李馨：《撤销之诉中显失公平的认定标准》，《人民司法·案例》2013 年第 20 期。

李岩：《公序良俗原则得而司法乱象与本相——兼论公序良俗原则适用的类型化》，《法学》2015 年第 11 期。

李永军：《从〈民法典〉第一百四十三条评我国法律行为规范体系的缺失》，《比较法研究》2019 年第 1 期。

梁慧星：《从近代民法到现代民法——二十世纪民法回顾》，《中外法学》1997 年第 2 期。

梁慧星：《合同法的成功与不足》（下），《中外法学》2000 年第 1 期。

梁慧星：《合同法上的情事变更问题》，《法学研究》1988 年第 6 期。

梁慧星：《〈中华人民共和国民法典（草案）〉：解读、评论和修改建议》，《华东政法大学学报》2016 年第 5 期。

廖振中、高晋康：《我国民间借贷利率管制法治进路的检讨与选择》，《现代法学》2012 年第 2 期。

刘俊：《流质约款的再生》，《中国法学》2006 年第 4 期。

刘耀东：《论乘人之危与显失公平在我国民法典中的立法取舍与制度构建》，《辽宁师范大学学报》（社会科学版）2017 年第 4 期。

刘招静：《交换、正义与高利贷：托马斯·阿奎那的经济伦理观》，《历史研究》2016 年第 6 期。

柳经纬：《改革开放与民法变迁——以民法观念变迁为主线》，《贵州省委党校学报》2018 年第 4 期。

柳经纬：《迈向意思自治的法律行为制度——评〈中华人民共和国民法典〉第六章"法律行为"》，《贵州省党校学报》2017 年第 3 期。

柳经纬：《民法典编纂"两步走"思路之检讨》，《当代法学》2019 年第 2 期。

柳经纬：《〈民法典（草案）〉若干问题探讨》，《法治现代化研究》2017 年第 1 期。

柳经纬：《民法典制定中的若干问题》，《中国政法大学学报》2016 年第 5 期。

柳经纬：《民事单行法思路及其消极影响之克服——以民法典编纂为视角》，《法制与社会发展》2019 年第 5 期。

龙俊：《民法典物权编中让与担保制度的进路》，《法学》2019 年第 1 期。

陆青：《以房抵债协议的法理分析——〈最高人民法院公报〉载"朱俊芳案"评释》，《法学研究》2015 年第 3 期。

梅伟：《民法中意思表示错误的构造》，《环球法律评论》2015 年第 3 期。

孟强：《〈民法典物权编〉应允许流质流抵》，《当代法学》2018 年第 4 期。

孟勤国：《论显失公平的民事行为》，《现代法学》1988 年第 4 期。

聂卫锋：《〈民法典〉变更权之殇——兼论中国法律发展的自主性问题》，《法学家》2018 年第 6 期。

彭诚信：《从法律原则到个案规范——阿列克西原则理论的民法应用》，《法学研究》2014 年第 4 期。

彭真明、葛同山：《论合同显失公平原则》，《法学评论》1999 年第 1 期。

齐恩平：《合同上的胁迫与不正当影响》，《法学》2000 年第 1 期。

冉克平：《民法典总则视野下意思表示错误制度的构建》，《法学》2016 年第 2 期。

冉克平：《显失公平与乘人之危的现实困境与制度重构》，《比较法研究》2015 年第 5 期。

尚连杰：《缔约过程中说明义务的动态体系论》，《法学研究》2016 年第 3 期。

申海恩：《〈民法典〉关于"法律行为"规定的释评》，《法律适用》2017 年第 9 期。

沈庆中：《显失公平民事行为的规定弊大于利》，《法学》1993 年第 8 期。

司玉琢、吴煦：《雇佣救助的法律属性及法律适用》，《中国海商法研究》2016 年第 3 期。

苏永钦：《以公法规范控制私法契约——两岸转介条款的比较与操作建议》，《人大法律评论》2010 年第 1 期。

汪洋：《消费者合同中价格条款的法律规制》，《华东政法大学学报》2017 年第 5 期。

汪渊智、陆娟：《英美合同上的不正当影响》，《比较法研究》1996 年第 3 期。

王成：《我国民法中意思表示瑕疵制度的完善》，《人民司法》2014 年第 3 期。

王洪亮：《论合同的必要之点》，《清华法学》2019 年第 6 期。

王洪亮：《违约金功能定位的反思》，《法律科学》2014 年第 2 期。

王军：《美国合同法中的显失公平制度》，《比较法研究》1994 年第 Z1 期。

王磊：《论显失公平规则的内在体系》，《法律科学》2018 年第 2 期。

王明锁：《禁止流质约款之合理性反思》，《法律科学》2006 年第 1 期。

王彦君、张永坚：《雇佣救助合同的属性认定和对〈中华人民共和国海商法〉第九章的理解》，《中国海商法研究》2016 年第 3 期。

王志华：《试论不正当影响制度的设立——兼论我国意思表示瑕疵制度之完善》，《政法论丛》2000 年第 2 期。

吴从周：《论暴利行为》，《台大法学论丛》2018 年第 2 期。

吴逸越：《论我国民法上乘人之危和显失公平的重新定位——对比德国法的暴利制度》，《湖南工业大学学报》（社会科学版）2013 年第 2 期。

武腾：《民法典编纂背景下重大误解的规范构造》，《当代法学》2019 年第 1 期。

武腾：《显失公平规定的解释论构造——基于相关裁判经验的实证考察》，

《法学》2018 年第 1 期。

徐涤宇：《非常损失规则的比较研究——兼评中国法律行为制度中的乘人之危和显失公平》，《法律科学》2001 年第 3 期。

徐国栋：《公平与价格——价值理论》，《中国社会科学》1993 年第 6 期。

徐国栋：《客观诚信与主观诚信的对立统一问题——以罗马法为中心》，《中国社会科学》2001 年第 6 期。

许德风：《论利息的法律管制——兼议私法中的社会化考量》，《北大法律评论》2010 年第 1 期。

严城：《民法典合同编（草案）合伙合同的成功与不足》，《法治研究》2019 年第 1 期。

颜炜：《显失公平立法探讨》，《华东政法学院学报》2002 年第 4 期。

杨立新：《后让与担保：一个正在形成的习惯法担保物权》，《中国法学》2013 年第 3 期。

杨立新：《民间借贷关系法律调整新时期的法律适用尺度——〈最高人民法院关于审理民间借贷案件适用法律若干问题的规定〉解读》，《法律适用》2015 年第 11 期。

杨善长：《流押条款法律效力辩——兼及法律父爱主义立法思想之取舍》，《河北法学》2017 年第 3 期。

杨晓蓉：《动态系统论视角下情事变更原则的适用——以建设工程合同为例》，《学海》2018 年第 3 期。

姚明斌：《违约金司法酌减的规范构成》，《法学》2014 年第 1 期。

易军：《论私法上公序良俗条款的基本功能》，《比较法研究》2006 年第 5 期。

易军：《民法公平原则新诠》，《法学家》2012 年第 4 期。

易军：《民法基本原则的意义脉络》，《法学研究》2018 年第 6 期。

尹田：《乘人之危与显失公平行为的性质及其立法安排》，《绍兴文理学院学报》（哲学社会科学版）2009 年第 2 期。

尹田：《论显失公平的民事行为》，《政治与法律》1989 年第 5 期。

尹田：《〈民法典（草案）〉中法律行为制度的创新点之评价》，《法学杂志》2016 年第 11 期。

于飞：《公序良俗原则与诚实信用原则的区分》，《中国社会科学》2015 年第 11 期。

于飞：《民法基本原则：理论反思与立法表达》，《法学研究》2016 年第 3 期。

袁绍春：《论雇佣救助的法律调整——兼论〈海商法〉第九章的修改》，《中国海商法研究》2018 年第 1 期。

袁雪：《浅析英美法系的不正当影响制度——兼论我国〈合同法〉建立不正当影响制度的必要性》，《学术交流》2005 年第 6 期。

曾大鹏：《论显失公平的构成要件与体系定位》，《法学》2011 年第 3 期。

张良：《论显失公平的构成要件》，《河南财经政法大学学报》2014 年第 6 期。

张文广：《雇佣救助的性质及其法律适用——以"加百利"轮海难救助合同纠纷再审案为视角》，《国际法研究》2018 年第 5 期。

张文广：《"加百利"轮海难救助合同纠纷再审案评析》，《法律适用》2016 年第 8 期。

张燕玲：《浅析显失公平的合同》，《法学论坛》2000 年第 3 期。

张燕旋：《〈民法典〉显失公平制度述评》，《汕头大学学报》（人文社会科学版）2017 年第 8 期。

赵宏：《社会国与公民的社会基本权：基本权利在社会国下的拓展与限定》，《比较法研究》2010 年第 5 期。

赵毅：《民法典错误制度构造论》，《法商研究》2016 年第 4 期。

赵永巍、梁茜：《〈民法典〉显失公平条款的类型化适用前瞻——从中国裁判文书网显失公平案例大数据分析出发》，《法律适用》2018 年第 1 期。

周翠：《从事实推定走向表见证明》，《现代法学》2014 年第 6 期。

周晓晨：《过失相抵的重构——动态系统论的研究路径》，《清华法学》2016 年第 4 期。

朱朝晖：《潜伏于双务合同中的等价性》，《中外法学》2020 年第 1 期。

朱广新：《论可撤销法律行为的变更问题》，《法学》2017 年第 2 期。

朱晓喆：《批判哲学视界中的私权问题——康德的私权哲学思想研究》，《金陵法律评论》2002 年第 2 期。

朱芸阳：《论民法上的一般条款的理念和功能》，《湖北社会科学》2013年第4期。

庄加园：《"买卖型担保"与流押条款的效力——〈民间借贷规定〉第二十四条的解读》，《清华法学》2016年第3期。

资琳：《契约法基本制度的正当性论证——一种以主体为基点的研究》，《环球法律评论》2009年第6期。

［奥］瓦尔特·维尔伯格：《私法领域内动态体系的发展》，李昊译，《苏州大学学报》（法学版）2015年第4期。

［美］南茜·弗雷泽：《论正义：来自柏拉图、罗尔斯和石黑一雄的启示》，王雪乔、欧阳英译，《国外理论动态》2012年第11期。

（四）法典与法律释义

《奥地利普通民法典》，戴永盛译，中国政法大学出版社2016年版。

陈甦主编：《民法典评注》（下册），法律出版社2017年版。

杜万华主编：《最高人民法院民间借贷司法解释理解与适用》，人民法院出版社2015年版。

胡康生主编：《中华人民共和国合同法释义》，法律出版社2009年版。

《魁北克民法典》，孙建江、郭站红、朱亚芬译，中国人民大学出版社2005年版。

李适时主编：《中华人民共和国民法总则释义》，法律出版社2017年版。

《民法典立法背景与观点全集》编写组：《民法典立法背景与观点全集》，法律出版社2017年版。

穆生秦主编：《中华人民共和国民法通则释义》，法律出版社1987年版。

《拿破仑法典》，李浩培、吴传颐、孙鸣岗译，商务印书馆1997年版。

欧洲民法典研究组、欧洲现行私法研究组编著：《欧洲私法的原则、定义与示范规则》（第一、二、三卷），高圣平等译，法律出版社2014年版。

《日本民法典》，刘士国、牟宪魁、杨瑞贺译，中国法制出版社2018年版。

《瑞士民法典》，戴永盛译，中国政法大学出版社2016年版。

《瑞士债务法》，戴永盛译，中国政法大学出版社2016年版。

孙礼海主编：《〈中华人民共和国合同法〉立法资料选》，法律出版社1999年版。

信春鹰、阚珂主编:《中华人民共和国劳动合同法释义》,法律出版社 2013 年版。

《意大利民法典》,费安玲、丁枚、张宓译,中国政法大学出版社 2004 年版。

张新宝:《〈中华人民共和国民法典〉释义》,中国人民大学出版社 2017 年版。

张玉卿主编:《国际私法统一协会国际商事合同通则 2010》,中国商务出版社 2012 年版。

二 英文文献

A. H. Angelo, E. P. Ellinger, "Unconscionable Contracts: A Comparative Study of the Apporaches in England, France, Germany, and the United States", *Loy. L. A. Int' I& Comp. L. J.*, Vol. 14, 1992.

Alphonse M. Squillante, "Unconscionability: French, German, Anglo-American Application", *Albany Law Review*, Vol. 34, 1970.

Anthony T. Kronman, "Contract Law and Distributive Justice", *Yale Law Journal*, Vol. 89, No. 3, 1980.

Aphonse M. Squillante, "The Doctrine of Just Price-Its Origin and Development", *Com. L. J.*, Vol. 74, 1969.

Arthur Allen Leff, "Unconscionability and the Code-The Emperor's New Clause", *University of Pennsylvania Law Review*, Vol. 115, No. 4, 1967.

Atiyah, P. S, *An Introduction to the Law of Contract*, 5th ed., New York: Clarendon Press Oxford, 1995.

Carol B. Swanson, "Unconscionable Quandry: UCC Article 2 and the Unconscionability Doctrine", *New Mexico Law Review*, Vol. 31, 2001.

Charlotte Thomas, "What Role Should Substantive Fairness Have in the English Law of Contract-An Overview of the Law", *Cambridge Student L. Rev.*, Vol. 6, 2010.

Clinton A. Stuntebeck, "The Doctrine of Unconscionability", *Maine Law Review*, Vol. 19, 1967.

Dov Waisman, "Preserving Substantive Unconscionability", *Southwestern Law*

Review, Vol. 44, 2014.

Edward A. McQuoid, "UCC Section 2 - 302 and the Pricing of Goods: Are the Courts More Than the Market Will Bear", *University of Pittsburgh Law Review*, Vol. 33, 1972.

Farnsworth, E. Allen, *Contracts*, 2nd ed., Boston: Little, Brown and Company, 1990.

Frank P. Darr, "Unconscionability and Price Fairness", *Houston Law Review*, Vol. 30, No. 5, 1994.

James Gordley, "Equality in Exchange", *California Law Review*, Vol. 69, No. 6, December 1981.

Janos Jusztinger, "The Principle of Laesio Enormis in Sale and Purchase Contracts in Roman Law", *Studia Iuridica Auctoritate Universitatis Pecs Publicata*, Vol. 149, 2011.

Jerome P. Shuchter, "The Just Price", *Antitrust Law & Economics Review*, Vol. 1, 1968.

John A. Jr. Spanogle, "Analyzing UnconscionabilityProblems", *University of Pennsylvania Law Review*, Vol. 117, No. 7, 1968 - 1969.

John E. Jr. Murray, "Unconscionability: Unconscionability", *University of Pittsburgh Law Review*, Vol. 31, No. 1, 1969.

John P. Dawson, "Economic Duress and the Fair Exchange in French and German Law", *Tulane Law Review*, Vol. 12, No. 1, 1937 - 1938.

Lewis A. Kornhauser, "Unconscionability in StandardForms", *California Law Review*, Vol. 64, 1976.

Mark Klock, "Unconscionability and Price Discrimination", *Tennessee Law Review*, Vol. 69, 2002.

Megan Richardson, "Contract Law and Distributive Justice Revisited", *Legal Studies*, Vol. 10, No. 3, 1990.

Melissa T. Lonegrass, "Finding Room for Fairness in Formalism—The Sliding Scale Approach to Unconscionability", *Loyola Iniversity Chicago Law Journal*, Vol. 44, 2012.

Mel Kenny ed., *Unconscionability in European Private Financial Transactions*: *Protecting the Vulnerable*, Cambridge University Press, 2010.

M. N. Kniffin, "Newly Identified ContractUnconscionability: Unconscionability of Remedy", *Notre Dame Law Review*, Vol. 63, 1988.

M. P. Ellinghaus, "In Defense of Unconscionability", *The Yale Law Journal*, Vol. 78, 1969.

Ole Lando and Hugh Beale, eds., *Principles of European Contract Law Parts I and II*, The Hague: Kluwer Law International, 2000.

Reinhard Zimmermann, *Roman Law, Contemporary Law, European Law*: *The Civilian Tradition Today*, New York: Oxford University Press, 2001.

Rena van den Bergh, "The Long Life of Laesio Enormis", *SUBB Jurisprudentia*, No. 4, 2012.

Richard E. Speidel, "Unconscionability, Assent and Consumer Protection", *University of Pittsburgh Law Review*, Vol. 31, 1970.

Robert D. Ochs, "Uniform Commercial Code-Unconscionability", *Washburn Law Journal*, Vol. 7, 1968.

S. M. Waddams, "Unconscionability in Contract", *The Modern Law Review*, Vol. 39, No. 4, 1976.

Steven R. Enman, "Doctrines of Unconscionability in Canadian, English and Commonwealth Contract Law", *Anglo-American Law Review*, Vol. 16, 1987.

The Travaux Preparatoires of the Convention on Salvage, 1989.

Treitel, G. H., *The Law of Contract*, 9th ed., London: Sweet & Maxwell, 1995.

W. N. R. Lucy, "Contract as a Mechanism of Distributive Justice", *Oxford Journal of Legal Studies*, Vol. 9, No. 1, 1989.

三　德文文献

Beater, Generalklauseln und Fallgruppen, AcP 1994.

Beckonline Kommentar BGB.

Bülow, Sittenwidrige Konsumentenkredit, 2. Auflage, 1992.

Brehm, Allgemeiner Teil, 6. Auflage, 2008.

Brox/Walker, Allgemeines Schuldrecht, 43. Auflage, 2019.

Brox/Walker, Besonderes Schuldrecht, 36. Auflage, 2012.

Bucher, Schweizerisches Obligationenrecht Allgemeiner Teil, 2. Auflage, 1988.

Bydlinski, Grundzüge der juristischen Methodenlehre, 2. Auflage, 2012.

Canaris, Die Feststellung von Lücken im Gesetz, 1964.

Canaris, Die Vertrauenshaftung im deutschen Privatrecht, 1971.

Canaris, Grundrechte und Privatrecht, AcP 1984.

Canaris, Systemdenken und Systembegriff in derJurisprudenz, Duncker und Humblot, 1983.

Christian F. Majer, Sittenwidrigkeit und Äquivalenzstörung—das wucherähnliche Geschäft, DNotz 2013.

Dagmar Coester-Waltjen, Die Inhaltskontrolle von Verträgen außerhalb des AGBG, AcP 1990.

Dieter Leipold, BGB I Einfuhrung und Allgemeiner Teil, 9. Auflage, 2017.

Erman Kommentar BGB, 14. Auflage, 2014.

Ewald Hücking, Der Systemversuch Wilburgs, Inauguradissertation zur Erlangung der Doktorwürde einer Hohen Rechtswissenschaftlichen Fakultät der Universitaet zu Köln, 1982.

Faust, Bürgerliches Gesetzbuch Allgemeiner Teil, 6. Auflage, 2018.

F. Bydlinski, Juristische Methodenlehre und Rechtsbegriff, Springer, 1982.

Fikentscher/Heinemann, Schuldrecht, 10. Auflage, 2006.

Frank O. Fischer, Das Bewegliche System als Ausweg aus der dogmatischen Krise in der Rechtspraxis, AcP 1997.

Franz Bydlinski/Heinz Krejci/Bernd Schilcher/Viktor Steininger, Das Bewegliche System im geltenden und Künftigen Recht, Springer-Verlag, 1986.

Franz Bydlinski, Privatautonomie Und Objektive Grundlagen Des Verpflichtenden Rechtsgeschäftes, Springer-Verlage, 1967.

Franz Geschnitzer, Kommentar zum Allgemeinen Burgerlichen Gesetzbuch, Wien, 1968.

Gauch/Schluep/Schmid/Rey, Schweizerisches Obligationenrecht Allgemeiner

Teil: ohne ausservertragliches Haftpflichtrecht, Band I, 8. Auflage, 2003.

Gesetzgebungstheorie, Juristische Logik, Zivil-und Prozessrecht: Gedachtnisschrift für Jürgen Rödig, Springer, 1978.

Grigoleit/Herresthal, BGB Allgemeiner Teil, 3. Auflage, 2015.

Guhl, Das Schweizerische Obligationenrecht, 8. Auflage, 1991.

Harke, Allgemeines Schuldrecht, 2010.

Harke, Besonderes Schuldrecht, 2011.

Hartmut Oetker, Handelsrecht, 5. Auflage, 2007.

Hein Kötz, Vertragsrecht, 2. Auflage, 2009.

Heinrich Honsell, Nedim Peter Vogt, Wolfgang Wiegand, Kommentar zum SchweizerischenPrivatrecht, Obligationenrecht I: Art. 1 - 529 OR, Helbing & Lichtenhahn, 1992.

Helmut Köhler, BGB Allgemeiner Teil, 41. Auflage, 2017.

Helmut Koziol, Das bewegliche System: Die goldene Mitte Für Gesetzgebung und Dogmatik, Austrian Law Journal, ALJ 3/2017.

Helmut Koziol/Peter Budlinski/Raimund Bollenberger (Hrsg.), Kurzkommentar zum ABGB, 2., uberarbeitete und erweiterte Auflage, Springer, 2007.

Hirsch, BGB Allgemeiner Teil, 9. Auflage, 2016.

Hirsch, Schuldrecht Besonderer Teil, 4. Auflage, 2016.

Historisch-kritischer Kommentar zum BGB: Band I Allgemeiner Teil 1 - 240, Mohr Siebeck, 2003.

Jauernig BGB Kommentar, 17. Auflage, 2018.

Joerg Fritzsche, Fälle zum BGB Allgemeiner Teil, 4. Auflage, 2012.

Johannes Herrmann, Werner Goez, Helmut Winterstein und Wolfgang Blomeyer, Der "Gerechte Preis 'Beiträge zur Diskussion um das' pretium iustum", Erlangen, 1982.

Jörn Eckert, Sittenwidrigkeit und Wertungswandel, AcP 1999.

Katrin Liebner, Wucher und Staat, 2010.

Klaus Vieweg, Juris Praxis Kommentar: BGB, 5. Auflage, 2010.

Koller, Schweizerisches Obligationenrecht Allgemeiner Teil: Band I, 2006.

Kommentar: ABGB Allgemeines Bürgerliches Gesetzbuch, 2. Auflage, Springer, 2007.

Kommentar zum Allgemeinen Burgerlichen Gesetzbuch, Wien, 1968.

Koziol, Sonderprivatrecht für Konsumentenkredite?, AcP 188 (1988).

Koziol-Welser, Grundriss des bürgerlichen Rechts: Allgemeiner Teil Schuldrecht I, 9. Auflage, 1992.

Larenz/Wolf, Allgemeiner Teil des Buergerlichen Rechts, 8. Auflage, 1997.

Leenen, BGB Allgemeiner Teil: Rechtsgeschaftslehre, 2. Auflage, 2015.

Lehmann, Wucher und Wucherbekampfung im Krieg und Frieden, Scholl, 1917.

Looschelders, Schuldrecht Allgemeiner Teil, 8, Auflage, 2010.

Matthias Pohlkamp, Die Entstehung des modernen Wucherrechts und die Wucherrechtsprechung des Reichsgerichts zwischen 1880 und 1933, Peter Lang, 2009.

Medicus/Lorenz, Schuldrecht I: Allgemeiner Teil, 19. Auflage, 2010.

Medicus/Lorenz, Schuldrecht II: Besonderer Teil, 15. Auflage, 2010.

Medicus/Petersen, Allgemeiner Teil des BGB, 11. Auflage, 2016.

Münchener Kommentar: BGB Allgeneiner Teil, 8. Auflage.

Motive zu dem Entwurfe eines Buergerlichen Gesetzbuchs II (1888).

Palandt Kommentar BGB, 75. Auflage, 2016.

Prütting/Wegen/Weinreich Kommentar: BGB, 13. Auflage, 2018.

Prütting/Wegen/Weinreich Kommentar: BGB, 14. Auflage, 2019.

Reinhard Bork, Allgemeiner Teil des Buergerlichen Gesetzbuchs, 3. Auflage, 2011.

Riedler, Systemfragen zum Verhältnis von laesio enormis und Gewährleistung, JBl 2008.

Robert Alexy, Theorie der Grundrechte, Suhrkamp, 1986.

Rolf Schmidt, BGB Allgemeiner Teil: Grundlagen des Zivilrechts Methodik der Fallbearbeitung, 17. Auflage, 2018.

Rolf Schmidt, Schuldrecht Allgemeiner Teil, 12. Auflage, 2018.

Roth, Geltungserhaltende Reduktion im Privatrecht, JZ 1989.

Rudolf Westerhoff, Die Elemente des Beweglichen Systems, 1991.

Ruthers, Die unbegrenzte Auslegung: Zum Wandel der Privatrechtsordnung im Nationalsozialismus, Mohr Siebeck, 2012.

Schäfer, Schwerpunktbereichs hausarbeit-Europaeische Privatrechtsgeschichte: Austauschgerechtigkeit in Preistaxen, laesio enormis und § 138 BGB, JuS 2009.

Schlechtriem, Schuldrecht Allgemeiner Teil, 4. Auflage, 2000.

Schwenzer, Schweizerisches Obligationenrecht Allgemeiner Teil, Stämpfli Verlag AG Bern.

Stadler, Allgemeiner Teil des BGB, 19. Auflage, 2017.

Staudinger, Kommentar zum Burgerlichen Gesetzbuch mit Einfuhrungsgesetz und Nebengesetzen, Ersten Buch. Allgemeiner Teil § 134 - § 163, 2003.

Staudinger, Kommentar zum Burgerlichen Gesetzbuch mit Einfuhrungsgesetz und Nebengesetzen, Ersten Buch. Allgemeiner Teil § 134 - § 163, 2017.

Theo Mayer-Maly, Über die der Rechtswissenschaft und der richterlichen Rechtsfortbildung gezogenen Grenzen, JZ 1986.

Theo Mayer-Maly, Was leisten die guten Sitten?, AcP 1994.

Theo Mayer-Maly, Wertungswandel und Privatrecht, Juristen Zaitung, 1981.

Thomas Lobinger, Irrtumanfechtung und Reurechtsausschluß, AcP 1995.

Weber, Einige Gedanken zur Konkretisierung von Generalklauseln durch Fallgruppen, AcP 1992.

Wenzel/ Wilken, Schuldrecht Besonderer Teil I: Vertragliche Schuldverhaeltnisse, 7. Auflage, 2015.

Westermann/Bydlinski/Weber: BGB-Schuldrecht Allgemeiner Teil, 8. Auflage, 2007.

Wilburg, Die Elemente des Schadensrechts, N. G. E. V. M, 1941.

Wolf/Neuner, Allgemeiner Teil des Buergerlichen Rechts, 11. Auflage, 2016.

后　　记

呈现在读者面前的这本书由我的博士论文修改而来，回想当初，之所以选择这一题目，不得不说有一些"叛逆"的想法。意思自治为民法之基，对合同法尤甚，故而人们常将合同自由奉为合同法之圭臬，似乎合同自由为不容置喙之教条。在合同自由之外，是否还有合同公平的一席之地？如是，合同公平所指为何？彼时，《中华人民共和国民法总则》刚刚颁布，立法者赋予显失公平制度新的内涵，这一全新的制度安排立刻吸引了我的注意。带着前述疑问，使我萌生了以显失公平制度作为博士论文题目的想法，当我把这一想法报告给导师，得到导师的肯定答复后，便开始了本书的写作历程。

显失公平制度历史久远，从罗马法上的非常损害规则，到德国法上的暴利行为，直至现代法上的显失公平制度，类似制度历经"进化"，经久不衰。《民法典》中的显失公平制度仅为一个条文，如何挖掘其制度内涵，使其功能得到充分发挥，是本书着力之所在。本书选取了显失公平制度的六个面向，力求呈现显失公平制度的全貌。作为一篇博士论文，亦试图在研究范式和研究方法上做新的尝试，争取较前人有所突破，以给自己的博士学习生涯画上句点。至于本书写作成功与否，自然交由读者们评价。于个人而言，随着研究的深入以及阅历的增加，反而使我愈加深刻地认识到合同自由的可贵，自由与公平并非决然对立，而是相辅相成，显失公平制度绝不是对自由的否定，而是对自由的补充与增进。我认为，这种想法的转变或许就是学术研究的魅力和意义所在，学术研究的目的不是为了证明和强化个人已有的前见，而是不断突破自己的前见，形成新的思想的过程。

本书的写作以及个人在学术上的成长离不开我的博士生导师韩世远教

授的悉心指导。初识韩师，是通过阅读老师的文字，老师深厚的学术功底、广阔的比较法视野以及优美的文字深深吸引了我，逐渐坚定了我报考老师的博士生的想法。当年清华大学的博士招生仍然实行笔试制度，我在给老师发送一封邮件表达报考意向，收到老师的勉励邮件后，便安心备考，直至进入面试环节，才与老师第一次见面。现在想来，能够跟随老师学习，何其有幸！于清华求学四年，在老师身边学习，更使我受益匪浅。老师性格温和儒雅、待人真诚，治学上一丝不苟、严谨细致，生活上对学生关心照顾，一言一行尽是学生学习的榜样。老师不仅引我走上学术研究之路，一路上的指导、提携和帮助更是提供了无尽的动力，促使我继续前行。

感谢我的硕士生导师柳经纬教授。柳老师不仅学术功力深厚，而且对学术发展方向有着敏锐的洞察力和判断力。在学生面前，柳老师是一位和蔼的长者，即使面对学生的稚嫩，也总是宽容勉励。还记得我完成第一篇"论文"后发给柳老师指正，尽管现在看来那篇文章很不成熟，但柳老师却给予了极大的肯定。正是柳老师不断地鼓励、指导和帮助，让我逐渐树立信心，走上从事学术研究的道路。

本书在写作、博士论文答辩以及出版过程中得到崔建远教授、常鹏翱教授、程啸教授、高圣平教授、耿林教授、李霞教授、龙俊教授、申卫星教授、汪洋教授、王成教授、王洪亮教授、吴光荣教授等老师的指正和帮助，在此表示感谢！

自 2020 年进入中国社会科学院法学研究所工作以来，有幸得到法学所领导和民法研究室孙宪忠研究员、谢鸿飞研究员、朱广新研究员、窦海阳研究员等老师的关照，使我能够安心工作并陆续着手博士论文的修改完善，在此表示衷心感谢！

感谢求学路上遇到的各位老师，您们的谆谆教诲春风化雨，始终滋润着我的心灵。感谢一路上遇到的各位友人，你们的相伴使我的生活增添了许多色彩。

感谢中国社会科学院创新工程出版资助项目对本书出版的提供的支持。感谢中国社会科学出版社许琳老师为本书出版付出的辛劳。

最后，我要感谢我的家人。感恩我的父母，年过半百仍然辛勤工作的您们，使我能够心无旁骛的读书写作，您们给予的无私的爱，是我勇敢前进的力量源泉。只希望时间能够过得慢一些，自己进步得快一些，能让您们不用再奔波操劳。感谢我的妻子邓可人，你始终支持我的决定，分享我的喜悦并分担我的忧愁。在我赴国外留学期间，你独自忍受十月怀胎之苦，诞下了可爱的小圆子。未来的日子，只愿陪你们慢慢度过。

蔡　睿

2024 年 5 月 17 日